中华优秀传统文化融入思政课研究

杨飞　刘海华　著

燕山大学出版社

·秦皇岛·

图书在版编目（CIP）数据

中华优秀传统文化融入思政课研究 / 杨飞，刘海华著. —秦皇岛：燕山大学出版社，2023.4

ISBN 978-7-5761-0427-1

Ⅰ. ①中… Ⅱ. ①杨… ②刘… Ⅲ. ①思想政治教育－教学研究－高等学校②政治课－教学研究－中小学 Ⅳ. ①G641②G633.202

中国版本图书馆 CIP 数据核字（2022）第 206390 号

中华优秀传统文化融入思政课研究
ZHONGHUA YOUXIU CHUANTONG WENHUA RONGRU SIZHENGKE YANJIU

杨飞 刘海华 著

出 版 人：陈 玉	
责任编辑：张岳洪	策划编辑：张岳洪
责任印制：吴 波	封面设计：刘馨泽
出版发行：燕山大学出版社	电 话：0335-8387555
地 址：河北省秦皇岛市河北大街西段 438 号	邮政编码：066004
印 刷：英格拉姆印刷(固安)有限公司	经 销：全国新华书店

开 本：710 mm×1000 mm 1/16	印 张：22
版 次：2023 年 4 月第 1 版	印 次：2023 年 4 月第 1 次印刷
书 号：ISBN 978-7-5761-0427-1	字 数：330 千字
定 价：88.00 元	

前　言

习近平总书记曾说："中华民族几千年来形成了博大精深的优秀传统文化，我们党带领人民在革命、建设、改革过程中锻造的革命文化和社会主义先进文化，为思政课建设提供了深厚力量。"用好博大精深的中华优秀传统文化的"深厚力量"，以此为基点深化大中小学思政课教学改革与建设，是新时代思政课改革创新的题中之义与重要方向。进入新发展阶段，思政课面临更高要求和新挑战。顺应人才培养的新要求，思政课需要向"大思政课"转变，更需要中华优秀传统文化对其赋能，才能契合思想政治教育的内在规律，有效解决思想政治工作的难点问题。因此，本书的选题具有重要的理论意义和现实意义。

选题中的"融入"是指两个及以上的事物合到一块儿，这两个及以上的不同事物既有不同的内容和品质，又有某些相同或相通的内容和品质，如果它们没有任何相通点，或者完全不相干，那就不可能融到一起。"融入"的几个不同事物的主体地位不同，有主有次。中华优秀传统文化融入思政课，思政课为主，中华优秀传统文化为次，中华优秀传统文化作为一个要素、一种环境渗透到思政课教学之中。融入后的结果是增强另一个事物，而不会改变另一个事物的根本属性。当中华优秀传统文化融入思政课中时，在一定程度上丰富了思政课的内容和方法，改善了思政课的教育环境，但没有从根本上改变思政课的性质，也没有产生新的理论或新的学科。因此，中华优秀传统文化融入思政课并不是要从根本上改变思政课的教学内容，而是注入新的元素、新的内容、新的方法，增强思政课的教学活力和效果。

中华优秀传统文化和思政课是两个既有联系又有区别的系统，是两个相交的圆，二者之间既有彼此渗透影响的契合性，又有本质的相异性，契合性为"融入"提供了前提条件，相异性为"融入"提供了必要条件。中华优秀传统文化和思政课不存在相互排斥，也不可能相互代替。中华优秀传统文化融入思政课有利于发挥各自长处、取长补短，特别是让中华优秀传统文化为大中小学思政课注入新的内容和元素，增强大中小学思政课的文化内涵，春风化雨、润物无声，为大中小学思政课的改革创新增添活力。反过来，从文化的角度来看，中华优秀传统文化融入思政课，使文化的传承、发展、创新有了内核，有了方向，有了载体。

中华优秀传统文化融入思政课，主要是将中华优秀传统文化融入思政课教学的过程之中。中华优秀传统文化可以作为一种元素、一种方式、一种理念贯穿于思政课教学之中，进而提高大中小学思政课的文化含量，增强立德树人的实效性。然而，过去一个时期，思政课教学中的中华优秀传统文化成分是缺失的。党的十八大以来，思政课教材改革已经融入了一些中华优秀传统文化，但是，分量还远远不够，加之大中小学思政课教师中华优秀传统文化素养的缺失，不够主动自觉，大多流于形式。因此，中华优秀传统文化融入思政课教学是必要的，也是必须加强的。

本书一共八章内容，第一章、第二章从介绍文化的相关概念导出中华优秀传统文化的发展历程、主要内容、基本精神、当代价值。第三章从介绍思政课的发展历程、科目、内容导出中华优秀传统文化与思政课的关系。第四章到第六章重点介绍了中华优秀传统文化融入思政课的逻辑、原则、途径。第七章从实践的角度给出了中华优秀传统文化融入大中小学思政课的教学设计案例。第八章对中华优秀传统文化融入思政课的未来趋势作出了展望。本书共计33万字，其中杨飞负责完成17万字，刘海华负责完成16万字，全书由杨飞统稿。

本书为河北科技师范学院思政专项研究课题"中华优秀传统文化赋能新时代大思政课研究"（2022SZZX08）、河北科技师范学院思政课教学改革与实践项目"关注社会热点问题，彰显概论课时效性研究"（SZZD202201）、河北省高等教育教学改革研究与实践项目"基于社会热点创新高校思政课教学研究——以'习近平新时代中国特色社会主义思想概论'为例"（2022GJJG303）的研究成果。

本书总结了作者进入高校以来，在教学过程中如何让中华优秀传统文化服务于教学、服务于学生思想政治教育的一些粗浅的做法。由于作者水平有限，有一些经验表征还需要进一步琢磨、推敲，希望专家、同行不吝赐教。感谢学者已有理论给予的启示！感谢我校文法学院的王大勇老师给予的帮助！感谢我校马克思主义学院王玉芬院长的支持！感谢出版社工作人员的辛勤付出！

杨飞　刘海华
2023 年 4 月

目　　录

第一章　关于文化

习近平总书记在党的二十大报告中指出："增强文化自信，围绕举旗帜、聚民心、育新人、兴文化、展形象建设社会主义文化强国。"这再次强调了文化是一个国家、一个民族的灵魂。它关系到一个国家的旗帜方向问题、人心向背问题、时代新人的培养问题、国家的国际国内形象问题。因此，习近平总书记说："文化兴国运兴，文化强民族强。没有高度的文化自信，没有文化的繁荣兴盛，就没有中华民族伟大复兴。"正因为文化对国家、民族如此重要，党的十九届五中全会明确提出了我国文化建设的远景目标：到2035年建成文化强国，国家文化软实力显著增强。

一、文化和文明

1. 文化的含义

目前，学者们给出了关于文化的各种各样的定义，大概有几百种之多，现在还在增加。从国内来看，关于文化的定义要追溯到远古时期。"文化"一词在中国古代的文献中已经出现，先是单字使用，后来才一起合用。"文"，从其最初文字形态看，像众多线条、交错形成的图案。这些图案刻画在岩石或兽骨上，是古人用来传达意识的图画性符号，是象形字。《易·系辞下》曰："物相杂，故曰文。"《礼记·乐记》曰："五色成文而不乱。"《说文解字》："文，错画也，象交文。"由以上记载来看，"文"作为一个象形文字，通

"纹"，原指各色交错的纹理，有文字、文采之意。"文"又有若干引申义。其一，包括语言文字在内的各种象征符号，进而具体化为文物典籍、礼乐制度。《尚书·序》所载伏羲画八卦，造书契，"由是文籍生焉"，《论语·子罕》所载孔子说"文王既没，文不在兹乎"，是这个意思。其二，由伦理之说导出彩画、装饰、人为修养之义，与"质""实"对称，所以《左传》曰"经纬天地曰文"，《论语·雍也》曰"质胜文则野，文胜质则史，文质彬彬，然后君子"，是这个意思。其三，在前两层意义之上，更导出美、善、德行之义。《礼记·乐记》曰"礼减而进，以进为文"；《尚书·大禹谟》曰"文命敷于四海，祗承于帝"，郑玄注"文犹美也，善也"，说的是这个意思。"文"在中国古代，有"人文"与"天文"之别，《周易·贲卦·彖传》曰："观乎天文，以察时变；观乎人文，以化成天下。"天文指的是天道自然，人文指的是社会人伦。人文化成指的是通过人事、人为实践，把周围的自然世界改造为属人的、更加符合人的目的和意图的世界。人文的最终目的是为了人类自身更好的生活而去改变周围的世界。"化"，从其最初文字形态看，是有一正立的人和一倒立的人组成的合体字，本义用作两极之间的转化、改易、生成，表示事物动态的变化过程，《周易·系辞下》曰"天地氤氲，万物化醇，男女构精，万物化生"；《黄帝内经·素问》曰"化不可代，时不可违"。后又引申为教化、驯化、造化、大化之义。《礼记·中庸》曰"可以赞天地之化育"，讲的是教化的意思。《管子·七法》曰："尺寸也，绳墨也，规矩也，衡石也，斗斛也，角量也，谓之法；渐也，顺也，靡也，久也，服也，习也，谓之化。"这里讲的是驯化的意思。《荀子·性恶》曰："故圣人化性而起伪，伪起而生礼义，礼义生而制法度。"这里指人们要通过自己的能动性行为实践活动，引导自己脱离野蛮境况，形成伦理道德，使自己成为文化的存在物。"文"与"化"一起使用，较早见之于战国末年，《周易·贲卦·彖传》曰："天文也。文明以止，人文也。观乎天文，以察时变；观乎人文，以化成天下。"后人为其作疏说：言圣人观察人文，则诗、书、礼、乐之谓，当法此教而化成天下也。治国者须观察天地运行的规律，以认知时节的变化，通过注重伦理道德，使天下之人均能遵从文明礼仪，行为止其所当。这段话里的"文"，即从纹理之义演化而来。日月往来交错文饰于天，即"天文"，亦即天道自然规律。"人文"，指人伦社会规律，即社会生活中人与人之间纵横交织的关系，如君臣、父子、夫妇、兄弟、朋友等，具有纹理表象。这里，"人文"与"化成天下"紧密联系，"以文教化"的思想已十分明确。西汉以后，"文"与"化"合成一个整词。《说苑·指武》曰："圣人之治天下也，先文德而后武力。凡武之兴，为不服也。文化不改，然后加诛。"《文选·补亡诗》曰："文化内辑，武功外悠。"这里的"文化"，指的是与武力镇压相对的"文治和教化"的意思，和自在自然相对，又和无教化的"质朴""野蛮"相对。在中国古代，文化一直是在文治教化、礼乐典章制度意义上使用。

从国外来看，文化一词是从拉丁语 culture 转化而来的。其原义指人在改造外部自然界使之满足自身食住等需要的过程中，对土地的耕耘、加工和改良。后来，这一术语产生了转义，词义及用法发生了重大的变化。第一次给"文化"下明确定义的是英国人爱德华·泰勒，作为文化学的奠基者，他于1856 年和 1871 年在《人类早期历史与文化发展之研究》和《原始文化》中给"文化"下过两个意思相近的定义。在前本书中他认为：文化是一个复杂的总体，包括知识、艺术、宗教、神话、法律、风俗以及其他社会现象。在后本书中他认为：文化是包括知识、信仰、艺术、道德、法律、习俗，以及包括作为社会成员的个人获得的其他任何能力、习惯在内的一种综合体。[1] 这种理解影响了当时和后来的许多社会科学家。学者们从各个不同的领域，以不同的方法、不同的角度对文化这一综合体进行了详细的研究，并出现了不同的文化学派。美国著名人类学家克莱德·克鲁克烘教授认为，文化指的是某个人类群体独特的生活方式，既包含显性式样又包含隐性式样，它具有为整个群体共享的倾向，或是在一定时期中为群体的特定部分所共享。苏联有的学者认为，文化是受历史制约的人们的技能、知识、思想感情的总和，同时也是其在生产技术和生活服务的技术上、在人民教育水平以及规定和组织社会生活的社会制度上、在科学技术成果和文学艺术作品中的固化和物质化。[2] 在德

① 泰勒. 原始文化 [M]. 蔡江浓，编译. 杭州：浙江人民出版社，1988：1.
② 王威孚，朱磊. 关于对"文化"定义的综述 [J]. 江淮论坛. 2006（2）：191.

国，文化指人类在一定时期一定区域内依据他们的能力在同周围环境斗争中以及在他们的理论和实践中所创造的成果，包括语言、宗教、伦理、公共机构、国家、政治、法律、手工业、技术、艺术、哲学和科学。法国学者维克多·埃尔认为：文化就是对人进行智力、美学和道德方面的培养，文化并不是包括行为、物质创造和制度的总和。① 法国著名学者卢梭在他的《社会契约论》一书中指出：文化是风俗、习惯，特别是舆论。他认为文化有三个特点：一是铭刻于人们的内心；二是文化是慢慢地诞生的；三是能够维系人们的法律意识。在西方，德国文化常含有精神的意义，英美国家的文化常含有社会的、政治的意义。

20世纪以来，中国学术界出现了一股文化研究的热潮，对文化进行了广泛而深入的研究，形成了很多具有代表性的关于文化的定义。胡适认为文化是一种文明所形成的生活的方式。② 贺麟认为文化只能说是精神的显现。③ 蔡元培认为文化是人生发展的状况，文化包括衣食住行、医疗卫生、经济、政治、道德、教育、科学等内容。冯友兰认为文化就是历史、艺术、哲学等之综合体，除此之外，并没有别的东西可以叫作文化。任继愈认为文化有广义和狭义之分，广义的文化，包括文艺创作、哲学著作、宗教信仰、风俗习惯、饮食器服之用等等；狭义的文化，专指能够代表一个民族特点的精神成果。梁漱溟认为："文化就是吾人生活所依靠的一切，意在指示人们，文化是极其实在的东西。文化之本义，应在经济、政治乃至一切无所不包。"④ 钱穆认为："文化只是'人生'，只是人类生活。……文化是指集体的、大众的人类生活。"⑤ 张岱年认为狭义的文化指文学艺术，广义的文化包括哲学、宗教、科学、技术、文学、艺术、社会心理、风俗习惯……学者们从不同角度界定的文化，都是围绕着人而展开的。

马克思主义经典作家也对文化的定义有过重要论述。早在19世纪40年

① 维克多·埃尔. 文化概念 [M]. 康新文，晓文，译. 上海：上海人民出版社，1988：54.
② 胡适. 胡适文存：第1卷 [M]. 北京：商务印书馆，1928：1-2.
③ 贺麟. 文化与人生 [M]. 北京：商务印书馆，1947：32.
④ 梁漱溟. 中国文化要义 [M]. 济南：山东人民出版社，1990：9.
⑤ 钱穆. 中华文化之特质 [M]. 台湾：世界书局，1969：90.

代，马克思、恩格斯就在《德意志意识形态》中运用唯物主义的基本观点，提出文化起源于人类物质生产活动的思想。

在《1844 年经济学哲学手稿》中，马克思从人与动物的区别的角度，论述了人的劳动本质。马克思、恩格斯认为："动物和自己的生命活动是直接同一的……人则使自己的生命活动本身变成自己意志的和自己意识的对象……人才是类存在物。"① 人的这种类特性使人在与自然的交往过程中，通过改造自然，给大自然打上人的烙印，促使"自然的人化"，同时，人也增长了认识自然的知识和改造自然的能力，人也从原始的自然状态变得更"人化"了。"人化的自然"是马克思对文化本质的定义，就是我们所说的文化即人化。而动物的生命活动不是一种创造性的活动，是本能性的，是无法超越自然界的，并且这种活动更不具有文化的意义。"有意识的生命活动"正是指人的文化创造活动。文化是通过人的劳动、人的需要而产生和发展的，人类在自己的生产实践活动中创造了文化，没有人类的实践活动，文化就没有生存的土壤。正如马克思所说："全部社会生活在本质上是实践的。"② 1876 年，恩格斯在《劳动在从猿到人转变过程中的作用》中指出，文化作为意识形态，借助于意识和语言而存在，文化是人类特有的现象和符号系统，文化就是人化，人的对象化或对象的人化，起源于劳动。马克思、恩格斯认为，文化和政治、哲学一样，属于上层建筑，是社会意识形态领域。文化和政治受经济基础的决定和制约，文化与经济基础的发展不是同步进行的，马克思说："上层建筑的变革是随着经济基础的变更或慢或快地发生的。"③ 这说明文化是具有相对独立性的，也表明了文化在一定的条件下对经济基础具有反作用。文化对经济的影响是潜移默化的，是"以柔克刚"的。同属于上层建筑的文化与政治也是有区别的，文化主要是指人类所创造的精神成果，从属于精神领域。政治主要与法律、政权、国家、阶级斗争相联系。政治在一定的意义上说，与经济基础的联系更加密切。马克思、恩格斯认为，文化在一定程度上是为统治

---

① 马克思恩格斯选集：第 1 卷 [M]. 北京：人民出版社，1995：46.

② 马克思恩格斯选集：第 1 卷 [M]. 北京：人民出版社，1972：18.

③ 马克思恩格斯选集：第 2 卷 [M]. 北京：人民出版社，1995：33.

阶级服务的，是为政治服务的。列宁提出了"两种文化"的观点。他在《关于民族问题的批评意见》一文中说："每一个现代民族中，都有两个民族。每一种民族文化中，都有两种民族文化。有普利什凯维奇、古契科夫和司徒卢威之流的大俄罗斯文化，但是也有以车尔尼雪夫斯基和普列汉诺夫为代表的大俄罗斯文化。乌克兰也有这样两种文化，正如德国、法国、英国和犹太人有这样两种文化一样。"[①] 列宁的"两种文化"理论认为：每个民族都存在着两个阶级，而每个民族文化中都存在有资本主义成分的文化以及有民主主义或社会主义成分的文化，这两种成分的文化在对抗的同时，也会以相互渗透的方式呈现着。俄国传统文化曾对俄国社会的进程起到很大的推动作用，资本主义成分的文化带动着俄国走出了农奴制的困境。毛泽东同志认真分析和总结西方文化、新学旧学之争的过程及其因缘，在肯定以新学、西学为基本内容的资产阶级民主主义文化积极作用的同时，对帝国主义文化和封建主义文化作了断然的否定，提出了无产阶级领导的反帝反封建的、民族的、科学的、大众的新民主主义文化。

综上所述，文化是与人生活相关的各方面内容的总和，包括经济、政治、精神、社会、生态、器物等要素。有人才能创造文化，文化是人类智慧和创造力的体现，不同国家、不同民族、不同种族的人创造不同的文化。人创造文化，享受文化，同时也受制于文化，最终还要不断地改造文化。人在文化中永远是主动的，人是文化产生的原因，发展的动力和目的，只要与人相关联就会具备文化的属性，纯粹的、与人无关的自然部分不属于文化，即离开人无所谓文化。例如自然界中的一棵树和文化无关，但是，如果在树上刻上文字，画上图画，建造树屋，或者被人类赋予其他用途，它就和文化有关了。因此，如果没有人去主动创造，文化便失去了光彩，失去了活力，失去了生命。文化的核心因素除了人以外，还有大自然。海洋文化学者李二和在《舟船的起源》中说："大自然是人类文化的根本导师和启蒙者。我们几乎没有一样科学发明是凭空想来的，莫不受自然的启示。人类的文化是大自然的恩赐。"这一观点告诉我们：人类来源于自然，以自然为生，人类的文化也离不

---

① 列宁全集：第 20 卷 [M]. 北京：人民出版社，1995：15.

开大自然。

文化有广义、狭义之分。广义上的文化是人类在社会历史活动中所创造的物质财富和精神财富的总和，包括历史、地理、风土人情、传统习俗、工具、附属物、生活方式、宗教信仰、文学艺术、规范、律法、制度、思维方式、价值观念、审美情趣、精神图腾等。狭义上的文化仅作为观念形态的，与经济、政治并列的精神财富，包括人类社会生活的思想理论、道德风尚、文学艺术、教育和科学等精神方面的内容，其本质是思想。按时间分有传统文化和当代文化。按空间分有民族文化和外来文化。按持续性分有经典文化和流行文化。按性质分有先进文化和落后腐朽文化。按形式分有思想文化、理论文化、信念文化、信仰文化、道德文化、教育文化、科学文化、文学文化、艺术文化等。文化有不同的层次，一般分为物态文化、制度文化、行为文化、心态文化。物态文化层是人类的物质生产活动方式和产品的总和，是可触知的具体实在的事物，如衣、食、住、行等。制度文化层是人类在社会生活中建立的规范自身行为和调节相互关系的准则。行为文化层是人际交往中约定俗成的礼俗、民俗、习惯和风俗，它是一种社会的、集体的行为。心态文化是人们的社会心理和社会的意识形态，包括人们的价值观念、审美情趣、思维方式以及由此而产生的文学艺术作品，这一层次是文化的精华部分。

文化是有力量的。文化作为一种精神力量，能够在人类认识世界、改造世界的过程中转化为物质力量，推动人类社会向前发展。文化的这种力量，不仅表现在个人的成长过程中，而且影响着民族、国家的发展道路和前进方向。人类社会发展的历史证明，文化是一个民族的根和魂，其力量深深熔铸在民族的生命力、创造力、凝聚力之中。一个民族，只有物质和精神都富有，才能更好地屹立于世界民族之林。

2. 文明的含义

在中国古代文献中，最初"文"和"明"都是以单语词的形式存在的。"文"的本意指各色交错的纹理，如"五色成文而不乱"就是这一含义，后来引申为"文饰或修饰"，再后来又推衍为文德教化。"明"通常用其引申义，解释为正大光明、明白。"文明"一词连用最早见于《易经》。《易经·大有》中的"其德刚健而文明,应乎天而时行,是以元亨";《尚书·舜典》中的"睿哲文明,温恭永塞"等,以上"文明"的含义多是德治教化的意思。《易经·乾卦》中的"见龙在田,天下文明",此处的"文明"指一种社会的进步状态,与"野蛮""蒙昧""原始"等词相对立。清人李渔《闲情偶寄·冲场》中有一段文字:"若因好句不来,遂以俚词塞责,则走入荒芜一路,求辟草昧而致文明,不可得矣。"这里的"文明"有了些现代意义,但还是不丰富。我国现代意义的"文明"含义最早出现在 19 世纪末 20 世纪初,指一种社会进步状态。

在西方,"文明"一词最早出现在拉丁语"civis"中,本义是"城邦居民",在罗马帝国时期曾以此来界分"市民"与"野蛮人"。之后,"civis"一词又演变为"civilis"和"ci-vilita"。"civilis"意为城邦中有组织和法制的市民生活。"ci-vilita"意为城邦国家。可见,在西方,古代"文明"一词与城邦,国家,民众开化、教化特征有着密切的联系。现代意义的"文明"含义诞生在法国。18 世纪中叶的法国,重农学派经济思想先驱者老米拉波在《人类之友》中,三次提及"文明",表述含义虽有差别,但却存在一个明确的中心指向,即以教养和礼貌为核心的行为举止。法国启蒙运动的旗手卢梭认为,"同其它资产阶级思想家一样","在文明产生以前,人类生活在'自然状态'中"。[1] 卢梭把"文明"与"自然状态"对立起来,表达了文明是与自然状态相对立的社会状态。18 世纪的德国,康德在《世界公民观点之下的普遍历史观念》中说:"凡不是植根于道德上的善意的任何一种善,都无非是纯粹的假象与炫惑人的不幸而已。"[2] 康德看来,真正的文明应该是建立在道德基础上的"善",强调的不是人类的智识状况,亦非礼仪、外表和仪式,而是民众道德水准的存在状态,揭露了上层社会虚有其表的文明。19 世纪的法国,史学家基佐认为:"对许多人来说,物质财富和社会权利还是不足的,但他们有许多伟大的人物在世界上发出耀眼的光芒。文学、科学和各种

---

① 刘世铨. 西欧哲学史讲话 [M]. 北京:人民出版社,1974:163.
② 康德. 历史理性批判文集 [M]. 何兆武,译. 北京:商务印书馆,1990:15.

艺术大放异彩……人类无论在什么地方看到为崇高享受而造的精神财富，人类就在那里承认它，称它为文明。"① 基佐的"文明"含义指人类实践活动所创造的物质财富和精神财富的总和。法国思想家戈比诺的种族主义文明观开辟了研究文明理论的崭新视角，他将种族主义和文明联系起来加以考察，阐释了"一切文明皆来源于白种人"。英国诗人柯勒律治说："文明本身只不过是'好坏参半'，如果它不再是一种腐蚀的力量，不再是疾病的潮红而非健康的红润。如果一个民族的'文明'不是植根于 cultivation（教化、教养）、植根于人类智能与特质的和谐发展，那么这个民族（不管如何显赫）充其量只能称为'虚有其表'的，而不是'文雅'的民族。"② 柯勒律治揭示出"文明"与"道德价值"的关联性，认为文明是人类智能与开化的统一体。到 20世纪，文明含义基本定型，在研究中形成了诸多流派。文化形态史学派的汤因比将文明释义为"挑战和应战的循环往复"。如："他认为西方文明虽然发展到了顶点，但还没有理由说他已经走向衰亡，西方将来的命运如何，取决于西方人能否面对各种挑战进行成功的应战。"③ 法国年鉴学派的罗代尔认为："文明是集体生活所共有的各种特征。"④ 非理性主义派的弗洛伊德认为："文明是对性本能的压抑和升华。"理性主义派的诺贝特·埃利亚斯从历史发展进程中定义文明，指出："心灵结构的演变我们简称文明。"⑤ 这一含义把人的日常行为表现纳入文明范围之中。21 世纪之前，对文明含义的解读更多的偏重于物质要素和道德价值要素。当代，文明的含义又增新意，在物质文明和精神文明有了长足发展的情况下，开始更多地强调网络文明、教育文明、生态文明等要素的重要性。

  马克思主义经典作家对文明的论述。马克思、恩格斯在《共产党宣言》中说："资产阶级，由于一切生产工具的迅速改进，由于交通的极其便利，把

---

① 基佐. 欧洲文明史 [M]. 程洪逵，沅芷，译. 北京：商务印书馆，1998：4 -7.

② 陈启能，姜芃. 文明理论 [M]. 福州：福建教育出版社，2010：132.

③ 汤因比. 历史研究中册 [M]. 曹未风，等译. 上海：上海人民出版社，1962：391-392.

④ 布罗代尔. 文明史纲 [M]. 肖昶，等译. 南宁：广西师范大学出版社，2003：26.

⑤ 诺贝特·埃利亚斯. 文明的进程：文明的社会起源和心理起源的研究（第二卷）：社会变迁 文明论纲 [M]. 袁志英，译. 北京：生活·读书·新知三联书店，1999：342.

一切民族甚至最野蛮的民族都卷到文明中来了。"① 意思是，资产阶级通过科学技术使工具、交通不断改善、提高，人们的物质生活条件也随之提高到一个更高的层次，让一些民族脱离野蛮，进入文明。可见，这里的文明指物质文明、工业文明。马克思、恩格斯还谈到文明的负面影响。"文明的一切进步，或者换句话说，社会生产力（也可以说劳动本身的生产力）的任何增长，例如科学、发明、劳动的分工和结合，交通工具的改善，世界市场的开辟，机器等等，都不会使工人致富，而只会使资本致富，也就是只会使支配劳动的权利更加增大，只会使资本的生产力增长。因为资本是工人的对立面，所以文明的进步只会增大支配劳动的客观权力。"② 在资本支配劳动的时代，物质文明的提升和进步带给工人阶级的是日益贫穷的状态。文明还有着精神层面的内涵。马克思曾说："希腊和罗马就是古代世界各民族中具有极高'历史文明'的国家。希腊的内部极盛时期是伯利克利时代，外部极盛时期是亚历山大时代。在伯里克利时代，智者派、称得上哲学化身的苏格拉底、艺术以及修辞学等都排斥了宗教。"③ 精神领域的文明包括哲学、科学、艺术和修辞学等方面的文化成就，是一种社会品质。马克思、恩格斯还在世界层面使用文明含义。"它迫使它们在自己那里推行所谓的文明，即变成资产者。"④ 这里的文明是从国家层使用的，特指资本主义社会所创造的文明成果的总和。此外，在他们的经典著作中用到的"文明国家""文明国度""文明的民族""文明世界""文明欧洲"等都是世界层面的含义，指一定历史时期整个国家、社会的发展情况。马克思、恩格斯也在个人层面使用文明含义。"文明就等于贵族的修养"⑤，"我们这位从前的裁缝看来在监狱大学里受到了很好的教育，他信写得非常文明"⑥。这里是从个人的思想状况、行为方式、道德价值、修养、教养、礼貌等方面来使用文明含义。恩格斯在《家庭、私有制和国家的起源》

---

① 马克思恩格斯选集：第 1 卷 [M]. 北京：人民出版社，1995：276.
② 马克思恩格斯全集：第 46 卷（上）[M]. 北京：人民出版社，1979：268.
③ 马克思恩格斯选集：第 1 卷 [M]. 北京：人民出版社，1995：212 -213.
④ 马克思恩格斯选集：第 1 卷 [M]. 北京：人民出版社，1995：276.
⑤ 马克思恩格斯全集：第 2 卷 [M]. 北京：人民出版社，1957：88.
⑥ 马克思恩格斯全集：第 30 卷 [M]. 北京：人民出版社，1957：514.

中提出"国家是文明社会的概括"的著名论断，认为国家的出现是文明形成的标志。总之，马克思、恩格斯认为文明是一个历史的概念，是人类发展的阶段，是伴随社会的发展而发展，随着社会的进步文明程度不断提高，野蛮行动也随之不断减少。但是，只有到了共产主义社会，人类才能彻底消灭野蛮现象，从而进入完全文明时代，即真正的文明社会。

列宁在继承马克思、恩格斯的文明观点的基础上，对资本主义文明的二重性进行了科学的分析，为无产阶级学会利用资本主义文明成果提供了指导。由于俄国缺少资本主义充分发展造成的发达文明，无产阶级在取得政权以后，提出了社会主义发展不同阶段应该有不同的文明。一种是社会主义历史起点的文明，即无产阶级夺取政权，开始社会主义革命，可以只要求有近代文明、生产力，工人阶级有一定程度的发展。另一种是建成完全社会主义的文明，即要求建立起高度发展的物质文明和精神文明。前一种文明标准不能提得过高，否则就会像苏汉诺夫、考茨基之流犯右的错误，在可以叩开社会主义大门的历史关键时刻徘徊不前。

毛泽东在继承前人文明观点的基础上，结合中国国情提出了自己关于文明的看法。毛泽东认为中国是世界文明最早发达的国家之一，已有将近4000年的有文字可考的历史，可是18世纪末以来，逐渐走向衰落。毛泽东认为创建一个独立、自由、统一的民主国家，是中国实现文明进步的首要任务。没有独立、自由、民主和统一，不可能建设真正大规模的工业，没有工业，便没有巩固的国防，便没有人民的福利，便没有国家的富强，就谈不上社会的进步和文明的发展。因此，中国共产党必须带领中国人民进行反帝反封建的政治、经济和文化革命，求得民族独立和人民解放，建立新民主主义的新型文明，并最终在中国实现社会主义文明。

综上所述，文明是人类历史发展到一定阶段出现的人的各种行为的总和。文明最初的含义是人类脱离了蒙昧和野蛮时代的社会状态，表现在人的吃、穿、住、行、思想道德等方面。随着人类社会的发展，文明含义变得多样化。从实践的角度界定，文明是人类改造自然和社会的总成果。从文化的角度界定，文明就是文化，是与特定区域相联系的文化形态，是人类文化传统和历史智慧的结晶。从价值追求的角度界定，文明是符合特定价值观念的某种行为的外部特征。文明起源的判定标准，主要是权力的形成，城市的出现，文字的产生，国家制度的建立。其中最重要的前提条件是城市的出现，可以说城市是文明的发源地。

文明依据不同的标准可以有不同的划分。由于各种文明要素在时间和地域上的分布不同，产生了华夏文明、西方文明、阿拉伯文明、印度文明、波斯文明、大洋文明和东南亚文明等。根据社会形态的不同，人类经历了原始社会文明、奴隶社会文明、封建社会文明、资本主义社会文明、社会主义社会文明。根据人类社会结构的基本构成，有物质（经济）文明、政治文明、精神文明、社会文明、生态文明、网络文明、教育文明等。根据人类在地球上生活的年代划分，人类经历了古代文明、中世纪文明、近代文明、当代文明等。根据人类生产方式的不同，有游牧文明、农业文明、海洋文明、工业文明、信息文明等。

3. 文化和文明的关系

文化和文明既相互联系，又有所区别。

文化和文明的联系。文化中有文明，文明中有文化，文化创造文明，文明推动文化，文化是文明的灵魂，文明是文化的载体和传播者。二者相互重合和相互渗透。所以，有些人类的发明和创造，既可称之为文化，也可称之为文明。例如文字，文字的产生是人类最伟大的文化成果之一，同时，文字的使用也标志着文明社会的到来。也有人把文化和文明通用。在马克思的著作中，常常把文化和文明等同看待。例如他在《共产党宣言》中说："因为社会上文明过度，生活资料太多，工业和商业太发达。社会所拥有的生产力已经不能再促进资产阶级文明和资产阶级所有制关系的发展。"[1] 这里的文明与文化意思相同，都是人类活动所创造的物质和精神成果总和。又如在《资本论》中说："在文化初期，已经取得的劳动生产力很低，但是需要也很低，需要是同满足需要的手段一同发展，并且是靠这些手段发展的。"[2] "文化初期"

---

① 马克思恩格斯选集：第 1 卷 [M]. 北京：人民出版社，1995：278.
② 马克思恩格斯全集：第 23 卷 [M]. 北京：人民出版社，1972：559.

指文明程度较低的时期。具体相同点如下：第一，文化和文明的核心要素都是人。文化和文明都是人创造的，都是在人类历史发展过程中生成的。第二，文化和文明的根都生长在人类社会生活实践的土壤中。因而，人类的实践活动是文化和文明的源头，是文化和文明诞生的母体。第三，文化和文明都是发展、进步的。

文化与文明的区别。文化与自然相对，文明与野蛮相对。文化求异，文明求同。文化强调生活方式，文明强调积极成果。文化既有积极正面作用又有消极负面作用，文明只有正面的、积极的意义。具体区别如下：第一，在时间上，文化早于文明。文化存在于人类生存的始终，人类在文明社会之前便已产生原始文化。文明是人类文化发展到一定阶段出现的，当人类进入阶级社会之后才出现了文明。文明开始于文字的使用、金属工具的出现、国家的形成等。对此，斯宾格勒认为"文明是文化不可避免的归宿"。[①] 伯恩斯等人把文明看作是文化发展的高级阶段，认为文明与文化之间存在时间序列上的前后相继的关系。第二，在空间上，文化可以传播，文明有地域性。文化是动态的、渐进的、不间断的发展过程，文明则是相对稳定的、静态的、跳跃式的发展过程。第三，在内容和形式上，文化为表，文明为里。文明是文化的内在价值，文化是文明的外在形式。文明是内容，文化是载体。文化是人类征服自然、社会及人类自身的活动、成果等多方面内容的总和，而文明则主要是指文化成果中的精华部分。第四，在性质上，文化是中性概念，文明是褒义概念。文化有积极和消极、正面和负面、优秀和糟粕之分，文明只有进步单方面，是文化中的精华和财富。因为文化和文明有着本质的区别，两者虽有相互重合和相互渗透的地方，但在人类许多创造发明的场合，两者是不能互用的。例如无论在物质层面还是在制度、精神层面，称之为文化则可，称之为文明则不可。

---

① 斯宾格勒. 西方的没落 [M]. 北京：商务印书馆，1961：38.

二、文化的特征和功能

1. 文化的特征

文化在含义上的多样性来源于文化特征的多元性，每一种文化的含义都或多或少地反映了文化的某一方面特征，因此，文化特征的多元性决定了文化含义的多样性。文化特征的多样性概括如下。

（1）**民族性**

文化的发展总是与民族相伴相生，从而呈现出鲜明的民族性。每个民族因处于不同的地理位置，生产、生活方式不同，拥有的风土人情不同，因而各民族在长期的历史发展过程中，在和亲、服饰、饮食、建筑、军事、礼仪、丧葬、节日、宗教、婚姻家庭、文学、音乐舞蹈、戏剧曲艺、美术、工艺、胡化与汉化等诸多研究领域，形成了不同的民族文化。民族文化随着民族社会生产力的不断发展而不断丰富、发展，其民族性也愈突出、鲜明。不同国家之间的民族文化是这样，一个国家不同民族的文化依然是这样。例如：中华民族文化培养了勤劳、勇敢、吃苦、耐劳、忠君爱国的中国人。56个民族又各自有自己的衣、食、住、行等方面的民族文化。美国民族文化强调个人的权利，自由、民主、平等，个人主义、实用主义盛行。英裔美国人、华裔美国人、非裔美国人等又各自有自己的风俗习惯。日本民族文化注重对优秀文化的兼收并蓄，具有强烈的包容性。英国文化造就了经验的、现实主义的英国人。因此，英国人重视经验，保持传统，讲求实际。可见，每个民族都有自己鲜明的特色、风格和气派，这是维系各民族生存和发展的精神源泉，是从横向的角度强调一个民族文化区别于其他民族文化的不同之处。

（2）**继承性**

文化在长期的历史发展中形成并保留在现实生活中的状态就是文化的继承性。人类生息繁衍，向前发展，每一个新的阶段在否定前一个阶段的同时，必须吸收它所有的进步内容，以及人类此前所取得的全部优秀成果。在继承中，文化连绵不断，世代相传，不断积累，不断成熟。这是从纵向的角度强调文化的不变性。

文化的继承性是文化发展性的必要前提。从早期的茹毛饮血，到今天的时尚生活，从早期的刀耕火种，到今天的自动化、信息化，都是文化在继承的基础上不断发展的结果，没有文化的继承发展，就没有现代社会和现代文明。

（3）**稳定性**

各个国家的文化因其核心思想精神基本保持不变而具有相对的稳定性。这里的稳定是相对稳定，不是永恒不变。在漫漫历史长河中，随着时间的推移、社会的发展、时代的进步，一国的文化会被赋予新的内涵而发生变化，会和外来文化逐渐融合而发生变化，也会为了适应变化了的时代而发生变化，但是，文化的核心思想特征是不容易改变的。因此，文化的稳定性是相对的，变化是绝对的。如我国古代的"小康"曾被邓小平同志用于描述改革开放时期的中国现代化水平，在基本意思没变的基础上增加了新意。此外，越是成熟的文化，越具有较高的稳定性，很少发生变异。因为文化的形成与发展主要依靠积累、凝结与积淀。时间越久，积淀越深，文化就越成熟、越稳定，越能经得住内部与外部诸多因素的种种冲击，很少产生变化。中华文化就是因此而历经五千多年依然连绵不断。

（4）**时代性**

文化随着时代的变迁被打上时代的烙印。人类文化是由低级向高级、由简单到复杂不断进化的。在人类发展的历史进程中，每一个时代都会产生当时的典型的文化。如以生产方式为标志的原始社会时代的文化、奴隶社会时代的文化、封建社会时代的文化、资本主义社会时代的文化、社会主义时代的文化等。又如我国先秦时代的子学文化、两汉时代的经学文化、魏晋南北朝时期的儒释道文化、隋唐时代的佛教文化和诗文化、两宋时代的词文化、元明清时代的小说文化等。时代的更替必然带来文化的变化，但这并没有否定文化的继承性，也不意味着撕裂了文化的完整体系。相反，人类发展的每一个新时代，都是在继承前人优秀文化成果的基础上，创造出新的文化内容和形式，将其纳入时代的文化体系，作为这个时代的标志性特征。

2. 文化的功能

文化的特征影响决定着文化的功能。文化的功能是文化满足人的需要的作用。任何文化的创造都是基于一定的目的和需求的，否则，文化就难以存在并延续。离开人的需求，离开文化的目的性，文化也不复存在。

（1）承载传递功能

人类是用文化符号来认识世界并改造世界的，通过这些文化符号的代代相传，人类完成了文明的积淀和文化的传承。这是文化的承载和传递功能。文化的这种功能，使个体可以在较短的时间内掌握人类在较长的时间中积累的经验、知识和价值观念，而不必要一切认知都要从头学起。人类的恐惧大多来自对外界的未知和不解，文化让个体能在短时间里最大限度地了解周围的世界，既满足了个体的求知欲，启迪智慧，又提高了个体的认知能力，获得认知上的安全感；既减少个体对周围世界的不确定性，缓解对外界未知的恐慌，又提高个体掌控自己命运的能力，推进人类文明进程。需要注意的是，文化的传承需要一定的物质载体，但物质本身却不同于文化。物质是用于当时而毁于以后，文化是用于当时且能够延续而泽及后人。无论《阿房宫赋》如何铺陈，留下来的只是著名的"赋"，而阿房宫早已化为废墟，无迹可寻。薪尽火灭者，宫殿楼宇、器物；薪尽火传者，观念形态的文化。[①]

（2）塑造引导功能

人类从自然中分离出来后，在认识自然、改造自然的实践活动中形成了社会，创造了文化，反过来，文化又塑造了人类，引导了社会。这体现的是文化的塑造引导功能，也可以称之为教化功能。首先，文化可以规范塑造人的行为。文化的这一功能可以将"自然人"塑造为真正意义上的"文化人"或"社会人"。人既有社会属性，又有自然属性；既有理性的方面，又有非理性的方面。文化通过社会规范约束人的行为，来发挥人的理性对其行为的主导作用。每种文化都有普遍起制约作用的行为规范，每个社会都会通过家庭启蒙、学校教育、社会示范、公众舆论等文化手段，将社会规范加之于个人，

---

① 杨耕. 文化的作用是什么 [N]. 光明日报，2015-10-14（13）.

以实现文化的规范和约束作用。文化所代表的就是历史积淀下来的，并被特定社会、一定群体所共同认可、遵循的行为规范，它对个体的行为具有先在的给定性和约束性。个人如果明显背离生活中的文化环境，其生存就会陷于困境。其次，文化可以引导社会方向。在价值体系的视域下，文化提供了是非、善恶、美丑、好坏等社会标准，并通过家庭教育、学校教育、社会教育而内化为个体的是非感、正义感、羞耻感、审美感、责任感等，从而引导社会方向。社会的发展离不开社会正能量的凝聚，社会正能量的凝聚来自文化认同。文化能够形成强烈的感召力和向心力，从而使整个社会凝聚起来。

（3）认同凝聚功能

文化具有一种吸引力、向心力、感召力，能够使同一文化背景的人产生价值共识，从而互相认同，凝聚在一起，应对共同面临的威胁和困境，这就是文化的认同凝聚功能。文化认同是文化凝聚力的基础，没有对文化的认同就没有文化的凝聚力。文化认同指参与到文化中的个体有一种归属感、依存感，为个体提供自我实现的多层次价值选择，从而使个体在文化共同体中感受到人生的意义和价值。文化持续不断地为个体提供着关于是非、羞耻、正义、责任、审美等方面的价值感受，从而提高个体的道德水平、认识水平、审美水平，凝聚社会共识。共同的价值观和信仰是文化凝聚力的来源。文化的认同度直接影响文化凝聚力的强弱，认同度越高，也就越容易凝聚为一个整体。文化凝聚力是在文化认同的基础上，对其文化共同体成员所形成的统摄力、吸引力、感召力，促使文化共同体成员紧密地团结起来，自觉维护其文化共同体的利益。文化凝聚力一方面表现为文化对个体的统摄、吸引、关怀；另一方面表现为人们对文化的自觉皈依、遵守执行。文化凝聚力可以维持文化共同体的团结，增强文化共同体的稳定，促进文化共同体的发展。在思想上，它可以团结、吸引一个国家或一个民族的所有成员形成合力，最大限度地发挥所有成员的主观能动作用，在同样的客观条件下，创造出更大的精神财富和物质财富。如果缺少文化凝聚力，一个民族或一个国家就会成为一盘散沙，社会发展速度也会减缓，甚至会造成民族和国家的消亡。如果有强大的文化凝聚力，一个国家或一个民族不管现在的发展程度如何，未来的发展前景一定是美好的。历史上的犹太民族曾经流落到世界各地，令人称奇的是，这个民族一直没有被世界各地的文化所同化，在世界各地仍然保持着自己的生活方式、习惯以及宗教信仰，最终于 1948 年在巴勒斯坦地区建立了以色列国家。作为犹太人律法主要依据的《塔木德》把犹太人凝聚在一起，促使他们形成自己民族的文化。而历史上也有其他民族至今还在流浪，最为著名的如吉普赛人、库尔德人、泰米尔人。

（4）**教化功能**

人是文化的产物。一个人不能选择他出生的国家、社会、家庭，从出生之时起就得适应他所处的家庭、社区、国家的生活模式和环境。他的成长浸润在这种文化环境中，其中的文化塑造着他的经验与行为，影响着他的思想、信仰、习惯的形成。生活在不同的文化环境中，会让人形成不同的思想、信仰、习惯，这就是文化的教化功能。一个人的诞生开启人生第一道帷幕，他从周围环境中习得自己的语言，在玩耍中模仿着成人的行为，从称谓和交往中了解人际关系，按当地的婚俗文化成家立业，再到死亡离开这个世界。人生活在文化中就像鱼生活在水中，须臾不可离开。在一定的文化环境中，人们通过比较，选择认为合理并被普遍接受的东西，从而形成自己的世界观、人生观、价值观及行为规范。人们遵从这些行为规范的过程就意味着某种社会秩序的形成，只要这种文化在起作用，由这种文化所确立的社会秩序就会被维持下去。

三、文化自觉和文化自信

文化自觉和文化自信是人们对其民族长期积淀下来的优秀传统的熟悉和热爱；是对优秀传统的继承、弘扬和发展；是将传统引导到现代，与现代文化融合；是对于先进文化的自觉追求、自觉建设、自信宣扬、自信扩展；是对文化建设与创新的重视；是头脑中始终有文化的意识。

1. **文化自觉**

什么是文化自觉？文化自觉的提法最初是由我国社会学家费孝通于 1997

年在北京大学举办的第二届社会学人类学高级研讨班上提出的。他指出："文化自觉只是指生活在一定文化中的人对其文化有'自知之明'，明白它的来历、形成过程，所具有的特色和它发展的趋向，不带任何'文化回归'的意思，不是要'复旧'，同时也不主张'全盘西化'或'全盘他化'，自知之明是为了加强对文化转型的自主能力，取得决定适应新环境、新时代时文化选择的自主地位。"① 文化自觉的发展历程是："各美其美、美人之美、美美与共、天下大同。"费孝通的文化自觉观指出了中华文化在同世界各种文化融合的过程中应该有的态度，目的是秉持一种"和而不同"的文化理念。可见，文化自觉是对本国文化的自我觉醒、自我反思、自我审视，是一个国家的人对自己国家文化应该有的自知之明，既要知道本国文化的长处，也要了解本国文化的短处，同时还要懂得他国文化的优劣，处理好本国文化与他国文化的关系。

文化自觉是全球多元文化发展的本质要求。随着经济全球化的不断深入，世界各国各民族文化的相互联系和交流获得了前所未有的发展，面对多元文化，很多人受到他元文化思想的影响，不加分辨地传播与接受他元文化，并用于指导自己的生活，甚至完全没有看到本国传统文化的光芒，而失去了对本国传统文化的认同。全球化时代如何处理本国传统文化与他元文化的关系，文化自觉可以给我们以回答。文化自觉能够回答全球化时代，面对世界各国各民族文化并存、冲突、渗透、交融、碰撞中存在的种种差异，各种文化如何自我认识，如何实现和谐共处的问题。不管是西方强势文化，还是弱势文化，为了自身与人类社会的生存与发展，都既要清楚认识本国的文化又要正确对待他国的文化，因此都需要文化自觉。这不仅包括对自己文化的反思，也包括如何尊重文化的多样性。

中华文化自产生以来，中国人民的文化自觉就从未停止过。尤其到了近现代，中国人民对中华文化的自觉达到了空前深刻的程度，掀起了一波又一波的高潮，从师夷长技以制夷，到中学为体西学为用，再到君主立宪制，随后建立资产阶级共和国，直到兴起新文化运动，马克思主义传入中国。期间

① 费孝通. 反思·对话·文化自觉 [J]. 北京大学学报（哲学社会科学版），1997（3）：22.

涌现出林则徐、魏源、冯桂芬、梁启超、严复、鲁迅、李大钊等一大批文化名家。他们从不同角度、不同方面对中华传统文化进行了反思、反省，为中国人民文化自觉的形成作出了不可忽视的贡献。但当时国人文化自觉的结果多是对中国传统文化的诘难和批评，在新文化运动中，国人逐渐丧失了对传统文化优势的自觉，以至于传统文化在中国现代化的发展中没获得相应的地位，在世界文化的交流碰撞中处于被边缘化的状态。再有一直以来，传统文化的作用和影响都被经济、政治等更为直接的因素所遮蔽，不被国人自觉的目光所关注。中国真正的文化自觉，是中国共产党在马克思主义的指导下，对中华文化的历史、现在和未来作全面、客观的分析和认识，对中华文化的积极因素和消极因素作辩证分析和科学认识。这一过程中，张岱年先生提出了综合创新的观点，被誉为中国近现代文化自觉的典范。张岱年先生认为，一个独立的民族文化，与另一个不同类型的文化相遇，应主动吸取外来文化的积极因素，取精用宏，使民族文化更加壮大，中国文化前进的唯一出路是综合中西文化之长以创造新文化。这既是文化自觉的路径，又是文化自觉的立场，明确了中华文化发展的基本道路。进入新时代的文化交流中，我们要坚持文明互鉴、开放包容的方针，以我为主、为我所用，取长补短，既不简单拿来，又不盲目排外，吸收借鉴国外优秀文明成果，积极参与世界文化的对话与交流，不断丰富和发展中华文化。20 世纪以来，随着全球化进程的加快，中国已深深地融入全球化之中，在国际多元文化的影响下，文化建设的重要性日益凸显，文化自觉也被提上日程。以文化自觉来增强文化建设，我们在坚持马克思主义的立场上，坚持了创造性转化和创新性发展，以扬弃的态度继承、转化、创新，服务现代社会，实现文化建设与经济建设、政治建设、社会建设、生态文明建设协调发展。总之，文化自觉本质上是对文化价值的觉悟觉醒。提升文化自觉需要我们对文化意义、文化地位、文化功能的深度认同，对文化建设、文化发展、文化进步的责任担当。

文化自觉是文化自信的前提，文化自信是建立在文化自觉的基础上的。没有深刻的文化自觉，就不可能有坚定的文化自信。国人的文化自信是在文化自觉的过程中逐渐建立起来的，是对中华文化的高度认同、充分肯定、持续坚守。文化自觉和文化自信像一对孪生姐妹相生相伴，经常被一同提起。

2. 文化自信

文化自信是一种心理状态，是在充分肯定本国家和本民族文化的基础上，产生出的文化荣誉感和坚定信念。文化自信从来不是孤立的，它存在于人民群众工作、生活等方方面面，它能够使人们在日常生活中自觉感知到蕴藏的文化感召力。[①] 不自信，无以立国，文化是立国之本。对于中国来说，自信，首先来自历史深处的那份独特而丰厚的文化传统。泱泱大汉、煌煌盛唐，当这些盛世湮灭于历史的长河中时，留给人们的是深深扎根在民族灵魂深处的文化。当人们谈到老庄孔孟、谈到兵马俑、谈到丝绸之路、谈到四大发明、谈到唐诗宋词元曲明清小说、谈到万邦来朝时，都满怀对自己历史文化的自信，这种自信优势一直保持到鸦片战争前期，甚至形成了"己尊彼卑"的文化优越感。当英国想和我国进行贸易通商时，我们拒绝了，认为我们什么都有，一应俱全，不需要同别国进行贸易。这让中国经历了空前的危机，也让中华文化面临千年未有之大变局。鸦片战争以后，中华文化遇到强势的西方产业革命文化、科学技术文化、商业竞争文化，国人们开始怀疑自己的文化，由文化优越坠入文化焦虑，由文化焦虑坠入文化自卑。以胡适为代表的一些人提出了对西方文化进行全盘接受，甚至把中国的思想文化成果和资源作为论证西方思想和实践的工具。还有以王明为代表的一些人主张全盘苏俄化来解决当时中国的问题。随着中国共产党的成立，新中国的建立，尤其是 1978 年十一届三中全会以后，全国把工作重心转移到社会主义经济建设上来，使我国的经济、政治、文化、社会等方面有了十足的改变。此时的历史进程中，中华文化既暴露了自己的不足，如缺少民主、科学的观念，缺少现代科学的思想等，也表现出其优秀的品质，如自强不息、厚德载物、海纳百川，体现了中华文化的吸纳能力、自我调整能力、应变能力、抗逆能力。随着我国国力不断壮大，中华文化的吸引力、影响力不断突显，越来越

---

① 隗金成，房广顺. 当代中国文化自信的深刻内涵与动力源泉 [J]. 人民论坛：中旬刊，2016（8）：15-17.

多的人有了文化自觉意识，国人的文化自信正在与日俱增，党和国家适时提出文化自觉和文化自信对中国特色社会主义建设的重要意义。进入新时代的新发展阶段，文化自觉和文化自信已经成为全党全国各族人民的思想共识，这种自信的底气和来源就是中华优秀传统文化，但不是汉唐明清人讲的文化自信，而是 21 世纪中华人民共和国人民讲的文化自信。这种文化自信，包括了对自己文化更新转化、对外来文化吸收消化的能力，包括了适应全球化大势、进行最佳选择与为我所用、不忘初心又谋求发展的能力。我们的文化传统是活的传统，是与现代世界接轨的传统，是以天下为己任的传统，是历久弥新、不信邪、敢走自己的路的传统。① 总之，文化自信本质上是对文化生命力的信念信心，增强文化自信需要我们对中华优秀传统文化、民族民间文化、红色革命文化、当代先进文化的理性认识，对世界各国各民族文化、世界文明成果的包容借鉴。

四、文化事业和文化产业

1. 文化事业与文化产业的区别

改革开放前的文化领域，我国只有事业单位，没有产业单位，随着经济体制改革和文化体制改革的深入，人们对文化的认识才全面起来，开始重视文化的意识形态功能和经济功能的统一协调发展，以及市场资源配置的决定作用，于是有了文化产业从文化事业中的分离。也就是说，文化产业孕育产生于文化事业。对于两者的划分，在我国的文化实践中是以是否具有经营性和营利性为标准的。文化事业是公益性文化机构，追求社会效益最大化。"事业"是公共产品，是非营利性的，体现的是公共责任。公益性文化事业需要政府来主导，政府提供的这种文化基本上是免费的，或者是收费很少带有优惠性质的，不以营利为目的，以国家和社会需要为转移。文化事业大致可以分为四种类型：一是体现国家文化安全和社会公共利益的新闻传媒行

---

① 王蒙. 旧邦维新的文化自信 [J]. 领导决策信息，2018（6）：20.

业，如新闻通讯社、新闻类报刊、广播电台、电视台及网络新闻媒体等；二是保证民族文化传承和发展的公益行业，如文化普及教育、文化基础科技研发、文物保护、非物质文化遗产、民族文化、高雅艺术等；三是受限于我国目前的经济社会条件，为保证文化消费顺利进行的文化基础设施等领域，如广播电视发射台、骨干网、卫星站、图书馆、博物馆、文化馆、档案馆、学术期刊出版社等；四是为保证文化安全和为文化发展提供基础环境的非营利文化和文化行政管理领域，如文化协会、基金会、文化行政机构等属于这种类型。

文化产业是经营性文化机构，在保证社会效益的基础上，追求经济效益最大化，"产业"是市场概念，是营利性的，体现的是产业化运营。经营性文化产业需要企业主体按照市场的要求，发挥市场配置文化资源的积极作用，向社会提供带有盈利性质的文化产品。文化产业既是知识密集型产业，也是劳动力密集型产业，它能够创造社会财富，增加就业机会。它通过对原作进行加工提升其价值，并在生产和销售产品的过程中培养创新能力。同时，文化产业为促进和保持文化多样性、保证所有人在文化面前人人平等也起到非常重要的作用，这种文化和经济方面的双重属性是文化产业区别于其他产业的最特殊的性质。文化产业大致分为四种类型：一是涉及文化安全和社会公共利益的文化产品创作、制作领域，如小说、表演、美术创作、影视剧制作等；二是终端文化产品的消费使用领域，如图书、期刊、电影、付费电视、文艺表演等；三是部分具备盈利条件的文化传播渠道领域，如有线电视网络、非时政类报刊、电影院线、演出院线等；四是文化产业核心层以外的相关产业，如文化旅游、文化用品和辅助用品的销售制造活动等。20世纪90年代以来，文化产业在创造就业机会和对国民生产总值的贡献方面增长很快。当前，全球化给文化产业的发展带来了新的机遇和挑战。

2.文化事业与文化产业的联系

首先，从产业经济的角度，文化事业和文化产业都属于大的文化产业的范畴。其次，文化事业与文化产业都必须坚持社会效益，都以满足人们精神文化需求为目的,这是由文化的意识形态属性决定的。第三,文化产业来源于文化事业,文化产业的发展需要文化事业涵养。任何情况下两者都是一个互适互促、辩证和谐的统一体,文化事业包含文化产业的成分。虽然文化事业单位不以营利为目的,但是,在市场经济的环境下也引入了一定的商业成分。第四,两者在一定的环境下能够相互转化。两者在发展的过程中需要互相渗透,文化产业能够给文化事业提供一定的资金和技术,而文化事业可以为文化产业提供相应的传播渠道,只有两者协同发展,才能够实现自身的长期运营。第五,公益性文化事业和经营性文化产业都是社会主义文化的重要组成部分,各自发挥着不可替代的独特作用。文化事业是文化产业的基础,在一定的经济社会发展阶段上,文化产业的发展规模和发展程度,受义化事业发展程度制约较明显。

3. 文化产品不同于一般的商品

文化产品包括文化商品和文化服务。文化商品是一种特殊的商品,具有鲜明的政治属性,也就是意识形态属性,这是它的本质属性。因此,文化商品是传播思想、符号及生活方式的消费品。它能够提供信息和娱乐,进而形成群体认同并影响文化行为。文化商品在产业化过程中被不断复制并附加新的价值,文化商品具有多样性,包括图书、杂志、多媒体产品、软件、录音带、电影、录像带、视听节目、手工艺品、时装设计等。文化服务是指满足人们文化兴趣和需要的行为。这种行为通常不以货物的形式出现,一般是政府、私人机构和半公共机构为社会文化实践提供的各种各样的文化支持。这种文化支持包括举行各种演出,组织文化活动,推广文化信息以及文化产品的收藏,如图书馆、文献资料中心、博物馆等。文化服务可以是免费的,也可以有商业目的。可见,文化产品在服务社会、教育人民方面有强烈的导向功能,因此,文化事业和文化产业必须把社会效益放在第一位。毛泽东在《新民主主义论》中曾说:"文化是政治经济的反映,反过来作用于政治和经济。"这一观点是我国文化建设的指导思想。我国文化建设始终以马克思主义为指导,以建设社会主义核心价值体系为根本任务,具有鲜明的社会主义意识形态。目前，我国文化建设要坚持为人民服务、为社会主义服务的"二为"方针，这决定了文化建设要始终把社会效益放在首位，提倡什么，反对什么，都必须从有利于人民的利益出发，从有利于社会主义事业发展的要求出发。我国文化建设还要坚持"百花齐放、百家争鸣"的方针，体现出对文化本质和科学发展规律的充分尊重，有利于文化工作者放下包袱，全身心投入文化艺术创作。

文化产品具有商品的一般属性和特点，它要面向市场，追求经济效益，要遵循价值规律，通过生产、交换、消费，获得利润，实现再生产的良性循环。作为一种提供精神产品的产业，文化产业与其他产业又明显不同，具有明显的意识形态特征，是一种特殊的产业形态；文化产品是一种特殊的商品，具有明显的原创性，除了注重商品性外，还要注重与艺术性、意识性的有机统一。因而，文化产品的消费具有精神的和物质的导向作用，受价值规律和文艺规律的双重支配。它不但能直接满足人们的精神享受和文化需求，而且能起到教育和引导作用，能够提高消费者的整体综合素质。精神文化产品是用于满足人们精神文化需求的，其社会效益始终是第一位的，以牺牲社会效益换取经济效益的做法是不可取的。

五、文化软实力和文化强国

1. 文化软实力

党的十七大明确提出"国家文化软实力"的概念，之后成为学者学术研究的热点话题。国家文化软实力由"国家文化"和"软实力"组成，软实力是核心词。

在西方，软实力的概念最初是由美国学者约瑟夫·奈提出的，他在其《软实力》一文中，首次将国家实力分为"硬实力"和"软实力"。他认为，软实力实质上是一种对他国及其人民的同化权力，这一权力是一个国家通过发挥自身的文化和意识形态吸引力、国际规范和制度等资源，在国际社会形成一种吸引力和影响力，使其他国家及其人民仿效或者遵从本国的价值倾向和利益规则的能力。[①]1999 年在《软实力的挑战》一文中，他对"软实力"的概念作出进一步阐述：软实力是一国借助自身文化和意识形态对其他国家及其人民的吸引力而达到预定目标的能力，它与硬实力不同，软实力的吸引力是一种非强制性的说服力，借助这种说服力使其他国家采取本国所期望的行为规范和价值准则，从而使其遵从自身制定的利益分配规则和国际制度。[②]软实力主要包括文化软实力、政治软实力和社会软实力等，文化软实力在整个国家软实力体系中居于核心地位。文化软实力离不开国家的文化传统、核心价值观、文化事业和文化产业的发展；离不开正确处理传统文化与现代文化、本国文化与他国文化之间的关系；离不开文化自身的魅力。

在我国，王沪宁于 1993 年提出了"软权力"的概念。中共中央宣传部理论局编写的《理论热点面对面：2008》一书中对国家文化软实力进行了权威解释。国家文化软实力指的是一个国家或地区基于文化而具有的凝聚力、生命力、创新力和传播力，以及由此而产生的感召力和影响力。国家文化软实力是一个与中国文化发展关系密切的概念，是软实力的重要组成部分，国家、组织、社会，甚至个人可能都是文化软实力的具体承载。国家文化软实力更多的是通过文化认同、文化价值输出等非强制手段实现对其他国家人民、政府及社会舆论产生影响，这种影响要素主要包括文化吸引力、文化渗透力和文化辐射力。国家文化软实力作用的发挥是潜移默化的，它与国家硬实力存在明显不同。国家文化软实力还有自己的物质载体，这些物质载体包括影视作品、文化衍生物、网络、书籍等，物质载体承载着文化资源，文化资源反映文化软实力的细微变化。此外，文化的"软实力"还在于文化之外的"硬实力"。英语之所以能够成为世界性的语言，靠的不是它自身的语言魅力，而是它身外的实力。如果没有英国当初的"硬实力"，大英帝国不可能"日不落"，英语不可能成为世界性的语言；如果没有美国二战后的"硬实力"，星条旗不可能"永不落"，英语很可能已经在世界上式微。因此，我们就理解了

① Joseph S. Nye Jr. Soft Power[J]. Foreign Policy, 1990, 69（80）：153-171.
② Joseph S. Nye Jr. The Challenge of Soft Power[J]. Time, 1999, 2（22）：30.

西方文化曾经在世界范围内占主导地位、有强势话语的情况了。近代中国，中华优秀传统文化没能阻止中国沦为半殖民地半封建社会，根本原因是因为自然经济"玩"不过商品经济，农业文明"斗"不过工业文明，封建主义生产方式挡不住资本主义生产方式。可见，文化软实力的作用要以国家硬实力为基础。从全球竞争力排行榜来看，中国许多产品的产量和出口规模已经名列前茅，但是文化产业、公共文化发展水平、公民素质、法治化等软实力指标基本上都低于世界平均水平。由此可以看出，中国的软实力发展状况与自身的经济大国和政治大国地位极不相称。我国亟须把文化建设纳入国家发展战略，提升文化软实力。

综上所述，软实力与硬实力共同构成一国的综合国力；软实力不同于国家的科技实力、军事实力和经济实力所构成的硬实力，它主要包括一国的文化、价值准则、国家制度活力和外交能力等；软实力的发挥主要依赖于自身的感召力、凝聚力和渗透力，是一种非强制性手段，以此影响其他国家及其人民的行为选择与价值判断，从而实现自身利益目标的能力。

中华优秀传统文化中蕴含着丰富的文化软实力资源。一般而言，中国的传统文化主要指的是 1840 年鸦片战争以前的中国文化[1]。中华优秀传统文化是其中的精华部分，如自强不息、厚德载物、仁义礼智信、无为而治、立地成佛、中庸、和合、慎独、内省……这些中华优秀传统文化中都蕴含着丰富的国家文化软实力思想，对国家文化软实力的提升具有重要的意义。两千多年前的中国，文化对于国家管理的重要作用已经被认识。老子提倡"天下莫柔弱于水，而攻坚强者莫之能胜"。老子希望统治者不仅仅要发展政治、经济、军事等硬实力，还要发展软实力，才能使别人信服。《孙子兵法》中提道："不战而屈人之兵，善之善者也。故上兵伐谋，其次伐交，其次伐兵，其下攻城。""上兵伐谋"是指在战事中依靠谋略而非武力制胜。这是最为明智的一种冲突解决方式，把软实力的斡旋放在第一位，当软实力的作用开始失效时，才会使用军事等硬实力手段。老子和孙子是运用软实力的高手。自汉朝以来，儒家思想登上统治地位，以"仁""礼"标准的"教化"思想体现了重视文治

---

[1] 张岱年，方克立 . 中国文化概论 [M]. 北京：北京师范大学出版社，2004.

的治国方略，这也是重视文化软实力的表现。中国传统的民本思想对于赢得民心，增强中华民族的凝聚力、感召力、亲和力和影响力，加强国家政治认同，促进国家政治稳定、社会发展具有重要意义，有利于国家文化软实力建设。中华优秀传统文化为当前我国文化软实力的提升积淀了丰富的思想文化资源。

2. 文化强国

文化强国，字面意思指在文化上强大的国家。古今中外的文化强国的文化总能够引领时代潮流，代表人类文明的发展方向。一般具有如下特征：

（1）文化强国要有高度的文化自觉和文化自信

一个国家只有具备高度的文化自觉和文化自信，才能拥有强大的民族凝聚力和感召力，才能在各种社会思潮的和平演变以及激烈的意识形态斗争中应对自如。国人文化自觉和文化自信的底气、源泉来自五千多年深厚的文化底蕴，一个国家只有具备深厚的文化底蕴，才能以自身的文化支撑起国家的强大，才能称得上是文化强国。五千多年的中华优秀传统文化是我们建设文化强国的宝贵资源。时至今日，能称得上文化强国的国家也无一不具有深厚的文化积淀。

（2）文化强国要有繁荣的文化事业和发达的文化产业

繁荣的文化事业和发达的文化产业是文化强国的重要衡量指标。发展公益性文化事业是消除社会文化资源分配不均衡，满足人民基本文化权益的重要方式，是提供国民素质和国家形象的不二法门。目前，从公共文化基础设施落后、城乡文化资源分配不均等方面可以看出，我国文化事业的发展水平还比较滞后，随着国家财政投入的不断增加和文化体制改革的不断深入，我国的公益性文化事业展现出良好的发展前景。应该把发展公益性文化事业作为建设我国社会主义文化强国的重要着力点。文化产业作为一种新兴产业，已成为发达国家发展最快的产业，被视为时代的"朝阳工业"和未来全球经济发展的重要驱动引擎。谁拥有发达的文化产业，谁就能够在国际文化市场占据一席之地。我国的文化产业起步较晚，相较于发达国家，竞争力还十分薄弱，需要把发展文化产业作为重要任务，使其成为国民经济的支柱性产业之一。只有发达的文化产业才能支撑起文化强国的建设，才能增强国家的文化软实力。

（3）文化强国要有强大的文化创新能力和国际影响力

文化发展的生命力在于创新，文化强国要求在继承本民族优秀传统文化的基础上，提升我国文化的创新能力，我们要通过推进传统文化的创造性转化和创新性发展，根据时代和人民需要不断进行文化创新，创作出能够广泛传播并具有国际影响力的文化精品，通过文化创新占领他国文化消费市场，并最终让世界其他国家更多地更真实地了解中国。文化强国要求文化具有强大的国际影响力。文化的国际影响力是一国文化被国际社会所接受的程度，接受的程度越大，越能引领世界文化的潮流，表明该国文化影响力越大，越接近文化强国。如果该国文化总是处于追随状态或边缘位置，那离文化强国还有很大一段距离要走。如封建时期的中国儒学文化传播到亚洲各地，在周边形成具有强大吸引力的中华文化圈；近代英国的崛起让"日不落帝国"的日常礼仪、司法惯例等传播到不同文化背景的人群中；美国作为曾经的世界霸主，其思维方式、价值观念、消费习惯通过好莱坞电影、美式快餐、流行音乐等传播到世界各个角落。

（4）文化强国要有高素质的国民和良好的国家形象

国民素质是衡量一个国家是否是文化强国的基础性指标。国民素质主要包括思想道德素质和科学文化素质。国民只有具备较高的思想道德素质和科学文化素质，才能在现实生活中表现出良好的个人形象，而每个人的个人形象就是国家形象的代表。国际社会常通过国家形象对一个国家的主流文化和战略进行判断和评价。国家形象也是综合国力的总体映象，更是一个国家文化软实力在国际上的整体表达和集中体现。因此，高素质的国民和良好的国家形象是建设文化强国的基础要素。这一要素是国家文化发展水平最直观的反映，是建设文化强国的出发点和落脚点，可以为文化强国建设提供强大智力支撑和精神动力。反过来，文化强国战略也有助于提高国民素质和国家形象。进入新时代，我国正日益走向世界舞台的中央，应该树立与我国国际地位相称的、为国际社会所认可的国民素质和国家形象，这关系到我国文化软实力的提升，关系到国际话语权的提升，关系到文化强国战略的实施，关系到我国和平崛起的进程，更关系到伟大复兴中国梦的实现。

综上所述，"在这个凸显文化的价值和魅力的时代，谁占据了文化发展的制高点，谁拥有了强大的文化软实力，谁就能够在激烈的国际竞争中赢得主动、占得先机"[①]。我国作为世界第二大经济体，在国际政治舞台上发挥着日益重要的作用，正值实现中华民族伟大复兴的关键节点，不仅需要经济复兴、政治复兴，更需要文化的复兴。文化的复兴要求在思想上有高度的文化自觉和文化自信，在经济上有繁荣的文化事业和发达的文化产业，在国际上通过扩大文化的影响力来提高文化的软实力，在国内通过提升文化的创造力来打造文化强国。文化复兴的根基离不开中华优秀传统文化，离不开学校教育。

---

① 沈壮海. 软文化真实力——为什么要提高国家文化软实力 [M]. 北京：人民出版社，2008：12.

第二章　中华优秀传统文化

一、中华传统文化

1.中华传统文化与中华优秀传统文化

　　什么是中华传统文化呢？传统是一个民族或地区在理与情方面的认同和共识，中华传统文化就是中华民族代代传承下来的民风民俗，具体指中华民族在五千多年的历史发展进程中所形成的风俗习惯、生活方式、思想认知、价值共识和人文追求等方面的历史形态，体现在物质文明、精神文明、政治文明、社会文明、生态文明之中。主要包括观念文化、制度文化和器物文化三大类。观念文化是先民们在生产生活中形成的思想结晶和精神产品，是先民的意识形态和价值判断。它是中华传统文化中最核心的部分，也是最有价值的历史正能量，能为当今中华民族伟大复兴中国梦的实现提供积极的思想资源。观念文化体现在先民留下的历代经史子集经典之中，如天人合一的宇宙观、协和万邦的国际观、和而不同的社会观、与人为善的道德观等。制度文化是先民们为了适应生存和社会发展主动建立的典章规范、风俗习惯等有组织的规范体系，它随着社会进步不断向前发展。如国家统治上的郡县制、行省制，国家机构上的三省六部制，中央官吏的三公九卿制，选举人才上的察举制、科举制，教育上的书院制，大明律，中秋赏月、重阳登高等。器物文化是先民在生产生活中利用科学技术进行的发明、创造，包括陶器、瓷器、青铜器、玉器、金银器、漆器、铜镜、古钱、古陵墓、古代服饰、万里长城、四大发明等。中国的器物文化博大精深，涉及先民的衣食住行，是观念文化和制度文化的物质载体。传统文化中的珍品、精髓是中华民族五千多年传承下来的有价值、有意义的历史经验，并能为中华民族未来的发展提供历史借鉴、经验参考，因此被称为中华优秀传统文化。中华优秀传统文化在助力中华民族伟大复兴的伟大征程中将不断得到发扬，同时，传统文化中的封建糟粕也必将在中华民族伟大复兴的伟大征程中不断被过滤而淘汰。

2. 传统文化与文化传统

为了更好地理解中华优秀传统文化，我们要区分传统文化和文化传统的关系。传统文化是历史形成的文化资源，有的在历史发展的过程中已经消失或濒临消失，经过挖掘、抢救、保护依然能够焕发出生命力，例如非物质文化遗产经过抢救性保护可以使其契合现代社会需求，融入现代人们的生活方式之中。文化传统是从未失传仍在民间流传甚至被遵循的文化习惯，例如风俗习惯。我们要对中华优秀传统文化进行创造性转化和创新性发展，使之生动活泼起来，为更多的人喜欢并接受，助力我国文化强国建设，赋能伟大民族复兴事业，这就需要对中华优秀传统文化有一个全面的了解和解读。

3. 国学

想清楚了解中华优秀传统文化是绕不开"国学"的。什么是国学？清华国学院吴宓教授是这样解释的：所谓国学者，乃指中国学术文化之全体而言，历代生活状况、言语变迁、风俗沿革、道德、政治、宗教、思想、学术之盛衰，以至自然界之变化、动植物之考订等都包括在内。通俗讲，国学即中华优秀传统文化，其内容不是一家一派，而是百家之学。国学主要讨论、总结中华优秀传统文化中一以贯之的思想、精神、观念、方法。国学是中华民族的学脉、文脉、命脉、气脉，从中我们可以寻找中华传统文化的起源，寻找滋养中华民族几千年的养分，寻找中华文明发展的内在规律，寻找人们心灵深处的思想观念，寻找中国人之所以为中国人的身份认同，寻找中华民族的价值认同，寻找中华民族的文化基因。国学存在于经、史、子、集四部典籍中。国学体现着中国人的精神气质、文化追求、审美情趣，国学为当前及未来的治国理政、价值共识、文明提高提供文化支撑。当今的"国学热"不是为了钻故纸堆，是为了传播国学。传播国学不能因循守旧，要革故鼎新，活化前人的智慧，为中华民族的伟大复兴提供参考，为中华民族的未来发展提供滋养。

二、中华优秀传统文化的发展历程

中华优秀传统文化博大精深，从孕育、发展至今，经历了漫长而曲折的发展历程。这一历程是中华民族不断认识世界、改造世界的历程，是物质文化、精神文化不断丰富的历程，是人们不断获得解放自身、走向更高水平文明的历程。

1. 中华优秀传统文化的形成期

中华文化源远流长，多元一体，最早可以追溯到原始社会末期，新石器时代的炎帝、黄帝时期，一直到大禹时期，是中华优秀传统文化的形成期。炎帝、黄帝是传说中的人物，生活在姜水、姬水一带，是中华民族的人文始祖。炎帝最大的贡献是发展了原始农业，他发明了农具，并且培育出最早的谷物粟。炎、黄时代，人们食物的主要来源是渔猎，不是农耕，随着人口增多，可供猎取的禽兽不能满足逐渐增多的人们的生活需求，人们必须找到更多的食物才能继续生存下去，在这种环境下，炎帝发明了最早的农具耒耜代替双手种地，提高了耕作效率。在农耕的过程中，人们有了自然、和谐、天人合一等观念的萌芽。炎帝还"耕而作陶"（《太平预览》引《逸周书》），发明了陶器；创立"日市"，教会人们定期聚会进行产品交换；遍尝百草，发明了治病延年的医药；发明了五弦琴，创作《傩舞》《下谋》舞乐。炎帝的这些发明改善了人们的物质生活，减轻了人们的疾病痛苦，愉悦了人们的精神生活，受到人们的拥护和爱戴。黄帝部落的发明也很多，几乎遍及生活的方方面面，其中最为著名的是文字、衣帽、社会制度等。《世本》记载黄帝本人发明了冠冕，仓颉发明了文字，胡曹发明了衣裳。《国语·鲁语》记载"黄帝能成命百物，以明民共财"，这是最早的财产制度。《尸子》记载"黄帝取合己者四人，使治四方"，《管子》记载"黄帝设立了'七辅'、'六相'"，这些设官治民的举措是中国行政制度的开始。这些发明对当时社会发展有很大的促进作用。随着时间发展，炎、黄部落各有一支向东迁徙到中原地区，与晋、冀、豫交界地区的九黎族部落相遇，发生了军事冲突，炎、黄两个部落结成军事联盟打败了九黎族部落，杀死了他们的首领蚩尤。之后，炎、黄两个部落也发生了军事冲突，炎帝部落失败离开中原，分散迁往各地，胜利的黄帝部落成为中原的盟主。在炎、黄部落与九黎族部落战斗时，东夷部落支持了炎黄部落，战斗的结果促进了他们之间的相互融合，形成了华夏民族的主体。炎、黄时代的各部族在冲突融合中频繁地迁徙、接触，促进了文化的交流发展，炎、黄部落把先进的农业带到了东方，东夷部落的生活习惯也传到西方，各部落之间无论是胜利者还是失败者，都在中国这块土地上不断地耕耘着，共同创造着古老的中华文明。此时，作为中华文明多元一体的"一体"，对后世影响较大的《易经》已经成形。中华传统文化应该从炎、黄时代讲起，这是不争的事实。炎帝、黄帝是中华民族的人文始祖，这是不争的事实。我们是炎黄子孙依然是不争的事实，司马迁将黄帝列为五帝之首，颛顼是黄帝之孙，帝喾是黄帝曾孙，唐尧是黄帝玄孙，虞舜是黄帝九代孙，夏朝开国首领大禹也是黄帝的后裔。由此可见，炎帝、黄帝也是有父母子孙的现实社会中的人，而不是虚无缥缈的神，他们之所以成功，是因为他们积极进取，具有为人民、为社会谋利益的精神，相信人的力量，依靠人的努力……这就是中华传统文化中人文精神的雏形。

2. 中华优秀传统文化的雏形期

中华优秀传统文化的雏形期经历了夏、商、周时代。这一阶段在我国境内普遍出现了文字、青铜器、宫殿、祭坛等，中华传统文化开始进入文明时期，祭祀盛行，主要是祭天、祭祖先，尤其是祖先崇拜特别盛行，因此形成早期的宗法观念和宗法制度。在春秋战国时期，中国文化出现第一次大繁荣。随着私有制经济的迅速发展，社会变革一浪接着一浪，世卿世禄的世袭社会向俸禄制的官僚社会过渡，宗法封建制向中央集权的官僚制转变，学在官府发展到学在私门，士阶层兴起，一元文化离析，多元文化发展，诸子并存，百家争鸣，文学、艺术、史学、哲学、医学、数学、农艺、军事学、天文学等各门学科逐渐走上独立分化之路。此时的中华文化达到空前繁荣的水平，形成了《诗》《书》《礼》《易》《春秋》《论语》《墨子》《庄子》《老子》《孟子》等中华经典，系统地展现了中华文化的核心理念，这些核心理念在诸子辩难、百家争鸣中已弘扬开来，为后世中华文化的发展作出了表率。此时的中华文化奠定了中华传统文化的基本构架，创建了中国人的精神家园，影响了中华传统文化乃至整个东亚文化达两千多年，被称为中华传统文化的"轴心时代"。

3. 中华优秀传统文化的定型期

中华优秀传统文化的定型期发生在秦、汉时代。此时，秦汉大一统王朝的建立，使政治大一统和文化大一统的格局基本固定下来。如经学体系的确定，史学体系的确定，统一了度量衡，确定了文字、教育模式、户籍控制、官吏考试等，都极具中国特色。汉族也在此时形成，汉语、汉字、汉方等也在秦汉时代基本定格并沿用至今。经过秦、汉百余年的探索、磨合，到汉朝前期找到了适合集权统治的意识形态——儒家文化。儒家文化吸取了道家、法家等诸子百家的一些思想，开启了独尊儒术的时代，并开始在意识形态上占据主导地位。儒家文化成为至尊之学，两千多年来规范着人们的视、听、言、行。中央集权政体、皇权更替，朝代循环的基本模式形成并固定下来，这一模式对后来两千多年的改朝换代和文化传承影响显著。但是，改朝换代并没有引起中华传统文化的中断，后继朝代总是自觉认同前朝并实现文化接力。秦汉之际、两汉之间是如此，后来历代历朝依然如此。中原农耕文明与周边游牧文明不断地在相互冲突中融和，由于中华民族在政治、军事以及所有的内外事务上都表现出强劲态势，中华传统文化的原创力得以发挥，逐渐赢得强有力的控制地位。此时，中华传统文化由先秦时期的多元走向秦汉时期的整合、一统，中华传统文化也在此时奠定了自己的模式。

4. 中华优秀传统文化的交流期

中华优秀传统文化的交流期发生在魏晋南北朝至唐中叶。此时，中华文化开始大范围地与东亚、西亚、南亚文化进行交流，出现了胡汉文化、中印文化的大融合。首先，魏晋以来，秦汉时代传承下来的大一统的中央集权官僚政治崩溃，经学和名教衰颓，儒学陷入困境。当时的名士"非汤武而薄周孔""越名教而任自然""轻贱唐虞而笑大禹"。这种文风成为魏晋至唐中叶的主潮，最终代之而起的是玄学、佛学的兴盛。玄学、佛学的兴盛也有经济、政治方面的原因，此时的庄园经济和贵族政治导致了封建割据，朝廷对文化的干预力减弱，文化由关注社会转向关注个人，由关注外部转向关注内部，人们开始了对个人生命意义和心性情理的探求。这些内容正是玄学和佛学关注的内容。玄学的发展，解放了两汉以来的思想禁锢，是个人解放、自由的回归。此时，独尊儒术的局面不复存在，儒、玄、释、道多元文化共同存在，相互融合，形成自先秦诸子百家以来的又一次思想文化大繁荣。其次，胡汉文化的冲突融合是这一时期的一大亮点。此时的华夏农耕文明的同化力有所减弱，一方面，北方游牧民族的南下压迫曾经造成"五胡乱华"、南北分治的局面；另一方面，游牧文化又给中华传统文化带来了生机和活力，这种生机和活力造就了隋唐时期的文化高峰。再次，中印文化的大融合开始于此时。佛教传入之初，也曾经与儒、道等文化体系相冲突，经过排佛、灭佛、佞佛、援佛等过程，佛教逐渐实现了中国本土化，最终由冲突走向融合，深刻影响着中国文化的各个层面。到了隋唐时期，佛学成为中华文化史上的奇观。最后，中华文化的中心开始向东向南转移。从东晋南渡开始，中国的经济中心开始移至南方，当时有"赋出天下而江南居十九"的说法。随着经济中心的南移，中华文化的中心也开始向东向南转移。

5. 中华优秀传统文化的成熟期

中华优秀传统文化的成熟期发生在唐中叶至明中叶。唐中叶以来，庄园经济破产，自耕农经济定型，两税法赋税制度开始实行。宋、明时期的赋税改革，明确了朝廷对平民百姓的直接经济关系，经济基础决定了政治上朝廷对平民百姓的统治关系也是如此。通过科举制度选拔人才以来，管理人才直接从地主和自耕农中选拔，门阀贵族淡出政治，政治上出现了来自自耕农经济的士大夫阶层，他们成为朝廷参政议政的主要力量，加之宋朝统治者推行重文轻武的国家政策，文官政治逐渐形成。随着唐宋以来经济的发展，工商业的繁荣，城市的功能越来越全，不仅是政治中心，而且发展成经济、文化中心，市民阶层随之兴起，反映市民生活的小说、戏曲等市井文化开始活跃起来。正统文化在宋、明时期再次出现了大的变化，儒学融合了道教、佛教，理学应运而生。从北宋范仲淹、欧阳修复兴儒学开始，经过南宋朱熹集理学之大成，到明朝陆王心学对理学的反思与总结，理学作为治国齐家的统一准则取得了独尊的地位。此时，在日益强化的君主集权的统治之下，重文轻武之策略虽然防止了武将的割据和篡权，但也导致了国防劣势，使中华传统文化的气质由向往开拓转向精致内敛，国民性格也由汉魏以来的大胆开放变得小心细腻。如人们渐渐失去尚武精神，开始崇尚"万般皆下品，唯有读书高"的思想。此时，中国周边各个民族日渐崛起，游牧文化开始了与华夏本土文化相抗衡的道路，在儒家文化巨大的包容下，最终都沿袭、传承了中原的农耕文化。这次中华传统文化的转折，决定了一千年来中国文化的基本格局和大体走向。严复曾说，"中国之所以成为今日现象者，为宋人之所造就十之八九"。对西方文化来说，"最近几个世纪西方所接触的那个近代中国的大部分特征，就是在这时候出现的"。

6.中华优秀传统文化的转型期

中华优秀传统文化转型期为明末以来到现在，此时开始西学东渐，中西文化交汇，中华传统文化走向近现代化。此阶段的西方，已完成工业革命进入近现代，西方用坚船利炮、廉价的商品及鸦片打开了中国封闭的国门，随之而来的是西方文化的涌入和传播，中华传统文化第一次遇到强势文化的入侵，中西文化的冲突、融合过程异常艰难，也异常痛苦，却赋予了中华传统文化新的发展机遇，中华传统文化开始进入近现代转型期。

明中叶以后，一方面，国内商品经济更加发达，出现了资本主义萌芽的缓慢发展，政治上君主专制统治加强，社会矛盾尖锐，西学的传入更凸显了占统治地位的理学对人们思想的束缚。明清之际，顾炎武、黄宗羲、王夫之等进步思想家提出"民生之本"的思想，开启了近代启蒙思潮的先河。在顾炎武、黄宗羲、王夫之等进步思想家的影响下，朴学在与宋明理学的对立斗争中发展起来。朴学又叫考据学，它批判理学的空疏，注重资料的搜集和证据的提供，其实证精神得到空前的发展。另一方面，西方传教士来到中国，揭开了西学东渐的序幕，中华传统文化继佛教思想传入后再次和国外文化进行了交锋，国外的传教士纷纷来华传教，著名的有明朝万历年间来华的利玛窦，他们给中国带来了西方的先进科学技术，同时也干预朝政，干预中国人拜孔、祭祖的习俗。西学东渐对中国传统文化产生很大的影响，"明其理不谋其力""明其道不计其功"的伦理价值观念逐渐解体，以西方的标准重新评估其价值，其中部分诸子百家的思想重新获得重视，而儒家思想和一些民间风俗信仰文化受到强烈的批判。中国人经过西学的洗礼，对于世界、经济、政治、社会、自然界等的看法有了巨大的改变。内力、外力共同作用推动着中华传统文化的近现代化转型。在西方现代文化的冲击和外族入侵造成的民族危亡面前，中华传统文化中蕴含的忧患意识、变易观念、华夷之辨、民本思想等精神传统，通过近现代化的诠释获得了新的生命，转换为近代的救亡意识、变法自强思想、革命观念等，助推了中华传统文化的现代化进程。

20世纪以来，中国传统文化的变革空前剧烈，表现为五四新文化运动时期以资产阶级的新文化反对封建旧文化的斗争。此后，中国经历了对欧美模式和苏俄模式的学习、选择与扬弃。20世纪70年代末，中国进入改革开放时期，在全球化的时代氛围中，中华传统文化又经历了激烈而复杂的变革。即从农业文明向工业文明的转变，从计划经济向社会主义市场经济的转变，从工业文明向后工业文明转化。尤其是工业文明以来，中国和世界都面临着一系列亟须解决的问题，如信仰危机、道德危机、生态危机、能源枯竭、文明冲突、恐怖主义等。这些问题的解决为中华传统文化提供了前所未有的发展机遇，复兴国学也是在这样的环境下提上日程的，中华传统文化正在揭开蔚为壮观的新篇章。

三、中华优秀传统文化的主要内容

中华文化从孕育发生到繁荣强大，极大地丰富了我国的物质文化和精神文化，其中的优秀部分博大精深，浩如烟海，不可尽数，现只对中华优秀传统文化的主要内容简要概述。

1.中华优秀传统文化之精神部分

（1）中国哲学

中国哲学是中华优秀传统文化的核心内容，其先后经历了先秦子学、两汉经学、魏晋玄学、隋唐佛学、宋明理学、清代朴（实）学、近代新学和现代马克思主义哲学等主要的发展阶段。主要由一元三流构成，一元指《周易》，三流指儒、释、道三家思想。《周易》由《易经》和《易传》两部分组成，从哲学角度出发，主要讲了宇宙周期变化的大规律、人类知变应变的大法则、人生为人谋事的大智慧。对人类生活的方方面面进行了规律性的总结和辩证的阐述，都集中于六十四卦之中。如事物都有两面性，《周易》总结为阴阳的对立统一；对事物间的互相制约、互相依存，《周易》总结为五行相生相克；对万物之间的互相协调，《周易》总结为天人合一；《周易》中还包含着理（宇宙万物变化的规律）、象（宇宙万物发生变化的现象）、数（宇宙万物间相互推演的因果联系）三大法则等。儒、释、道三家核心思想都体现了阴阳中和的精神，都注重修身、养心，都关注人与自然的关系，人与社会的关系，人与人的关系，人的身与心的关系。儒家发扬了《周易》乾卦的阳刚之美，具有自强不息、拼搏进取、百折不挠的出世精神，崇尚中庸之道，讲仁和、教化、正心，内容涉及仁、义、礼、智、信、恕、忠、孝等方面；释家指中国化了的佛教及禅宗，它的轮回说和《周易》复卦中的"反复其道，七日来复，利有攸往"有相通之处；佛、禅中的色、空即是《周易》讲的阴、阳，具有乐善好施、慈悲为怀、普度众生的济世精神，崇尚中观之道，讲平和、清净、解脱、明心，内容涉及三世、六道、轮回、善恶果报等方面；道家发扬了《周易》坤卦的阴柔之美，具有谦虚谨慎、以柔克刚、自然无为的出世精神，崇尚中道，讲顺应自然、柔和、静心，内容涉及道法自然、无为而治、清净虚心、正言若反等方面。三家思想为人们提供了立身处世的行为规范，为人们构建了丰富的精神家园。

（2）伦理道德

伦理道德是中华优秀传统文化内容的灵魂。伦理道德是我国先哲们概括、创造并在历史长河中为老百姓践行的道德。它的孕育和发展离不开中华传统文化的基础和土壤，儒、墨、道、法等各家学派都参与了伦理道德创造，主要以儒家为主，在一定意义上可以说伦理道德的特质是由儒家塑造的。孔子是中华文化史上第一个提出系统的伦理道德理论的思想家和教育家，认为仁就是做人的道德，具体讲就是做一个有道德修养、有学问的君子应当遵守的准则。孔子和儒学都把做人的道德品格摆在重要地位，认为一个人处理事情不能违背道义的原则。孔子说："富与贵，是人之所欲也；不以其道得之，不处也。贫与贱，是人之所恶也；不以其道得之，不去也。君子去仁，恶乎成名？君子无终食之间违仁，造次必于是，颠沛必于是。""君子喻于义，小人喻于利。"（《论语·里仁》）孔子提出的"仁"实际上是各种美德的总称，也就是人的价值标准。孔子有时候称其为"道"，如"人能弘道，非道弘人"（《论语·卫灵公》）、"朝闻道，夕死可矣"（《论语·里仁》）。我国的道德教育，孔子有开创之功。儒学的后继者孟子所说"达则兼济天下，穷则独善其身"（《孟子·尽心上》）、"居天下之广居，立天下之正位，行天下之大道。得志，与民由之；不得志，独行其道。富贵不能淫，贫贱不能移，威武不能屈，此之谓大丈夫"（《孟子·滕文公下》）。这信些条继承了孔子的"仁""礼"思想。从历史的长河看，"三纲五常""四维八德"对后世社会的影响尤为深刻久远，长期影响着中国人的生活实践。中华传统文化的崇德精神也塑造了中华民族的崇德向善的价值观和国民性。中华优秀传统文化的价值取向表现在：第一，重义轻利的价值观。义利观是人生道德选择的首要问题，中华优秀传统文化坚持道义高于利益，在义、利面前要"见利思义""以义为上""舍生取义"。第二，义务本位的价值观。权利和义务的关系问题也是价值观、伦理观的重要问题，中华优秀传统文化坚持义务先于权利。中国人生活在以血缘亲情为基础的家族关系中，父母子女夫妻间的相互义务观念是最自然的义务观念，却不怎么强调彼此间的权利。中国伦理也是强调人际间各尽自己的义务，即"仁以爱人，义以正己"，也就是说要用仁爱之心去爱别人，用责任、义务来要求自己。人最基本的人伦义务是在家孝亲，在朝忠君。君子要以天下为己任，为天下人谋求利益和福祉，被士阶层认为是自己最大的义务和责任。爱国诗人屈原的"长太息以掩涕兮，哀民生之多艰"（《离骚》）、范仲淹的"居庙堂之高则忧其民，处江湖之远则忧其君"（《岳阳楼记》）、顾炎武的"天下兴亡，匹夫有责"（《日知录·正始》）等都是典型的写照。第三，家族本位的价值观。群体和个人的关系问题也是人生选择的重要问题，中华优秀传统文化一向坚持群体高于个人的价值取向，这种价值观源于中国的家族本位。陈独秀曾说："西洋民族以个人为本位，东洋民族以家族为本位。西洋民族，自古迄今，彻头彻尾，个人主义之民族也。"[①] 当时很多的志士仁人为了国家民族的利益不惜杀身成仁，践行着群体高于个人的价值观。大禹的三过家门而不入、墨子的"有力者疾以助人，有财者勉以分人，有道者劝以教人"（《墨子·尚贤下》）、诸葛亮的鞠躬尽瘁、岳飞的精忠报国等精神凝结成了中华民族的传统美德。第四，利他主义的价值观。中华美德教导人们心中要有他人，时时处处为他人着想，要"克己复礼""仁者爱人""舍生取义"。这里的"仁"是爱别人不是爱自己，"义"就是先考虑他人和群体而不是自己，"礼"是对他人的尊重与谦让。"五常"中的"信"也是取信于他人，"忠恕"是为别人尽忠，推己及人。人们在人际交往关系中，总是要"己所不欲，勿施于人"，"己欲立而立人，己欲达而达人"。明代思想家吕坤说过："肯替别人想，是第一等学问。"正是利他主义的写照。第五，和谐的价值观。在人与人的关系上，中华优秀传统文化提倡宽和处事，创造"人和"的人际环境，追求以和谐人际关系为主题的大同社会。孔子说"君子和而不同，小人同而不和"（《论语·子路》）；孟子说"天时不如地利，地利不如人和"（《孟

---

① 陈独秀. 东西民族根本思想之差异 [J]. 新青年，1915，1（4）.

子·公孙丑下》），把"人和"看得高于一切；老子也提到"知和曰常"（《道德经·第五十五章》）；"家和万事兴"（《二十年目睹之怪现状·第八十七回》）；廉颇与蔺相如"将相和"的故事等；从不同的方面体现了中华优秀传统文化对和谐高于竞争的价值取向的认同。

（3）**古代文学**

古代文学是中华优秀传统文化的重要组成部分。中国文学源自《诗经》和《楚辞》，其主流脉络由汉赋、六朝骈文、唐诗、宋词、元曲、明清小说构成。在中国古典文学作品中蕴含着丰富的道德人文精神，它在传承中华优秀传统文化的道路上有其独特魅力。

首先，文学离不开对现实人生的关注。高尔基说过："文学是人学。"中国古代文学正是以其关注人的方式影响了一代又一代的中华儿女，为人的现实存在寻找精神家园，为人的存在提供精神关怀和人文关怀，给人的信仰确立一个精神支撑和价值导向。因此，可以用文学对人进行道德教育。对此，古人已经认识到并做到了。例如萧统认为读陶渊明的诗可以"驰竞之情遣，鄙吝之意祛，贪夫可以廉，懦夫可以立"，意思是说陶渊明的诗不但是道德伦理教育，还可以陶情养性，塑造人的品格。

其次，中国古代文学艺术地展现了社会生活和人类的感情，以古诗为例做一说明。古诗探讨诗心、诗眼、诗情、诗才，这些正是诗人道德、人文精神的写照。唐代李绅有一首《悯农》诗："春种一粒粟，秋收万颗子。四海无闲田，农夫犹饿死。"前三句都在写自然现象和社会真实情况，面对这种景象，多数人可能看到的是丰收太平，李绅看到是却是"农夫犹饿死"。这不免让人深思一个问题："春种"后能"秋收"说明自然的风调雨顺，也说明农民的勤劳，"一粒粟"到"万颗子"形象地写出了丰收的情况，"四海无闲田"说明农民的辛苦，收的粮食也很多，农民应该是丰衣足食的，谁知道现实情况却是"农夫犹饿死"。到底是谁剥夺了农民的劳动果实置农民于死地呢？诗人虽然没有正面给出答案，但政府的繁重赋税已经无处遁形，社会的不公也无处可躲，表达了作者忧民的责任感。杜甫在《茅屋为秋风所破歌》中描写了自己屋漏偏逢连夜雨的窘迫和痛苦后，喊出了"安得广厦千万间，大庇天下寒士俱欢颜""吾庐独破受冻死亦足"的声音，这体现了诗人推己及人，有人无己的利他主义诗心。

再次，中国古代文学把修身养性、独善其身、忧患苍生、兼济天下的思想融合在其中。这些思想对于现代人的人格塑造，道德修养以及加强我们的内在精神生活和精神境界都有巨大的作用。例如古代的士阶层有强烈的忧患意识、崇高的社会责任感与历史使命感。他们总是以主人翁的姿态在国家、民族最危亡的时刻挺身而出。文天祥的"人生自古谁无死，留取丹心照汗青"（《过零丁洋》），范仲淹的"先天下之忧而忧 后天下之乐而乐"（《岳阳楼记》），"天下兴亡，匹夫有责"（顾炎武《日知录》）等这些文字背后都蕴含着作者心系祖国命运、民族兴亡、人民幸福的社会责任。

今天，面临着日趋复杂多变的现代社会，中国古代文学中蕴含的中华优秀传统美德作为强大的精神动力激励着现代人去向着更高的理想努力奋斗，在现代社会的延续与发展中不仅给广大中国人民而且给整个中华民族以新的指引。

（4）古代宗教

中国自古是个多民族的国家，每个民族都有自己的鬼神崇拜、图腾崇拜、祖先崇拜和自然崇拜等，因此，中国古代的宗教也是多种多样的。自秦汉以来，国内的和外来的宗教有道教、佛教、景教、摩尼教、伊斯兰教、祆教等；少数民族中还流传萨满教、本教、东巴教等；到宋元明清期间，民间流传着明教、魔教、白莲教、罗教、黄天教、弘阳教、圆顿教、八卦教、清水教等。这些古代宗教大概有百种以上，其中流传时间最长、地域最广、最具有思想文化意义的古代宗教，就是佛教与道教，它们是中国古代宗教的主体。

第一，佛教。佛教是外来的，它创建于印度，在西汉末年经中亚从印度传入中国，它的翻译有"释教""佛陀""浮屠""浮图"等多种，其内容有四大（地水火风）皆空、人生为苦，以追求精神解脱，即看破红尘式的觉悟为最高目标。佛教传入中国后，就与中华传统文化逐渐融合，佛教内部各宗派之间也有融合，最终成为中华文化的一个重要组成部分，这就是佛教中国化的过程。由于佛教在中国化过程中走在其他外来宗教之前，所以，佛教在中华传统文化中的影响最久远。佛教与中国传统文化的融合，从两汉时期就开始了，到隋唐时期臻于成熟，经历了七八百年的时间。按其中国化的深浅程度大致可分为"格义""玄化""儒化"几个阶段。两汉至三国、两晋时期是"格义"阶段，"格义"由前秦僧人竺法雅首创，用中国传统思想中的名词、概念去比附和解释外来佛教的经义，使人易于理解。这种方法曾经推动了佛教事业的传播发展，但多有牵强附会，背离佛经的原义。因此到了南北朝时期，佛教学者开始力求从形式上的中国化向内容上的中国化转变。南北朝时期盛行玄学，佛学逐渐与玄学融合，史称"佛玄"时期。佛教中的"般若"学说同玄学不同派别的观点都有关系，从而形成了此时期的或"崇有"或"贵无"的"六家七宗"。随着玄学的没落，佛学又改变了其存在方式，在隋唐时期新儒学思潮的推动下，佛教各宗派相继建立，实现并完成了佛教的儒学化。佛教从形式到内容上都与儒学融会贯通，形成了一体化。在理论观点上，佛教最大的特点是用儒家的心性说改造了印度佛教的佛性说，把佛从外在的偶像变成人内心的信仰。禅宗中就有"佛向性中作，莫向身外求"（《坛经》）的著名观点，强调身外无佛，我就是佛，把自己看作是与佛平等的人。可以看出，以禅宗为代表的中国佛教突出了个体意识，把对佛的信仰移植到人民的心性之中，这种思想反映了儒家学说的"人学"精髓。禅宗的修行方法是"顿悟顿修"。禅宗认为"一切万法尽在自心之中"，人们只需"识心见性"，能立即"见性成佛"。这与儒家的"默而识之"（《论语·述而》）的内省体验方法十分接近。在价值观上，佛教不断地从儒家的入世价值观中吸收利于自身发展的观点，从出世间求解脱向不离开世间就解脱的方向发展。如禅宗认为在家修行亦可，不必一定要住进寺院，宣传在日常生活中就能实现成佛的理想。在艺术上，从印度传入的佛教造像、佛画、造塔等随着佛教的中国化过程实现了中国化和民族化，隋唐时期的许多佛教造像中都有儒者的气象。如龙门奉先寺的卢舍那佛就是很好的写照。佛教的许多壁画也表现出刚健有力的审美情趣，这与《易经》中的"天行健，君子以自强不息"的奋发向上的阳刚之气相通。佛教内部各宗派之间的融合也是佛教中国化的一部分，体现了中华传统文化中的融会贯通精神。佛教作为外来文化，必须适合中华传统文化的精神才能在中国立足，对中华传统文化来说，消化吸收外来文化可以去芜存精，有利于中华传统文化的发展。

第二，道教。道教产生于东汉中叶，它把老子及其《道德经》神化，尊老子为教祖，奉若神明。把《道德经》作了宗教性的解释，并作为教派的主要经典。它的教义认为：人通过一定的修炼可以使精神、肉体长生不老，成为神仙。东汉张陵创立的"五斗米道"和张角创立的"太平道"是早期道教的两个重要派别。道教是在中国古代宗教信仰的基础上，吸取了方仙道、黄老道、儒学、墨家等宗教或学派的一些观点和方法逐渐形成的。道教从产生时起就表现出"杂家"的面貌，包含了多个文化品种，是一个兼容并蓄的文化体系，是中华传统文化融会贯通精神的典范。

道教与经学的关系。经学指注解先秦时期各家子学经书的学问，是中国古代学术的主体，是儒家学说的核心组成部分。经学对道教形成的影响贯穿于两汉。清末的夏曾佑说："西汉由方士并入儒林，东汉再由儒林分为方术，于是天文风角河洛风星之说，乃特立于六艺之外，而自成一家。"（《中国古代史》）西汉的董仲舒在《春秋繁露》中创造求雨止雨的仪式，设坛祈福作法，是儒生宣传方术的开始。东汉的许多今文经学家都精通方术。两汉经学中的谶纬之学盛行，其中的谶语、宗教预言、禅让精神等被道教吸取，此时的儒生和方士已经合流，谶纬之学成为道教产生的直接的文化渊源之一。

道教与墨家的关系。最早的道教经典《太平经》继承了墨家"天志""明鬼"的宗教思想，也吸取了墨家主张劳动、互助、兼爱、交利等代表小生产者利益的社会思想。如墨子认为天之意"欲人之有力相营，有道相教，有财相分"（《天志中》）；《天平经》也说"诸神相爱，有知相教，有奇文异策相与见，空缺相荐相保"（《太平经》卷160）；墨子反对"腐朽余财，不以相分"；《太平经》也说"积财亿万，不肯救穷周急，使人饥寒而死，罪不除也"（《太平经》卷67）。

道教的文化结构是多门类的。包括道教思想、建筑、医学、音乐、美术、文学等。道教建筑汉朝称"治"，两晋称"庐"，南朝称"馆"，北朝称"观"，唐朝一律称"观"，唐末较大规模的称"宫"，个别民间主祭俗神的建设称

"庙"。道教建筑设计的思想体现了阴阳五行说及道教追求的吉祥如意、长生不老、羽化成仙等思想，它还将壁画、雕塑、书画、联额、题词、诗文、碑刻等多种艺术形式与建筑物综合统一，巧妙安排，具有较高的文化水准和多彩的艺术形象。

道教与道家的关系。道教吸取了道家的思想，建立了道教的宗教世界观，这是道教思想的主体部分。道教与道家的融合，既体现在以老子为道教教祖，以《道德经》为道教经典，又体现在对"道"的崇拜与信仰上。首先，道教徒们都讲"道"，他们讲的"道"继承了"道"的世界本源的意思，强调"道"的神秘性，说"道"有思想、意识、性情，把"道"人格化了，把"三清尊神"（元始天尊、太上道君，太上老君）作为"道"的人格化身。这样道教信奉的"道"就具有了神仙创造世界的意义，把道家的本体论引向了宗教。其次，道教徒发挥了老子关于"德"的思想。他们解释"德"就是"得"的意思，"德道"就是"得道"，阐述了如何"得道"的问题。道教得道的方法分内修外炼两部分，又叫内丹和外丹。内丹通过坐忘、寡欲、主静等吐故纳新练无形的内功，其中有许多道家的养生理论。外丹是用铅汞等矿物冶炼成的丹药，服食可以长生不老。

道教与儒家的关系。道教吸收了儒家《五经》的思想，建立了道教的宗教伦理制度，把神仙世界和现实的教职制度给以等级化，平时人们说的方丈、主持、监院就是职务上的等级。道教把儒家的忠孝思想和性命学说作为道教教义的重要组成部分。

道教与佛教的关系。道教与佛教在历史上曾经有过激烈的争论，除去政治因素外，双方辩论的目的还有求同去异。在两教的关系史上，道佛互补是发展的主流。道教吸取了佛教的宗教制度编造道书，制定道教的科仪。如道教不杀生、不荤酒、不口是心非、不偷盗、不淫邪的"老君五戒"（初真戒），地狱、饿鬼、畜生、人、天"五道"（《道教义枢》卷七），除个别字外都是模仿佛教而来的。道教还吸取了佛教的某些宗教理论。道教本来只讲"不死""成仙"，不讲"灵魂""轮回转生"，但是，由于佛教的"轮回转生"既可以加强宗教力量对人们心灵的控制，又对人们的丑恶行为具有一定的抑制作用，因此，道教徒也假托真人之口把佛教轮回转生之说引入道教。《真诰》中说"人为道亦苦，不为道亦苦，惟人自生至老，自老至病，护身至死，其苦无量"，这与佛教的"四谛"义非常相似。为此，道教在修炼方法上也从练内形积外功，扩展到养神修心性。在心性观点上，体现了道教与佛教、儒学的殊途同归。

总之，佛教和道教积累了大量的经卷文书，留下了大量的文物宝藏，对中国的思想文化、科技文化、形象文化作出了重要的贡献。佛教对中华传统文化的思想文化贡献很大。佛学从本体论、认识论、道德论、时空论等方面丰富了中国哲学的内容，引发了宋明理学新的思想流派的产生。道教对中华传统文化中的科技文化贡献很大。道教把内外丹理论与中国传统医学理论相结合，把调息、按摩、导引、行气等养生术纳入医疗技术领域，把炼丹术发展为制药手段。道教的传统的院落式建筑为世俗建筑提供和积累了不少新颖设计、工艺等，其建筑布局、风格、技术对现代建筑仍有借鉴作用。形象文化中出现了文人佛、道画等新品种的传统国画，以东晋画家顾恺之、北齐画家曹仲达、唐朝画家吴道子最为著名。此外，在传统文学中出现了一批以佛、道为题材的名家作品，这些作品给文学领域带来了新的意境、新的文体等。唐朝有仙、佛诗，如《登泰山诗》描写了清斋修炼的生活感受。"清斋三千日，裂素写道经。吟诵有所得，众神卫我形。"宋词中许多内容来自道教故事，明清时期的小说《西游记》《封神演义》中有典型的道教内容。

2.中华优秀传统文化之物质部分

（1）古代学校

学校是传承文化，培养人才的地方。了解中国古代的学校，有助于我们深入理解和把握源远流长的中华传统文化。与中华悠久的历史文明相适应，中国古代很早就产生了学校，先后出现了官学和私学两种办学形式，两者相互补充，协调发展，在长期的办学中积累了丰富的教学经验，传承了中华优秀传统文化。

原始社会时期，经过漫长的时间流逝，我们的祖先在生产、生活的过程中逐渐积累了一些知识、经验，例如学会了打制石器，知道用火把食物烧熟了吃。为了使年轻的一代能更好地生存下去，长辈们自然会把如何制造石器和运用火种的知识告诉给下一代，这就是最初形式的教育活动。古书记载"（燧人氏）钻燧取火，教民熟食"，"伏羲氏之世，天下多兽，故教民以猎"，"神农……教民农作"等，都属于这种教育活动。这种教育活动根据生产、生活的需要而定，没有固定的场所和特定的对象，有很大的随意性，可以称之为简单的生产、生活教育。到原始社会后期，随着生产力的发展，积累了相应的财富，氏族中的集体生活越来越丰富，在教育上除了生产、生活知识的传授外，氏族公社的集体意识和风俗道德等思想教育随之出现。西安半坡村遗址的考古资料表明：……中心有一座公共活动的大房子。这座大房子既是氏族成员讨论公共事务的场所，又是进行思想教育的地方。在这些活动中很自然地形成了一定的集体意识和风俗习惯。但这不是正式的教育机构，正式的教育机构是随着语言文字的发展以及一部分人可以脱离体力劳动而成为专门的脑力劳动者时的产物。夏朝时期，《孟子·滕文公上》说"夏曰校"；《礼记·王制》说"夏后氏养国老于东序，养庶老于西序"，但至今没有出土的文物证实。商朝时，随着经济、政治、文化的进一步发展，商朝的学校不仅有文献记载，也有出土文物的佐证。商朝学校的名称叫庠。《礼记·王制》说"殷曰学"，确有事实根据，具备了正式学校的基本形态。学校除了进行基本的书写、算数的传授外，还重视宗教、军事、礼、乐的教育。由于殷人发动战争前和进行祭祀活动时常常配有相应的仪礼和音乐，因此，尤其重视乐教。西周时期，学校制度初具规模。此时学校包括国学和乡学两个系统，国学是中央官学，设在王城和诸侯国都城里；乡学是地方官学，设在郊外的乡、州、党、闾等地方行政区域之中。国学又分为大学和小学两类。其中大学又有两种情况，周王城中的大学称为辟雍、学宫、大池、射卢等，诸侯国中的大学称为泮宫，其建筑都在三面环水、一面森林的风光秀美之处。国学中的小学也有两种情况：一种设在宫廷附近的贵胄小学，一种设在郊区的一般小学。关于乡学，《周礼》说："乡有庠，州有序，党有校，闾有塾。"《学记》也说："家有塾，党有庠，术有序，国有学。"这些记载说明西周时期出现了地方官学。此时开创了官师合一、政教合一的办学原则。西周时期的教学内容是以"六艺"为核心的礼、乐、射、御、书、数。这些内容无论国学还是乡学都必须学习，旨在为国家培养文武兼备的人才。西周还建立了初步的教学管理制度，《学记》记载了隔年一次的考核制度。到了西周末期，由于王室衰弱，诸侯纷争，"学在官府"的局面开始动摇，文物典章也开始从官守的秘府流向民间，官学逐渐衰废，出现了"天子失官，学在四夷"的新局面。到春秋中后期，私家讲学次第崛起，并很快出现了繁荣的景象。

进入封建社会，一种新的官学开始形成，齐国的稷下学宫就是很好的范例，它主动吸收了当时私学自由办学的优点加以创新，这对后来封建官学的发展产生了深远的影响。秦始皇统一中国后，"以法为教"，排斥官学和私学。封建官学制度的初步形成应当从汉武帝兴学开始，经历代王朝的不断发展而趋于完善。封建官学的教学形式从汉朝太学盛行的大班讲课与学生课外进修相结合，到宋朝官学的分科教学，再到明朝国子监的历事制。封建官学设立了严格的考试制度，汉太学时"设科射策"，唐朝实行旬考、岁考、毕业考三种考试制度，宋朝王安石首创"三舍法"考试。宋朝的"三舍升贡法"第一次把中央官学和地方官学联系起来构成学制系统。元明时期的考试制度，在宋朝考试制度的基础上又有创新。封建官学还建立了学校行政管理体制，中央政府设有专门的教育行政管理机构。

私学是在西周官学衰落的过程中发展出来的，它繁荣了学术文化，形成了"百家争鸣"的局面，培养了许多杰出的人才，促进了封建王朝中央集权的形成。封建王朝的统治者热衷于官学建设，但对私学也不禁止，使私学在2000多年的历史长河中得以绵延、发展，形成了与官学不同的办学特色。封建私学的贡献主要体现在两个方面：一方面形成了相对自由的办学方针和独特的教学风格，推动了封建社会学术思想和科技文化事业的综合发展。另一方面承担了封建社会的启蒙教育任务，弥补了国家官方办学的不足。

（2）文物文化

中国古代文物包括玉器、青铜器、陶瓷器、金银器、书法、绘画等。

玉器文化。玉器从简单的装饰品发展为古代宗教祭祀用品和礼仪用品，又发展为象征高尚道德品质的佩戴品，最后上升为内容丰富的艺术欣赏品，深刻反映了不同历史时期的社会意识。特别是人们把玉的自然特性道德化，使它在政治、宗教上，思想文化上扮演了特殊的角色，发挥了其他艺术品不能取代的作用，这在世界文化史上都是未曾有过的，体现了鲜明的民族特色。

中国古代玉器最初是装饰品，多为小型玉饰品，到了新石器中晚期时，大型玉饰品出现，政治含义渗透到玉器饰品中，主要是不同的玉饰品代表着不同的社会等级观念，开始了玉文化的礼制时代。商朝雕琢了大量绚丽多彩的玉制礼器用于祭祀，西周灭商后，制定了与宗法制相适应的祭祀制度，这些等级制度观念在玉礼器的使用中凸显出来。《周礼》规定："以苍璧礼天，以黄琮礼地，以青圭礼东方，以赤璋礼南方，以白琥礼西方，以玄璜礼北方。"祭祀天、地、四方神祇要用不同的礼玉。《周礼》还规定："以玉作六瑞，以等邦国：王执镇圭，公执桓圭，侯执信圭，伯执躬圭，子执谷璧，男执蒲璧。"这是对王和公、侯、伯、子、男五个等级的封国国君使用玉礼品作了严格的区分。此时期，玉礼器成为天国和人间的等级标志。春秋战国时期，随着"礼崩乐坏"，人们的思想观念发生了变化，玉礼器的功能也随之发生了变化。玉礼器开始在朝觐、盟誓、婚聘、殓葬等方面产生作用，轻神重民思想开始发展起来。玉器也被用来比喻君子的德性。《礼记》说："玉温和柔润而有光泽，象仁者的德性；细致精密而坚实，象智者的德性；有棱角而不伤害人，象义者的德性，佩玉悬垂下坠，象君子谦恭好礼。"秦汉时期，玉器的礼仪性质减弱，装饰意义增强，由于摆脱了礼制观念的束缚，玉器的艺术美凸显出来，玉器向艺术品转化。三国两晋南北朝时期，随着道教的发展，人们将玉看作是延年益寿的药物，出现食玉之风，但并没有影响玉器的装饰特征。玉石经由人的雕琢渗透进了人的思想感情，成为社会发展的印记，成为文化的载体。

青铜器文化。青铜是相对于红铜而言的。红铜是未经过人工掺杂的自然铜，具有一定的金属光泽和延展性。它是原始人在寻找石料制造石器的过程中发现的。红铜的发现和利用，对青铜器的创造发明积累了技术和经验，为由铜石并用时代过渡到青铜时代奠定了基础。青铜，古时又称金或吉金，是红铜和锡的合金，呈青灰色。它的熔点低于红铜，硬度却高于红铜。殷商和西周时期是中国青铜文化繁荣鼎盛时期，因而被称为青铜时代。当时的青铜冶炼作坊规模宏大，工匠们掌握了较高的冶炼技术，铸造出来的器物种类繁多，色彩绚丽，其中的礼器和乐器代表了此时青铜器的最高水平。春秋战国时期，青铜器逐渐成为黎民百姓的日用之物，青铜器的风格也从厚重转向轻便，造型由庄正转向奇巧，纹饰由定式转向多变，出现了以攻战、宴乐为题材的写实性纹饰。

青铜器中蕴含的传统文化。首先，青铜器反映了当时宗教崇拜和祖先崇拜的特色。商朝统治者将大量的青铜器放在宗庙里供祭祀和礼拜，他们死后这些青铜器被用来陪葬。青铜器的纹样、形状也表现出诸如饕餮、夔龙等的宗教崇拜特征。西周时期，在什么地方祭祀什么神，用什么样的青铜器皿等都有严格的规定。随着疑天、崇德思想的出现，到西周末期主要用于祭祖敬神的青铜器皿日益失去了神秘色彩和威慑力量，青铜器的宗教色彩减少了。其次，青铜器反映了当时的礼制特征。商朝统治者用青铜酒器的多少表示自己的省份和地位。西周中期，礼器中炊食器的比重增加，鼎成为表示地位和身份的主要标志，并形成一套严格的用鼎制度。如"礼祭，天子九鼎，诸侯七，大夫五，元士三"（《公羊传·桓公二年》）。同时，鼎还与一定数目的簋、盘、壶相配。还有一些青铜礼器是国家政权的象征，谁拥有这种礼器，就意味着谁得到了政权，若失去了它就意味着失去了政权。这是青铜器中蕴含的尊卑贵贱等级和等级秩序的礼制思想。最后，青铜器中蕴含着艺术价值。青铜器造型形式精致，气魄雄伟，纹样装饰奇特生动，尤其是青铜器的铭文（又叫金文）具有较高的审美价值。这些对以后的雕刻艺术、书法艺术有很大的借鉴意义，是中华传统文化的重要组成部分。

陶瓷器文化。陶器和瓷器是古代人们使用的最普遍的生活用具。陶器是用易熔的黏土掺和沙子或炭末等制成坯料，再用火烧制而成。瓷器是用高岭土制坯烧制而成。瓷器的烧制温度比陶器高，吸水率比陶器低。陶器的历史比瓷器长，陶器可以追溯到炎黄时期，当时最有特色的是彩陶，殷商、西周时期的制陶工艺吸取了青铜技术的一些长处，取得了很大进步。刻纹白陶烧制成功，是制陶工艺上的一个重要的里程碑。春秋战国时期，陶器主要是建筑用陶和冥用陶两个方向。当时各诸侯国大兴土木，亟须大量的陶制材料，如陶水管、秦砖汉瓦。当时的人去世后，人殉、牲殉也逐渐减少，多采用陶器来殉葬，冥用陶制作变得讲究起来。如秦始皇陵出土的兵马俑反映出秦国国力的强盛。汉朝冥用陶的题材更加丰富，从日常生活到各种奴仆俑、乐俑，应有尽有。隋唐时期的三彩俑、武士俑、天王俑也是陶器中的瑰宝。唐朝以后，由于瓷器的日益发展，陶器地位日益衰落。古代陶器反映了原始宗教、原始审美，尤其是彩陶的纹饰反映了丰富的社会生活。商周汉唐以来，陶器更多的是反映人和社会，在反映客观自然的时候，也反映了人对自身的主观认识，体现出汉唐文化的人文精神。总之，陶器作为文化信息的载体，是中华传统文化的组成部分。

瓷器是在陶器的基础上发展而来的，青瓷是最早的瓷器。瓷器技术的成熟是在东汉时期。东汉末年的青瓷，质地温润细腻，表面光泽度很好，胎釉内部结构紧实绵密。魏晋南北朝时期，南方的瓷器生产一直处于领先状态，浙江越窑可作为一个典型代表。由越窑生产出来的黑瓷和青瓷，打破了传统青瓷的颜色格局，展示了不断创新的精神。三国时期越窑的瓷器产物，质地更加细腻，以浅灰色为主，器型更加丰富，造出了碗、盆、钵、耳环、香炉等日用品。西晋时期，还出现了鸡壶、烛台等新器型。南朝佛教兴盛，瓷器上的样式多以莲花为主。隋朝时期，瓷器进入一个持续稳定的发展阶段，瓷器不仅造型多，而且成为百姓不可或缺的日用品。唐朝时期，形成了"南青北白"的制瓷格局。南方的越窑青瓷独具特色，被称作"诸窑之冠"。北方邢窑白瓷的发展史可以追溯到北朝。宋朝瓷器打破原来的发展规律，增添了彩绘、青白釉等颜色，极具艺术欣赏性。瓷窑分为民窑和官窑两种，民窑制作瓷器注重实用性，制作成本和工料没有官窑讲究。元朝的忽必烈设立了"浮梁瓷局"，为瓷器之乡景德镇的诞生创造了物质条件，为瓷器的发展打下了良好基础。元代时期的景德镇，在工艺上的新成就是青花和釉里红的烧制。明清两朝，景德镇的"瓷都"地位确定，使景德镇窑统治明清两朝瓷坛长达数百年。时至今日，景德镇仍然闻名于世，其彩绘和釉瓷制作工艺是最突出的。

从瓷器的造型和装饰来看，它体现着中华传统文化的面貌。如历代瓷器的造型和纹饰既有自然界的山水花鸟鱼虫，又有人类自身，反映着人与自然的和谐统一；历代瓷器反映了人们对生活的热爱和信念，表现出中国传统文化的入世精神；瓷器上的历史故事，艺术地反映了某些历史事件，使人感受到历史与现实的联系。中国的瓷器以其独特的民族文化特色代表着中华文明而闻名世界。

金银器文化。金银器指用金、银制作的器物、装饰、用具等。金器的出现要早于银器。由于金银贵重，金银器的数量远不及青铜器、玉器、陶瓷器那么多。但它们都是精心制作的，具有较高的文化价值。古代社会的信仰、宗教、生活、习俗、民族文化特色等都在金银器中有所反映。我国金器最早出现在商朝，主要是一些小件金饰品，种类、数量不多。春秋战国时期，用黄金、白银制作的饰品种类、数量有明显的增多，还出现了我国最早的黄金器皿。秦汉时期，金银器的工艺制作水平有所提高，从青铜器制造工艺中分离出来，成为独立的工艺部门，在金银器的种类上出现了动物造型及饰品，金银印玺也出现了。三国两晋南北朝时期的金银器中，有从波斯萨珊王朝传入的器物，反映了当时的中外文化交流相当繁荣。隋唐时期经济发达，金银器中出现了诸如棺椁、佛塔等以前没有的新器物，金银器物上的各种纹饰让人眼花缭乱。宋辽金元时期，城市经济的发展促进了商品生产的发达，此时的金银器不再是皇室贵族、王公大臣们的专用品，它开始从上层社会进入富裕的平民家庭及酒肆妓馆，成为市场上的一般商品。金银器的风格充满诗情画意，更富生活气息。辽时期的金银器凸显了民族色彩。金时期的金银器出现了制作者的铭文、款识、诗词文章等确切的文字材料。明朝的金银器没有多少创新。清朝时期的金银器空前发展，金银器涉及的领域遍及政治、生活、佛事的各个方面，反映了当时统治阶级的奢侈生活、经济的繁荣和科技水平的提高。金银器的发展反映了丰富的传统文化内容：出土于四川广汉三星堆的"金面罩"及佛塔基地宫内的金银器反映了古代人们的崇拜和信仰；出土于四川广汉三星堆的"金杖"象征统治者的身份和权力，反映了当时的等级观念；少数民族金银器上虎狼相斗的纹饰反映了游牧生活的民风民俗，中原地区金银器的龙、凤、羊、石榴、莲蓬等祥瑞动植物纹饰表达了人们对美好生活的向往。金银器手工技艺精细复杂，造型纹样取材广泛，文化内涵寓意深刻，不仅是中国古代工艺美术史的一颗璀璨明珠，而且是中华民族的智慧结晶。另外，《本草纲目》记载，银有"安五脏，定心神，止惊悸，除邪气"之功效，还是人们健康生活的好伴侣。

（3）艺术文化

在我国瑰丽的艺术宝库中，艺术精品当属中国的书法和绘画。有人认为伏羲画卦、仓颉造字，开书画之先河。我国亦有书画同源之说，文与画在最初本是一个意思。由画自然记事，到抽象成象形文字，象形文字又促进了画的发展。中国书画是中国传统文化最重要的有形表现形式，它们的艺术魅力是中华优秀传统文化的重要组成部分，在世界艺术之林中占有独特的地位。

书法的发展过程和汉字的发展过程是一致的。汉字起源于六法，即象形、指事、会意、形声、假借、转注，它从甲骨文、石鼓文、金文（钟鼎文）演变为大篆、小篆、隶书，到东汉魏晋时期，定型于草书、楷书、行书等。书法艺术是借助汉字的书写，充分发挥毛笔的特殊性能，通过点线的变化来表达书写者的审美思想、学问修养、性格气质等精神方面美的艺术。中国书法的特点是：一笔一画、一字一文的有机组合，浑然天成，错落有致，或刚或柔，或似刀剑锋芒毕露，或似美玉圆润柔美，形如刀砍斧凿、行云流水，不一而足。书法常常被认为代表书写者的一种意境而独成一家，对后世影响深远，一直散发着艺术的魅力。在国内，书法艺术具有广泛的群众基础，一般的人都能写一手漂亮的汉字。同时，中国的书法已经走向世界，传播到日本、韩国、新加坡、朝鲜、马来西亚等国家。随着中国日益走向世界舞台的中央，国外的一些艺术家、学者，甚至一般民众都开始学习、欣赏甚至收藏中国的书法。中国的书法在世界舞台上已经成为象征中华文化的标志以及文明对话的名片，成为向世界传播中华文明的载体和途径。中国书法艺术有两项基本要素：书写汉字和使用毛笔。方块汉字有独特的结构和丰富内涵，中国书法的篆、隶、草、楷、行每个流派及个人风格都是通过书写汉字表现出来的，离开了汉字就没有书法可言了。毛笔柔软富有弹性，最适宜表现千变万化的书写风格，不同大小的字，不同书体的字，可以选择不同性能的毛笔，只有发挥出毛笔的性能才能体现出书法的艺术魅力。书法创造不只是简单的写字，要把字写好，达到较高的艺术水平，还需要借助学问的修养，正如苏轼所说："退笔成山未足珍，读书万卷始通神。"书法艺术体现了传统中国哲学的内涵，如周易的阴阳二气，儒家的中庸之道，道家的崇尚自然，禅宗的顿悟静修等都为书法的美学、艺术打下了深刻的印记。因此，有人说书法教育是国魂教育。书法艺术以文学为内容，写字要写优美的诗词文句，人们在欣赏书法美的同时感受文学带给人的愉悦。东晋王羲之的《兰亭序》就是书文并美的典型，被称为"天下第一行书"。除此之外，历代名家的书法代表作还有：褚遂良的楷书《雁塔圣教序》；欧阳询的楷书《九成宫醴泉铭》；柳公权的楷书《玄秘塔碑》；颜真卿的楷书《颜勤礼碑》；怀素的狂草《自叙帖》；苏轼的行书《黄州寒食诗帖》；黄庭坚的行书《松风阁诗帖》；赵构的草书《洛神赋》；赵孟頫的楷书《胆巴碑》。其中欧阳询、颜真卿、柳公权、赵孟頫被称为楷书四大家。

中国绘画又称国画，具有悠久的历史，远在没有文字以前就有了绘画的萌芽，如伏羲画八卦。最早的画可以追溯到原始岩画和彩陶画，这些早期绘画奠定了后世中国画以线为主要造型手段的基础。春秋战国时期出现了画在丝织品上的绘画——帛画；两汉魏晋南北朝时期，随着域外文化的输入与本土文化的融合，绘画形成以宗教为主的局面，描绘本土历史人物、取材文学作品亦占一定比例，山水画、花鸟画亦在此时萌芽，对绘画自觉地进行理论上的把握，提出品评标准；隋唐时期社会经济、文化高度繁荣，绘画也随之呈现出全面繁荣的局面，山水画、花鸟画已经成熟，宗教画达到了顶峰，出现了世俗化倾向；五代两宋又进一步成熟和繁荣，人物画已转入描绘世俗生活，宗教画渐趋衰退，山水画、花鸟画跃居画坛主流，文人画的出现对后世影响很大，极大地丰富了中国画的创作观念和表现方法；元、明、清三朝，水墨山水和写意花鸟得到突出发展，文人画和风俗画成为中国画的主流，随着社会经济的逐渐稳定，文化艺术领域空前繁荣，涌现出很多热爱生活、崇尚艺术的伟大画家。历代画家们创作出了名垂千古的传世名画。唐朝阎立本是人物画的先驱，驰名于隋唐，代表作有《步辇图》等；画圣吴道子擅长画释道人物，所画衣带当风飘舞，有"吴带当风"之说，传世作品有《送子天王图》等；王维擅画水墨山水，他将诗与画融合为一，开文人画之先河，苏东坡称赞他"诗中有画，画中有诗"，其代表作是《辋川图》；北宋张择端擅画界画，喜画城市、宫室景物，尤其是舟车、市街、桥梁，画得惟妙惟肖，独具风格，代表作为《清明上河图》；南宋马远擅画山水，与夏圭、李唐、刘松年合称"南宋四大家"，代表作有《踏歌图》等；元朝黄公望首创"浅绛"山水，与吴镇、倪瓒、王蒙合称"元四家"，最著名的作品为《富春山居图》；明朝徐渭擅画花鸟、山水、人物，开启了明清以来的水墨写意画的新途径，传世名作为《墨葡萄图》；清初的朱耷擅长水墨花卉、禽鸟，其水墨画对后来的写意画影响很大，传世代表作有《荷花双禽图》等；清初的原济擅长山水，兼工花果、兰竹、人物，主张"笔墨当随时代"，对近现代中国画影响很大，代表作有《山水清音图》等。综上所述，国画是用毛笔、墨、中国颜料在特制的纸或绢上作画，画科有人物、山水、花鸟等；画技分为工笔、写意两类；画幅种类有壁画、屏风、卷轴、册页、扇面等。

（4）饮食文化

中华饮食文化源远流长、博大精深，伴随着中华五千年的文明传承，在一代代先民的不断尝试、变更、创新中中国的饮食文化得到改进和发展，形成了极具风格特色且丰富多彩的中华饮食文化。中华饮食文化涉及食源的开发与利用、食具的运用与创新、食品的生产与消费、餐饮的服务与接待、餐饮业与食品业的经营与管理，以及饮食与国泰民安、饮食与文学艺术、饮食与人生境界的关系等方面的内容，是中华优秀传统文化的重要组成部分。中华饮食文化一枝独秀，有"食在中国"的美誉。孙中山在《民生主义·建国方略》中说："中国近代文明进化，事事皆落人之后，惟饮食一道之进步，至今尚为文明各国所不及。中国所发明之食物，固大胜于欧美。而中国烹调法之精良，又非欧美所可并驾。"中华饮食的著名由此可见一斑。

中华饮食文化离不开农业的发展。农业为饮食提供资源，可以说，没有农业，饮食就成了无米之炊。农业起源之前，人类食物的来源主要依赖于大自然，基本没有脱离动物的饮食状态，食物以兽肉和植物块茎为主。农业发展以来，种植的五谷杂粮成为人类果腹的主要食物来源。《汉书·食货志》记载："辟土植谷曰农。"人们用大部分的时间、劳力来垦荒、播种、施肥、收获。耕种在人们心中占据着极其重要的地位。夏商周时期，在井田制农业的基础上，畜牧、园艺都有了发展。春秋战国时期，铁器牛耕的使用，水利工程的兴修，农民有条件多样化地开发食物资源。《管子》中常将"五谷""六畜""桑麻"并提，说明战国时期的农业结构突破了谷物的单一结构。汉朝农业已经开始上升到理论高度加以总结，西汉政府出于对匈奴战争的需要，对畜牧业非常重视，尤其重视马政，鼓励民间养马。汉朝还实行大规模的屯田。因此，汉朝的种植业、畜牧业都很兴旺，出现了"人丁兴旺，牛马布野"的繁荣景象。魏晋以后，我国经济重心逐渐南移，水稻在南方普遍种植，种植技术也提高了，出现了水稻移秧种植的方法。除了番薯、烟草等少数作物，现在所有的作物，唐朝基本都有，尤其种茶业在唐代相当发达，出现了著有《茶经》一书的一代"茶圣"陆羽。唐朝养鱼业也比较发达，北方和南方以池养鱼比较普遍，岭南还出现了稻田养鱼。明清以来，这种多方位发展农业、开发食物资源的方法越来越细密。清朝的《知本提纲》说："水泽之地，宜修鱼塘；高燥之处，多牧牛羊；鹅鸭畜于渠溇；鸡鸽养于平原。因地之所产而广其种类，随物之所利而倍其功力。"这样全面合理地开发食物资源，用当今的话说就是大农业范围内的农牧结合、农畜互养，是高效率的物质再循环和资源再利用的生态农业系统，这种生态农业系统在杭嘉湖平原和珠江三角洲地区最具有代表性。这种生态农业又称复合农业，是我国物质文化史上的重要组成部分。

我国是多种作物品种的故乡。人们每天离不开的大豆、水稻就起源于中国，人们还培育了许多植物品种，也从国外引进很多优良品种，这些作物有的是作为主食用的粮食作物，有的是作为副食用的蔬菜水果。西汉武帝时，两次派遣张骞主动出使西域，开辟了举世闻名的"丝绸之路"。张骞从西域各国带回来许多中国没有的物品，多是植物的种子、蔬菜瓜果。据史书记载，当时"殊方异物，四面而至"。《食物纪原》记载："汉使张骞始移植大宛油麻、大蒜、大夏苜蓿、苜蓿、安石榴、西羌胡桃于中国。"与"丝绸之路"并存的海上丝绸之路，从广州出发，航行于南海和印度洋，由于这条商路贩运的货物主要是中国的丝绸和海外的香料，又被称为"海上丝香"，从这条路上运回中国的作物有：茉莉、益智、海枣、槟榔等。明清时期，生产力发展水平很高，人口增殖很快，人均耕地急剧下降，清道光十四年时人均耕地只有1.65亩。此时，中西交通相当发达，有华侨和商人从海外引进了许多高产的作物品种，对解决人多地少的问题作出了贡献，使我国粮食、蔬菜的结构发生了新的变化。此时从海外引进的粮食作物有：原产美洲大陆的番薯，又名甘薯、白薯、山芋、红苕；16世纪传入中国的玉米，又叫苞米、苞谷、棒子、珍珠米；原产于美洲，从南洋岛引入我国的花生和马铃薯。此时从海外引进的蔬菜有：辣椒、番茄、菜豆、甘蓝、向日葵、花菜等。外来作物的传入丰富了我国人民的物质生活和饮食文化。

中国饮食的结构。饮食结构指饮食文化中主食、副食、饮料的搭配方式，即配餐方式。饮食结构和经济发展、民族习惯、社会变化有密切的关系，是中华饮食文化中的一个重要方面。我国的饮食结构受农业生产水平的制约，不同历史时期的饮食结构也不尽相同，但整体上形成了以谷物为主食，其他肉类、蔬菜、瓜果为副食的饮食结构。这种饮食结构一直延续至今，与西方以肉食为主，无主副食之分大不相同。这种饮食结构符合中国古代国情，保障了华夏儿女的身体健康。这种饮食结构符合营养卫生原则，包括人体需要的多种营养元素，其中谷物、蔬菜中含有肉食中没有的营养成分。所以，以肉食为主，不食或少食谷物、蔬菜是不利于人体健康的。我国古代主食的结构以五谷杂粮为主，副食则多种多样，上至山珍海味，下至野菜虫蛇。不管什么样的食材，都需要经过加工处理才能有满意的口味，引起人们的食欲。这是中华饮食文化的一大优点。

食物加工。首先是对主食的加工。先秦时，对于谷物人们主要是粒食，如豆饭、麦饭，战国至汉朝时期发明了石磨，面食代替粒食。面食易于消化吸收，有益于身体健康。汉朝以后，北方几乎都以面食为主，还用面粉制成饼。发酵食品也产生了，人们用发酵的农法制造酒、酱，还用带酸味的甜酒和煮熟的米汁作酵剂发面做成馒头、包子。大豆是五谷之一，秦汉之前是粒食，不易被消化吸收。汉朝的淮南王刘安在炼丹过程中发明了豆腐，这是食品加工中的一大创造，其中的植物蛋白更容易被人体消化吸收。其次是对副食的加工。在不同饮食习惯的基础上，形成了几大菜系，主要有鲁菜、川菜、粤菜、苏菜、徽菜、湘菜、浙菜、闽菜、京菜等等。这些菜系到明清时已经十分完善，品种风味蔚为大观，并各自成体系和特色。

饮食文化的文献。饮食文化通过文献保存并发展，在中国古代种类繁多的文献中，关于饮食著述的文献占有一席之地。我国很早就有关于饮食生活方面的专门著述，《汉书·艺文志》中《神农食经》七卷，记载了先秦的饮食烹饪经验。魏晋南北朝及以前的有关饮食烹调的诸如食经、食饮、食法等著述有十几种之多，仅以食经命名的就有五部，其中的《淮南王食经》是含130篇的鸿篇巨制。这些著述大都已经散佚，但其所总结的烹饪经验均已记载于其他著述之中。除了饮食专著外，还有许多饮食内容以篇章的形式存在于诸子百家及其他著述中，需要进一步整理发掘。《四民月令》《齐民要术》有很大一部分内容总结了北方人们的饮食烹调经验。贾思勰的《齐民要术》是一部从五谷、瓜果、蔬菜的种植和家禽、家畜、鱼类的饲养开始，一直谈到食物的贮藏、酿造、加工、烹饪直到制成食物为止，全面系统地论述了饮食生产的整个过程的百科全书式的专著。它总结了传统的烹饪技术经验，还吸收北方少数民族的烹饪经验，如胡炮肉、羌煮法，保存了许多散佚的饮食著述，集百家之言，引各种文献歌谣，方便了普通百姓的生活。之前的饮食著述多记载贵族阶层的高级食品，普通百姓鲜能问津。《齐民要术》还研究总结出许多储藏方法，像窖藏、封闭藏、晒干藏等便民方法。《齐民要术》是古代饮食文化的集大成者。

饮食著述。随着大运河的通航，南北农业文化交流频繁，北方传统饮食技法传到南方，再结合南方的自然条件，形成了不同风格的各大菜系。因此，唐宋以后，反映南方烹饪饮食的著述越来越多。如唐朝刘恂的《岭表录异》，更多地记述了南方食物加工、烹饪技艺和食用的方法，内容丰富，类似于《齐民要术》。南宋林洪的《山家清供》，记述了山区居民的饮食原料和食品制作方法。"涮兔肉"最早见于此书，在此基础上出现了涮羊肉的烹饪方法。明清以来，土地兼并严重，天灾频繁，饥民失所，一些知识分子为解决百姓的果腹问题，致力于救荒著述。如王磐的《野菜谱》、周履靖的《茹草编》等，最有名的是徐光启的《农政全书·荒政部》。

　　食谱。依照《诗经》《楚辞》中记载的食谱可以开办一场宴席。中国古代以花入饭最早见于《离骚》中的"朝饮木兰之坠露兮，夕餐秋菊之落英"。《招魂》中的食谱也可以办一场宴席。汉朝文人对饮食感兴趣的很多。在扬雄、东方朔、枚乘的骈偶对仗的文赋中也有食谱。唐宋到清朝，不少文人雅士精通烹饪艺术，他们不仅是美食家，而且自己动手创制名馔珍馐，留下来许多食谱菜单。宋朝的苏轼作过一篇《老饕赋》，以"老饕"自居，苏轼最擅长烧肉，"东坡肉"在广东、浙江一代很有名气。宋朝陆游喜饮食素食，对于素食有自己独到的见解，到晚年几乎不吃荤菜，在《陆游集》中有数十首赞叹素食的诗。他尤其喜欢吃粥，作有一首《食粥》诗："世人个个学长年，不悟长年在目前。我得宛丘平易法，只将食粥致神仙。"明清之际的李渔，他的《闲情偶寄·饮馔部》专谈饮食文化，对菜肴的研究上升到理论高度，他强调"鲜"是食物的本味，最好吃的食料都适宜单独烹饪，否则就失去了本味。清朝的袁枚对烹饪也有研究，并且极其自负，他自己编著了《随园食单》，包括须知单、戒单、海鲜单、江鲜单、特牲单、杂牲单、羽族单、水族有鳞单、水族无鳞单、杂素菜单、小菜单、点心单、饭粥单、茶酒单共 14 个部分，集古代饮食烹饪之大成。

　　中华饮食文化的深层内涵。中华饮食文化是一种艺术，讲究色、香、味、形的完美统一，并将绘画、雕塑、乐舞、诗词等艺术作品用于饮食菜肴之中，在构图、色调、造型、命名方面求美求精。中华饮食文化是情感交流的媒介。我们不能简单视饮食为吃吃喝喝，它实际上是人与人之间情感交流的媒介，是一种别开生面的社交活动。一边吃饭，一边聊天，可以做生意、交流信息、采访。朋友离合，送往迎来，人们都习惯于在饭桌上表达惜别或欢迎的心情，谈论感情上的风波。这是饮食活动对于社会心理的调节功能。过去的茶馆，大家坐下来喝茶、听书、摆龙门阵或者发泄对朝廷的不满，实在是一种极好的放松场所。中华饮食之所以具有"抒情"功能，是因为"饮德食和、万邦同乐"的哲学思想和由此而出现的具有民族特色的饮食方式。中华饮食文化讲究礼仪。礼指一种秩序和规范。在饮食文化中座席的方向、箸匙的排列、上菜的次序……都体现着"礼"。送往迎来、祭神敬祖都是礼。《礼记·礼运》中说:"夫礼之初,始诸饮食。""三礼"中几乎没有一项不提到祭祀中的酒和食物。我们谈"礼",不要简单地将它看作一种礼仪,而应该将它理解成一种精神,一种内在的伦理精神。这种"礼"的精神,贯穿在饮食活动过程中,从而构成中国饮食文明的逻辑起点。这与我们的传统文化有很大关系。因此,中华饮食文化就其深层内涵来说,可以概括成精、美、情、礼四个字,它反映了饮食活动过程中饮食品质、审美体验、情感活动、社会功能等所包含的独特文化意蕴,也反映了饮食文化与中华优秀传统文化的密切联系。林语堂在《吾国吾民》中说:"西方人对待吃,仅把它看作给机器加油,而中国人则视吃为人生至乐。"确实说中了中华饮食文化的民族特色。

(5)建筑文化

中国传统建筑从另一个角度体现了中华传统文化的形态,而中华传统文化的总体决定着中国传统建筑的基本特征,两者相互影响,不可分离。传统的一大特点是具有民族特色和地方特色,中国传统建筑是中华优秀传统文化和民族特色最精彩、最直观的传承载体和表现形式之一。中国传统建筑随着中华传统文化的发展而不断演变。旧石器时代,原始人用天然崖洞作为居住地,这样的居住地还不能被称为建筑。新石器时代,黄河中下游的氏族部落利用土穴、木架、草泥建起简单的穴居,这些穴居后来逐渐发展为地面上的房屋,在长江流域还出现了架离地面的干阑式建筑。夏朝出现了建筑于高大夯土台上的宫室,此时的建筑开始体现出等级制度。《礼记·礼器第十》记载:"天子之堂九尺,诸侯七尺,大夫五尺,士三尺。"此时还出现了专门管理工程的官职:司空。从春秋到秦汉时期,建筑进一步变化发展,逐渐形成一套完整的建筑制度,呈现出质朴开放的风格。魏晋南北朝时期,佛教得到广泛传播,在佛教文化的影响下,寺院、塔、石窟等佛教建筑大量出现,来自印度、西域的佛教艺术和中华传统艺术开始融合。到了唐朝,这种文化的交融进一步扩大、加深,使当时的建筑形成了雍容华贵的盛唐风格。宋朝时期,随着城市经济的繁荣,建筑在功能上更加注重与文化生活相协调，建筑形象上趋向柔和绚丽。元、明、清时期，各民族、各地域文化进一步融合，外来文化也与日俱增，在建筑上趋向程式化，形成了以清代建筑为代表的风格。

由传统建筑的发展史可以看出：传统建筑是随着物质文化和精神文化的发展而变化的，建筑的变化反映着中华传统文化的变化。首先，中国传统建筑体现了传统的伦理思想。从庶民的宅院到帝王的宫室，从院落的经营到城市的布局，其严整的格局、秩序反映了社会中人与人的关系，以及人们应当遵守的政治伦理规范。如《周礼·考工记·匠人营国》记载："匠人营国，方九里，旁三门，国中九经九纬，经涂九轨，左祖右社，面朝后市，市朝一夫。"都城的建筑祖庙要建在东面，社稷坛要建在西方，朝廷建在前边，商市建在后边，宫室建在中央。这种布局十分讲究秩序，重视"礼"，体现了封建社会的伦理思想。北京故宫的建筑格局就是这种情况。再如北京的四合院，轴线清晰，院落分明。前院不深，以"倒座"的建筑形式作为客房，其后才进入建筑的主要部分。中轴线上坐北朝南建筑正房，东西对称建筑厢房，正房是长辈居住的地方，厢房是晚辈居住的地方。这种布局体现了长幼有序，尊卑有别，内外不同的思想，这就是现实生活中的伦理关系。其次，中国传统建筑体现了传统文化的"天人合一"的观念。先民们很早就注意到"天时、地利、人和"的协调统一。《周易·乾卦》说："夫大人者，与天地合其德，与日月合其明，与四时合其序，与鬼神合其吉凶。先天而天弗违，后天而奉天时。"《孟子·尽心》说："上下与天地同流。"《庄子·齐物论》说："天地与我并生，而万物与我为一。"这些都把人和天地万物视为不可分割的共同体而紧密地联系在一起，从而促使人们去探求自然、亲近自然、开发自然。人们在处理建筑与自然环境的关系时也保持着亲和的态度，从而形成了建筑与自然间的"天人合一"。如中国园林建筑的基本法则就是"师法自然"，宫殿建筑重视将宫殿建筑与城市布局、自然景观相结合，明清时期的紫禁城就是很好的例证。民居建筑也处处运用自然的因素。山地民居随山势起伏，高低错落。依水建筑利用水势，通过桥、埠与水融为一体。平原民居多选风光秀丽之处或在民居周围制造人工自然。东晋大官僚石崇在洛阳近郊修建河阳别墅（金谷园）："其制宅边，却阻长堤，前临清渠，柏木几于万株，流水周于舍下。"（石崇《思归引·序》）此类描述在文献记载中屡见不鲜。那些建筑在城市以外的佛寺、道观都十分重视相地选址，在建筑中强调人与自然的统一，建筑与自然的有机结合。这都是中华民族在建筑与自然关系上所体现出来的独特的环境意识。第三，中国传统建筑体现了传统文化的"和而不同"的观念。中国传统建筑重视建筑群体的组合，重视空间序列的安排，重视将功能多样、风格迥异的建筑单体根据实际需求组织起来。在建筑组合中，大小、曲直、繁简、抑扬、虚实等手法相辅相成，相互补充，相互渗透，既满足使用上的需求，又取得和谐统一的效果。苏州拙政园、北京故宫都有这样的效果。第四，中国传统建筑体现着中华传统文化和其他文化的交流融合。中华传统文化和其他文化的交流融合是一种"会通"精神。"会通"就是融会贯通的意思。这种精神体现在中国传统建筑中，是不同民族之间、不同地域之间建筑技术和绘画雕塑艺术间的互通有无，是传统建筑对外来文化的兼容并蓄。宗教建筑对外来文化的吸收融合尤其典型，随着宗教的传入，如西汉末年传入的佛教，唐朝传入的伊斯兰教，明清时期传入的基督教，宗教的建筑形式也随之传入，之后与中华传统文化相结合，经过演变、发展，熔铸成具有中华民族风格的宗教建筑形式，塔就是其中最为突出的作品。塔的形式多样，造型丰富，表现了中国传统建筑在艺术上兼收并蓄和富于创新的精神。塔的概念和形制来源于印度的"窣堵坡"。"窣堵坡"主要用于放置佛的舍利和遗物，性质类似坟墓，是佛教徒顶礼膜拜的对象。塔传入中国后，得到了改造和创新，形成了阁楼式塔、密檐塔、单层塔、喇嘛塔、缅塔、金刚宝座等种类。其中阁楼式塔是仿照我国传统的多层木结构建筑而建造的，是我国佛塔的主要形式。其他形式的塔也不同程度地融合了中国传统建筑的元素。

中国传统建筑的主要类型有宫殿建筑、园林建筑、宗教建筑、民居建筑等。

被认为是我国最早的宫殿的是商朝初期的偃师二里头宫室遗址，宫室有夯土台基、建筑、回廊、庭院。比较完整的王陵墓遗址是"殷墟"，殷墟建筑群按照前殿后寝和沿南北向纵深对称布局的基本模式建造，这种模式一直为后来历代宫室所采用。早期的都城是在宫城的基础上扩建而来的。西周都城丰镐和东都洛邑的布局体现着"礼"的要求，这种布局模式一直影响着以后历代都城的规划建设。秦统一六国后，在咸阳城建造了规模宏大的阿房宫。汉朝在秦咸阳兴乐宫的基础上建立了都城长安，在长安城建造了长乐宫、未央宫、建章宫，同时在洛阳建立了北宫、南宫，组成规模庞大的帝王宫苑。隋朝都城和唐朝都城都在长安，当时长安是世界上最大的城市，隋朝的仁寿宫，唐朝的大明宫、兴庆宫都是气势雄伟的建筑。宋朝建都东京汴梁，修建大内。元附会《周礼》建立大都，宫殿更加豪华壮丽。在改朝换代中，前朝的宫殿多被付之一炬或拆毁重建，现在保存比较完整的只有两处：北京故宫和沈阳清故宫。在古代城市建筑中，帝王祭祀祖宗、天地的太庙、社稷坛、天坛等也很有特色。遵从《周礼·考工记》"左祖右社"的制度，帝王祭祀祖先的太庙建在了北京城的东边，祭祀土地神和五谷神的社稷坛建在了北京城的西侧，太庙和社稷坛沿着中心的轴线对称布置。天坛是帝王祭祀天神祈求丰年的地方，遵照"郊祭"的古制，建在北京城的近郊。祭天是中国历史上每个王朝重要的政治活动，可以停止祭祖，但是不能停止祭天，祭天重于祭祖，天坛比太庙更加重要。因此，天坛成为最高等级的封建礼制建筑。

园林建筑。崇尚自然是中华传统文化的一大特色，在这种文化的影响下，"师法自然"的造园活动得到充分的发展，诗情画意的园林艺术取得了辉煌灿烂的成就。商周时期的园林以帝王、贵族游猎苑囿为主，商纣王建有鹿台，周王建有灵囿、灵台、灵沼，都是以狩猎为活动内容的游乐场所，没有对自然景观进行艺术加工。春秋战国时期，在园林中修建了高台榭，美宫室，但仍以自然风景为主。如吴王阖闾的姑苏台。汉武帝建造的上林苑，已经是汇集居住、娱乐、休息等多种功能的综合性园林了，特别是苑中建池，池中建岛，岛上造台榭，以比拟东海中的蓬莱、瀛洲、方丈，象征仙境的"一池三山"，在自然景物中融入了人的思想意识。私家园林起源于魏晋南北朝时期，私家园林的主要使用者是士大夫阶层，这个阶层代表着封建时代文化的最高水平，因此，私家园林往往成为中华传统文化精神的缩影。此时的造园活动开始了对自然的挖掘，追求再现自然，赋予自然至善至美的人格，园林开始变成真正的建筑艺术。人工假山可以再现山林意境；松、梅、竹以其各自独特的形象、秉性受到人们的喜爱，成为私家园林的主题内容。唐朝时期，经济繁荣，思想开放，造园活动进入全面发展时期，在长安、洛阳两地，有许多士大夫建造的山水园，园林日趋小型化。白居易在洛阳履道坊的宅园是这个时期山水园的代表。宋朝时期，文化繁荣，造园活动深入地方城市和富裕的士庶阶层，此时的园林和人们的生活结合得更加紧密。城郊的公共风景点发展迅速，私家园林也定期向公众开放。明清时期的造园活动主要集中于以北京为中心的北方和以苏州为中心的江南两地。此时的造园理论和方法逐渐趋向成熟，出现了一批从事造园活动的专家和理论著作，如计成的《园治》、李渔的《一家言》、文震亨的《长物志》等。此时的造园技艺已经能达到移步换景的艺术效果，体现了"源于自然又高于自然"的艺术追求。体现"源于自然又高于自然"的私家山水园的典型代表是苏州园林。

宗教建筑。最早有记载的佛教建筑是东汉时期洛阳的白马寺，是由当时的官府改建而成。到了两晋南北朝时期，佛教在中国传播开来，来中国传教的僧人增多，这些僧人将印度等国的佛教建筑形式和艺术风格带到中国。这个阶段的中国佛寺、佛塔建筑基本上是以印度佛教艺术为范本建造的，其中融合了中国传统建筑的式样。这种佛寺的布局方式是以塔为中心，四周环绕僧房形成独立的院落，也有在塔前或塔后加筑大殿的，构成前塔后殿或前殿后塔的布局，这些都被称为廊院式寺院。北魏洛阳的永宁寺就是这种结构的寺院建筑。还有一类寺院是由贵族官僚捐献的府邸和住宅改建而成，这些府邸和住宅建筑形式融入佛寺的建筑之中，使佛寺中有许多楼阁花木，保留着中国传统建筑的形式，具有更多的中国文化的痕迹。石窟寺在北魏时期也十分盛行。石窟是佛寺的一种形式，是僧侣为了静修而在山中开凿的洞窟寺庙。这种石窟寺从魏晋时期传入中国后，迅速与中国传统建筑相结合，与原来的形制大不相同了。中国的石窟寺院是收藏雕塑、壁画、文物的宝库，如敦煌莫高窟、天水麦积山石窟、山西大同云冈石窟、河南洛阳龙门石窟都是著名的石窟寺院。到隋唐宋时期，佛教发展进入到鼎盛时期，此时的佛教建筑也完全变成了中国式的佛教建筑。其最突出的特点是：寺庙的布局逐渐向宫室建筑形制转化，在建筑群中引入了中国传统建筑的中轴线概念和手法，以塔为中心变成了以佛殿为主体，原来作为寺院中心的佛塔的地位已经被供奉佛像的佛殿所代替，以佛塔为中心的廊院式布局变成了以大殿为主，左右各置一配殿，形成三合院或四合院的形式，佛塔退居到后面或一侧，另成塔院，或作双塔置于大殿及寺门之前。这种排列体现了中国传统建筑重视群体组合，精于空间经营的特点。河北正定的隆兴寺就是这一类型的典范。元明清时期，藏传佛教特有的类似瓶子的喇嘛塔在全国各地建筑起来。在清朝还出现了金刚宝座塔，这种塔形源于印度，到中国后有很大的改变。藏传佛教的寺院多建于山区，依山就势，布局自由，规模庞大，气势恢宏，出现了与过去佛寺不同的布局方式。

道教是本土宗教，其建筑称为观或宫。观是一种楼阁建筑，原为观览瞭望之用，因为道教有仙人好楼阁之说，因此，楼阁成了道教建筑的特点之一，其建筑也以观命名。唐朝有很多皇帝崇信道教，将观改名为宫，以示尊重，这就是人们称呼道教宫观的原因。道教建筑是地道的木构架建筑体系，与其他类型的中国传统建筑一样，布局上以轴线为主，左右对称。空间上沿轴线布置层层院落，形成一点的秩序和节奏。装饰上有道教的标志八卦太极，象征吉祥的暗八仙，表示长生不老和长寿的鹤、鹿、灵芝、仙草等。道教宫观多建于名山大川之间，体现了道教崇尚自然，追求清静脱俗的文化色彩。现存的道教宫观有江苏苏州玄妙观、北京白云观等。

伊斯兰教在唐朝传入我国，其建筑形式和布局不同于我国的佛寺、道观，伊斯兰教的礼拜寺建有召唤信徒礼拜的邦克楼或尖塔，还有供膜拜者净身的浴室，殿内不设偶像，而设朝向麦加的神龛，装饰纹样只用可兰经或几何纹样等。到元朝时，伊斯兰教建筑已经吸收了中国传统建筑的木架构体系和平面布局。到明清时期，伊斯兰教建筑除了神龛和装饰题材外，所有建筑的结构和外观都已经完全采用中国传统的木架构形式了，形成了中国伊斯兰教建筑风格。西安市的化觉巷清真寺就是这一类型的典范，还有北京牛街清真寺、新疆喀什艾提尕尔清真寺等。

多姿多彩的民居建筑。在我国不同地区、不同民族有不同的自然条件、风俗习惯、文化传统，人们的民居建筑类型也是千差万别。云南地区的少数民族生活在潮湿的热带森林中，多采用干阑式住宅，这种形式有利于防水、防虫、防毒蛇。北方草原的少数民族多采用帐篷式住房，这种住房可装可卸，对于经常迁徙的游牧民族来说非常方便。藏族居民的住宅是厚壁台阶式平顶民居。现在四川阿坝藏族自治州还保留着许多富有特色的藏民住宅。新疆维吾尔族的住宅是拱廊式平顶民居，室内重视装饰，设有壁炉、火墙、土炕用以取暖，屋顶有天窗。喀什地区的阿以旺是维吾尔族住宅的典型代表。黄河中游一带的窑洞住宅，顶高壁厚，冬暖夏凉，建筑材料简单经济，施工便利，富有人与自然的亲和感。福建的客家土楼是一种对外封闭对内开放的建筑，形体巨大，稳重粗犷，这种堡垒式的土楼特别考验夯土技术。汉族民居以木结构体系为主，随着从南到北的地形与气候而千差万别。一般北方墙厚，屋顶厚，院落宽敞，造型粗犷质朴。南方屋檐深，天井小，讲究通风和避光，造型秀丽轻盈。西南地区的住宅往往强调风向而不强调向阳，不采取南北朝向。北京四合院是华北地区的传统住宅建筑的典型。四合院的布局特点是严格区别内外、尊卑，讲究对称，对外隔绝自由天地，强烈体现了封建宗法制度对住宅建筑的影响。南方地区的江浙民居和湘西民居建筑体现了一种与自然完美结合的居住环境。

中华优秀传统文化除了以上讲到的，还有传统美德、中国史学、中医文化等，在此不再逐一展开。

四、中华优秀传统文化的基本精神

中华优秀传统文化的精神指中华优秀传统文化中长期影响人们的思想和行为，有助于人们形成正确的世界观、人生观、价值观、审美观，指导人们行动的思想观念和道德传统，它是各种形式的中华优秀传统文化中的共性部分。中华优秀传统文化的精神凝聚在中华优秀传统文化之中，中华优秀传统文化是中华优秀传统文化精神的载体。

1. 会通精神

会通一词最早出现于《易经·系辞上》中，"圣人有以见天下之动，而观其会通，以行其典礼"，此处的会通是融会贯通之意。中华优秀传统文化的会通精神指中华优秀传统文化善于学习各种文化的长处加以消化吸收以丰富自己的精神。这种精神体现在不同学派之间善于相互讨论、交流、吸收、提高，既能发现其他学派与自己学派的不同，又能看到其他学派的长处；既能坚持自己的理论原则，又能纠正自己理论上的不足，不断地使自己的理论与时俱进。如我国春秋战国时期，学术思想可谓百家争鸣，没有一个观点是不可以讨论的，也没有哪个权威是不可以辩论的。道家主张自然无为，反对人的欲望。儒家荀子批评这种观点是"蔽于天而不知人"(《荀子·解蔽》)。儒家主张仁义道德是天地万物间的普遍法则，道家批评此观点是无知。在不同学派的辩论中，儒家意识到在知人的时候不可不知天，因而也在理论上提出了天道观，对自然天道作了创造性的探索，《荀子·天论》就是证明。道家在批评儒家过分夸大人的重要性时，也意识到人学的优点，道家后学开始试图调和道家自然与儒家道德方面的矛盾，吸取了儒家关于人学的成果。《吕氏春秋》是会通儒、道思想的一部著作。这种精神还体现在不排斥外来的文化，而是力求了解它，包容它，吸收它的优点为自己所用，使之在本土化的过程中逐渐成为本土文化的组成部分。佛教的中国化过程就是很好的例证。中国的佛教寺院在传播佛教时，允许听众提出问题。佛教界举行的无遮大会允许不同宗派、不同观点在大会上讨论。佛教的儒学化就是佛教和儒学会通的结果。中国佛教一些派别用儒家的心性说会通印度的佛性说，把佛从外在的偶像变成人们内心的信仰。禅宗六祖慧能提出的"佛向性中作，莫向身外求"(《坛经》)，强调身外无佛，我心就是佛，所以，能做到放下屠刀，立地成佛。还有一个典型的例证就是近代以来的西学东渐。为了救亡图存，中国的有识之士努力学习西方的科学理论、科学技术、政治制度等。这种精神还体现在书院文化中。书院文化开始于唐朝末年，在会通精神的浸润下，产生了融合儒、道、释三家的新儒学，即理学，其集大成者是朱熹。在新儒学形成的过程中，书院起到了交流平台的作用。南宋产生了陆九渊的心学，明朝王阳明把心学发扬光大，都得益于书院的交流平台。明末清初，在书院会通文化的影响下，产生了中国早期的启蒙思想，其代表人物有黄宗羲、顾炎武、王夫之等。启蒙思想不但会通了朱、陆之学，而且力图会通自春秋以来的百家之学，还会通了西方传教士传入的西方思想而形成的思想体系。中华优秀传统文化的会通精神有助于中国特色社会主义的文化建设，也有助于中华优秀传统文化走向世界。

2. 人文精神

人文精神是中华优秀传统文化最主要、最鲜明的特征。它不同于现在所说的人文主义或人本主义概念。古人认为：在天地人三者中，人处于一种能动的主动的地位。从生养人与万物来讲，天地是其根本，而从治理人与万物来讲，人是能动的，掌握主动权的。可以说，人是天地万物的核心。因此，古人把人的道德情操的自我提升与超越放在首位，注重人的伦理精神和艺术精神的养成等。这就是中华优秀传统文化的人文精神。

在炎黄时期已经有了人文精神的萌芽。到春秋时期，人文精神达到系统完整的形式。其中孔子贡献很大，他继承商周的人文精神，又有创新性发展。孔子以后，人文精神在其他学派以及各个学科领域里都有新的发展和创新。人文精神体现在重视人的道德修养，主张通过自身修养和学习，成为高尚的人。因此，古代的人文精神十分重视礼仪，提倡德治，力求使社会各个等级和睦相处。为了维护社会的稳定，古代的人文精神特别重视家庭，为家庭成员规定了各种道德规范，认为只有家庭和谐了，社会才能和谐。古代人文精神还提出了未来社会的理想模式，想建立一个天下为公的大同世界。这样的人文精神培育了中华民族的许多传统美德：自强不息、积极进取、厚德载物、孝老救孤、勤俭治家、爱国忧民等，这些传统美德是古代人文精神的精华。人文精神不仅表现在中华优秀传统文化之精神文化中，而且表现在中华优秀传统文化之物质文化中。

3. 阴阳精神

先民们在农业实践中发现山有向阳面和背阴面，还观察到风向的变化，于是发明了阴、阳两个概念。在长期的生活、生产实践中，阴阳观念深深地渗透在中国人的头脑之中，并在许多方面使用，如人们发现水的阴、阳和山的阴、阳是不同的，由此规定了许多名称。如沈阳、洛阳、襄阳在江河北部；江阴、淮阴在江河南部；衡阳、华阴分别在山的阳面和阴面。古人把世界分为阴、阳两界。中国人双手抱拳代表的也是阴阳和合。阴、阳在书法、绘画、诗词文学中也都有体现。人们在用阴阳解释自然和人事变化的时候，在数字计算方面归纳出奇、偶的概念，奇数为阳，偶数为阴，如五行、八卦等。阴、阳、奇、偶的分离结合是中国古人思维方式的普遍特征，于是有了相生相克、尊卑贵贱、上下左右、一分为二、中庸等概念的出现。古人的这种思维方式运用于国计民生、军事等领域，曾取得了重要的成就。这种精神还被运用到了中国古建筑、古都城的建设中，彰显了建筑浑然一体中的对称美；被运用于古器物的制造中，给人以浑厚稳重的形象。

4. 和合精神

和合首先是阴阳的和合。阴阳是两个对立的极端，在中华传统文化中却致力于实现两者的和谐统一。对立的双方不是你死我活的非此即彼，而是和而不同，求同存异。因为不同才互补，你中有我，我中有你。因为不同才共生共赢，你促进我，我促进你。由此可以创造出一种生生不息、多样共荣的状态。由此形成了中华传统文化的开放、兼容、友好的特质，造就了中华优秀传统文化强大的整合能力。和合精神有两个关键点：一是不同，比如阴阳、天人、男女、父子、上下等相互之间是不同的；二是不同之间能有机地融为一体，如阴阳和合、天人合一、五行和合等。在中华优秀传统文化中，讲和多于讲和合。和是合的前提、条件、基础，不和则难合。和是和合形成与维系的关键，因此，重视和就是重视和合。孔子"和而不同"的思想反映了和合文化的本质。除了儒家之外，释、道和其他文化流派也普遍接受并广泛使用这一概念，成为贯通中华传统文化思想领域里的一个综合性概念。在中国，和合文化的基本精神已植根于人们的潜意识之中，在日常生活中比比皆是。中医、京剧、国画，一般被视为中华传统文化的三大国粹，其中都可以看到和合精神的存在。中医十分重视人体各部分器官之间的有机联系以及疾病和心理状态的关系，这也是和合的体现。和合思想是中华优秀传统文化中最富生命力的文化基因之一。和合精神不仅要求个体身心和谐、人际和谐、群体与社会和谐，更要求人与自然的和谐，强调天人共存、人我共存的辩证立场，这对于解决当前社会矛盾、人与自然的矛盾有着重要的意义。

5. 自然精神

自然精神体现在人与自然的关系上，即天人关系。中国古代各学派都从不同的方面探讨过天人关系。这源于各学派文化的创作基础都是古代的农业文明，农业耕种特别依赖于天气状况，由此出现了研究天人关系的学说。关于天人关系有不同的观点：天人合一说、天人相分说、天人相胜说。在中华传统文化史上始终占主导地位的是天人合一说。

道家对天人关系论证得较多。世界万物从何而来，道家认为：世界万物生于无，即无中生有。道家老子将"无"作为天地的开始，将"有"作为万物的开始。老子还提倡要如实地去认识自然，不要附加人的主观想象。"道法自然"是中华传统文化中自然精神的出发点。庄子则强调人们应当尊重自然，爱护自然，不能破坏自然，提出了保护自然生态平衡的卓越思想。庄子的这个观点不是让人们在自然面前无所事事，主张按照自然本身的结构和特点去认识它，在不损害自然的前提下，向自然索取人类需要的生活资料。《庄子》中"庖丁解牛"是一个典型的例证。在天人关系中，庄子认为要去除人为回归自然，要"不以心捐道，不以人助天"。天人合一在他看来是"齐万物为一"，以道的视角来看待天、人、万物的一种无差别无贵贱的态度。道家思想中，天与人的关系是一种自然顺应，借天以言道，借人来认识道的关系。这种思想传至后人就成为一种逍遥自在的生活状态，认为天人无分，不受拘束，具有代表性的例子是"竹林七贤"之一的刘伶。道家的自然精神推动了中国古代科技的发展，在天文历算、农学、中医等领域取得了很大成就。人们还从自然中学会了审美，以自然界的某些物质作为原型进行艺术加工，给人们的生活带来了美的享受和高雅的情趣。从古代器物，特别是书法、绘画、园林建筑等方面可以得到例证。以上都是天人协调的方面，天人还有不协调的一面，天灾给人们带来了恐惧和苦难，古人对此还不能给以科学的解释，认为自然（天）有巨大的神力，人们在它面前只能顺从，不能反抗，于是把自然神化并顶礼膜拜。老子、庄子把自然无为规定为人之本性，强调抛弃人为，顺应人之自然本性，才能达到"天人合一"。庄子把这种境界又称为"逍遥游"。因此道家老庄一派的人生理想，具有浓厚的自然主义色彩。儒家的天人关系不同于道家。儒家的天是道德意义上的天，认为在入世的有为的现实世界中，可以达到天人合一的境界。孔子说："吾十有五而志于学……七十而从心所欲，不逾矩。"一生的道德修行到七十岁才能做到天人合一的和谐状态。又说："不怨天，不尤人，下学而上达。知我者其天乎！"天与人既有上、下之分，那人与天相合，就需要从下学以上达。下学、上达就是孔子认为自下而上、人与天合一的途径与方法论。孟子的性善论认为：天的本质是善的，人的本性也是善的，"仁义礼智，非由外铄我也，我固有之也"，这种"天生"就是一种承应天之自然的人之应然。故孟子认为天是善的，人秉持的天性也应是善的。汉代董仲舒提出了"天人之际，合而为一"，认为人完全承继天之属性，天人之间是合一的。宋明时期，陆九渊认为"宇宙便是吾心，吾心即是宇宙"。"道不远人，人自远之耳。"陆九渊认为宇宙与人心无有分别。荀子是天人之分的重要代表人物。他认为，"明与天人之分，则可谓至人矣"。他认为天是客观存在的，这与孔孟的道德之天有所不同。荀子认为"天行有常，不为尧存，不为桀亡"，以及在《荀子》一书中提到的天职、天功，人对天是"大天而思之""制天命而用之"。可见，荀子思想中的天多是自然意义上的天。

五、中华优秀传统文化的当代价值

1. 历史上流传至今的思想文化都有现代价值

中华优秀传统文化是历史的产物，有其历史特点，今天它再被提及就是因为它有现代价值。之所以具有现代价值，是因为人类在漫长的发展过程中既有变化因素也有不变因素。变化的因素推动历史的前进和发展，不变的因素就是人们在历史过程中继承下来的，还对人类有价值、有意义的东西，也是历史人和现代人之间的某些共通之处。古人说的人同此心，心同此理也是指的这些不变因素。这些不变因素也表明人类发展的历史是连续的，是不能割断的。这些不变因素特别明显地反映在人类思想文化的发展之中。如现代人的思想观念和生活环境与《黄帝内经》成书时期的西汉王朝已经大相径庭，但人的生理结构依然基本相同，因此，《黄帝内经》虽历经两千多年，其记载的医理依然对现代人有很大的医学价值，其中有些论述具有永恒价值。中华优秀传统文化的现代价值还有浅层和深层之分。浅层的现代价值可被众多人所理解和运用，具有普及性，如王羲之的书法之美，孔子的"有朋自远方来，不亦说乎"带给现代人的感同身受。深层的现代价值，需要现代人通过研究、透过现象深入到本质才能感受得到，如《易经》思想内涵的时代性；《老子》思想中对世界科学及中国古代科学的影响，对世界和宇宙结构的观点等，都需要付出艰辛的精神劳动，甚至作为重要课题进行研究才能挖掘出现代价值。

挖掘中华优秀传统文化的现代价值要有历史的观点，不是说现代价值就是以往思想文化的简单翻版，而是对以往思想文化的创造性转化和创新性发展，如果没有转化和创新，对中华优秀传统文化的继承就成了空中楼阁。因此，在挖掘中华优秀传统文化的现代价值时，要结合当今时代的特点，注重社会今天和未来的发展趋势，促进中华优秀传统文化与当代文化更好地融合，使得中华优秀传统文化的当代价值得以更好地传承与发展。

2. 丰富人们的精神文化生活

我国历史上有些著作是名副其实的不朽之作，世代相传，百读不厌，可以毫不夸张地说，只要人类存在，有些著作的智慧之火就永远不会熄灭，一直照耀着人类的过去、现在和未来。古代的经、史、子、集在今天人们仍然喜欢读，如《论语》中的"温故而知新"、《孟子》中的"大丈夫"、《荀子》

的"不积跬步，无以至千里"、《老子》的"上善若水"、《庄子》的"游鱼之辩"、《史记》的"史家之绝唱，无韵之离骚"、唐诗宋词、明清小说等，在丰富了现代人们的精神文化生活的同时，更多地启迪了人们的生活智慧。除了思想文化的现代价值外，中华优秀传统文化中关于古器物以及书法、绘画、服饰、饮食、古建筑等物质文化有不容忽略的现代价值，各种艺术品给人的美感也不会消失，这些物质文化中蕴含的历史内容和美学内容具有永恒性的意义，甚至有形状的传统文化成果比观念的传统文化成果更具现代价值，因为在有形状的传统文化成果中可以清楚地反映历史某一方面的真实情况。如四羊方尊青铜器能让现代人了解当时的生产力发展水平，手工技艺制造水平，艺术审美水平等；王羲之的书法不仅被当时人所喜欢，现代人依然能感受到王羲之书法之美；清明上河图能让现代人了解北宋时期东京汴梁的繁荣、城市面貌、各阶层的生活状况；像这样的例子不胜枚举。

3. 彰显了文化自信的底气

文化自信是更基础、更广泛、更深厚的自信，是更基本、更深沉、更持久的力量，是我国更深厚的文化软实力。但是，文化自信不是无源之水、无本之木，它的强大底气来自我国五千多年的中华优秀传统文化的历史底蕴。不管是神话传说、国学经典、诸子百家，还是民族艺术、民俗文化，都有许多让人叹为观止的"独一无二"的东西，这是增强年轻一代民族自信心和自豪感的必要的文化资源，表现出中华优秀传统文化不同于世界，尤其不同于西方世界的"独一无二"性。[1] 中华文化有海纳百川、包容兼济、务实变通的品质，这是中华文明作为世界四大文明中唯一没有中断的原因。李约瑟说："如果没有火药、纸、印刷术和磁针，欧洲封建主义的消失就是一件难以想象的事。"[2] 这就是五千多年的中华优秀传统文化铸就的中华民族强大的文化基因，形成的中华民族深厚的文化底蕴，致使中国人心中一直对中华优秀传统

① 史俊.中华优秀传统文化是中小学道德与法治教育取之不尽的源泉 [J].思想政治课研究，2017（3）：73-78.
② 李约瑟文集 [M].陈养正，等译.沈阳：辽宁科学技术出版社，1986：123.

文化抱有强烈的认同感和自豪感，这就是文化自信。

中国特色社会主义进入新时代以来，在国际上中国正在走向世界舞台的中央，在国内已经全面建成小康社会，随着我国的文化事业和文化产业蓬勃发展，国家文化软实力大幅度提升，中华优秀传统文化再一次展现出勃勃生机。尤其进入后现代以来，当代西方资本主义社会的现代性危机暴露无遗，在"西方之乱"与"中国之治"的鲜明对比中，中华优秀传统文化的优越性得到充分彰显，中华优秀传统文化拯救世界的价值得以凸显，当代资本主义发达国家的单边主义和文化霸权已经行不通，世界文化发展格局的多样性已然形成，文化多样性格局的形成和人类文明的进步有赖于中华优秀传统文化的参与和贡献。中华优秀传统文化的当代价值及其对西方文化缺陷的弥补进一步增强了中华民族的文化自信。

4. 为马克思主义中国化提供丰厚的土壤

毛泽东指出，"离开中国特点来谈马克思主义，只是抽象的空洞的马克思主义""马克思主义必须和我国的具体特点相结合并通过一定的民族形式才能实现"。[①] 马克思主义是西方社会的科学理论，要想用其解决中国问题，就得真正融入中国的革命、建设、改革之中，让其在中国社会生根发芽，实现马克思主义的中国化。马克思主义传入中国以后，就开始在理论和实践两个层面开始了中国化的进程。马克思主义在指导中国革命、建设、改革的过程中，必须找到其与中国社会实际情况的契合点，以中华优秀传统文化为依托进行创新性发展，不断促使马克思主义理论获得中国社会的认同。也就是说，马克思主义要真正融入中国特色社会主义现代化建设中，就必须与中华民族文化相融合，以中华优秀传统文化对马克思主义基本原理进行解读，使马克思主义基本原理逐渐彰显出中国特色、中国气派、中国风格，这会增强马克思主义基本原理的通俗性，扫除中华儿女接受马克思主义基本原理的心理障碍，推动马克思主义中国化实现大众化发展。马克思主义的中国化进程是一个与

---

① 毛泽东选集：第 2 卷 [M]. 北京：人民出版社，1991：534.

时俱进的开放过程，至今依然处于正在进行时的过程中。马克思主义中国化既是马克思主义基本原理同中国具体实际相结合的过程，更是同中华优秀传统文化相结合的过程。马克思主义基本原理同中国革命和建设的具体实践相结合，形成了马克思主义中国化的第一大理论成果——毛泽东思想。马克思主义基本原理同中国改革开放的具体实践相结合，形成了马克思主义中国化的第二大理论成果——中国特色社会主义理论。马克思主义基本原理同中国进入新时代以来的具体实践相结合，形成了马克思主义中国化的最新理论成果——习近平新时代中国特色社会主义思想。如全面建设小康社会思想就是马克思主义基本原理吸收中华优秀传统文化中的"民为邦本，本固邦宁"民本思想，中国共产党在此基础上又确立了"以人民为中心"的发展思想，这就是马克思主义的群众观和中华优秀传统文化中的民本思想融合而呈现出的中国化特征。这样的例子还有很多。但是，马克思主义中国化的内容和形势无论怎样发展，马克思主义的基本原理都必须同中国的具体实际相结合，中国的具体实际是由中国的特殊国情决定的，读不懂中华优秀传统文化，就把握不住中国的具体国情，理解不透中国的具体实际，因而就没有办法进一步实现马克思主义的中国化。正是在此意义上，中华优秀传统文化为马克思主义中国化的进一步发展提供了丰厚的土壤。

5. 为中华民族的伟大复兴提供经验借鉴

中华民族在五千多年的文明史中积累了丰富的治国理政、民族融合、社会管理、民间治理、危机处理、国际关系处理等方面的经验，尤其在如何实现国家的大一统，如何处理好中央与地方的关系，如何选拔与任用官员，如何进行诸侯国之间的外交，如何实现社会合理的危机管理体系，如何实现社会阶层的合理流动，如何处理不同文明之间的差异，如何实现各民族之间的和睦相处，如何实现富国和富民之间的平衡，如何实行对乡村基层管理及百姓的教化等方面积累了许多行之有效的经验，成为中华民族保持稳定并发展的行之有效的管理策略。这些经验是在中华传统文化的不断继承发展中孕育出来的，并在中华民族的发展中得到实践检验的宝贵财富。中华民族之所以能够披荆斩棘，与时俱进；之所以能够历经多次大分裂而最终走向统一；之所以经历那么多磨难而依然屹立于民族之林，靠的就是中华优秀传统文化强大的自我修复能力。我们应该通过创造性转化和创新性发展，在继承这些宝贵财富的基础上分析、总结，使之不断为中华民族的伟大复兴提供经验借鉴。

6. 为解决人类面临的难题提供中国方案

鲁迅先生在《且介亭杂文集》中说："只有民族的，才是世界的。"中华优秀传统文化以它的民族性和独一无二性著称于世，其中蕴含着丰富的哲学思想、人文精神、教化思想、价值理念、道德规范等，蕴藏着解决人类难题的智慧，能给人类认识世界、改造世界提供有益启迪。当代人类面临着许多突出的难题，比如，恐怖主义、局部战争、单边主义、霸权主义、气候恶化、贫富差距、金融危机、欧债危机等等。对于这些难题的解决，英国汤恩比博士在《展望 21 世纪》中指出，能够拯救 21 世纪人类社会的只有中国的儒家思想和大乘佛法，所以 21 世纪是中国的世纪。汤恩比博士还说，如果有来生，我将在中国，这样可以为世界的和平再作贡献。中华优秀传统文化中有"和"的基因，《论语·子路篇》有"君子和而不同，小人同而不和"；《论语·学而》有"礼之用，和为贵"。这里的"和"有和睦、和谐、和平的意思，"和"的基础体现在"万物并育而不相害""道并行而不相悖"《礼记·中庸·第三十章》，用"和"的思想处理国与国间的经济、政治、文化关系，维护世界经济多元化、世界政治多极化、世界文化多样化，就可以解决恐怖主义、霸权主义，缩小贫富差距，实现共商、共建、共享的全球治理观。中华优秀传统文化中"天人合一"的思想有利于解决资源短缺、环境恶化、生态失衡的难题。"天下大同"的思想有利于解决各种战乱和危机。《左传·隐公六年》中的"亲仁善邻，国之宝也"思想有利于邻国间的和睦共处，守望相助。

第三章 关于思想政治理论课

一、思想政治理论课的发展历程

1. 政治及政治课的起源与发展

思想政治理论课简称思政课，由政治课演化而来。了解思政课要先了解政治及政治课的起源与发展。

古代中国，"政治"一词最早出现在《尚书·毕命》中："道洽政治，泽润生民。"《周礼·地官·遂人》中也说："掌其政治禁令。"古时候"政"与"治"是分开使用的。"政"指国家的权力、制度、秩序和法令，如"其在政府，与韩琦同心辅政"（政务活动）；"大乱宋国之政"（制度、秩序）；"政者正也，子帅以正，孰敢不正"（公正正直）。"治"则主要指管理人民和教化人民。如"修身、齐家、治国、平天下"；"天下兼相爱则治"（良好的社会状态）。古代中国的政治含义是统治者及其臣子们维护统治、治理国家的活动。与西方的"政治"含义不同，现代意义的"政治"一词，来自日本人翻译西语"Politics"时创造的。当"Politics"从日本传入中国时，人们在汉语中找不到与之相对应的词。孙中山使用"政治"来翻译，认为政就是众人之事，治就是管理，管理众人之事，即是政治。这一说法在当时的中国影响力非常大。在当今中国，政治的含义是马克思主义关于政治的界定。

在西方，政治一词最早的文字记载出现在《荷马史诗》中，含义是城堡或卫城。古希腊的雅典人将修建在山顶的卫城称为"阿克罗波里"，简称为

"波里"，城邦制形成后，"波里"成为具有政治意义的城邦的代名词，后同土地、人民及其政治生活结合在一起被赋予城邦中的公民参与统治、管理、斗争等各种公共生活行为的含义。现代意义上的政治是政府或政党对国家治理的行为。马克思主义认为：政治是以经济为基础的上层建筑，是经济的集中体现，是以政治权利为核心展开的各种社会活动和社会关系的总和。

政治课是通过学校对学生进行思想、道德、政治等方面的教育，使人人自觉维护国家和执政党的利益，拥护执政党的领导，保障国家的长治久安。我国在学校进行政治和道德教育具有悠久的历史。早在西周时期，就有以"六艺"为基本课程的礼教。到了汉朝，主张罢黜百家，独尊儒术，儒家思想成为占统治地位的意识形态，儒家的《诗》《书》《礼》《易》《春秋》被称为"五经"，成为学校教育的基本课程。宋朝的朱熹集理学思想之大成，特别强调"修身、齐家、治国、平天下"的教育目标，将《大学》《中庸》《论语》《孟子》合为"四书"。"四书"成为历代王朝科举取士的标准教材。此时，虽然还没有"政治课"的名称出现，但是在"四书""五经"中有鲜明的政治性、伦理性，思想教育、道德教育、政治教育都寓于其中。清末统治者废除科举制度后，颁布了《奏定学堂章程》，第一次规定在中等学校设置修身课和读经讲经课，作为学校思想政治和道德教育课程。这两种课程的设置，标志着政治课在学校教育中取得独立地位，正式成为独立的课程。中华民国成立以后，读经课被废除，修身课被保留。修身课主要致力于思想道德情操的养成，以培养国民的良好品质，增强国民的社会责任感。五四之时，一些志士仁人大力倡导公民教育。蔡元培任教育总长期间，提出了以培养公民道德为主的教育方针，将清末"忠君""尊孔"的教育宗旨修正为国民教育、实利教育、公民教育、世界观、美育五个方面。陶行知也说："教育就是教人做人，教人做好人，做好国民的意思。"[①]此时的政治课注重国民性的培养和社会责任感教育，但由于时局变换，这一教育宗旨没能持续贯彻下去，导致了我国公民精神、道德的缺失。以蒋介石为代表的国民党取得政权之后，国民党政府致力于推行"党化教育"，以"一个党，一个主义"为教育指导方针，在中

---

① 陶行知.陶行知全集：第 1 卷 [M].成都：四川教育出版社，1991：630.

等学校开设了党义课，并以此取代了修身课。此时的政治课体现出强烈的政
治性和意识形态取向。1932年，教育部颁布《正式课程标准》，将"党义课"
改为"公民训练课"，并纳入中学毕业考试科目之中。[①] 中国共产党成立以后，
一直都在组织党员学习马列。国民革命时期，中国共产党在革命干部学校
进行政治理论学习。黄埔军校创立后，政治课是对学员们进行政治教育的主
要渠道，课程内容包括三民主义、共产主义等丰富内容，主要开设的课程有
"三民主义""国民革命概论""帝国主义""社会主义运动"等。[②] 抗日战争时
期，正式在中学设置政治课。抗日根据地改革了国民党政府开设的公民课程，
使用了完全新型的政治课，由当时的战争环境所限，没有统一的教学计划和
统编教材，主要开设"中国近代革命运动史""社会发展史""政治常识"等
马列基础课。在解放战争时期，解放区开设"社会常识""政治常识""社会
发展史""世界现状""青年修养"等课程。[③] 解放战争后期，政治课开始分阶
段设置，初中一年级开设"中国现状与中国革命"，初中二年级开设"世界现
状"，初中三年级开设"青年修养"，高中一、二年级开设"政治经济学"，高
中三年级开设"政治学"。[④] 在革命战争年代，政治课旗帜鲜明地宣传马克思
主义思想，进行思想政治教育，将马克思主义基本原理和中国具体实际相结
合，为新民主主义革命培养了大批又红又专的人才。

2. 中小学思政课的演变

新中国成立后，1950年8月，教育部颁发《中学暂行教学计划（草案）》，
在教学科目表中所列的第一个科目就是"政治"，并规定"除各科均应贯彻
政治思想教育外，初高中各学年仍设政治科目，以期加强现阶段中学政治思
想教育"。这份文件正式确立了政治课在社会主义学校教育中的地位。"政治
教师"的称呼也开始于此时。1951年，因受苏联影响，教育部发出《关于

① 刘天才. 思想政治学科教育学 [M]. 陕西：陕西人民出版社，1994.
② 龚海泉. 高等学校思想政治教育史 [M]. 武汉：武汉出版社，1992：8.
③ 朱明光，等. 思想政治学科教育学 [M]. 北京：首都师范大学出版社，2000.
④ 刘梅. 政治课改革发展的历程和价值取向 [J]. 思想理论教育，2006（2）：16-21.

改定中学政治课名称、教学时数及教材的通知》，统一设置中学政治课程，初中开设"中国革命常识"，高中开设"社会科学基础知识""共同纲领"。1952 年，教育部发出《关于全国高等学校马克思列宁主义、毛泽东思想课程的指示》，规定：在综合大学和财经、艺术类院校依次开设"新民主主义论"（100 学时）、"政治经济学"（136 学时）、"辩证唯物主义与历史唯物主义"（100 学时），理工农医类学校只开设前两门。1953 年，教育部又规定增设"马列主义基础"（136 学时）作为各类高校二年级的必修课，并把"新民主主义论"改为"中国革命史"。新中国成立初期的政治课体系以新民主主义思想和马列主义理论为核心教学内容，并逐渐成为各级各类学校进行思想政治教育的最基本的形式。

1954 年，受社会运动的冲击和影响，整个社会普遍不重视思想政治工作，各种社会运动取代了政治课，政治课逐渐减少。1956 年，除高三年级开设每周一节的"宪法"课外，其他各年级政治课全部停开。1957 年 2 月 27 日，毛泽东针对当时国际国内的复杂局势，在国务院会议上作了《关于正确处理人民内部矛盾的问题》的报告，报告明确提出了加强青年学生的思想政治教育问题，指出："没有正确的政治观点，就等于没有灵魂。"1957 年 8 月 17 日，教育部发出《关于中学、师范学校设置政治课的通知》，第一次以文件的形式规定了政治课名称为"政治课"，规定了各年级应开设的课程是："青少年修养"（初中一、二年级）、"政治常识"（初中三年级）、"社会科学常识"（高中一、二年级）、"社会主义建设"（高中三年级），奠定了中学政治课的基本框架。1958 年中共中央、国务院发布了《关于教育工作的指示》，强调教育要与生产劳动相结合，为无产阶级政治服务，指出在一切学校中，必须进行马克思列宁主义的政治教育和思想教育，培养教师和学生的工人阶级的阶级观点、群众观点、集体观点、劳动观点、辩证唯物主义的观点，规定了政治课的任务。1959 年，教育部颁布了《中等学校政治课教学大纲（试行草案）》，对中学政治课的目标与任务、课程设置、时间安排、教材编写、教学与成绩评定等作了系统而具体的规定，这是新中国历史上第一个中学政治课教学大纲，政治课开始走向规范化。1961 年，教育部又颁布了《关于改进中等学校政治课教学的意见》，1963 年 7 月，教育部根据意见精神颁发了《关于实行全日制中小学新教学计划（草案）的通知》，对中小学的政治课程进行了改革和完善。

"文化大革命"期间，学校的政治课教学受社会环境的影响，内容转向以"阶级斗争"思想为核心，以"政治挂帅"思想为引导，演变成大规模的"政治运动"课。

党的十一届三中全会以后，改革开放开始，政治课也开始改革。1978 年，教育部组织编写了统一教材，在中学开设了"发展简史""科学社会主义常识""辩证唯物主义常识""政治经济学常识"，使中学政治课恢复了正常教学秩序。1979 年，教育部召开全国中小学思想政治教育会议，会后印发《改进和加强中学政治课的意见》（以下简称《意见》）。《意见》规定了中学政治课的地位和任务，提出从 1982 年秋季起，高中一年级开设"政治经济学常识"，高中二年级开设"辩证唯物主义常识"，教学时数为每周 1 学时。《意见》还强调要重视教师队伍的建设、教学要理论联系实际等内容。1985 年 8 月，中共中央发出《关于改革学校思想品德和政治理论课程教学的通知》（以下简称《通知》）。为贯彻落实《通知》精神，1986 年国家教委制定了《中学思想政治课改革实验教学大纲》。大纲规定的课程设置是："公民"（初中一年级）、"社会发展简史"（初中二年级）、"中国社会主义建设常识"（初中三年级）、"科学人生观"（高中一年级）、"经济常识"（高中二年级）、"政治常识"（高中三年级）。国家教委组织力量编写了"一纲多本"的教材，在全国范围内有计划、有步骤地进行改革试验。在高等学校，根据中央的通知，确定设立"中国革命史""中国社会主义建设""马克思主义原理"三门课作为本科公共必修课。

20 世纪 90 年代的政治课改革以整合发展为理念，对中小学和大学的政治课进行了整体规划。1992 年 3 月，国家教委在总结《中学思想政治课改革实验教学大纲》实施经验的基础上，颁发了《全日制中学思想政治课教学大纲（试行）》。文件强调：全日制中学初中、高中各年级不再分列课名，统称"思想政治课"。这是政治课课程整合的开始，国家教委决定从这一年起，各年级新教材不再单列课名，而统称为"思想政治课"，于是无论是初中还是高中，教材封面上的名称都是"思想政治课"。与此同时，随着"政治课"改为"思想政治课"，"政治教师"这个名称也改称为"思想政治课教师"。此外，试行大纲比实验大纲更加注重教学目标和内容的整体性和层次性，比较严密地规定了各年级教学内容的范围、序列和结构体系，既注重事实、概念、原理、知识体系、观点等认知方面的目标，又重视认知、情感、行为的统一，政治课教学进一步得到深化。1994年8月31日，中共中央下发《关于进一步加强和改进学校德育工作的若干意见》（以下简称《若干意见》），根据邓小平南方谈话和党的十四大精神，提出了整体规划学校德育和思想政治课程体系的要求。1995年12月，国家教委下发《关于进一步加强和改进中学思想政治课教学工作的意见》，把制定中学思想政治课课程标准作为落实中央《若干意见》的一项重要措施。1996年4月和1997年4月，《全日制普通高级中学思想政治课课程标准》和《九年义务教育小学思想品德课和初中思想政治课课程标准》相继颁发。课程标准把九年义务教育作为一个完整阶段规划，并与高中阶段相衔接，明确划分了各阶段的递进关系。第一次采用"课程标准"的方式来规范教学行为，具体表达教学内容的范围和程度，并特别突出了认知目标和能力目标的融合与相互支撑。课程标准以总体目标贯穿各阶段目标，全面规划和统筹安排各阶段教学目标和教学内容，完善了课程内容的连贯性与渐进性。课程标准强化了政治课的时代性和针对性，明确了马列主义、毛泽东思想和邓小平建设有中国特色社会主义理论的指导地位，突出了"爱祖国、爱人民、爱劳动、爱科学、爱社会主义"的五爱教育内容。在小学各年级，注重儿童的心理教育和品德培养，采用图片、故事、事例、常识、格言等丰富素材，编排了一整套能为学生接受的、可操作的教学内容序列。初中年级的课程，分别系统实施心理素质、法律素质、政治素质的教育。高中作为一个相对独立的阶段，在三个年级分别系统地讲授经济常识、哲学常识和政治常识，并特别注意了与大学课程的衔接问题。

时代进入21世纪，随着改革开放和社会主义市场经济的发展，我国社会经济成分、组织形式、就业方式、利益关系和分配方式日益多样化，给人们的思想观念带来深刻影响。世界多极化和经济全球化趋势，日新月异的科技进步，使我国的发展面临着前所未有的挑战与机遇。在这种时代背景下，中央政府认识到深化教育改革、加强思想政治教育的重要性，并因此颁布了一系列文件，这些文件包括：《中共中央 国务院关于深化教育改革全面推进素质教育的决定》（1999 年 6 月 13 日）；《中共中央办公厅 国务院办公厅关于适应新形势进一步加强和改进中小学德育工作的意见》（2000 年 12 月 14 日）；教育部印发《基础教育课程改革纲要（试行）》（2001 年 6 月 8 日）；中共中央印发《公民道德建设实施纲要》（2001 年 9 月 20 日）；教育部印发《普通高中课程方案（实验）》（2003 年 3 月 31 日）；《中共中央 国务院关于进一步加强和改进未成年人思想道德建设的若干意见》（2004 年 2 月 26 日）。以这些文件为依据和指导，2003 年 5 月 19 日，教育部印发全日制义务教育《思想品德课课程标准（实验稿）》。2004 年 3 月 2 日，教育部印发了《普通高中思想政治课课程标准（实验）》。这次基础教育新课程改革之前，小学的课程名称叫"思想品德"课，初中和高中的课程名称都叫"思想政治"课。这次新课程改革对小学、初中、高中的课程名称分别进行了重新确认，规定小学由"思想品德"课改为"品德与生活"和"品德与社会"，初中由"思想政治"课改为"思想品德"课，高中仍然叫"思想政治"课。从高中政治课课程标准来看，高中课程体系以模块方式建构，分必修课四个模块和选修课六个模块。必修课四个模块包括：经济生活、政治生活、文化生活、生活与哲学。课程体系建构以马克思主义基本观点和"三个代表"重要思想为统领，以经济、政治、文化三大领域的生活为主题，以相关学科基本知识为支撑，遵循由近及远、由浅入深、由具体到抽象的思维方式整合各模块内容。课程设计改变过去注重知识和理论体系的现状，坚持按照学生成长及个人生活与社会生活的逻辑主线展开教学内容，以素质教育为根本宗旨，以培养学生主体性、创新能力和实践能力为重点，将知识理论的习得、生活实践能力的培养、正确价值观的引导融合于政治课教学中，使抽象的政治理论和思想道德知识转化为具体的、生动的生活内容，无论是横向的单个教学单元内容还是纵向的阶段教学内容，都真正体现了对人的全面发展目标的追求。选修课六大模块包括：科学社会主义常识、经济学常识、国家和国际组织常识、科学思维常识、生活中的法律常识、公民道德与伦理常识。选修课作为必修课教学的延伸和扩展，使政治课在"统一性"的基础上具有了"选择性"，将先进性要求和广泛性要求结合起来，既体现了政治课的特有性质，又反映了政治课对人文、社会知识学习方面的要求。中学政治课的这种构建策略充分体现了政治课在保证社会政治性价值的基础上对人本性价值的追求。2016 年 4 月，教育部发布通知称，将义务教育小学和初中起始年级《品德与生活》《思想品德》教材名称统一改为《道德与法治》。时至今日，义务教育阶段的小学和初中的思政课教材依然是《道德与法治》。高中阶段的思政课是"经济生活""政治生活""文化生活""哲学生活"。为贯彻落实党的二十大精神，2022 年 11 月，教基〔2022〕5 号文《教育部关于进一步加强新时代中小学思政课建设的意见》颁布，这是教育部针对中小学思政课建设的重要文件，设计了中小学思政课建设的新蓝图，提出了新时代中小学思政课建设的新方向、新要求。

3. 大学思政课的演变

1980 年 4 月，教育部、共青团中央下发《关于加强高等学校学生思想政治工作的意见》，文件强调：思想政治教育要旗帜鲜明地对大学生进行系统的马克思列宁主义、毛泽东思想基本原理的教育，革命理想教育，共产主义道德品质教育。1993 年 2 月，中共中央、国务院印发《中国教育改革和发展纲要》，对高等学校的政治课在教学内容和方法上进行了深入改革，教学内容整合为"马克思主义理论课"和"思想品德课"（简称"两课"）。1998 年 4 月，为积极贯彻落实党的十五大精神，中宣部、教育部印发了《关于普通高等学校"两课"课程设置的规定及其实施工作的意见》，以规范高校"两课"课程设置。课程设置以邓小平理论为中心内容，注重系统地对大学生进行马克思主义基本原理和爱国主义、集体主义、社会主义的教育。马克思主义理论课包括："马克思主义哲学原理"（54 学时）、"马克思主义政治经济学原理"（理工类 40 学时，文科类 36 学时）、"毛泽东思想概论"（理工类 36 学时，文科类 54 学时）、"邓小平理论概论"（70 学时）、"当代世界经济与政治"（文科类开设，36 学时）。思想品德课包括："思想道德修养"（51 学时）、"法律基础"（34 学时）。"两课"教育作为大学生思想政治教育的主渠道和主阵地，在培养社会主义人才方面起到了重要作用。

2004 年 10 月 15 日，颁布了《中共中央 国务院关于进一步加强和改进大学生思想政治教育的意见》，2005 年 2 月 7 日，颁布了《中共中央宣传部、教育部关于进一步加强和改进高等学校思想政治理论课的意见》，2005 年 3 月 2 日，印发了《中共中央宣传部、教育部关于进一步加强和改进高等学校思想政治理论课的意见实施方案》。以上课程标准和实施方案的出台，标志着 21 世纪初我国学校政治课体系整体构建的完成。此时的政治课改革在特定时代背景下强化了政治课在学校课程体系及学校思想政治教育工作机制中的战略地位，更加突显了政治课的思想政治教育性质。这次课改比以前历次课改都更加全面深入、严谨细致，在素质教育、人的现代化、人的全面发展的时代语境中，课程改革全程贯穿以人为本的理念，充分体现了政治课的人本性价值诉求。高校 2005 年课程方案用"思想政治理论课"代替了原来的"两课"名称，并将课程整合为四门必修课："马克思主义基本原理""毛泽东思想、邓小平理论和'三个代表'重要思想概论""中国近现代史纲要""思想道德修养与法律基础"。同时开设"形势与政策""当代世界经济与政治"等选修课。课程方案从国内国际局势出发，强调了马克思列宁主义、毛泽东思想、邓小平理论和"三个代表"重要思想的指导地位，并特别指出高校思想政治理论课要用发展的马克思主义武装大学生，要坚持理论联系实际，贴近实际、贴近生活、贴近学生。高校课改方案在重视政治课的理论价值的同时，也反映了以人为本的价值原则。2006 年，教社科厅〔2006〕1 号文规定：要进一步加强高等学校思想政治理论课教材的编写，规范教材的使用。从 2006 级新生入学开始，全国普通高校统一使用由中宣部、教育部组织编写的，由高等教育出版社出版的"马克思主义理论研究和建设工程重点教材"——《马克思主义基本原理概论》《毛泽东思想、邓小平理论和"三个代表"重要思想概论》《中国近现代史纲要》《思想道德修养与法律基础》。未经中宣部、教育部、新闻出版总署批准，各省（自治区、直辖市）教育部门、高校及教师不得自行组织编写各种名义的高校思想政治理论课教材。各高校及教师编写的校内讲义，只限本校使用，不得公开出版、上市销售。注重高等学校思想政治理论课教师队伍建设，编制了教师发展的五年规划。这方面的文件有：教社科〔2008〕5 号文，《中宣部 教育部关于进一步加强高等学校思想政治理论课教师队伍建设的意见》；教社科〔2009〕4 号文，《中共中央宣传部 教育部关于做好高校思想政治理论课骨干教师参观考察活动的通知》；教社科〔2013〕4 号文，教育部印发《普通高等学校思想政治理论课教师队伍培养规划（2013—2017 年）》；教社科函〔2019〕10 号文，教育部印发《普通高等学校思想政治理论课教师队伍培养规划（2019—2023 年）》。对思想政治理论课的建设也不断提出要求，每五年制定一个标准。教社科〔2011〕1 号文，教育部关于印发《高等学校思想政治理论课建设标准（暂行）》的通知。教社科〔2015〕3 号文，教育部关于印发《高等学校思想政治理论课建设标准》的通知。教社科〔2021〕2 号文，教育部关于印发《高等学校思想政治理论课建设标准（2021 年本）》的通知。对思政课的教育质量国家层面也有顶层指导。教高〔2012〕4 号文，《教育部关于全面提高高等教育质量的若干意见》。教社科厅函〔2017〕15 号文，《教育部办公厅关于开展 2017 年高校思想政治理论课教学质量年专项工作的通知》。2017 年 3 月 2 日，习近平总书记在全国高校思想政治工作会议上指出：把思想政治工作贯穿教育教学全过程，开创我国高等教育事业发展新局面，让学生成为德才兼备、全面发展的人才。教社科〔2017〕1 号文，教育部关于印发《高等学校马克思主义学院建设标准（2017 年本）》的通知；教社科函〔2019〕9 号文，教育部关于印发《普通高等学校马克思主义学院建设标准（2019 年本）》的通知。为落实通知精神，各个学校的马克思主义学院逐步建立。教社科〔2018〕2 号文，教育部关于印发《新时代高校思想政治理论课教学工作基本要求》的通知中，对学分、教研室（组）的教学管理工作等作了具体的规定。2019 年 8 月 15 日，中共中央办公厅、国务院办公厅印发《关于深化新时代学校思想政治理论课改革创新的若干意见》，提出了统筹大中小学思政课一体化建设，推动各类课程与思政课建设形成协同效应。教材〔2020〕6 号文，中共中央宣传部、教育部关于印发《新时代学校思想政治理论课改革创新实施方案》的通知。通知提出：在课程目标体系上，按照循序渐进、螺旋上升的原则，立足于思政课的政治性属性，对大中小学思政课课程目标进行一体化设计。小学阶段重在培养学生的道德情感，初中阶段重在打牢学生的思想基础，高中阶段重在提升学生的政治素养，大学阶段重在增强学生的使命担当。教社科〔2021〕2号文，教育部关于印发《高等学校思想政治理论课建设标准（2021年本）》的通知。2021年本的标准是对教社科〔2015〕3号文标准的修订，2021年标准进一步加强了高校思想政治理论课的宏观指导，规范组织管理、教学管理、队伍管理和学科建设。教社科〔2022〕3号文，教育部等十部门联合印发《全面推进"大思政课"建设的工作方案》的通知。通知提出开门办思政课、调动各种社会资源，善用社会大课堂，推动思政小课堂与社会大课堂相结合。各地教育部门要结合实际，积极建设"大思政课"实践教学基地。大中小学要主动对接各级各类实践教学基地，开发现场教学专题，开展实践教学。教社科厅函〔2022〕49号文，《教育部办公厅关于开展大中小学思政课一体化共同体建设的通知》。强调了开展大中小学思政课一体化共同体建设是为了深入学习贯彻党的二十大精神，贯彻习近平总书记关于思政课建设的重要论述，深入推进大中小学思政课一体化建设，切实发挥思政课立德树人关键课程作用，全面增强思政育人效果。

如今，思政课的发展已进入规范化、体系化、科学化的轨道。课程名称经历了礼教科—经学科—修身科—党义科—公民科—马列课—两课—思政课的过程，当前大中小学思治课的规范名称是："小学初中道德与法治课""高中思想政治课""高校思想政治理论课"。思政课经过改革发展，总体目标明确，各阶段、各层次分目标明晰，大中小学教学内容整体贯穿和衔接。思政课立德树人的性质得到普遍性认同，思政课在学校和社会中的地位得到巩固和加强，思政课教育进入科学发展的良好时期。

4.研究生思政课的演变

中国研究生教育发展的历史并不长。在旧中国，高等教育发展极为缓慢，只有少数高等学校招收一些研究生。从 1935 年到 1949 年，仅有 200 多名研究生被授予硕士学位。真正意义上的研究生是从 1951 年开始招收的。新中国成立后，百废待兴，全国掀起了经济建设的高潮，国家非常重视各类人才的培养，高考制度和研究生教育制度相继建立起来。从 1950 年到 1965 年，全国共招收研究生 2.3 万人。1966 年，由于"文化大革命"，研究生教育中断了长达 12 年之久。研究生教育真正开始有较大的发展，是在 1978 年恢复研究生招生制度以后。随着研究生教育的发展，研究生思政课也在不断演变。研究生思政课教育随着高考制度的恢复逐步被纳入人才培养体系之中，国家陆续出台相关政策文件对研究生思想政治理论教育提出要求。1981 年，国务院颁布《中华人民共和国学位条例暂行实施办法》，明确规定硕士、博士学位课程包括马克思主义理论课。1985 年 8 月，中共中央印发的《关于改革学校思想品德和政治理论课程教学的通知》提出了研究生思想政治理论课应在本科生阶段的基础上继续提高，并与专业学习相结合的任务。1987 年 6 月，国家教育委员会下发《关于高等学校研究生马克思主义理论课（公共课）教学的若干规定》（简称"87 方案"）。"87 方案"对文科、理工农医科各专业的硕士研究生、博士研究生需要开设的课程、课时进行了细致的规定，这一文件的颁布实施标志着我国研究生思想政治理论课程设置体系的初步形成。"87 方案"在研究生思想政治理论课建设历史中保持相对稳定。2010 年，经中央同意，中宣部、教育部印发《关于高等学校研究生思想政治理论课课程设置调整的意见》（简称"2010 方案"），决定在硕士研究生阶段开设一门必修课"中国特色社会主义理论与实践研究"，从"自然辩证法概论""马克思主义与社会科学方法论"两门课中选择一门作为选修课；在博士研究生阶段开设一门必修课"中国马克思主义与当代"，开设一门选修课"马克思主义经典著作选读"。新方案对课程门数和学时作了调整，不分文理专业，有利于学科交叉、文理渗透；开设选修课程，突出了学生的自主性，既保持了连续性又避免了内容简单重复。至此，形成了从专科、本科到硕士、博士等不同层次相互衔接、梯次推进，内容更加科学、结构更加合理的高校思想政治理论课课程体系，为以后的课程建设和发展奠定了重要基础。

研究生思政课课程体系建设的不断丰富发展。1991 年 8 月，国家教委印发《关于加强和改进高等学校马克思主义理论教育的若干意见》，其中明确指出，针对高等学校的硕士和博士研究生的马克思主义理论课教学，要在总结教学实践经验的基础上，进一步充实教学内容，加强马克思主义原著的学习。1995 年 10 月，国家教委印发《关于高校马克思主义理论课和思想品德课教学改革的若干意见》的通知，明确指出，硕士和博士研究生的思想理论教育应有更高的要求，要结合所学专业的特点，帮助学生进一步树立正确的信念和高尚的理想情操，提高马克思主义理论水平和理论思维能力，并用以指导科学研究。1998 年 6 月，中宣部、教育部印发《关于普通高等学校"两课"课程设置的规定及其实施工作的意见》，对于研究生思想政治理论课课程设置专门作了规定，是对"87 方案"的进一步丰富和完善。21 世纪以来，随着研究生教育的深入发展，研究生思想政治理论课的改革和创新也提上日程。从 2005 年开始，高校本科生思想政治理论课课程体系和教学内容进行了较大调整，其中有些教学内容与现行研究生阶段教学内容交叉重复。为更好地与本科生思想政治理论课相衔接，推进构建完整的高校思想政治理论课课程体系和教学体系，必然要求相应调整研究生课程设置和教学内容。同时，为适应现代化建设需要，我国对研究生教育培养方式也进行了改革，这对研究生教育质量提出了新要求，也要求相应调整研究生阶段思想政治理论课的课程和内容，进一步加强和改进研究生思想政治理论教育。"2010 方案"就研究生思想政治理论课课程设置调整的必要性、原则、内容、工作安排和组织领导等五个方面进行了阐述。"2010 方案"是高校研究生思想政治理论教育不断探索的结果，标志着我国研究生思想政治理论课课程体系的日益完善。

党的十八大以来，中国特色社会主义进入新时代，以习近平同志为核心的党中央高度重视思想政治工作，高校研究生思想政治理论课课程建设也迈入新时代。2016 年 12 月，习近平总书记在全国高校思想政治工作会议上发表了重要讲话。这一重要讲话是指导新形势下高校思想政治工作的纲领性文献，强调把思想政治工作贯穿教育教学全过程，掀开了高校思想政治工作新的历史篇章。为深入贯彻落实全国高校思想政治工作会议精神，不断提高高校思想政治理论课质量和水平，教育部决定将 2017 年定为"高校思想政治理论课教学质量年"，制定实施《2017 年高校思想政治理论课教学质量年专项工作总体方案》，旨在进一步深化教材、教师、教学等领域的改革创新，不断提高思想政治理论课质量，不断坚定道路自信、理论自信、制度自信、文化自信。党的十九大召开后，教育部思想政治理论课教学指导委员会印发了《关于高校思想政治理论课贯彻落实党的十九大精神教学建议》，为及时推动党的十九大精神进教材、进课堂、进头脑，对研究生思想政治理论课课程中增加贯彻落实党的十九大精神的教学内容提出具体教学建议。2018 年，为加强新时代高校思想政治理论课建设，全面推动习近平新时代中国特色社会主义思想"三进"工作，培养担当民族复兴大任的时代新人，教育部印发了《新时代高校思想政治理论课教学工作基本要求》，这是深入贯彻落实习近平新时代中国特色社会主义思想和党的十九大精神的重要举措，更是新时代高校研究生思想政治理论课建设的基本遵循。

总之，我国研究生思想政治理论课历经"87 方案""98 方案""2010 方案"等发展阶段，逐渐构建起以马克思列宁主义、毛泽东思想、邓小平理论、"三个代表"重要思想、科学发展观、习近平新时代中国特色社会主义思想为指导，符合时代发展规律和实践发展要求，符合中国特色社会主义人才培养目标，具有完整体系化特征的高校研究生思想政治理论课课程体系、教学体系和科研体系。

二、思想政治教育是党的工作的生命线

思想政治教育是思政课的核心目的。思想政治教育伴随着中国共产党诞生而产生，伴随着中国共产党的发展而发展。思想政治教育的对象也伴随着中国共产党工作重心的不同而有所侧重，由革命战争年代的工农红军，到新中国成立后的经济工作及其他一切工作，最后到新时代的各级各类学校的学生。思想政治教育无论在哪个时期都被称为党的工作的生命线。思想政治教

育的本质是改造人的思想、政治方向、道德品质，宣传中国共产党的意识形态，发挥思想政治教育的引导功能、凝心聚力功能，使党的各项工作沿着正确轨道稳步前行，以利于党的工作任务的顺利完成。思想政治教育伴随着中国共产党的发展先后经历了政治教育、政治宣传、政治工作、思想政治工作等阶段，最后落脚到思想政治教育的提法。

1. 思想政治教育属于社会意识形态

历史唯物主义认为，社会的基本问题是社会存在与社会意识的关系问题，社会存在决定社会意识，社会意识反作用于社会存在。"思想、观念、意识的生产最初是直接与人们的物质活动、与人们的物质交往、与现实生活的语言交织在一起的。人们的想象、思维、精神交往在这里还是人们物质行动的直接产物。表现在某一民族的政治、法律、道德、宗教、形而上学等的语言中的精神生产也是这样。"[1] "物质生活的生产方式制约着整个社会生活、政治生活和精神生活的过程。不是人们的意识决定人们的存在。相反，是人们的社会存在决定人们的意识。"[2] 这体现了社会存在决定社会意识。"一种历史因素一旦被其他的、归根到底是经济的原因造成了，它也就起作用，就能够对它的环境，甚至对产生它的原因发生反作用。"[3] "任何意识形态一经产生，就同现有的观念材料相结合而发展起来，并对这些材料作进一步的加工"[4]，这就是社会意识的相对独立性，即社会意识对社会存在具有能动的反作用。思想政治教育属于社会意识，具有意识形态功能，它能够适应社会变化发展的要求，推动产生它的社会存在朝着社会需要的方向发展。马克思在《〈黑格尔法哲学批判〉导言》中指

① 中共中央马克思恩格斯列宁斯大林著作编译局 . 马克思恩格斯文集：第 10 卷 [M]. 北京：人民出版社，2009：151-152.
② 中共中央马克思恩格斯列宁斯大林著作编译局 . 马克思恩格斯文集：第 2 卷 [M]. 北京：人民出版社，2009：591.
③ 中共中央马克思恩格斯列宁斯大林著作编译局 . 马克思恩格斯文集：第 2 卷 [M]. 北京：人民出版社，2009：659.
④ 中共中央马克思恩格斯列宁斯大林著作编译局 . 马克思恩格斯文集：第 4 卷 [M]. 北京：人民出版社，2009：309.

出："批判的武器当然不能代替武器的批判，物质力量只能用物质力量来摧毁，但是理论一经掌握群众，也会变成物质力量。"①这是马克思关于社会意识重要地位和重大作用的生动阐释。马克思主义认为，无产阶级政党要加强宣传鼓动工作，用先进的理论武装群众。思想政治教育正是科学社会主义理论掌握群众、推动工人革命运动发展的重要途径。在《共产主义者同盟章程》中提出了"宣传工作"的概念，明确要求党员要进行社会主义宣传，唤醒工人，使其自觉地意识到自己的使命。马克思主义把"宣传鼓动工作"作为无产阶级政党的重要任务，认为"共产党一分钟也不忽略教育工人尽可能明确地意识到资产阶级和无产阶级的敌对的对立"②。思想政治教育服从和服务于无产阶级革命斗争的需要，用先进的理论武装教育群众、掌握群众，从而变成强大的改造社会、改造世界的物质力量，在摧毁资产阶级统治、摆脱资产阶级奴役、建立社会主义社会中发挥不可或缺的作用。

马克思、恩格斯在《德意志意识形态》中指出："统治阶级的思想在每一时代都是占统治地位的思想。"③无产阶级必须坚持政治斗争和思想斗争，才能破除旧思想的影响，树立新思想。马克思的剩余价值理论揭示了资产阶级除了剥夺无产阶级的剩余价值，还在思想上对无产阶级进行奴役。所以，无产阶级反抗资产阶级的剥削和压迫，除了要开展经济斗争和政治斗争，还要开展思想斗争，思想政治教育的重要性也因此凸显了出来。思想政治教育就是要在无产阶级革命运动中破除资产阶级的旧思想，树立无产阶级的先进思想，从而赢得思想斗争的胜利。

列宁主义对社会意识的反作用更加重视。为解决俄国社会主义民主党内的思想混乱和组织涣散，发挥社会主义意识形态的能动作用，列宁提出

---

① 中共中央马克思恩格斯列宁斯大林著作编译局.马克思恩格斯选集：第1卷[M].北京：人民出版社，2012：9.

② 中共中央马克思恩格斯列宁斯大林著作编译局.马克思恩格斯选集：第1卷[M].北京：人民出版社，2012：434.

③ 中共中央马克思恩格斯列宁斯大林著作编译局.马克思恩格斯文集：第2卷[M].北京：人民出版社，2009：550.

了著名的"灌输"理论，强调无产阶级政党必须对群众进行先进意识的灌输。灌输理论在马克思主义的理论中就有萌芽。马克思在《〈黑格尔法哲学批判〉导言》中指出："哲学把无产阶级当作自己的物质武器，同样，无产阶级也把哲学当作自己的精神武器；思想的闪电一旦彻底击中这块素朴的人民园地，德国人就会解放成为人。"[1]"思想的闪电击中人民园地"就是指社会主义理论必须从工人运动以外灌输进去。列宁明确提出了灌输理论，他强调"没有革命的理论，就没有革命的运动"。这个"就没有"，生动体现了革命理论的重要地位。列宁进一步强调，新的社会主义意识形态不可能在工人内部自发地产生，"工人阶级单靠自己本身的力量，只能形成工联主义的意识"[2]。因此，加强社会主义思想体系的宣传灌输，彻底战胜落后的、反动的资产阶级意识形态，是无产阶级政党的重要使命和基本任务。只有"把社会主义思想和政治自觉性灌输到无产阶级群众中去"[3]，科学的社会主义意识形态才能确立起来，从而为无产阶级革命运动提供强大的思想武器。

2. 中国共产党思想政治教育的发展历程

中国共产党思想政治教育理论是以马列主义中的相关理论为基础而形成的，它是服从并服务于中国革命、建设和改革开放各个历史时期的中心任务而不断创新发展的。

从 1921 年中国共产党成立到 1949 年新中国成立，是思想政治教育的形成时期。此时，党的思想政治教育服从并服务于中国的革命和战争，培养以实现国家独立和民族解放为目标的社会主义革命者。其探索与实践主要体现在：明确了思想政治教育的重要性，初步形成了负责思想政治教育的组织机

---

[1] 中共中央马克思恩格斯列宁斯大林著作编译局. 马克思恩格斯选集：第 1 卷 [M]. 北京：人民出版社，2012：16.

[2] 中共中央马克思恩格斯列宁斯大林著作编译局. 列宁选集：第 1 卷 [M]. 北京：人民出版社，2012：311.

[3] 中共中央马克思恩格斯列宁斯大林著作编译局. 列宁选集：第 1 卷 [M]. 北京：人民出版社，2012：285.

构，打造了思想政治教育的宣传阵地，形成了思想政治教育早期理论体系。中国共产党在这一时期的主要任务是带领工农群众和工农红军，通过革命和战争，推翻"三座大山"的压迫，实现国家独立和民族解放。工农群众对党的革命事业理解有限，工农红军中有非无产阶级思想盛行。对此，中国共产党深知通过思想政治教育将工人和农民组织起来的重要性。早在1921年党的一大通过的《中国共产党第一个决议》就提出"党应在工会里灌输阶级斗争的精神"，"教育工人，使他们在实践中实现共产党的思想"。1929年《古田会议决议》的中心思想就是用无产阶级思想统领工农红军和党的建设。1932年，党中央在《中央给中区中央局及苏区闽赣两省委信》中明确提出了"政治工作不是附带的，而是红军的生命线"[①]。此后，王稼祥、周恩来、朱德、任弼时等党的重要领导人进一步阐述了政治工作是巩固和增强战斗力的武器，是一切革命军队的生命线和灵魂。政治工作的地位和作用空前加强。"政治工作是我们军队的生命线，无此则不是真正的革命军队。"[②] 进一步强调了政治工作是军队的"生命线"，并成为全党全军的共识。1934年党的六届五中全会上，中国共产党又提出政治工作是红军的生命线。毛泽东则从战略全局的高度提出："掌握思想教育，是团结全党进行伟大政治斗争的中心环节。"[③]

思想政治教育的工作制度。党的一大设立宣传主任，同时规定"党员超过十人的地方委员会设宣传委员"，从而形成了中国共产党宣传组织机构的雏形。1927年的"三湾改编"形成了"支部建在连上"的工作机制，是党独创性建立思想政治教育组织机构的开端。1929年的《古田会议决议》将专门负责思想政治教育的宣传队列入全军建制，明确军队政治部、支队和大队政治委员的工作任务及范畴，由此，党开始了思想政治教育的创新性探索。1931年11月25日，党成立了中华苏维埃共和国中央革命军事委员会总政治部，1932年改为中国工农红军总政治部，作为全国红军和地方部队的最高政治工

---

① 中央档案馆．中共中央文件选集：第8册[M]．北京：中共中央党校出版社，1985：269.
② 中共中央文献研究室．关于建国以来党的若干历史问题的决议注释本[M]．北京：人民出版社，1983：531.
③ 毛泽东选集：第3卷[M]．北京：人民出版社，1991：1094.

作领导机构。1944 年 4 月 11 日，陕甘宁边区留守兵团政治部主任谭政所作的《关于军队政治工作问题的报告》中，首次提出了军队思想政治工作的"三原则"，结合政治工作和组织工作开展了有益探索。

思想政治教育的阵地。中国共产党主要通过成立工人学校、农民运动讲习所，建立工会和农民协会等组织机构作为工农民众的教育阵地，创办了《新青年》《工人周刊》《农民周刊》等刊物作为宣传阵地，引导和推动了革命理论与工人、农民实践运动的有机结合，教育和统一了广大工农群众的思想。

思想政治教育的理论。中国共产党翻译了一些马克思主义经典著作，如《共产党宣言》《马克思资本论入门》《社会主义从空想到科学的发展》等，引导工农群众加强学习，提升其马克思主义理论水平。党结合中国革命实际形成了自己的理论体系，出版了《中国社会各阶级的分析》《实践论》《矛盾论》《论持久战》等著作，使广大工农群众受到了马克思主义中国化的教育。

思想政治教育的方式方法。中国共产党结合工人、农民、红军的实际文化程度的不同，以团结—批评—团结为目的，形成了理论灌输与自我教育、民主讨论与耐心说服、批评教育与自我批评、整风运动等多种思想政治教育模式，为新民主主义革命的胜利奠定了牢固的思想政治基础。

从 1949 年新中国成立到 1976 年"文化大革命"结束是思想政治教育的曲折发展时期。新中国成立后，中国共产党由革命党变为执政党，党的工作重心转移到经济建设上来，肃清封建流毒，抵制资产阶级腐朽思想侵蚀，强化党风党纪，培养社会主义劳动者和接班人，发挥意识形态对经济工作的能动作用，建设社会主义新中国成为这一时期思想政治教育的重要任务。

1950 年 5 月 1 日，中共中央发出了《关于在全党全军开展整风运动的指示》，对党员干部进行了系统的思想政治教育。这次整风运动密切了党群关系。1951 年，党中央下发了《关于在学校中进行思想改造和组织清理工作的指示》，开展了对知识分子的学习改造活动，主要通过组织学习马列主义、毛泽东思想，批判各种反马列主义的错误思潮，同时通过开展批评与自我批评等方式改造知识分子的世界观，端正其为人民服务、为社会主义服务的思想和立场。1953 年党中央又下发了《关于整顿党的基层组织的决议》《关于发展新党员的决议》，对入党的政治条件、基层党组织的地位与功能进行了规范与要求，纯洁了党的队伍，加强了党内团结。对农民群众的思想政治教育主要依据对农民的阶层划分，进行有差别的土改政策教育，引领群众参与镇压反革命运动，增强其主人翁意识和社会主义认同感。对广大青年的教育，通过社会主义青年团这个阵地，强化青年对马列主义观的学习和改造。重视广大青年的社会道德建设，对广大青年开展"爱祖国、爱人民、爱劳动、爱科学、爱护公共财产"的社会公德教育和"身体好、学习好、工作好"的个人品德教育，促进了广大青年的健康成长。

1955 年，毛泽东指出："政治工作是一切经济工作的生命线。在社会经济制度发生根本变革的时期，尤其是这样。"[①] 思想政治教育是经济工作的生命线理论得到更系统的阐述。1956 年 4 月，毛泽东发表了《论十大关系》，分析了当时我国社会主义存在的十大矛盾，并将加强思想政治教育作为解决这些矛盾的一条重要原则。1957 年，毛泽东在《关于正确处理人民内部矛盾的问题》中指出，现在需要加强思想政治工作，知识分子和青年学生除了学习专业之外，还需要学习马克思主义，学习时事政治，没有正确的政治观点，就等于没有灵魂。他强调政治工作不能孤立地去做，而要结合经济工作一道去做；思想工作和政治工作，是完成经济工作和技术工作的保证，是为经济基础服务的。1957 年 4 月 27 日，党中央发布了《关于整风运动的指示》，开始了一场全党提升思想水平、改进作风的整风运动。此次整风的动机及路线方针是好的，但由于对阶级斗争形势误判，导致了反右派斗争的扩大化，不仅造成了群众思想的混乱，而且严重影响了政治、经济、文化工作，尤其是十年"文化大革命"，使党的思想政治教育遭受了严重挫折。为了更好地发挥思想政治教育生命线作用，毛泽东强调了政治工作灌输理论，认为向农民群众不断灌输社会主义思想是政治工作的基本任务。"政治工作是一切经济工作的生命线"理论的提出，对处理好思想政治教育与经济工作的关系提供了理论依据，二者相互作用，共同发展。为人民民主政权的巩固、国民经济的恢复发展和社会主义革命与建设都产生了巨大价值。

---

① 毛泽东.毛泽东文集：第 6 卷 [M].北京：人民出版社，1999：449.

党的十八大以来，中国特色社会主义进入新时代，思想政治教育也走向科学化、现代化。"一个政权的瓦解往往是从思想领域开始的，政治动荡、政权更迭可能在一夜之间发生，但思想演化是个长期过程。思想防线被攻破了，其他防线就很难守住。"① 这句话告诫我们：思想是行动的先导，要重视人们的思想变化，尤其是作为未来接班人和建设者的大学生的思想动态。社会主义意识形态的本质体现是社会主义核心价值观，党要求把培育和践行社会主义核心价值观融入国民教育全过程，使人们坚定马克思主义政治立场，树立共产主义远大理想，形成稳定统一的民族精神，增强民族凝聚力和向心力，为经济工作提供精神动力和思想保障。

三、马克思主义理论是思政课内容的题中之义

中国共产党成立之时就把马克思主义作为自己的指导思想。马克思主义在指导中国革命、建设、改革的过程中不断与中国具体实际相结合、不断与中华优秀传统文化相结合，在相互结合中不断地实现马克思主义的中国化，产生了中国化的马克思主义，即毛泽东思想、邓小平理论、"三个代表"重要思想、科学发展观、习近平新时代中国特色社会主义思想。因此，马克思主义和中国化的马克思主义成为中国特色社会主义建设的指导思想、意识形态。中国共产党进行思想政治教育的主要内容就是马克思主义和中国化的马克思主义。大中小学思政课是对学生进行思想政治教育的主渠道和主阵地，是国家对国民进行意识形态教育的主渠道和主阵地。因此，大中小学思政课的教学内容主要是马克思主义和中国化的马克思主义。

马克思主义是由马克思和恩格斯创立并为后继者所不断发展的科学理论体系，是关于自然、社会和人类思维发展一般规律的学说，是关于社会主义必然代替资本主义、最终实现共产主义的学说，是关于无产阶级解放、全人类解放和每个人自由而全面发展的学说，是指引人民创造美好生活的行动指南。

① 习近平关于社会主义文化建设论述摘编 [M]. 北京：中央文献出版社，2017：21.

马克思主义是一个博大精深的理论体系。它由马克思主义哲学、马克思主义政治经济学和科学社会主义三个基本部分组成，它们有机统一并共同构成了马克思主义理论的主体内容。此外，马克思主义还包含着其他许多知识领域，如历史学、政治学、法学、文化学、新闻学、军事学等，并随着实践和科学的发展而不断丰富自身的内容。习近平总书记也说："马克思主义理论体系和知识体系博大精深，涉及自然界、人类社会、人类思维各个领域，涉及历史、经济、政治、文化、社会、生态、科技、军事、党建等各个方面，不下大气力、不下苦功夫是难以掌握真谛、融会贯通的。"[1] 大中小学思政课教材的内容主要依据就是上述内容。

马克思主义中的基本原理是对马克思主义立场、观点、方法的集中概括。马克思主义的基本立场，是马克思主义观察、分析和解决问题的根本立足点和出发点。马克思主义以无产阶级的解放和全人类的解放为己任，以人的自由全面发展为美好目标，以人民为中心，一切为了人民，一切依靠人民。马克思主义的基本观点，是关于自然、社会和人类思维发展一般规律的科学认识，是对人类思想成果和社会实践经验的科学总结。这些基本观点主要包括：关于世界统一于物质、物质决定意识的观点，关于事物矛盾运动规律的观点，关于实践和认识辩证关系的观点，关于社会存在决定社会意识的观点，关于人类社会发展规律的观点，关于阶级和阶级斗争的观点，关于人民群众创造历史的观点，关于人的全面发展和社会全面进步的观点，关于商品经济和社会化大生产一般规律的观点，关于劳动价值论、剩余价值论和资本主义生产方式本质的观点，关于垄断资本主义的观点，关于资本主义政治制度和意识形态本质的观点，关于社会主义必然代替资本主义的观点，关于社会主义革命和无产阶级专政的观点，关于无产阶级政党建设的观点，关于社会主义社会本质特征和建设规律的观点，关于共产主义社会基本特征和共产主义远大理想的观点等。马克思主义的基本方法，是建立在辩证唯物主义和历史唯物主义世界观和方法论基础上，指导我们正确认识世界和改造世界的思想方法和工作方法，主要包括实事求是的方法、辩证分析的方法、社会基本矛盾和

---

[1] 习近平 . 在哲学社会科学工作座谈会上的讲话 [M] . 北京：人民出版社，2016：11.

主要矛盾分析的方法、历史分析的方法、阶级分析的方法、群众路线的方法等，是马克思主义在其形成、发展和运用过程中经过实践反复检验而确立起来的具有普遍真理性的理论。相对于特定历史条件下所作的个别理论判断和具体结论，马克思主义基本原理具有普遍的、根本的和长远的指导意义。在思政课中，教师要从基本立场、基本观点、基本方法的有机统一中，教会学生用马克思主义基本立场、基本观点、基本方法分析并解决学习、生活、社会中的问题。

四、中华优秀传统文化是思政课内容的源头活水

1. 中华优秀传统文化蕴含着丰富的思想政治教育资源

中华优秀传统文化中所蕴含的意志品质、伦理道德规范、人文精神素养等思政元素，既涵养大学生心灵，又培养学生对中华文化的价值认同与情感认同。中华优秀传统文化中蕴含着中华精神、中华价值、中华力量等思政元素，将其融入学生思想教育教学过程，可以培养学生艰苦奋斗、坚韧不拔的精神品质和强烈的爱国主义情怀，有利于践行社会主义核心价值观。中华优秀传统文化中蕴含着自强不息的进取精神、舍生忘死的爱国情怀、孝悌忠信的荣辱观念等思政元素，是新时代坚定学生理想信念，加强爱国主义精神文明教育的绝佳素材。这些都是思政课内容的源头活水。习近平总书记强调："中华民族几千年来形成了博大精深的优秀传统文化，我们党带领人民在革命、建设、改革过程中锻造的革命文化和社会主义先进文化，为思政课建设提供了深厚力量。"思政课既要以马克思主义作为思想灵魂，也要以中华优秀文化作为精神底蕴。

2. 中华优秀传统文化与新时代思政课的内在一致性

通过深入挖掘中华优秀传统文化中的思想精华和道德精髓来滋养思政课的内容，助力思想政治教育。这就需要立足思政课学科优势，突出中华优秀

传统文化育人特色，深入研究思政课的传统文化渊源，结合新时代学校思想政治教育需求，创新思想政治教育教学内容，把中华优秀传统文化引入思想政治教育教学课堂，打造中华优秀传统文化特色项目，构建饱含中华优秀传统文化底蕴的思想政治教育学科体系。依托地域特有传统文化资源，开发地域优秀传统文化精神，打造饱含地域文化特色的精品课程。同时，深挖校史校情、校风校训等校园文化育人资源，开发校本课程，引导学生自觉感知中华优秀传统文化魅力并自觉践行新时代学校思想政治教育教学要求。中华优秀传统文化作为新时代学校思想政治教育的力量源泉，不仅要完成立德树人根本任务，更要以保证主流文化供给，活跃主流内容，巩固壮大学校主流思想舆论为侧重点。立足学校思想政治教育教学供给侧与需求侧，基于学生身心发展规律，着重突出以爱国主义教育和社会主义核心价值观教育为重点，在完善中华优秀传统文化保护与开发制度的基础上，实现思想政治教育教学资源的互通互享。

3. 中华优秀传统文化融入思政课能塑造学生的优秀个性品质

《周易·乾卦》中的"天行健，君子以自强不息"教给学生积极向上、勇于进取、发愤图强的优秀品质。《周易·坤卦》中的"地势坤，君子以厚德载物"教给学生崇德向善，有容乃大的优秀品质。大禹治水，精卫填海，愚公移山，后羿射日，女娲补天的神话，教给学生迎难而上的优秀品质。中国传统的"孝"文化教给学生对"天地君亲师"的敬畏。老子教给学生"无为而治，为而不争""上善若水"的优秀品质。孔子教给学生"仁者，人也""君子务本"的优秀品质。墨子教给学生"兼相爱，交相利"的优秀品质。孟子教给学生"行有不得，反求诸己""富贵不能淫，贫贱不能移，威武不能屈"的优秀品质。庄子教给学生"万物平等"的优秀品质。古人的"谦受益，满招损"教会学生面对问题、批评、缺陷时要具备闻过则喜，有则改之，无则加勉的优秀品质。古人的"先苦后甜""苦尽甘来"的苦乐观教会学生吃苦耐劳的优秀品质……上述品质既是立德树人内容的题中之义，也是落实立德树人根本任务的有效途径。土生土长在中国的学生，应该用中华民族优秀传统文化来立德树人，这是符合中国国情的。中华优秀传统文化培养的是具有孝悌仁义、谦虚谨慎、知难而上、知错就改、闻过则喜、对父母老师有敬畏感的学生，尤其是我国传统的先苦后甜的苦乐观，让学生对学习的苦、生活中的苦不再敏感，就像四川人从小吃辣椒，长大后吃多辣的食物都不觉辣，山西人从小吃酸，长大后吃多酸的食物都不觉酸一样，反而对甜特别敏感，很容易感受到生活的幸福。这才是中国特色社会主义社会合格的建设者和接班人。

第四章 中华优秀传统文化融入思政课的逻辑

一、中华优秀传统文化融入思政课的状况及原因

近代以来，中华传统文化受到抨击并开始没落始于 1915 年的新文化运动时期。当时，半殖民地半封建的中国已经结束帝制走向共和，但是民族危亡的局面依然严峻。于是中国的知识分子开始反思问题的原因，最终落脚于中国国民性的麻木。为了改造中国的国民性，新文化运动兴起。新文化运动反对以儒家思想为中心的旧教育，呼吁建立以科学和民主为中心的新教育，尤其反对"尊孔复古"的做法，后来泛化到反对一切传统的东西，甚至有人主张全盘西化，用拼音取代汉字。1929 年国民党政府召开的中央卫生会议甚至通过了"废除中医"的议案。这一时期的学校教育不再延续中国二千多年的四书五经教育，将传统文化中的精华部分分散到了其他课程之中。如初等小学、高等小学、中学中开设的修身课、国文课、本国历史课；大学开设的哲学课、文学课、历史学课。此时从西方传过来的思想文化没能和中国本土文化很好地融合，其中的拜金主义、个人主义等糟粕思想在中国开始盛行。

中国共产党是中华优秀传统文化的忠实传承者和弘扬者。早期中国共产党人陈独秀、李大钊对中华传统文化采取辩证分析的态度，毛泽东提出用"古为今用，洋为中用"的方法理解和处理民族文化和外来文化，刘少奇在《论共产党员的修养》中大量引用了中华优秀传统文化。新民主主义革命时期中国共产党开办的学校主要是宣传共产主义，对群众进行政治宣传教育提高其政治觉悟和扫盲文化教育提高其文化水平，对中华优秀传统文化教育涉及

不多。从新中国成立到 1978 年改革开放，中华优秀传统文化在学校教育中的状况是缺位的，学校思政课就是单纯的政治课。这源于新中国初期新生政权亟待巩固的需要。毛泽东曾经在中共七届三中全会上强调，"有步骤地谨慎地进行旧有学校教育事业和旧有社会文化事业的改革工作"，突出强调"反对一切封建思想和迷信思想"[1]。"文化大革命"时期，中华传统文化被列为"四旧"，属于"横扫"的对象。学校思政课内容以社会主义思想和无产阶级专政教育为主，突出强化了课程为无产阶级服务的政治属性，思政课的价值取向全部是政治性的，中华优秀传统文化教育没有被提上日程。随着时间的推移，很多有识之士已经意识到中华优秀传统文化的重要性，意识到中华优秀传统文化是中国的根，预示着传统文化的复兴是未来的必然趋势。从 1978 年改革开放到党的十八大，中华优秀传统文化在学校教育中开始复苏。这一阶段，党中央为推进中华优秀传统文化教育制定了一系列方针政策。邓小平说："了解自己的历史很重要。青年人不了解这些历史，我们要用历史教育青年，教育人民。"[2] 江泽民说："全国人民特别是广大青年，都要认真学习和了解祖国的历史，尤其是近代以来的历史。"[3] 胡锦涛说："推进小学、中学、大学有机衔接，教学、科研、实践紧密结合……""全国广大青少年一定要深刻了解近代以来中国人民和中华民族不懈奋斗的光荣历史和伟大历程。"[4] 三代领导核心都强调了思想政治教育的重要性，都认为青少年的思想政治状况关乎改革开放和社会主义现代化建设的成败，关乎中华民族的前途命运，要加大对青少年的国情教育，这里的国情就包括中华优秀传统文化教育。而此时的学校教育，除了大学的中国哲学、古汉语等专业外，各级各类学校的中华优秀传统文化教育的普及几近缺失，更没有把中华优秀传统文化教育摆到"培养什么人"的高度去认识，中华优秀传统文化中的家国情怀、传统美德、人文精神等思政元素得不到很好的利用和传承。学生难以领会中华优秀传统文化的

① 毛泽东. 为争取国家财政经济状况的基本好转而斗争 [N]. 人民日报，1950-06-13（1）.

② 邓小平. 邓小平文选：第 3 卷 [M]. 北京：人民出版社，2001：206.

③ 江泽民. 江泽民文选：第 2 卷 [M]. 北京：人民出版社，2006：331，339，587.

④ 胡锦涛. 论构建社会主义和谐社会 [M]. 北京：中央文献出版社，2013：12.

精髓，严重影响了中华优秀传统文化在学生群体中的普及和认同。党的十八大以后，习近平总书记于 2013 年首次提出推动中华传统美德的创造性转化、创新性发展，此后又提出了推动中华文明和中华优秀传统文化创造性转化、创新性发展，指导中华优秀传统文化融入学校相关课程的顶层文件相继出台，中华优秀传统文化融入大中小学思政课也提上日程。

造成上述状况的原因复杂，主要表现为以下几个方面。

1. 历史因素

随着近代以来西方列强的入侵和资本主义文化的传入，一些人开始对中华优秀传统文化产生怀疑，"为何具有五千年之久文明的中国竟会被西方打败，难道是中华优秀传统文化真的不如西方的自由民主？"这样的声音从五四新文化运动开始越来越严重，以至于五四以来中华传统文化出现了"粉碎性骨折"，形成了国民的文化自卑。20 世纪二三十年代，不仅提出了"打倒孔家店"等口号，甚至还要废除汉字，更甚者说要改良中国的人种，而方法竟是和洋人通婚。到了三四十年代，少年皆骂孔子、毁六经。当时的熊十力敏感地察觉到，"欧美学风，渐以东被，三尺学童皆有菲薄儒术、图弃经传之思，而于西学又不得其精意，撮拾名词，长其骄咨鄙倍之习。士气人心，不可复问。先圣曰，道之不明也，我知之矣。其逆睹今日之事哉？"熊十力认为，特殊的中华传统文化之精神价值能否救治人们在工商业竞争的紧张下出现的无所依归、无所适从的精神和心理危机，信念价值处于迷茫之中。五四运动以来对中华传统文化的冲击、毁谤之后留下的一大片精神和心理的空间如何弥补，是一个亟须解决的问题。王国维也认为，中华传统文化和世界文化的关系已经改变了，中国再也不是老大帝国了。到了八十年代，实行改革开放政策，国门打开。国人惊羡于西方的物质文明，越发自惭形秽，进而在经济、社会、文化、制度等方面，进行了全方位的反思，甚至是自我批判和否定。这给中华优秀传统文化的传承和发展造成了沉重的打击。加上长期以来中华优秀传统文化在教育过程中的缺失，社会缺乏中华优秀传统文化的引导，传承和弘扬中华优秀传统文化的氛围不足，都导致了学生对中华优秀传统文化缺少认知和理解。中国人要彻底抛弃文化自卑的意识，最终还得取决于自己的传统文化，要结合时代特点对中华传统文化进行创造性转化和创新性发展，复兴中华优秀传统文化。这是"解铃还须系铃人"的道理。

2. 多元文化因素

经济全球化的快速发展，互联网的普及，带来了文化的多样性。多元化的文化广泛地影响着当代学生的思想和行为。年轻的学生们思维敏捷活跃、易于接受新事物、可塑性强，但思想不成熟，世界观、人生观、价值观尚未完全形成，缺乏判断力。所以，网络上一些不良信息容易影响学生的思想，导致其消极甚至扭曲的心态产生。西方的个人主义、享乐主义和拜金主义易于冲击学生的价值观，而学生们缺乏对外来文化的批判和鉴别，盲目崇拜外来文化，不加分析地接受和认同，最终使中华优秀传统文化在学生群体中淡化和缺失。此外，相比于中华传统文化，学生们更注重应用性强的专业知识，他们认为中华传统文化学与不学都能正常毕业拿学位，也帮不上就业的忙，还不如把时间用在专业的计算机、外语、社会技能等方面的学习上。

近年来，西方社会思潮借助于网络和新媒体平台，以曲折、隐喻的方式隐匿在网络空间中，而这些消极错误的思想观念会在学生群体中滋生和蔓延，给我国的主流意识形态安全造成了巨大威胁。尤其是历史虚无主义、新自由主义、宪政民主等，是西方资本主义实施"和平演变"思想的核心组成部分，它以"分化""西化"中国为战略企图，否定马克思主义在中国主流意识形态领域的主体地位，否定中国共产党的领导，以此达到摧毁中国特色社会主义的政治企图。而作为马克思主义意识形态、中国共产党领导，以及中国特色社会主义重要思想来源和制度基础的中华优秀传统文化，是抵制与消解历史虚无主义的重要历史资源与教育内容，它在学生群体中的内化与实践，可以成为当前维护主流意识形态安全的一道屏障。也就是说，西方资本主义自由、平等、民主、博爱、人权的价值观在本质上和中华优秀传统文化的爱国主义、求真务实、艰苦奋斗、服务人民等价值理念是不一样的。西方价值观占领学生头脑后不利于中华优秀传统文化在思政课教学中教育作用的发挥。

3.学校因素

目前，大多数高校的思政课还是采取大班授课的传统模式，学生人数较多的现状造成课堂纪律不易控制，教学环节也不易操作，从而使课堂整体效果不佳。由于思政课在大多数高校属于公共课，相对于主要专业课而言，学生对思政课的重视度普遍不高，大多数学生缺乏足够的学习动力及兴趣。教育政策对一个国家和民族教育的发展具有重要的指引作用。我国现行的高考制度使得学校和家长专注于学生的应试成绩，而忽略了学生的人文素养的熏陶及思想政治素质的养成。当前学生思想品德教育及思想政治理论教育是以思政课为载体开展的，其中很少有中华优秀传统文化教育的内容，基本也没有单独设置中华优秀传统文化教育课程。2014年以来，随着国家顶层设计文件的出台，国学热的兴起，除了文史类专业的学生能够接触到一些关于中华优秀传统文化的内容外，其他专业的学生很少接触到相关内容，尤其是理工科的学生。有条件的少数学校设置了相关选修课程，但课程覆盖面十分有限，主要是诵读、讲述《三字经》《弟子规》《老子》《论语》《大学》《礼记》《中国传统文化概论》等方面的内容，没有形成氛围，教学效果不明显。有的学校仅仅局限于口号和表演形式，应应景而已，还是把时间和精力用在专业知识和技能教育上。加之学校缺少对中华优秀传统文化的传播、引导、监督和保障措施，导致中华优秀传统文化没有很好赋能思政课教学和学生们的思想政治教育。

4.学生因素

当前学生对中华传统文化的认知、学习状况不太乐观，对中华优秀传统文化的具体把握比较有限。在中小学阶段就缺乏中华传统文化教育，人文知识储备相对薄弱。在课程设置方面，大中小学忽视了中华优秀传统文化学科课程的开设，虽然教育部印发教社科〔2014〕3号文《完善中华优秀传统文化教育指导纲要》以后，有条件的学校开始以各种方式在教育中融入中华优秀传统文化的内容，但是还非常有限，导致学生对部分概念及人文史实不甚了解。学生人文素养的缺乏导致他们很难清晰把握住马克思主义理论及其中国化的演变历程及其深刻内涵。将中华优秀传统文化融入思政课教学是突破困境、走出现状的有效尝试。中华优秀传统文化是新时代中国特色社会主义文化建设的养料和来源，将它们有取舍地融入思政课教学，可以充实课堂内容，提升教师和学生的课堂获得感，改善思政课教学效果不佳的尴尬局面。

大学生在思维方式上具有求异性，在目标追求上具有求新性，常常对新奇事物表现出强烈兴趣。而随着社会信息化的高度普及和网络自媒体的迅猛发展，微信、微博、抖音、快手等社交媒体成为学生日常沟通交流的重要手段，而且成为学生了解外部世界的主要方式。然而，网络上以中华优秀传统文化为内容的平台，仅有的内容也因学生头脑中传统文化积淀太少而没有吸引力。相反，网络媒体上的明星八卦、网络红人、网络游戏等新式娱乐资源，因其娱乐性、新奇性、生活性的特点而深受当代学生们的追捧，其内容的肤浅化、庸俗化、拜金化方向也会给学生的成长带来不良影响。网络新式娱乐资源的娱乐性、消费性、碎片化的特性与中华优秀传统文化的严肃性、精神性、系统性的特征存在巨大差异，其精神实质也不同于中华优秀传统文化，学生很难用坐冷板凳的精神去深刻理解和把握中华优秀传统文化中蕴藏的精华，十分缺乏学习中华优秀传统文化的自觉性、主动性及兴趣。要么是学生面对就业、生活的压力更加务实，重视专升本、考研、考证、就业、创业；要么各种新事物雨后春笋般地涌现，吸引着学生的眼球。历史悠久的中华优秀传统文化很难吸引学生群体的注意力，以至于学生对其的学习弱化于无形，造成学生的中华优秀传统文化素养不高。

5. 教师因素

学校缺乏具有中华优秀传统文化素养的专业教师，各学科教师的中华优秀传统文化素养是不达标的，主要体现在这些教师不能将中华优秀传统文化和自己学科课程的教学内容进行很好的融合。要改善这一问题，一方面可以引进具备较高中华优秀传统文化素养的各学科教师，另一方面要对原有的教师进行中华优秀传统文化素养培训。然而，目前教师的各种培训体系里并不包括专门的传统文化培训。因此，对于师范生的教育培育应该加入专门的中华优秀传统文化的学习内容或培训内容。各学校对教师的考核也应该加入中华优秀传统文化融入学科教学这一标准，以提高各学科教师的中华优秀传统文化素养。

大部分教师除了中华优秀传统文化素养不高之外，思政课堂还存在教师"给"与学生"得"的矛盾。第一，绝大多数的教师在思政课课堂上还是传统的以讲为主，在讲课的过程中，拘泥于课本的内容太多，对知识的所以然的讲解不够，学术界的观点和评价以及自己对知识点的看法和评价涉及不多，要么根本就不涉及，关注多的是教学任务的完成，没有顾及大学生的接收情况。这种课堂教学只关注自己的"给"，而忽视了大学生的"得"，必然让一些大学生游离于课堂之外，或迟到，或早退，或上课看手机，或睡觉，或说话，或看其他书，或做其他作业，或神游，或逃课，并导致课堂秩序混乱，教学效果不理想，学生不喜欢、不重视思政课，提不起上课兴趣。第二，有一些教师在思政课课堂上也做了一些改革，如融入讨论法、案例法、探究法等，大概一学期也就那么一两次，其余的还是传统的教学法。在那一两次的讨论课或案例课上，有上得很成功的时候，也有讨论不起来，案例分析不下去的时候，究其原因是对学生前期的知识积淀和准备情况等了解不够，有的大学生甚至有抵触情绪，本来到课了，讨论问题时喊几遍名字也不站起来，因为不愿意参与讨论，直到考勤点名时才发现他们其实是在课堂上的。可见，在教学方法的改革上，如果对大学生了解不够，"给"与"得"的通路也会被阻塞。第三，部分师生和校领导对思政课的重视程度不够。除去部分想考研的大学生外，一些大学生认为思政课不是专业课，对自己将来就业帮助也不大，因此，对思政课持一种消极敷衍的态度，即使到课也不认真听讲，认为期末考核是开卷，难度不大，考前一周突击过关即可。这种状况下，教师课堂内容讲得再好，学生也接收不到，"给"与"得"的通路依然不畅通。有些学院的专业课老师、领导也认为思政课课时多，对大学生的专业帮助和就业促进都不大，挤占了专业课的时间，竟允许本院学生在有思政课的时候请假去做别的事情，这样的引导导致部分大学生也不重视思政课的学习，更谈不上感兴趣了。"给"与"得"的矛盾也阻碍了中华优秀传统文化融入思政课。

6. 社会环境因素

中国社会选拔人才的主要方式还是高考，由于这种教育体制的影响，各学校虽然日渐重视培养学生的综合素质，但如何应对考试还是学校教学的主要任务。因此，学生学习文化知识的任务仍然很重，学校、家长、社会也把抓学生学习成绩放在第一位，在学习之外的有限时间里，家长让孩子选择中华优秀传统文化教育学习的寥寥无几。学校的课外活动和社团与传统文化相关的也是相当有限的。从整个社会来看，补习班和特长班比比皆是，有关中华优秀传统文化的培训班相对较少，幼儿时期的国学幼儿园还能看到一些。因为有市场，出版社更愿意出版习题集，针对适合大中小学生的中华传统文化读物的比例有待提高。政府部门的领导和公务员也很少有时间完整地读完一本国学经典，在落实国家相关传统文化政策的时候也不是特别到位。这些因素都不同程度地造成了中华儿女中华优秀传统文化素养的缺失。

7. 政策因素

2014年，教育部印发《完善中华优秀传统文化教育指导纲要》。为了有效落实〔2014〕3号文，中共中央办公厅、国务院办公厅印发《关于实施中华优秀传统文化传承发展工程的意见》。为进一步加强中小学中华优秀传统文化教育，2019年，教育部会同中央宣传部、科技部、文化和旅游部、国家体育总局、中央军委政治工作部、共青团中央等有关部门研究制定了《加强和改进中小学中华优秀传统文化教育工作方案》。国家对各级各类学校落实中华优秀传统文化教育的开展情况检查不到位，缺乏激励机制，对不具备开课条件的学校了解不够，支持保障措施不能及时到位，造成中华优秀传统文化融入思政课的困境。

二、中华优秀传统文化融入思政课的可行性

中华优秀传统文化融入思政课并不是生搬硬套，而是有着深刻的内在联系。中华优秀传统文化融入思政课，首先要搞清楚融入什么、在哪些方面融入、在何种程度上融入，要致力于二者的相融相通，准确把握互为融通的要义。互为融通是基于中华优秀传统文化与思政课之间有相当多的、相当大的契合性，应该将蕴含于它们之间的契合点挖掘出来，做好中华优秀传统文化与思政课的精准对接。从思政课创新方面看，主要是从中华优秀传统文化中获取思政元素补充和原典支撑；从中华优秀传统文化传承弘扬方面看，主要是从思政课中的马克思主义理论那里得到方法指导和主题引领。内容上的联结、方法上的契合与价值上的会通，是互为融通的本意所在，是互为融通的路径所向。这就是融入的可行性。

1.中华优秀传统文化与中小学思政课内容的契合点

中小学的学科教学是学校的中心工作，是学校最主要的教育教学活动。中小学思政课程中蕴含着丰富的中华优秀传统文化资源，可通过深入发掘、提炼、整合、拓展课程当中蕴含的传统文化元素，结合思政课内容的契合点，精心进行教学设计，将中华优秀传统文化教育有机融入思政课教学中。

2016 年 9 月 1 日起，义务教育小学、初中年级《品德与生活》《思想品德》教材统一更名为《道德与法治》。教材从《思想品德》到《道德与法治》的更名，意味着课程内容的丰富与深化。道德是培养中、小学生良好的品德，法治是培养中、小学生的法律意识。小学、初中的"道德与法治"课是一门以小学、初中学生生活为基础，引导和促进小学、初中政治、思想、道德发展为根本目的的课程。该课程将法治、道德与中华优秀传统文化紧密结合在一起，以立德树人为根本任务，帮助学生树立正确的人生观、价值观和世界观。

高中思政课也是落实立德树人根本任务的关键课程，以培育社会主义核心价值观为目的，帮助学生树立正确的政治方向，提高思想政治核心素养，增强社会理解和参与能力的综合性、活动性学科课程。高中思政课的核心素

养包括政治认同、科学精神、法治意识和公共参与四个方面，为实现核心素养所设置的课程有必修课四门："中国特色社会主义""经济与社会""政治与法治""哲学与文化"；选择性必修课三门："当代国际政治与经济""法律与生活""逻辑与思维"；选修课三门："财经与生活""法官与律师""历史上的哲学家"。以上课程的教材内容与中华优秀传统文化有很大的契合性，需要思政课教师在准备教材时找出。

中华优秀传统文化融入中小学思政课与中小学思政课新课标相契合，与中华优秀传统文化传承发展工程意见相契合。2022 年，国家新颁布了义务教育新课程标准，在中小学思政课课程标准中强调：要用优秀人类文化和民族精神陶冶学生心灵，提升学生的人文素养和社会责任感；在课程目标之分类目标的情感、态度、价值观中提出要亲近自然，爱护环境，珍惜资源，勤俭节约，孝敬父母，尊重他人，诚实守信，乐于助人，热爱劳动，热爱祖国，热爱和平等，都是中华优秀传统文化的题中之义。让学生认同中华文化，弘扬民族精神，在认识国情、爱我中华中学习和了解中华文化传统，尊重不同的文化和习俗，认识到文化的多样性和丰富性。2020 年修订的《普通高中思想政治课程标准》中学科核心素养的政治认同中有认同中华民族、认同中华文化；课程目标中提到了要坚定文化自信。可见，在中小学思政课课标的不同部分都提到让学生了解和弘扬中华优秀传统文化，为中华优秀传统文化融入中小学思政课教学提供了依据。

2017 年，两办印发的《关于实施中华优秀传统文化传承发展工程的意见》中明确要求："围绕立德树人根本任务，……把中华优秀传统文化全方位融入思想道德教育……，贯穿于启蒙教育、基础教育……修订中小学道德与法治、语文、历史等课程教材。"这说明，学校是传承中华优秀传统文化的重要场所和必要途径，在小学、初中"道德与法治"课、高中各门思政课教学中融入中华优秀传统文化已经成为中小学思政课程的一个内在要素和必然要求，两者在教学目标、教学方法、教学内容等方面都有很大的契合性。

中华优秀传统文化能促进中小学思政课教学目的实现。两者都强调对人的正确世界观、人生观、价值观，高尚品德，健全人格及优良性格的养成，两者的契合点很明显。中小学思政课的教学目的是助力学生的健康成长与成才，中华优秀传统文化中蕴含着丰富的做人、做事的人生哲学，这有助于对学生处理人与人、人与自然、人与社会等关系的合理引导，使学生形成正确、科学的思维方式、行为方式、价值观念，实现人与人、人与自然、人与社会的和谐。中华优秀传统文化十分重视道德品质的修养，如修身、齐家、治国、平天下中修身是基础，将其融入中小学思政课中，有助于学生养成良好的道德品质。能够为初中生形成正确的世界观、人生观、价值观，奠定良好的基础。中学生的批判意识与自我思考欲望逐渐增强，处于世界观、人生观、价值观形成的萌芽阶段，中华优秀传统文化的融入能够潜移默化滋养学生正确世界观、人生观、价值观的形成。中华优秀传统文化为中小学思政课提供了丰富的授课方法和原则，如孔子提出的"因材施教""有教无类"等，在当今的思政课教学中依然没有过时。中华优秀传统文化与中小学思政课教学内容要求基本一致，具有契合性，体现在如下所述。

（1）小学"道德与法治"课与中华优秀传统文化的契合点

小学 6 个年级，共有部编版《道德与法治》教材 12 本。在小学《道德与法治》教材中，中华优秀传统文化教育主要围绕传统节日、民风民俗、家风家训、传统礼仪、积极的民间文化、中国汉字、科技发明、中医药等题材进行。在挖掘教材内容、教学资源选取、教学活动设计与实施等方面，还可以有以下扩展。结合"我是小学生啦""校园生活真快乐"等内容可以融入《弟子规》的相关内容。结合"我和大自然""绿色小卫士""让生活多一些绿色""爱护地球""我们的责任"让学生初步了解老子"天人合一"的自然观。结合"我爱我家""家是最温暖的地方""为父母分忧""我们一家人"可以让学生了解我国的孝文化，家风，家庭成员关系等知识。结合"我想和你们一起玩""我们好好玩""同伴与交往"让学生感知孔子的"己所不欲，勿施于人"的人际交往原则，了解接触古代一些传统游戏。结合"我们的节日"可以融入中国的四大传统节日。结合"我们的班级""我们的学校""同学相伴""与班级共同成长"的讲授可以融入长幼有序、兄友弟恭的思想，尊师重教的思想，个人服从集体的思想。结合"让我试试看""我会努力的"让学生体悟敢为天下先，百折不挠，屡败屡战的精神。结合"我们的公共生活""多样的交通和通信"融入无规矩不成方圆的思想。结合"做聪明的消费者""美好生活从哪里来"融入崇尚劳动，勤俭节约的思想。结合"多姿多彩的民间艺术"融入我国一些非物质文化遗产的相关知识。"骄人祖先，灿烂文化"单元专题讲中华优秀传统文化，可补充相关材料进行扩展。"百年追梦，复兴中华"可结合近代的革命文化相关内容。结合"完善自我，健康成长"内容让学生初步了解严于律己，宽以待人，吾日三省吾身，慎独等思想。结合"让世界更美好"让学生了解大道之行，天下为公的大同思想。

（2）初中"道德与法治"课与中华优秀传统文化的契合点

初中 3 个年级，共有部编版《道德与法治》教材 6 本。教材内容由导言（每个单元以及每一课的引导语）、正文和辅助文（包括"运用你的经验""探究与分享""阅读感悟""相关链接""拓展空间""方法与技能"）三部分组成。教材中呈现出丰富的中华优秀传统文化内容，主要分为古人名言、典籍典故、传统习俗、传统思想、古代哲学等。教材中涉及中华优秀传统文化内容的有 162 处（具体内容在附录中有列举），辅助文中最多，正文中其次，导言中最少。导言中多是经典语句，正文中以古人名言、典籍典故为主，辅助文中以传统习俗、传统思想、古代哲学为主。

七年级上下册《道德与法治》教材中涉及的中华优秀传统文化内容非常多，主要集中在七年级上册中。八年级上下册教材中涉及的中华优秀传统文化内容相对其他年级来说最少。七、八年级的教材中，中华优秀传统文化内容都是零散融入，需要教师讲课时由点到面地加以系统化。在九年级上下册教材中涉及的中华优秀传统文化内容比较丰富，主要集中在九年级上册。在九年级教材中有三目内容比较系统地介绍中华优秀传统文化，即上册第三单元第五课"守望精神家园"两目"延续文化血脉"和"凝聚价值追求"，下册第三单元第五课"少年的担当"第二目"少年当自强"。

教材中的中华优秀传统文化相关内容呈现碎片化，比较分散，教师要结合学生认知规律，有意识地帮助学生整理知识点，使相关内容条理化、清晰化，能够激发学生的学习兴趣，浸润学生的心灵。

（3）高中思政课与中华优秀传统文化的契合点

高中阶段的学生有了一定的古文基础，处于世界观、人生观、价值观的"灌浆期"，要着重结合中华优秀传统文化中的立志、修身、爱国方面的内容讲授思政课。古代先哲们非常重视立志，在培养学生理想方面可融入孔子说的"三军可夺帅也，匹夫不可夺志也"，孟子说的"士贵立志，志不立则无成"，荀子说的"锲而舍之，朽木不折；锲而不舍，金石可镂"，班超的"投笔从戎"，诸葛亮说的"志当存高远"，蒲松龄说的"有志者，事竟成，破釜沉舟，百二秦关终属楚；苦心人，天不负，卧薪尝胆，三千越甲可吞吴"等。还有司马迁因李陵之祸惨遭宫刑，受刑后司马迁的自尊心受到极大伤害，他忍辱负重，历经 14 年终于完成了"究天人之际，通古今之变，成一家之言"的史学名著《史记》。学生应当学习他高尚的人生追求和进取的人生态度。在培养学生的修身养性方面，可融入孔子说的"见贤思齐焉，见不贤而内自省也"；孟子笔下的"大丈夫"；《大学》中的修身、齐家、治国、平天下；张载的"为天地立心，为生民立命，为往圣继绝学，为万世开太平"等。在培养学生的仁爱思想方面，可以融入孔子的"己所不欲，勿施于人""己欲立而立人，己欲达而达人"；孟子的"老吾老以及人之老，幼吾幼以及人之幼"；墨子的"兼相爱，交相利"；清朝张英的"六尺巷"等，让学生修养"推己及人"的品质，拥有一颗感恩之心，与家人、同学、他人能和睦相处，培养和谐的人际关系，和谐的身心关系。在培养学生的诚信方面，可以融入"人而无信，不知其可也""民无信不立""与朋友交，言而有信"等，体会孔子将诚信扩展为治国理政、人际交往的规范，明白诚信是做人的重要品格，也是道德的根本。在中华优秀传统文化中，人际交往最根本的就是以诚待人、诚信为本，帮助学生树立诚信意识，自觉把诚信作为高尚的追求，努力养成诚实守信的优良品质，真正做到"言必信，行必果"。在爱国方面，中华优秀传统文化中有非常丰富的资源。爱国主义自古就是我国民族精神的核心，是中华文明生生不息的纽带，已然融入华夏儿女的血液之中。如司马迁说"常思奋不顾身，而殉国家之急"，范仲淹说"先天下之忧而忧，后天下之乐而乐"，陆游说"位卑未敢忘国忧"，文天祥说"人生自古谁无死，留取丹心照汗青"，顾炎武说"天下兴亡，匹夫有责"，林则徐说"苟利国家生死以，岂因祸福避趋之"等。中华优秀传统文化中的爱国情怀和民族气节，融入思政课的学习中，能让学生在体验、感悟中升华爱国情感，勇于担负起中华民族伟大复兴的历史重任。

高中3个年级，共有思政课教材10本，其中有四门必修课，六门选修课。以四门必修课来梳理中华优秀传统文化与高中思政课的契合点。

第一，中华优秀传统文化融入"中国特色社会主义"的契合点。"中国特色社会主义"是必修一（2020年7月第2版，2021年8月第1次印刷）。该教材有四课内容，主要讲述了社会主义从空想到科学，从理论到实践的发展过程；中国人民在新民主主义革命的洗礼中选择了社会主义，挽救中国于民族危亡之中，从此中国人民站起来了；以邓小平为核心的第二代领导集体在改革开放的大潮中开创、发展、完善了符合中国国情的中国特色社会主义，从此中国人民富起来了；中国特色社会主义进入新时代，以习近平同志为核心的党中央提出了中华民族伟大复兴的中国梦，在坚持和发展中国特色社会主义的过程中，解决了许多长期想解决而没有解决的难题，办成了许多过去想办而没有办成的大事，中国正在以不可逆的趋势走向世界舞台的中央，从此中国人民强起来了。每一课由正文、探究与分享、相关链接、专家点评、插图构成。中华优秀传统文化主要融入在探究与分享、相关链接、插图之中，正文中极少涉及。

第一课中可融入中华优秀传统文化之处有：第1页的探究与分享之原始社会的生产和生活状况部分，可融入文字的产生、民俗文化、古代神话传说等；第2页的相关链接可融入氏族制度的内容；第3页的探究与分享中可融入私有制、禹的儿子启对待有扈氏的故事；第4页的甲骨文图片和玉琮图片证明了奴隶社会文字已经出现以及我国悠久的历史、灿烂的文化；第5页的探究与分享可融入两汉时期的封建生产关系内容，这一页的相关链接可融入城市的起源内容；第6页的相关链接可融入封建制度下的政权、族权、神权、夫权；第11页的探究与分享可融入中国的《桃花源记》和空想社会主义作比较；第17页的相关链接可融入以人为本，知行合一，苟日新、日日新等内容，

116

类比马克思主义是人民的理论、实践的理论、开放的理论；第 19 页的正文中"共产主义一定要实现的信念是不可动摇的"处可融入"天下为公""大同思想"。第二课没有。第三课第 31 页的改革开放处可融入中国历史上知名的变法改革，如春秋时期齐国管仲改革、秦国商鞅变法、王安石变法、张居正改革、洋务运动、戊戌变法等。第四课第 42 页的探究与分享的内容和图片中，现代科技成果可与中华优秀传统文化相融合，如天宫、蛟龙、悟空、墨子等。第 43 页的图片国产水陆两栖飞机"鲲龙"AG600 首飞体现了我国的重大科技成果。第 47 页的探究与分享中华民族的辉煌时期融入了四大发明；16 世纪以前，影响人类生活的重大科技发明有 300 项，其中中国人的发明占 175 项；文景之治、贞观之治、康乾盛世等。

第二，中华优秀传统文化融入"经济与社会"的契合点。"经济与社会"是必修二（2021 年 7 月第 3 版，2021 年 8 月第 1 次印刷）。该教材有两单元四课内容，主要讲述了我国公有制为主体，多种所有制经济共同发展的生产资料所有制；市场在资源配置中起决定作用的社会主义市场经济体制；新发展理念指导下的现代化经济体系；按劳分配为主体，多种分配形式并存的分配制度。每一课由正文、探究与分享、相关链接、名词点击、插图构成。中华优秀传统文化主要融入在相关链接之中，其他部分涉及极少。

第一课第 9 页的相关链接中的图片，天问一号火星探测器，蛟龙号载人潜水艇体现了我国经济在向前瞻性、战略性新型产业集中，关键核心技术创新水平不断提高；第 16 页的相关链接中融入了司马迁《史记·货殖列传》的一段话："故待农而食之，虞而出之，工而成之，商而通之。此宁有政教发征期会哉？人各任其能，竭其力，以得所欲。故物贱之征贵，贵之征贱，各劝其业，乐其事，若水之趋下，日夜无休时，不召而自来，不求而民出之。岂非道之所符，而自然之验邪？"以此来说明解释市场决定资源配置；第 30 页的正文中"诚信是社会主义市场经济的基础"处可融入"仁、义、礼、智、信"；第 36 页的相关链接中融入了《管子·轻重甲》中的"为人君而不能谨守其山林菹泽草莱，不可以立为天下王"，《孟子·梁惠王上》的"不违农时，谷不可胜食也。数罟不入洿池，鱼鳖不可胜食也。斧斤以时入山林，材木不可胜用也",《荀子·王制》中的"草木荣华滋硕之时则斧斤不入山林，不夭其生，不绝其长也……斩伐养长不失其时，故山林不童而百姓有余财也"，《吕氏春秋·孝行览》中的"竭泽而渔，岂不获得？而明年无鱼；焚薮而田，岂不获得？而明年无兽"，以此来解释说明人与自然和谐共生的思想；第43页的相关链接中融入了海上丝绸之路和陆上丝绸之路，来说明"一带一路"，说明新发展理念中的开放；第51页的相关链接中融入了《周礼·地官司徒》中的"掌邦之委积，以待施惠。乡里之委积，以恤民之艰厄；门关之委积，以养老孤；郊里之委积，以待宾客。野鄙之委积，以待羁旅；县都之委积，以待凶荒"，《管子·轻重甲》中的"民无以与正籍者予之长假，死而不葬者予之长度。饥者得食，寒者得衣，死者得葬……"，《礼记·礼运》中的"故人不独亲其亲，不独子其子，使老有所终，壮有所用，幼有所长，矜寡孤独废疾者皆有所养"，来说明中华优秀传统文化中的社会保障思想，以映照当今的社会保障政策；第61页的探究三中"实现乡村振兴和共同富裕"的理论评析中融入了"民生在勤，勤则不匮"的传统文化。

第三，中华优秀传统文化融入"政治与法治"的契合点。"政治与法治"是必修三（2019年12月第1版，2022年1月第1次印刷）。该教材有三单元九课内容，主要讲述了中国共产党的领导是历史和人民的选择，中国共产党的先进性及坚持和加强党的全面领导；人民当家作主的政治制度，我国的根本政治制度即人民代表大会制度，中国共产党领导的多党合作和政治协商制度，民族区域自治制度和基层群众自治制度；全面依法治国的基本方式和基本要求。每一课由正文、探究与分享、相关链接、专家点评、插图构成。中华优秀传统文化在各部分中均有融入，但涉及的内容不多。

第63页的探究与分享中融入了我国的佛教和道教，思政课教师可以对佛教、道教的产生、发展，以及我国实行的宗教、政策、法律稍作展开讲解；第75页的相关链接融入了《唐律疏议》来说明中华法系的源远流长，正文中还有从春秋战国，到西汉、唐朝时期的法律发展过程；第90页的探究与分享中融入了司马迁的《史记·商君列传》中的"徙木立信"的故事，以此来说明政府要有公信力；第100页的正文内容中融入唐朝王勃说的"法立，有犯而必施；令出，唯行而不返"和明朝张居正说的"盖天下之事，不难于立法，而难于法之必行"，以此说明严格执法的内涵；第 104 页的探究与分享中融入了《说文解字》对"法"的解释，还有古代代表公平正义的独角兽獬豸的文字解释和图片；第 107 页的正文中，在全民守法的内涵处融入了孟子说的"徒善不足以为政，徒法不能以自行"。

第四，中华优秀传统文化融入"哲学与文化"的契合点。"哲学与文化"是必修四（2019 年 12 月第 1 版，2021 年 8 月第 1 次印刷）。该教材有三单元九课内容，主要讲述了哲学的含义和基本问题，世界的物质性，物质是普遍联系和永恒发展着的，其运动是有规律可循的，规律是可以被人类所认识的，这些认识来源于实践，还要通过实践来检验其真理性。还讲到了唯物辩证法的实质和核心，社会历史的本质、发展、主体，价值和含义与人的价值观、价值判断、价值选择、价值创造和价值实现。第三单元第七课专题讲了中华优秀传统文化的继承与发展，第八课讲了正确对待外来文化，第九课讲了发展中国特色社会主义文化。每一课由正文、阅读与思考、相关链接、名人名言、插图构成。中华优秀传统文化在各部分中均有融入，涉及的内容很多，是融入中华优秀传统文化最多的一门课程。

第 3 页的相关链接中融入了《尔雅》《说文解字》关于"哲"的解释。《尔雅》中说："哲，智也。"《说文解字》中说："哲，知也。"在古汉语中"知"通"智"。第 4 ～ 5 页的阅读与思考中融入盘古开天辟地的图片来说明人们认识世界的方式，融入玉兔二号巡视器在月背留下第一道痕迹的图片来说明科学把握世界的方式。第 6 页的阅读与思考中融入《周易》中的"形而上者谓之道，形而下者谓之器"来说明哲学和具体知识（事物）之间的关系。第 10 页的相关链接中融入古代朴素唯物主义把水、气、火、土等具体的物质形态等同于物质，看作是世界的本原。第 18 页的阅读与思考中融入了《周易》中的"阴阳是天地万物的本原"，老子的"万物负阴而抱阳，冲气以为和"，《尚书》中的"五行"说，即把金、木、水、火、土这五种物质元素作为"天所以命万物"的根本，以此来说明中国古人已经认识到世界本原的物质性。第 21 页的阅读与思考中融入《周易》中的"日往则月来，月往则日来，日月相推而明生焉；寒往则暑来，暑往则寒来，寒暑相推而岁成焉"，以此说明正文中规律的客观性。第 22 页的阅读与思考中融入《坛经》中的"时有风吹幡动，一僧曰风动，一僧曰幡动，议论不已。惠能进曰：'不是风动，不是幡动，仁者心动！'"来说明运动与物质的关系。第 23 页的阅读与思考中融入了《孟子》中记载的揠苗助长的故事，以此来说明能动地认识世界、改造世界要遵循客观规律。第 25 页的相关链接中融入了班固《汉书》中的"实事求是"和唐朝颜师古对"实事求是"的解释。第 27 页的阅读与思考中融入成语故事和俗语：唇亡齿寒；围魏救赵；城门失火，殃及池鱼；物无孤立之理；鱼儿离不开水，瓜儿离不开秧；名师出高徒来说明联系的普遍性、客观性、多样性。第 28 页的相关链接融入文字版的中国古代的建筑风格和图片版的中国建筑中的飞檐，以此说明联系的客观性和主观能动性的关系。第 31 页的阅读与思考融入了唐朝韩愈说的读书要用"提要钩玄"法和宋朝苏轼说的读书要用"八面受敌"法，以此说明整体与部分的关系。第 31 页还融入陈澹然的名言"自古不谋万世者，不足谋一时；不谋全局者，不足谋一域"以说明整体与部分的关系。第 32 页的阅读与思考融入了古老的"结绳记事"计算工具的变化，图片算筹、算盘等，来说明世界处于永恒发展之中。第 33 页的阅读与思考融入古代哲人留下的名言警句，如老子的"合抱之木，生于毫末；九层之台，起于累土；千里之行，始于足下"，荀子的"不积跬步，无以至千里；不积小流，无以成江海"，《周易》中的"善不积不足以成名，恶不积不足以灭身"，来说明量变和质变的关系。第 34 页的阅读与思考融入了古诗："人事有代谢，往来成古今""沉舟侧畔千帆过，病树前头万木春""长江后浪推前浪，浮事新人换旧人"，以此说明世界是永恒发展的，新事物代替旧事物。第 36 页的阅读与思考中融入了老子的"天下皆知美之为美，斯恶矣；皆知善之为善，斯不善矣""有无相生，难易相成，长短相形，高下相倾，音声相和，前后相随""天下之至柔，驰骋天下之至坚""知其雄，守其雌""知其白，守其黑""知其荣，守其辱""兵强则灭，木强则折""祸兮福之所倚，福兮祸之所伏"，孙武的"乱生于治，怯生于勇""投之亡地然后存，陷之死地然后生"，以此说明矛盾的对立统一性。第 37 页的阅读与思考融入史伯说的"夫和实生物，同则不继"和孔子说的"君子和而不同，小人同而不和"，来说明矛盾的同一以对立和差异为前提。第 38 页的相关链接中融入了张载说的"一物两体"，朱熹说的"一分为二"，方以智的"合二而一"，王夫之的"阴阳统一体"来说明矛盾的对立统一及辩证法思想。第 39 页的相关链接中融入了汉乐府的《敕勒歌》歌词以及诗歌"日出江花红胜火，春来江水绿如蓝"，描写了不同的自然风光，《水浒传》中一百单八将的人物刻画得有血有肉，各具特点，以此来说明矛盾的特殊性。第 41 页的阅读与思考融入了俗语"金无足赤，人无完人"，以此来说明矛盾的主要方面和次要方面。第 43 页的阅读与思考融入了有关孔子回答不同人问"孝"给以不同回答的故事。孟懿子问孝，子曰："无违。"不违背礼仪就是孝。孟武伯问孝，子曰："父母唯其疾之忧。"父母最担心孩子生病，保持自身的健康就是孝。子游问孝，子曰："今之孝者，是谓能养，至于犬马，皆能有养，不敬，何以别乎？"孝的关键是敬，而不是简单的养活父母。子夏问孝，子曰："色难。"在父母面前经常保持愉悦的容颜就是孝。以此来说明具体问题具体分析的哲学道理。第 43 页的相关链接部分融入了《三国志》的内容："府吏兒寻、李延共止，俱头痛身热，所苦正同。陀曰：'寻当下之，延当发汗。'或难其异，陀曰：'寻外实，延内实，故治之宜殊。'即各与药，明旦并起。"用同病异药的故事进一步说明具体问题具体分析是正确解决矛盾特殊性的关键。第 44 页的综合探究处融入了古代名人说的话。老子说："人法地，地法天，天法道，道法自然。"韩非子说："古今异俗，新故异备""世界则事异""事异则备变"。因此，统治者应该"因时变法"，"欲以先王之政，治当世之民，皆守株之类也"。董仲舒认为，"古之天下亦今之天下，今之天下亦古之天下"，"道之大原出于天，天不变，道亦不变"。因此，"大纲，人伦道理，政治教化，习俗文义"应当"尽如故"。郭象认为，"万物独化"，"物各自主"，"独生而无所资借"，"突然自生"，"忽然自死"，即天地万物的生成和变化都是彼此独立、互不相关的。以此让学生探究辩证法和形而上学之间的差异和斗争。第 48 页的阅读与思考融入了老子和荀子说的话。老子说，"不出户，知天下；不窥牖，见天道"，"圣人不行而知，不见而名，不为而成"。荀子提出没有什么"生而知之"，而是"求之而后得"，认为人的知识和才能并非"天性"，而是后天学习积累而成。以此来说明人的认识是从何而来的。第 51 页的图片是我国成功发射的名为"悟空"的暗物质粒子探测卫星，来说明认识产生于实践的需要。第 51 页的阅读与思考融入了庄子的"齐是非"和"是非莫辩"的思想，以说明检验认识真理性的标准是实践，而不是某些人的思想观点。第 53 页的名人名言融入了陆游的一首古诗《冬夜读书示子聿》："古人学问无遗力，少壮工夫老始成。纸上得来终觉浅，绝知此事要躬行。"以此来说明实践是认识的来源。这页的相关链接中融入了陶行知改名的故事，用以说明知与行的关系。第 56 页的阅读与思考中融入嫦娥奔月和探月工程的关系，来说明认识具有反复性和无限性。第 61 页的阅读与思考融入了管子的"仓廪实则知礼节，衣食足则知荣辱"和孔子主张的先使民"富之"，然后才能"教之"，来说明物质生产在社会的存在和发展中的重要作用。第 70 页的相关链接中融入了中国的先哲们对义、利及其关系的讨论，来说明人类很早就开始了对价值问题的思索。第 75 页的阅读与思考融入了李白的诗《观祈雨》："桑条无叶土生烟，萧管迎龙水庙前。朱门几处看歌舞，犹恐春阴咽管弦。"说明不同立场的农民和地主会有不同的价值选择。第 85 页的综合探究正文中融入清朝的龚自珍在《定庵续集》中的话："欲知大道，必先为史。灭人之国，必先去其史。"以此说明历史虚无主义对国家和民族的重大危害；第 88 页的第七课专题讲继承发展中华优秀传统文化。这页的阅读与思考中融入了《周易》和《说苑》中对于文化内涵的理解。第 90 页的阅读与思考融入了《周易》、《礼记》、《说文解字》、甲骨文对"文"字的解释，来说明文化的功能。第 92 ～ 94 页的战国简、云冈石窟、《兰亭序》临本、《论语》、苏州园林、秦始皇陵兵马俑的图片，及阅读与思考中的介绍秦始皇陵兵马俑的文字，相关链接中李约瑟在《中国科学技术史》一书中列举的从公元 1 世纪到 18 世纪由中国传到欧洲等地的重要发明，共计 26 项。中国的数学早于西方几百年。中国的天文立法以农业应用为本，对天体位置的计算十分精确，历法应用规模之广、延续时间之久为世界罕见。中国古代蚕丝织物带来了丝绸之路的长期繁荣。中国的瓷器名扬四海，在中世纪的西方比黄金还贵。中国铁器领先世界两千年之久。中国的农学著作发表之早、数量之多为世界之最。中国医药学自成一家，为世界瞩目。以此来说明中华优秀传统文化的内容和特点。第 97 页的阅读与思考中融入老子的话"执古之道，以御今之有。能知古始，是谓道纪"，来说明今天文化的发展离不开对传统文化的继承与创新。融入了古代雕刻艺术，已经由竹雕、石雕、玉雕、木雕创新发展到了沙雕、冰雕、果核雕……还有在头发丝上进行的雕刻。还融入了文学创作的不断创新发展，由诗经、楚辞到汉赋、唐诗、宋词、元曲及明清小说。第 98 页的阅读与思考融入了《周易》中的"天行健，君子以自强不息。地势坤，君子以厚德载物"，来说明中华民族精神。第 100 页的阅读与思考中的天坛图片展现了中华民族特色的建筑艺术。第 101 页的阅读与思考中的良渚古城遗址展现了中华民族早期城市文明。第 102 页的正文中融入了"物之不齐，物之情也""一花独放不是春，百花齐放春满园"，来说明文化的多样性是发展本民族文化的内在要求，也是世界文化繁荣的必然要求。第 103 页的阅读与思考融入了儒家学说对德国哲学家莱布尼茨的哲学思想产生过影响，也对近代欧洲的伏尔泰、歌德、雨果等产生过影响。孔子在两千多年前提出的"己所不欲，勿施于人"被誉为处理国家间关系的"黄金法则"。以此说明文化交流对文化发展的影响。还融入了古丝绸之路不仅是通商易货之路，更是知识交流之路。提到了张骞出使西域，郑和七下西洋，用驼队和善意、宝船和友谊架起了东西方和平交流与合作的桥梁。第 104 页的阅读与思考融入了沈绣的文字和图片，以说明文化交融促进了世界文化的交流和发展。第 106 页的阅读与思考融入了宋明理学一方面借鉴佛、道二教的思辨化哲学思想成果，一方面仍然回归儒家经典，展现了中国传统文化成功吸收、整合外来文化为我所用的能力。第 115 页的相关链接融入了敦煌莫高窟的相关内容。这里有来自中国、印度、希腊以及中亚、西亚等不同国家和地区的多种文化不断交流融汇，是古代丝绸之路上不同文明对话和交流的重要见证。第 116 页的阅读与思考融入了《管子》中的一段话："国有四维，一维绝则倾，二维绝则危，三维绝则覆，四维绝则灭。倾可正也，危可安也，覆可起也，灭不可复错也。何谓四维？一曰礼，二曰义，三曰廉，四曰耻。"以此说明建设文化强国需要提高人们的道德修养。第 117 页的阅读与思考融入了我国的传统戏曲艺术，如京剧《白蛇传》、昆曲《牡丹亭》、豫剧《程婴救孤》、越剧《寇流兰与杜丽娘》等。以此说明文化强国离不开文化产业的发展强大。

2. 中华优秀传统文化与大学思政课内容的契合点

国家在 2005 年对高校思政课进行了改革，改革后的高校思政课包括四大主课，即"思想道德修养与法律基础""马克思主义基本原理概论""中国近现代史纲要""毛泽东思想和中国特色社会主义理论体系概论"。四门思政课各有分工，又有机统一，帮助大学生树立马克思主义的世界观、人生观、价值观；树立马克思主义信仰，坚定共产主义信念；树立中国特色社会主义共同理想，坚定中国共产党的领导；落实立德树人根本任务，自觉践行社会主义核心价值观；最终把大学生培养成社会主义事业合格的建设者和可靠接班人。四门课都是马克思主义理论研究和建设工程重点教材，由教育部组织全国高校和哲学社会科学界专家教授精心编写，并经中共中央政治局常委审定，由高等教育出版社出版，全国大中专院校思政课教学统一使用的指定教材。教材出版后，随着中国特色社会主义的实践发展和理论创新，结合国家重要的形式、政策、会议、讲话及高校思政课的教学实践多次修订完善，体现了思想政治教育和马克思主义中国化的最新理论成果和实践经验。

（1）中华优秀传统文化融入"思想道德修养与法律基础"的契合点

"思想道德修养与法律基础"课（以下简称"基础"课）是以理想信念教育、爱国主义教育、价值观教育、道德教育及法治教育为主要内容，融思想性、政治性、知识性、实践性于一体的课程。以思想引领到行为养成为逻辑思路，帮助大学生树立正确世界观、人生观、价值观、道德观、法治观。课程各个章节的内容不同程度地都涉及中华优秀传统文化，内容上有相当大的契合性。如"基础"课教材的第三章至第五章，分别讲了中国精神、社会主义核心价值观、中国道德，这三部分内容与中华优秀传统文化中的民族精神、"五常"、中华传统美德有很大的契合性。这部分内容有深厚的历史积淀，与中华优秀传统文化有着极为密切的关联性，是传承中华优秀传统文化的重点章节。

第一，人生观教育。人生观教育包括人生目的、人生态度、人生价值三部分内容，旨在帮助大学生理解"什么是人""人生应该怎样度过"等人生观问题。张岱年说："世界上关于人生哲学的思想，实以中国为最富，其所触及的问题既多，其所达到的境界亦深。"[①]中华优秀传统文化关注人的社会性，重视用道德的力量约束人，重视人格的塑造。中华优秀传统文化中关于人性善恶的讨论，珍爱生命，追求福、禄、寿的生命价值观，尊老爱幼、长幼有序的伦理观，刚健有为、自强不息的进取观，天下兴亡、匹夫有责的爱国观，仁者爱人、推己及人的人文观，中庸处世的人生观等内容都与"基础"课的人生观教育相契合。两者的融合能帮助大学生领悟人生真谛、创造人生价值，提高人生境界。如大学生处理人和自然的矛盾与冲突、化解自己与他人之间的紧张与冲突时，调动中庸价值观就能提升解决问题的能力，有利于身心修养。调节自己身心不适与冲突时思考"喜怒哀乐之未发谓之中，发而皆中节谓之和"（《中庸》）这句话的意义，有利于保持身心健康，促进个人与社会的和谐相处。

第二，理想信念教育。理想信念教育能使大学生提高精神境界，坚定科学的马克思主义信仰，树立对中国共产党的领导和中国特色社会主义道路的信心，不断为实现中华民族伟大复兴而奋斗。中华优秀传统文化中诸如孔子、王阳明、曾国藩等历史名人，李白、文天祥等的立志故事，有关修身立志的名言名句、诗歌、散文、小说、辞赋中的爱国主义内容等与"基础"课的理想信念教育相契合。如《论语》中记载着孔子与其弟子们谈论彼此理想的一段文字。子路问孔子的志向时，孔子答道："老者安之，朋友信之，少者怀之。"表达了孔子希望天下万民皆有所养、皆有所安的伟大政治理想。这与习近平总书记所提出的"中国梦"息息相通。在立志方面，孔子认为"三军可夺帅也，匹夫不可夺志也"，我们可以借此引导大学生树立远大理想时要将个人理想与社会理想结合起来，在实现"中国梦"的奋斗过程中实现自己的远大理想。用中华优秀传统文化中的名言警句激励大学生迎难而上，以坚韧不拔的意志力实现自己的人生理想。如孟子的"天将降大任于斯人也，必先苦其心志，劳其筋骨，饿其体肤，空乏其身，行拂乱其所为，所以动心忍性，

---

① 张岱年.中国哲学大纲[M].北京：昆仑出版社，2010：185.

增益其所不能"，司马迁的"文王拘而演《周易》，仲尼厄而作《春秋》；屈原放逐，乃赋《离骚》；左丘失明，厥有《国语》；孙子膑脚，兵法修列；不韦迁蜀，世传《吕览》；韩非囚秦，《说难》《孤愤》；《诗》三百篇，大底圣贤发愤之所为作也"。以此激励那些生活环境优越，没有经历过什么挫折，在实现理想的过程中一旦遇到困难，就很容易放弃目标，甚至会萎靡不振，虚度大学时光的大学生，学习古人们迎难而上，胜不骄、败不馁的精神。

第三，中国精神教育。中国精神是兴国强国之魂，中国精神是以爱国主义为核心的民族精神和以改革创新为核心的时代精神。爱国主义始终是把中华民族坚强团结在一起的精神纽带，改革创新始终是鞭策我们在改革开放中与时俱进的精神力量。通过这部分内容的学习，使当代大学生担当起民族复兴的时代使命，做忠诚的爱国者，用实际行动展现出中国精神。这些中国精神与中华优秀传统文化中的民族精神有相当大的契合性。在讲中华民族的爱国主义传统时，要通过大量传统文化中的史实让大学生了解中国人民历来将国家利益放在至高无上的地位，无数仁人志士为了国家的富强和民族的团结抛头颅，洒热血，学习他们"天下之本为国""国而忘家，公而忘私""苟利国家生死以，岂因祸福避趋之""先天下之忧而忧，后天下之乐而乐"的精神。要围绕中华民族五千多年的发展中形成的以爱国主义为核心的团结统一、爱好和平、勤劳勇敢、自强不息的伟大民族精神讲授如何做一个爱国者。以中华民族的图腾"龙"的形成过程让大学生了解中华民族的团结统一精神根植于华夏大地，深深印在中国人的民族意识中，是中华民族的立身之本。

第四，社会主义核心价值观教育。核心价值观是一个民族、一个国家最持久、最深层的被全社会共同认可的力量，体现着一个社会评判是非曲直的价值标准。社会主义核心价值观是当代中国精神的集中体现，凝结着全体人民共同的价值追求。这部分内容可以让大学生深刻领会社会主义核心价值观的重要意义和科学内涵，自觉践行社会主义核心价值观，努力成为培育和弘扬社会主义核心价值观最积极、最活跃、最充分的青年先进代表。在本质上，社会主义核心价值观和中华优秀传统文化是一脉相承的，两者的契合性表现在多个方面。社会主义核心价值观源于中华优秀传统文化。社会主义核心价值观是一种意识形态，中华优秀传统文化是社会主义核心价值观的思想源泉，是社会主义核心价值观的民族基础。以国家层面的社会主义核心价值观为例作一说明。"富强"一直是中华民族的千年夙愿，有记载的富民、富国的思想可追溯到先秦时期。《尚书》中的"裕民"思想。春秋时孔子的"富而后教""民富先于国富"的富民论。战国时期的孟子主张实行"仁政"，"仁政"的目的之一就是富民。荀子著有《富国篇》，提出"不富无以养民情"。墨子把"民富国治"看作古时候的社会理想，提出"强必富，不强必贫"。管子提出："凡治国之道，必先富民。民富则易治也，民贫则难治也。"韩非子主张富国强兵。司马迁提出"上则富国，下则富家"。王安石变法的目的是富国强兵……从西周的"成康之治"到后来的"文景之治""武宣盛世""贞观之治""开元盛世""康乾盛世"，富强成为中国古代的代名词。"民主"是中华民族的政治传统。在中国古代除了有"普天之下，莫非王土；率土之滨，莫非王臣"的专制王权，还有丰富的民主思想。在中国传统文化中，"民主"就是为民做主的意思。中国古代"民主"一词最早见于《尚书·多方》中，"天惟时求民主，乃大降显休命于成汤""代夏作民主"。《管子》中记载了黄帝、尧、舜、禹治政时，善于听从臣民意见的民主作风，"选贤任能"，"询于刍荛"。周公在总结商亡时的经验教训时说："天惟时求民主。"孟子提出"得天下有道，得其民，斯得天下矣"，强调了得民心者得天下的民本思想。墨子认为"民有三患，饥者不得食，寒者不得衣，劳者不得息，三者民之巨患也"，反对劳民伤财的国家之"乐"。他还提出了国家应该通过"选天子"来确定国主，选"天下之贤"来确立"三公"良臣。荀子提出了"立君为民"的思想。贾谊提出"民为政本"的思想。黄宗羲提出"民主君客"的思想。在民主制度上，古代发明并完善了谏议制度和监察制度，这是君主专制制度下，统治阶级内部发扬民主，制约皇帝权利的民主行为。"文明"是中华民族被称为礼仪之邦的缘由。"文明"最早出现在《易经》中："见龙在田，天下文明。"这里的"文明"指礼节、仪式完备。随着社会的不断进步，"文明"有了教养、开化之意。如《尚书·舜典》称赞舜说："浚哲文明，温恭允塞。"《礼记》说："是故情深而文明，气盛而化神，和顺积中而英华发外。"这里的"文明"

是个人内在的德行和文化素养外显的结果，不但个人神采奕奕，而且能让他人如沐春风。讲文明、讲礼仪是中华民族生生不息的优良传统。文明的核心思想是"仁"和"礼"。"仁"和"礼"是古代中国的核心价值观，是一个人、一个社会、一个国家文明程度的一种重要表征和直观展现。"和谐"是中华民族对社会状态的憧憬。古人在处理人与自然的关系、人与人的关系、人与社会的关系、国与国之间的关系时，都强调和谐协调，形成了和合文化。"和谐"一词源自《春秋左传·襄公十一年》。"和谐"指不同要素间的相互激荡、融会贯通、相异相成。在人与自然的和谐上，老子说："人法地，地法天，天法道，道法自然。"把人尊重自然规律作为最高准则。庄子对"天人合一"有较多论述，认为那是人与自然和谐相处的最高境界。在人与人的和谐上，孔子提出："君子和而不同，小人同而不和。"孟子说："天时不如地利，地利不如人和。"荀子强调"群居和一"。墨子认为"和合"是处理人与人关系的根本准则。在人与社会的和谐上，孔子提出"四海之内皆兄弟也"。孟子提出"与民同乐"。管子提出"富上而足下，此圣王之至事也"。富裕了，各方面的矛盾就容易化解。

第五，道德素质教育。道德教育能帮助大学生培养良好的道德品质，提高道德实践能力，规范自己的道德行为。"基础"课的这部分内容中涉及中华传统美德的内容。中华优秀传统文化的核心是道德思想，中华优秀传统文化中蕴涵着丰富的道德资源，在"基础"课这部分的教学中，要给大学生们讲清、讲透中华传统美德。中华传统美德包括：孝敬父母、尊师敬长、团结友爱、立志勤学、自强不息、谦虚礼貌、诚实守信、严己宽人、人贵有耻、见义勇为、整洁健身、求索攻坚、勤劳节俭、见利思义、敬业尽责、清正廉洁、爱国爱民、天下为公等。但归纳起来，在历史典籍里加以明确、历代历朝基本形成共识的内容主要是"仁、义、礼、智、信"五个要素。当然，在传统美德方面还有很多表述，但大部分都包含在这五大要素之中，或者是这五大要素的延伸，或者是这五大要素的丰富，或者是这五大要素的发展。如"仁"，是儒家思想的核心。孔子主张"仁者爱人""己所不欲，勿施于人""己欲立而立人，己欲达而达人"。孟子发展了孔子的思想，提出"亲亲而仁民，仁民而爱物"，把"仁"分为三层含义：首先是亲亲，即要爱自己的亲人；其次是仁民，要推己及人，关爱别人；最后是爱物，要爱自然界的万物。儒家还将"仁"引入政治领域，提出"仁政""治国以德"等政治理念。通过对"仁"的思想学习，引导大学生在与同学相处时能够互相谦让，互相关爱。再如"信"，是指一种诚实不欺、遵守诺言的品格。君子要"言必行，行必果"。引导大学生践行"信"的传统美德，为将来进入职场走向社会打下基础。再如"律己修身"，是中国古代非常重视的人格修养。《礼记·大学》中有："古之欲明明德于天下者，先治其国；欲治其国者，先齐其家；欲齐其家者，先修其身；欲修其身者，先正其心；欲正其心者，先诚其意；欲诚其意者，先致其知，致知在格物。物格而后知至，知至而后意诚，意诚而后心正，心正而后身修，身修而后家齐，家齐而后国治，国治而后天下平。"只要道德修养良好的人，就能做到齐家、治国、平天下。教学中要引导大学生重视个人修养，教导大学生学习古人"闻过则喜""有则改之，无则加勉""见贤思齐焉，见不贤而内自省也""吾日三省吾身""学思并重""慎独自律""积善成德""知行统一"等道德修养方法。

第六，法制教育。法制教育可以使大学生了解并尊重法律权威，依法行使法律权利，树立正确的法制观念，了解以德治国和依法治国两者之间的内在关系以及对全面建设社会主义现代化的重大意义。中华优秀传统文化中儒家的德治思想和法家的法治思想与"基础"课的法制教育相契合。通过二者的融合使大学生认识到中国古代德治思想和法治思想的历史必然性、历史合理性、历史局限性及对当今依法治国的借鉴意义。讲课时运用辩证唯物主义和历史唯物主义的方法分析孔子、孟子有代表性的德治思想，商鞅、韩非子变法实践的功过得失，使大学生清醒地认识到法治强调的外在他律和德治注重的内在自律都是每个大学生应该共同遵守的社会规范，使大学生认识到以德治国的推行需要以法律为前提，依法治国的推行需要道德基础助力。这样可以帮助大学生形成他律与自律相结合的人生原则，成为符合社会主义道德要求和法律规范要求的合格公民。

（2）中华优秀传统文化融入"马克思主义基本原理"的契合点

"马克思主义基本原理"课（以下简称"原理"课）是使大学生认识和理解"什么是马克思主义？为什么要始终坚持马克思主义？如何坚持和发展马克思主义？掌握马克思主义的世界观和方法论，从整体上把握马克思主义的科学内容和精神实质"①的一门课程。作为中华民族几千年一脉相承的中华优秀传统文化，与"原理"课的生产资料公有制、满足全体社会成员需要的生产目的、按劳分配原则、合乎自然规律地改造和利用自然、实现人的全面而自由发展、建立共产主义社会等基本观点，具有内在的相通性，这是中华优秀传统文化融入"原理"课的逻辑起点。将二者融合起来进行讲授，能够深化大学生对"原理"课知识和中华优秀传统文化知识的认识，坚定大学生的马克思主义信仰，提升中华优秀传统文化的传播力、影响力和认同度，增强大学生的文化自信，对实现中华民族伟大复兴具有重要而深远的意义。

第一，中华优秀传统文化中的朴素唯物论与马克思主义辩证唯物主义的契合性。中华优秀传统文化中包含着原始的朴素唯物论思想，认为世界万物都是由物质构成的。早在我国先秦时期的"五行学"认为：一切事物都是由金、木、水、火、土五种元素运动变化而生成的。春秋时期，老子认为："一生二，二生三，三生万物。"一就是道，是世界万物的本原；二指阴阳，由道产生；三指万物，由阴阳二气的相互作用产生了世间万物。庄子认为：人之所以活着就是因为气聚集在一起，如果气散开了，那么人就死了。东汉王充认为："天地合气，万物自生。"张载认为：天即太虚、太虚即气，提出气聚在一起形成世间万事万物的观点。王夫之认为：世界上万事万物都是由气构成的，除了气，什么都没有。中华优秀传统文化蕴含的朴素唯物主义思想与马克思主义辩证唯物主义是相契合的。辩证唯物主义认为：世界的本原是物质的，自然界和人类社会的各种现象是物质的不同表现形态，物质决定意识，意识对物质有能动反映。

第二，中华优秀传统文化的阴阳五行思想与马克思主义唯物辩证法的契

---

① 周济. 努力使"马克思主义基本原理概论"成为大学生真心喜爱、终身受益的优秀课程 [J]. 思想政治教育导刊（增刊），2007（6）：8.

合性。中华优秀传统文化认为，阴阳不仅是世界万物的基本属性，也是世界万物的基本联系，提出了"相依相持，天人一理"的观点。这与马克思主义唯物辩证法中的世界是普遍联系和永恒发展的观点相契合。中国的阴阳五行说认为：五行相生相克，缺一就不能产生万物，并与阴阳和合相互联系、相互作用，体现出世界普遍联系的观点。中华优秀传统文化的"天地氤氲，万物化醇""生生不已""动静相涵""积微成著""革故鼎新"的观点与马克思主义唯物辩证法中世界的永恒运动和发展的观点相契合。中华优秀传统文化中"一物两体，中庸和谐"的观点与马克思主义唯物辩证法中的矛盾的对立统一观点相契合。中国哲学从"阴阳"理论阐发事物的矛盾性，还通过"一"与"两"、"和"与"同"、"中"与"偏"、"过"与"不及"等关系总结矛盾双方的性质。这些思想同马克思主义的矛盾对立统一观点相契合，两者的融通能够使大学生更全面、更深刻、更充分地理解和把握矛盾规律，进而深入矛盾的内在层面来理解事物的联系和发展。

第三，中华优秀传统文化的和谐观与马克思主义对立统一规律的契合性。中华优秀传统文化的和谐观集中表现在四个方面：一是天人合一的思想，告诉人们要与自然和谐相处。老子说："人法地，地法天，天法道，道法自然。"（《道德经·第二十五章》）强调人要以尊重自然规律为最高准则，以崇尚自然、效法天地作为人生行为的基本依归。在人与自然的关系上，中华优秀传统文化主张"天人合一"，强调人类应当认识自然，尊重自然，保护自然，但是，这并不是说人在自然面前只能服从，人可以发挥自己的能动性适时地对大自然进行改造，使人类的生活变得更加美好。这里的改造并不是对大自然进行屠杀和征服，而是要在顺应自然发展规律的基础上进行，追求的是天、地、人三者之间的和谐和统一，为人们的生存和生活创造良好的环境。二是和为贵的思想，告诉人们人与人之间要和谐相处。在人与人的关系上，中华优秀传统文化主张"和为贵"，宽和处世，从而创造人际和谐的社会环境。孟子也十分重视人与人的和谐关系，提出"天时不如地利，地利不如人和"（《孟子·公孙丑下》），并以他的"性善论"为基础阐述他的人和思想，认为只要把人的先天本性推及于每个人，就能建立"老吾老以及人之老，幼吾幼以及人之幼"的和谐社会，从而实现"人不独亲其亲，不独子其子"的大同社会。三是神形合一的思想，告诉人们身体和心灵要和谐相处。每个个体身心的和谐在中国古代称为神形合一，主要是指人生在世，要保持平和、恬淡的心态，具有良好的道德修养和人格，才能实现个人身心的和谐。如果私欲太重，胡思乱想容易出现失眠多梦、行为极端等症状。四是亲仁善邻、协和万邦的思想，告诉人们邻里间、民族间、国家间要和谐相处。在处理邻居和邻居、民族与民族、国家与国家之间的关系上，中华优秀传统文化主张"协和"而非"征服"，即在平等基础上，和平共处、亲善和睦、相互尊重、相互借鉴、共同发展。马克思主义的对立统一规律认为：矛盾双方既有对立性，又有统一性，是既对立又统一的辩证关系。对立性表现为斗争，统一性表现为和谐。中华优秀传统文化的和谐观是和而不同，不是同而不和，这与对立统一规律中矛盾双方既相互排斥，又相互联结、相辅相成的观点具有契合性。也可以说中华优秀传统文化中的和谐观就是马克思主义的对立统一规律。

第四，中华优秀传统文化的知行观与马克思主义认识论的契合性。儒家的孟子、荀子提出了"行高于知，知明而行""不闻不若闻之，闻之不若见之，见之不若知之，知之不若行之"的观点，是古代知行观的第一块里程碑。墨子在知行观上强调实践，把它作为检验知的标准，曾说："天下之所以察知有与无之道者，必以众之耳目之实。"（《墨子·明鬼下》）。东汉王充认为，"真知"应该不唯圣、不唯书、只唯实。佛学传入中国后把思辨引入知行观，其顿悟法是一种"闻知而行"的心法，开启了"知行合一"的先河。宋朝的程颐提出先知后行的学说，说："知之深则行之必至，无有知之而不能行者。"（《遗书十五》）。朱熹在二程格物知观的指导下，全面系统地阐述了"知先行后"的命题，提出了"行重知轻，力行为重，知行统一"。叶适认为"内外交相成"，说人的认识是通过耳目感官的聪明和心的思维内外交互作用而完成的。明朝的王阳明提出了"知行合一"说，认为心即理。王廷相提出"思与见闻之会"，强调在思的同时与见闻结合才能习得真正的知识。叶适和王廷相的观点与马克思主义理论基本原理的"实践是检验真理的唯一标准"相契合。清朝初期的王夫之是古代知行观的集大成者，他对宋明以来的知行观做了扬弃，提出了"知行相资以为用"（《礼记章句·中庸衍》）的观点，即知行是相互对立又相互统一的关系。他的知行观是中华优秀传统文化中最接近辩证唯物主义认识论观点的。中华优秀传统文化中的这些知行观与马克思主义认识论的感性认识与理性认识是辩证统一的；实践是认识的基础，认识对实践具有反作用；实践是检验真理的唯一标准，具有很大的契合性。

第五，中华优秀传统文化的社会历史观与马克思主义唯物史观的契合性。中华优秀传统文化的社会历史观与马克思主义唯物史观有很多契合性，表现在"仓廪实则知礼节，衣食足则知荣辱"（《管子·牧民》）与马克思主义唯物史观的社会存在决定社会意识是相通的。"仓廪实""衣食足"这些社会存在决定"知礼节""知荣辱"这些社会意识。中华优秀传统文化中的"杀身成仁""舍生取义"体现了对崇高人格及精神境界的追求，又强调精神生活对人、对社会的重要性。这和马克思主义唯物史观的社会意识具有能动的反作用是相通的。墨家提出：只要是对现实社会发展有好处的，都应该得到尊重和鼓励，反对复古主义。法家认为：社会历史是一个逐步由低级阶段向高级阶段发展的过程。王夫之认为：人类社会历史不是一成不变的，而是不断向前发展的。这和马克思主义唯物史观关于历史是从低级到高级的螺旋上升的发展过程相契合。马克思主义唯物史观有关于社会变革和阶级斗争的内容，中华优秀传统文化中也涉及这些方面。如商鞅认为，国家治理有不同的方法，不必仿照古人治理国家的方法，只要与国家的实际情况相符合，能够促进国家发展的政策都可以采用。法家提出"人性好利说"，根据不同的职业和资产多少划分为不同的社会阶层，这直接体现出阶级斗争的经济性质。

第六，中华优秀传统文化的民本思想与马克思主义群众观的契合性。中华优秀传统文化中包含着丰富的民本思想。《道德经》说："圣人无常心，以百姓心为心。"《尚书·五子之歌》说："民可近，不可下；民惟邦本，本固邦宁。"《管子·牧民》说："政之所兴，在顺民心；政之所废，在逆民心。"《孟子·尽心》说："得天下有道，得其民斯得天下矣。得其民有道，得其心斯得民矣。"《荀子·王制篇》说："庶人安政，然后君子安位。传曰：'君者，舟也；庶人者，水也。水则载舟，水则覆舟。'"黄宗羲在《明夷待访录》说：

"古者以天下为主，君为客，凡君之所毕世而经营者，为天下也。"这些民本思想旨在奉劝封建统治者不能脱离人民，要关心人民的生活。孟子认为在一个国家中，平民百姓是第一位的，社稷是第二位的，统治者排在最后。统治者应对民实行仁政，使百姓可以年年生产劳作、休养生息，如果统治者不这样做，人民就会造反。荀子进一步把统治者比作舟，庶人比作水，提出"水能载舟亦能覆舟"，认为百姓可以推动国家繁荣，也可以颠覆国家政权。黄宗羲认为，君主是为天下百姓服务的仆人，平民百姓才是天下的真正主人，这是对中华优秀传统文化"民本"思想的重大发展。谁是国家的主人，谁为谁服务，是民主思想的首要问题。从中华优秀传统文化的"民本"思想可以看出，古人已经意识到人民群众对于国家兴亡的重要作用，这与马克思主义的群众观有很大的契合性。马克思主义的群众观认为，人民群众是社会物质财富的创造者、社会精神财富的创造者、社会变革的决定力量，是历史的创造者，在人民对国家社会的意义上两者有共通之处。

第七，中华优秀传统文化的大同思想与马克思主义共产主义理想的契合性。中华优秀传统文化的大同思想最早源自《诗经》中《硕鼠》的"适彼乐土""适彼乐国""适彼乐郊"，像西方的"乌托邦""空想社会主义"一样，具有空想性。春秋战国时期，随着中国古代社会制度发生剧烈变动，产生出各种各样的关于理想社会的设计，如农家的"并耕而食"、道家的"小国寡民"、儒家的"天下大同"是这一时期大同思想的三种主要类型。儒家的大同理想比农家、道家的理想更详尽、更完整、更美好、更具有诱人的力量。因此，它在中华传统文化中的影响更大、更深远。儒家大同理想是在产生于秦汉之际的《礼记》《礼运》篇中提出来的。"大道之行也，天下为公。选贤与能，讲信修睦，故人不独亲其亲，不独子其子，使老有所终，壮有所用，少有所长，幼有所长，鳏、寡、孤、独、废疾者，皆有所养。男有分，女有归。货恶其弃于地也，不必藏于己；力恶其不出于身也，不必为己。是故谋闭而不兴，盗窃乱贼而不作，故外户而不闭，是谓大同。"可以看出，"公"是中华优秀传统文化"大同社会"中最本质、最突出的特点。"公"表现在任用人才上"选贤举能"，推选出既有才干又有品德的人才担任职务；表现在人与人的关系上"讲信修睦"，即人与人之间的相处恪守诚信，和谐相处。把别人的亲人和孩子当作自己的亲人和孩子一样对待，使整个社会的老年人可以安度晚年，壮年人为社会作贡献，孩子健康成长、弱势群体得到他人照顾。人人都不去争抢财务，人人都愿意贡献力量，家家夜不闭户，社会和谐稳定，这就是"大同社会"。马克思主义的共产主义思想，从资本主义的现实生活着手，对资本主义私有制导致的人性异化进行批判，在消灭私有制的基础上走向人人平等、和谐、自由的公有制基础上的共产主义社会。中华优秀传统文化中的大同思想与马克思主义所描绘的共产主义思想存在本质区别，但从否定私有制，推动生产力发展，变革生产关系角度来看，两者都是为了改变物对人的奴役，改变人性的异化，是追求平等、和谐的社会理想。因此，中华优秀传统文化的大同思想与马克思主义的共产主义思想具有共通性。

第八，中华优秀传统文化的修身思想与马克思主义人的全面发展思想的契合性。中华优秀传统文化中的"君子""理想人格""成人之道""人性善恶""义利之辩""群己关系"等方面都体现出知、情、意统一和真、善、美统一的特点。把上述思想融入马克思主义关于人的全面发展部分，可以进一步加深大学生对马克思主义人的全面发展思想的理解，自觉促进自身的全面发展。如主张性善论的孟子认为人性本善，不假外求；提倡性恶论的荀子认为化性起伪，积善成圣。这与马克思主义中的"环境教育对人格的作用""人的主观能动作用"观点具有相通之处。中华优秀传统文化的理想人格是"君子"，"君子不苟求，求必有义""君子不徒语，语必有理""君子不妄动，动必有道""君子不虚行，行必有正"，君子如孔子所说对心所欲不逾矩，已达到马克思主义真、善、美的统一。马克思主义认为：人的全面发展是摆脱自然经济条件下人对人的依赖性、商品经济条件下人对物的依赖性的基础上，人在社会历史实践中不断发展其本质力量，最终达到真、善、美的统一。在此，中华优秀传统文化之"君子"与马克思主义之"人的全面发展"两者在思维趋向上是相通的。中华优秀传统文化中的群己关系、义利关系、理欲关系主张天下己任、义利双行、理欲统一，这与马克思主义关于个人与集体、道德与利益、感性与理性的关系具有相通性。中华优秀传统文化这些内容通过融入"原理"课教学，有助于大学生深刻认识和处理个人与社会、权利与义务、道德与利益之间的关系，自觉承担起对国家、社会和他人的责任。

（3）中华优秀传统文化融入"中国近现代史纲要"的契合点

"中国近现代史纲要"课（以下简称"纲要"课）兼具历史性和思想性，以思想性为主，主要向大学生讲述了"一条主线、两个了解、四个选择"。一条主线指实现中华民族的伟大复兴。两个了解指了解国史、国情。四个选择指历史和人民选择了马克思主义，选择了中国共产党，选择了社会主义道路，选择了改革开放。中国近现代史本身就是一部体现中国精神标识的民族史。如浴血奋战、不怕牺牲的奋斗精神；爱好和平、自强不息的爱国精神；不畏强敌、不欺凌弱小的英雄精神……这些精神和中华优秀传统文化中的民族精神相契合。讲好"纲要"课教材中的中华传统文化，将其他中华优秀文化融入"纲要"课教学中，可使当代大学生更加深刻理解中华民族百年历史巨变，更加理性把握民族复兴的历史脉络，升华民族精神的情感认同与心理认同，激发学生的爱国主义情怀，激发学生对中国历史与中华传统文化进行感性关怀与理性解读，去发现历史发展的内在规律，坚定大学生的理想信念，构建社会主义核心价值观，成为实现中华民族伟大复兴中国梦的追求者与建设者。

第一，"纲要"课中涉及的中华优秀传统文化。从鸦片战争前的中国讲到灿烂的中国古代文明。中华优秀传统文化作为"纲要"课开篇的重要论述对象，介绍了中华民族自炎黄以来五千多年辉煌灿烂的物质文明和精神文明，从长城、兵马俑到古代中国的哲学思想、文学艺术等，中华文明始终延绵发展、传承不绝，表现出顽强的生命力，体现了中华民族的凝聚力和自强不息的民族精神。"纲要"课还提出中华优秀传统文化是中华儿女共同的精神基因，也是中华民族发展壮大的强大精神力量。在中国封建社会由昌盛到衰落的时候提到"中国封建社会的社会结构的特点是族权和政权相结合的封建宗法等级制度。其核心是宗族家长制，突出君权、父权、夫权"的内容。其在封建社会前期、中期起过稳定和规范封建社会秩序的作用，但在后期其保守性日益增强阻碍了社会的发展和进步，还提到"儒家还与佛教、道教相互吸收、融合"来说明中国古代的文化包容性与开放性。结合"纲要"课教材上的中华优秀传统文化可以适当多融入一些，让大学生对中华优秀传统文化形成一个完整且系统的知识结构。

西方列强对中国的侵略中有文化渗透。西方列强进行文化渗透的目的是"宣扬殖民主义奴化思想，麻醉中国人民的精神，摧毁中国人的民族自尊心和自信心"。这里融入中华优秀传统文化，可以抵制西方的和平演变，树立中华民族的自尊心与自信心，确立中华民族精神，还可以弘扬和传承中华优秀传统文化。

太平天国运动没有正确地对待儒学，但是把儒学中的封建纲常伦理原则保留了下来。太平天国运动的思想主张与传统文化中的大同思想有一定的契合性。洋务运动的指导思想是"中学为体、西学为用"。戊戌变法借古代圣贤之名实行"托古改制"，与传统文化中的革故鼎新思想有一定的契合性。"纲要"课的这些内容都涉及了中华传统文化，教师讲课时除了普及相关的中华传统文化外，重点要给大学生讲清楚中华传统文化中的精华是什么，当时中国遭受列强侵略的根源不是因为中华传统文化，而是社会制度的腐败。讲清楚当时中国封建社会的经济、政治、文化、社会结构，一方面巩固和维系了中国封建社会的稳定和延续，另一方面也使其前进缓慢、迟滞，造成了不可克服的周期性的政治经济危机。这说明中国近现代社会危机具有整体性，而不能单纯认为是文化危机，更不能简单地把斗争矛头仅仅指向中华传统文化。康有为所发起的孔教运动并不能代表历史上所有的儒学思想，更不能垄断儒学的发展。"纲要"课教材批判 20 世纪初的孔教运动、尊孔读经活动并不代表着否定儒学的存在合理性，而是以批判与发展的眼光对儒学进行创造性转化。

北洋政府时期，袁世凯向全国发布《通令尊崇孔圣文》，命令全国恢复祀孔、祭孔典礼、恢复跪拜礼节，中小学恢复尊孔读经。尊孔复古思潮猖獗一时，一些清朝遗老遗少、保守分子纷纷组织尊孔复古团体，发行尊孔刊物，宣传封建伦理纲常，攻击民主共和，甚至要求将孔教尊为"国教"。教师讲这部分内容时，在普及相关的传统文化知识的同时，还要重点给大学生讲清楚文化在推动历史、社会前进过程中的作用是什么，是利用文化达到自己的目的，还是推动社会历史前进、服务人民；是文化的复古主义，还是古为今用。

五四新文化运动的首要任务就是反对封建主义的旧文化，提倡西方科学、民主的新文化；反对文言文、旧文学，提倡白话文、新文学；反对封建伦理纲常的旧道德，提倡男女平等、个性解放的新道德。新文化的干将们以饱含感情的犀利的笔，去抨击以孔子为代表的"往圣先贤"，揭穿旧道德的丑态。2015 版教材引述陈独秀的"儒教不革命，儒学不转轮，吾国遂无新思想，新学说，何以造新国民？悠悠万事，唯此为大已呀！"各版教材称其为敢于向两千多年神圣不可侵犯的封建礼教进行自觉挑战的第一批不妥协的战士，是思想启蒙家。新文化运动批判孔学，并没有因此而否定中国的全部传统文化，此时的志士仁人并不把孔学视作全部国学，也不否认孔学的历史作用，也没有把孔学说得一无是处。这样就平衡了弘扬中华优秀传统文化与反对封建主义之间的关系，厘清了中华优秀传统文化与孔学的关系，批驳了"历史虚无主义"的错误立场，有力推动了"纲要"课教学对中华优秀传统文化的创新。教师在讲这部分内容时要结合当时的时代背景，讲清中华优秀传统文化的精华与糟粕，具体问题具体分析地选取哪些是该大力提倡宣扬的文化，哪些是阻碍社会发展该扬弃的文化。教材肯定了孔子思想在当时的进步性，批判了封建社会后期僵化的意识形态。把中华优秀传统文化与僵化的意识形态区分开来，进而有利于弘扬中华优秀传统文化。

中国共产党诞生以后，提出反对帝国主义、反对封建主义的纲领，具有进步意义。反对封建主义就是批判中国古代社会历史与中国传统文化当中的糟粕，继承、弘扬中华优秀传统文化中的精华。二者不是矛盾的，而是相辅相成的，并且是可以同时进行的。在近代史的民族危亡时期，传承、弘扬中华优秀传统文化遭遇到了极大的挑战，甚至不是被定义为"优秀"，而是当作封建主义文化的对象进行批判。中国共产党是中华民族一切文化、思想、道德的优秀传统文化的继承者，把这一切的优秀传统看成和自己血肉相连的东西，而且将继续将它们发扬光大。教师要给大学生讲清中国共产党怎样继承并发扬光大了中华优秀传统文化。马克思主义传入中国后，中国共产党是如何同中华优秀传统文化相结合实现了马克思主义中国化过程的。中国共产党提出要建立的新民主主义文化是民族的、科学的、大众的文化。民族的文化就是中华传统文化，教师也要联系中华优秀传统文化予以讲解。

进入社会主义社会后，建设中国特色社会主义文化提到培养高度的文化自觉与文化自信，增强国家文化软实力，弘扬中华文化，努力建设社会主义文化强国，建设中华民族共有精神家园。这里融入中华优秀传统文化能更好地证明并实现上述目标。在评价新中国成立三十年的建设成就、探索成果时，人们一致认为做到了对古今中外的优秀文化实行古为今用、洋为中用、百花齐放、推陈出新的方针。教材内容提到了中共十七届六中全会《中共中央关于深化文化体制改革推动社会主义文化大发展大繁荣若干重大问题的决定》。在具有新的历史特点的重大实践中提到了立足中华优秀传统文化，弘扬民族精神的说法。"纲要"课在应用中华优秀传统文化的同时，坚持了马克思主义的指导地位，号召大学生应用、传承与弘扬中国传统文化，为实现中华民族伟大复兴的中国梦而奋斗。

第二，中华优秀传统文化中的家国情怀教育与"纲要"课中鸦片战争以来救亡图存的家国情怀相契合。家国情怀作为中华优秀传统文化的重要标识，是每一个中华儿女对华夏命运共同体的一种认同，是每一个中华儿女从情感和理智上认同和维护民族共同体、将忠孝的血缘亲情上升为报效国家服侍黎民的社会责任，是一种哪怕国家置身危亡绝域、民族身处苦难险境，终能慨然不弃的精神。在每一个中华儿女的传统观念里，国与家紧密相连、休戚与共，家是缩小的国，国是放大的家，个人命运与民族存亡息息相关，《孟子·离娄上》曾作精辟阐述："天下之本在国，国之本在家，家之本在身。"家国情怀是建立在血缘亲情基础上的一种社会伦理关系，在家尽孝、为国尽忠是家国情怀的核心要义。特别是一代代志士仁人胸怀"修身齐家治国平天下"的道德理想，秉持着"先天下之忧而忧，后天下之乐而乐"的政治操守，奉行着"为天地立心，为生民立命，为往圣继绝学，为万世开太平"的责任担当。我国最早的诗歌总集《诗经·邶风·击鼓》篇记载："死生契阔，与子成说，执子之手，与子偕老。"其本意指战友们相互约定"齐赴疆场共生死，终生相伴不分离"，因诗中的"手牵手共生死"的情感意蕴，后来转化为对圣洁爱情与和谐家庭的祝福。三国时期的曹植在《白马篇》中写下"捐躯赴国难，视死忽如归"。唐诗中的家国情怀让人动容、震撼：高适的"汉家烟尘在东北，汉将辞家破残贼"，王昌龄的"黄沙百战穿金甲，不破楼兰终不还"，李白的"愿将腰下剑，直为斩楼兰"，李贺的"报君黄金台上意，提携玉龙为君死"，王翰的"醉卧沙场君莫笑，古来征战几人回？"，张为的"向北望星提剑立，一生长为国家忧"，令狐楚的"未收天子河湟地，不拟回头望故乡"。这些振聋发聩的诗篇生动体现了华夏儿女血性的报国情怀。两宋时期，由于北方少数民族的入侵，国土尽失，山河破碎，家国情怀成了此时诗词的主旋律，饱含爱国主义的优秀诗篇不断涌现：陆游的"早岁那知世事艰，中原北望气如山""夜阑卧听风吹雨，铁马冰河入梦来""王师北定中原日，家祭无忘告乃翁"，辛弃疾的"醉里挑灯看剑，梦回吹角连营。八百里分麾下炙，五十弦翻塞外声。沙场秋点兵""追往事，叹今吾，春风不染白髭须。却将万字平戎策，换得东家种树书"，抒写了诗人报国志难酬、悲迟暮的家国情怀。李清照的"生当作人杰，死亦为鬼雄。至今思项羽，不肯过江东"，体现了诗人所向无惧的爱国正气。文天祥的"山河破碎风飘絮，身世浮沉雨打萍"，把自己命运和国家前途紧紧联系在一起，"国之不存，民将焉附"，他誓死不降元军，最终留下"人生自古谁无死，留取丹心照汗青"的千古名句。明朝于谦的"粉骨碎身浑不怕，要留清白在人间"爱国诗句彪炳万代。以上内容和"纲要"课中林则徐的"苟利国家生死以，岂因祸福避趋之"，黄遵宪的"杜鹃再拜忧天泪，精卫无穷填海心"，谭嗣同的"四万万人齐下泪，天涯何处是神州"，梁启超的"谁怜爱国千行泪，说到胡尘意不平"，秋瑾的"拼将十万头颅血，须把乾坤力挽回"，林觉民的"乐意牺牲我一生和你一生的福利，替天下人谋求永久的幸福"，夏明翰的"砍头不要紧，只要主义真。杀了夏明翰，还有后来人！"，周恩来的"为中华之崛起而读书"，方志敏的"敌人只能砍下我们的头颅，决不能动摇我们的信仰！"，江姐的"毒刑拷打，那是太小的考验。竹签子是竹子做的，共产党员的意志是钢铁铸成的"等的家国情怀相契合。还有抗战英雄们的家国情怀："在抗战英雄身上，充分展现了天下兴亡、匹夫有责的爱国情怀。以身许国、精忠报国是抗战英雄最鲜明的品质。

面对民族生死存亡，全体同胞以'誓死不当亡国奴'的民族自尊，挺身而出，共赴国难。在中国共产党倡导建立的抗日民族统一战线旗帜下，海内外中华儿女以强烈的家国情怀，空前团结起来，争先投入保家卫国的伟大斗争之中，形成了人民战争的汪洋大海，谱写下惊天地、泣鬼神的爱国主义篇章。"[①] 在"纲要"课教学中，要结合中华优秀传统文化突出家国情怀的教育，引导大学生增强民族自豪感，树立民族自信心，意识到在大是大非面前要以民族国家利益为重，这也是中华优秀传统文化基因的应有之义。

第三，中华优秀传统文化与"纲要"课其他方面的契合性。农村包围城市武装夺取政权的理论与中华优秀传统文化中的知行合一思想的契合；改革开放与中华优秀传统文化中的实事求是思想的契合；中国共产党的自身建设与中华优秀传统文化中的以民为本思想的契合；推动构建新型国际关系、构建人类命运共同体与中华优秀传统文化中的和而不同思想的契合；伟大的建党精神、井冈山精神、长征精神、延安精神、抗战精神、西柏坡精神、大庆精神、"两弹一星"精神、抗震救灾精神、载人航天精神等与中华优秀传统文化中"天下兴亡、匹夫有责"的爱国精神、"与时俱进"的创新精神、"自强不息"的奋斗精神、"鞠躬尽瘁，死而后已"的奉献精神、"同舟而济"的团结精神等相契合。

中华优秀传统文化融入"纲要"课教学，是对教材内容的有益补充与完善，是为了让学生更有效地实现"一个主题""两个了解""四个选择"的教学目标，突出其思想政治教育的功能，这是中华优秀传统文化融入"纲要"课的根本目的。需要注意的是，中华优秀传统文化不能占据整个教学活动过多的内容和时间，绝对不能让中华优秀传统文化的融入冲淡了"纲要"课本身的教学内容，需要教师把握好分寸，避免喧宾夺主。

（4）中华优秀传统文化融入"毛泽东思想和中国特色社会主义理论体系概论"的契合点

"毛泽东思想和中国特色社会主义理论体系概论"课（以下简称"概论"

[①] 中国人民抗日战争胜利 70 周年纪念章颁发仪式在京隆重举行 [EB/OL].（2015-09-02）[2022-08-16]. http://www.xinhuanet.com/politics/2015/09/02/c_1116454284.htm.

课）是对学生进行中国化的马克思主义教育，尤其是习近平新时代中国特色社会主义思想教育，让学生懂得中国共产党为什么能，马克思主义为什么行，中国特色社会主义为什么好，从而了解党的方针政策，党的意识形态和指导思想，掌握中国特色社会主义理论的基本内容，使学生形成正确的世界观、人生观、价值观，成为中国特色社会主义事业合格的建设者和接班人。恩格斯说："每个国家运用马克思主义，都必须穿起本民族的服装。"中国化的马克思主义就是马克思主义穿起民族服的形象，"概论"课的内容就是马克思主义同中华优秀传统文化相结合的产物。

第一，"概论"课本身承载着传承中华优秀传统文化、革命文化、社会主义先进文化的功能。可以说，脱离文化的土壤，"概论"课的政治教育功能难以得到有效的发挥，而且"一个主权国家、一个民族的主流文化建设越繁荣，反映意识形态的内核越稳定，所彰显的价值理性越充分，执政党的政治主张、理论学说和价值理想越能得到广大民众的认可"[1]。可见，"概论"课和中华优秀传统文化两者之间"以政治取向来汲取文化资源，以政治需要来规导育人规格，以文化教化来实现政治目的"[2]。

"概论"课教材内容本身也有文化的部分。"概论"课第十章"'五位一体'总体布局"就有"建设社会主义文化强国部分"。要把握中国特色社会主义文化的发展方向，繁荣发展社会主义文化，建设社会主义文化强国，不仅需要了解当代主流文化的发展，还要了解中华优秀传统文化。当代文化是在继承传统文化的基础上发展起来的，与中华传统文化是紧密联系的，讲透中国特色社会主义文化的前世今生离不开中华优秀传统文化的土壤，讲清中国特色社会主义文化的中国特色和民族特征，有利于调动学生听课的积极主动性，培养学生对思政课的兴趣，也有利于深化学生思想上的理解。

第二，"概论"课教材是中华优秀传统文化和马克思主义基本原理相结合的产物。"概论"课教材的内容是中国化的马克思主义。中国化的马克思主义是马克思主义基本原理同中国具体实际相结合、同中华优秀传统文化相结合

---

① 刘克利，罗仲尤 . 思想政治教育文化属性探析 [N]. 光明日报，2012-05-13（7）.
② 沈壮海 . 关注思想政治教育的文化性 [J]. 思想理论教育，2008（3）：4-6.

的产物。马克思主义与中华优秀传统文化是产生于不同历史条件的两种思想文化体系，它们关于宇宙自然、社会人生等根本问题的探讨在内涵上有诸多相似、相近、相通之处，从根本上讲，它们都是为了适应人类的需求而发展起来的，具有人类对美好生活向往的相通性。马克思主义与时俱进的开放性同中华优秀传统文化的会通品质是相通的，这是两者得以融通的前提条件和契合点。用马克思主义基本立场、观点和方法，整体地、辩证地认识中华优秀传统文化在马克思主义中国化过程中的地位和作用，并以创造性转化、创新性发展的实践能力，提升中华优秀传统文化的主体性与世界性，是马克思主义与中华优秀传统文化面向未来、价值融通的基本遵循。中国共产党是中国的执政党，它是以马克思主义为理论武装的无产阶级政党。马克思主义基本原理是中国共产党人理想信念的灵魂，丢掉了马克思主义基本原理就丧失了共产党的政治属性。同时，中国共产党是在中华传统文化土壤里成长起来的马克思主义政党，是中华优秀传统文化的忠实传承者和弘扬者，积极引领者和践行者。马克思主义基本原理同中华优秀传统文化的融通结合的过程中形成中国化的马克思主义。而"概论"课的主题就是中国化的马克思主义，主线就是马克思主义中国化的过程。"概论"课就是对中国共产党百年来的艰苦探索进行的理论总结。马克思主义中国化体现了中华优秀传统文化与马克思主义基本原理的高度融合，这在马克思主义中国化的理论成果中有典型的体现。

第三，中华优秀传统文化中的民本思想与"概论"课中以人民为中心的内容相契合。中华优秀传统文化中的重民、爱民、富民、贵民、教民、安民等思想观念与"概论"课以人民为中心、执政为民的内容有很大的契合性。以人民为中心的价值理念在中华优秀传统文化中屡屡可见。"民惟邦本，本固邦宁"（《尚书·五子之歌》）是最早的民本思想。商王盘庚说："予迓续乃命于天，予岂汝威？用奉畜汝众。"（《尚书·盘庚中》）养育万民是商王需要担当的政治责任。周公在告诫康叔时说："若保赤子，惟民其康乂。"（《尚书·康诰》）对于民众，要如养育小孩般地精心呵护。春秋战国时期，王朝更迭使当时的思想家总结出政权兴亡的规律："得民心者得天下"。"得天下有道：得其民，斯得天下矣；得其民有道：得其心，斯得民矣。"① 管子认为，民心向背决定着国家的兴亡，首要任务是治民，指出："心安是国安也，心治是国治也。"② 管子还说过："政之所兴，在顺民心；政之所废，在逆民心。"③ 管子还有一句广为流传的名言："仓廪实则知礼节，衣食足则知荣辱。"孔子在卫国人口"庶矣哉"的基础上提出了"富之""教之"（《论语·子路》）的治理策略，孔子提倡对人民先富后教，要以"仁、义、礼、智、信"为教民的主要内容，以道德和礼制来教化、引导人民，人民才会遵循礼法、制度，人民才会有羞耻之心、归服之心，强硬政令，严苛律法只能使人民屈从于权威免遭惩罚。孔子曰："道千乘之国，敬事而信，节用而爱人，使民以时。"（《论语·学而》）"使民以时"便是要考虑民众的利益。孟子认为统治者应该"忧民之忧"时先忧，"与民同乐"之时后乐。孟子曰："桀纣之失天下也，失其民也。失其民者，失其心也。得天下有道，得其民，斯得天下矣。得其民有道，得其心，斯得民矣。得其心有道，所欲与之聚之，所恶勿施，尔也。"（《孟子·离娄上》）孟子的"民为贵，社稷次之，君为轻"④ 明确提出民贵君轻主张。荀子提出了"君者，舟也；庶人者，水也。水则载舟，水则覆舟"⑤ 的著名观点。荀子还说："王者之法：等赋、政事、财万物，所以养万民也。"（《荀子·王制》）"等赋""政事""财万物"这些事项的开展要以"养万民"为核心，"万民"乃其他政务事项的最终归宿。之后，传统的民本思想开始被关注，开始充分肯定民众的地位。封建皇帝为维护统治稳定，减少叛乱，制订了一系列的利民、富民政策。西汉董仲舒继承了先秦重民思想的遗风，提出"立王为民"的思想，即"天之立王，以为民也。故其德足以安乐民者，天与之；其恶足以贼害民者，天夺之"。如果君王离开了民众的支持，王朝就难以为继。贾谊曾说："自古至于今，与民为仇者，有迟有速，而民必胜之。""故夫灾与福也，非降在天也，必在士民也。"这种思想已经意

① 朱熹.四书章句集注[M].北京：中华书局，2016：285-286.
② 张越.论《管子》的富民思想[J].管子学刊，2007（1）：9-12.
③ 胡家聪.管子新探[M].北京：中国社会科学出版社，2003：58.
④ 朱熹.四书章句集注[M].北京：中华书局，2016：10.
⑤ 梁启雄.荀子简释[M].北京：中华书局，1983：109.

识到下层人民的力量。到了东汉时期，王符作为民本思想的集大成者，提出
"夫为国者，以富民为本"，人民生活富足才便于教化，反之会背离善道。王
符认为："国之所以为国者，以有民也。"国家是由一个个"民"共同组成的，
国家依赖民而存在，而民的贫富状况则在很大程度上制约着国家的发展，民
富则国富、民贫则国贫。他还通透地指出"国以民为基"，民富乃国家的"天
平之基"，明确提出了"国以民为基"的论点。唐太宗深谙"君舟民水"的真
理，将"民贵君轻"运用于实际的治国之中，得以开创空前盛世。明末清初，
随着激烈的阶级斗争和新的生产关系的产生，传统民本思想得到极大发挥，
以黄宗羲、顾炎武、王夫之为代表的进步思想家对君主专制独裁进行了深刻
地揭露和批判，指责君主制度是"天下之大害"，反对君主把天下当作私产，
提出"民主君客"的思想，指出君主的责任就在于"以天下万民为事"。这种
进步的社会思想是早期民主思想的启蒙。中华优秀传统文化中的这些民本思
想被中国共产党人继承并发扬光大，融入"概论"课教材的以人民为中心、
执政为民的思想观点当中。

　　中国共产党自成立之日起，就将为人民谋幸福作为初心使命，以全心全
意为人民服务为根本宗旨。在党的百年披荆斩棘的征程中，路线方针政策会
随着国家发展的时代、阶段不同而改变，但坚持人民立场这一点从未改变过。
"概论"课中的毛泽东思想、邓小平理论、"三个代表"重要思想、科学发展
观、习近平新时代中国特色社会主义思想处处蕴含着执政为民的思想。

　　毛泽东思想中的民本思想。中华民族有很多优秀传统美德，尤其是仁爱、
扶弱、恤民等与民众疾苦相关的传统美德。这些美德都在毛泽东身上有着极
为明显的表现。全心全意为人民服务的思想和行动，是马克思主义基本要求
与中华优秀传统美德在毛泽东身上的完美结合，也正是这种结合，使他在人
民心中树立起了崇高的政治形象和道德形象，形成了崇高的政治威望和道德
威望。因此，毛泽东的人民情怀体现在"全心全意为人民服务"的宗旨中、体
现在"一切为了群众，一切依靠群众，从群众中来，到群众中去"的群众路
线之中、体现在他说过的话里："人总是要死的，但死的意义有不同。……为
人民利益而死，就比泰山还重；替法西斯卖力，替剥削人民和压迫人民的人

去死，就比鸿毛还轻。张思德同志是为人民利益而死的，他的死是比泰山还要重的。"在《论联合政府》中他说："信任人民，和人民打成一片，那就任何困难也能克服，任何敌人也不能压倒我们，而只会被我们所压倒。"

毛泽东思想的形成过程、内容体系、理论精髓以及话语表达，就是马克思主义与中华优秀传统文化有机结合、价值互化与升华的生动体现。无论是儒家经典、诗词歌赋还是军事理论、民间艺术，毛泽东皆能运用自如，并与马克思主义基本原理相结合，形成深邃有力的观点。毛泽东提出了"马克思主义中国化"的重大命题，强调马克思主义的"本本"是要学习的，但是必须同中国的实际情况相结合，离开中国特点来谈马克思主义，只是抽象的、空洞的马克思主义。他认为，中国共产党开展反主观主义、反宗派主义和反党八股的整风运动，就是要使马克思列宁主义这一科学理论更进一步地和中国革命实践、中国历史、中国文化结合起来。

邓小平理论中的民本思想。邓小平从小就接受中华优秀传统文化的私塾启蒙教育，有深厚的传统文化底蕴，他的人民情怀体现在他的讲话中："我是中国人民的儿子，我深情地爱着我的祖国和人民。"[1]"悉心倾听人民呼声，关心人民疾苦，一刻也不脱离人民群众""社会主义财富属于人民，社会主义的致富是全民共同致富，这是与资本主义最本质的区别。"[2] 在重视人民方面邓小平说："人民是一切的母亲，是对敌斗争一切力量的源泉。"[3]"依靠于民众，这是战胜敌人的基础。"[4] 在党群关系上邓小平说："联系群众是我党的生命。"[5]"每一个党员都必须决心向人民群众学习，同时以革命精神不知疲倦地去教育人民群众，启发与提高人民群众的觉悟。"[6]

邓小平理论中的"小康社会"与古代的"小康"有一定的契合性。《诗经》是中国第一部诗歌总集，在《诗经》中已经有"小康"出现。"民亦劳

① 邓小平年谱：1975—1997（下）[M]. 北京：中央文献出版社，2004：714.
② 邓小平. 邓小平文选：第 3 卷 [M]. 北京：人民出版社，1993：172.
③ 邓小平军事文集：第一卷 [M]. 北京：军事科学出版社，中央文献出版社，2004：283.
④ 邓小平军事文集：第一卷 [M]. 北京：军事科学出版社，中央文献出版社，2004：82.
⑤ 邓小平文集：一九四九——一九七四年（上卷）[M]. 北京：人民出版社，2014：256.
⑥ 邓小平文集：一九四九——一九七四年（上卷）[M]. 北京：人民出版社，2014：257.

止，汔可小康。惠此中国，以绥四方。"（《诗经·民劳》）《礼记·礼运》中的"小康"是比"大同"理想社会低级的社会，"今大道既隐，天下为家。各亲其亲，各子其子，货力为己。……是谓小康"。这里的"小康"是围绕"道""礼"提出的概念，内容主要侧重伦理学意义。邓小平对此给以创造性的转化与创新，使小康具有了崭新的内容和时代气息。邓小平理论中"小康"具有明确的现代化指向和经济指标，不仅指人民的生活状态、社会发展状态，而且指中国式的现代化。"三个有利于"是在改革开放过程中存在种种困惑和疑虑的背景下提出的。1992 年，邓小平在南方谈话中提出判断改革开放以及工作是非得失的标准："应该主要看是否有利于发展社会主义社会的生产力，是否有利于增强社会主义国家的综合国力，是否有利于提高人民的生活水平。"①"三个有利于"与墨子提出的"三表法"有契合性。墨子的"三表法"也是判断标准，判断知识、言论的是非和真假："何谓三表？子墨子言曰：有本之者，有原之者，有用之者。于何本之？上本之于古者圣王之事。于何原之？下原察百姓耳目之实。于何用之？废以为刑政，观其中国家百姓人民之利。"（《墨子·非命上》）"三表法"和"三个有利于"的共通之处在于形式上的相同，都是三条；内容上都对人民生活重视，继承了中华优秀传统文化中的"民本"思想。邓小平理论中关于真理标准问题的大讨论提出："实践是检验真理的唯一标准，实践是检验路线、方针、政策是否正确的唯一标准。"②中华优秀传统文化也有重实践的特质。如"循名实而定是非，因参验而审言辞"。（《韩非子·奸劫弑臣》）在检验认识的标准问题上，中华传统文化中有丰富的唯物主义色彩。如"善言古者必有节于今，善言天者必有征于人。凡论者，贵其有辨合，有符验。故坐而言之，起而可设，张而可施行"。（《荀子·性恶》）这些思想与实践是检验真理的唯一标准有相通之处。邓小平理论中强调一切工作都要以"人民拥护不拥护""人民赞成不赞成""人民高兴不高兴""人民答应不答应"作为根据，并把"是否有利于提高人民的生活水平"纳入"三个有利于"，作为检验改革开放以及工作是非

---

① 邓小平文选：第 3 卷 [M]. 北京：人民出版社，1993：372.
② 邓小平文选：第 3 卷 [M]. 北京：人民出版社，1993：28.

得失的标准。这是对中华优秀传统文化中的民本思想的继承和发展。邓小平理论的"两个大局"的战略构想和"三步走"的发展战略与中华优秀传统文化中的整体性思维方式相契合。邓小平理论中的"黄猫、黑猫，只要捉住老鼠就是好猫"①，与中华优秀传统文化中的实用性思维方式相契合。子曰"诵诗三百，授之以政，不达；使于四方，不能专对；虽多，亦奚以为？"（《论语·子路》）在孔子看来，只会背诵《诗经》是远远不够的，要把所学运用到国家政事，才算真有学问；子曰"废以为刑政，观其中国家百姓人民之利"（《墨子·非命上》）；墨子也强调从实际应用的结果来判断知识、言论的正确性；这些都包含着丰富的实用性思维方式。邓小平理论中的"一个中心，两个基本点""两手抓，两手都要硬""一个国家、两种制度""计划经济不等于社会主义，资本主义也有计划；市场经济不等于资本主义，社会主义也有市场。计划和市场都是经济手段"②等，与中华优秀传统文化中以老子为代表的道家辩证法、以孙武为代表的兵家辩证法、以《周易》为代表的儒家辩证法的思维方式相契合。邓小平理论的解放思想、改革开放、社会主义本质等与中华优秀传统文化中的汤之盘铭曰"苟日新，日日新，又日新。康诰曰：作新民"（《礼记·大学》）"周虽旧邦，其命维新。是故君子无所不用其极"（《诗经》）等创新思维方式相契合。邓小平在南方谈话中讲："没有一点闯的精神，没有一点'冒'的精神，没有一股气呀、劲呀，就走不出一条好路，走不出一条新路，就干不出新的事业。"③这与中华优秀传统文化中的"天行健，君子以自强不息"（《周易·乾卦·象传》）的精神相契合。

"三个代表"中的民本思想。江泽民在丰富群众路线的实践探索中，创造性地提出"三个代表"重要思想，其中的"中国共产党始终代表中国最广大人民的根本利益"是其人民情怀的最好写照。江泽民强调，要提高人民生活水平。在党内形成密切联系群众的良好风尚，党群关系、干群关系是党一切工作的切入点和落脚点，走进群众，切实解决群众真正诉求，树立党在群众

① 邓小平文选：第 1 卷 [M]. 北京：人民出版社，1994：323.
② 邓小平文选：第 2 卷 [M]. 北京：人民出版社，1994：373.
③ 邓小平文选：第 3 卷 [M]. 北京：人民出版社，1993：372.

心中的权威。"不断巩固和加强党同人民群众的血肉联系。"① 在庆祝中国共产党成立八十周年大会时江泽民强调："三个代表"重要思想的灵魂是"全心全意为人民服务，立党为公，执政为民"② 的理念。他指出："广大党员、干部只有紧紧依靠人民群众，从人民群众中获得支持和力量，才能生存，才能发展，否则就会失败。"③ "在社会主义初级阶段，社会成员之间收入存在一定程度的差距，是难以避免的。但是，如果差距悬殊，而且任其扩大，就会造成多方面的严重后果。"④ "实现共同富裕是社会主义的根本原则和本质特征，绝不能动摇。"⑤ 通过实施全面建设小康社会战略来保证人民利益。全面建设小康社会战略是在"三个代表"重要思想指导下对于如何使人民更好地实现全面共同富裕的探索，是对毛泽东全心全意为人民服务思想、邓小平人民共同富裕思想的继承发展，是对"代表中国最广大人民的根本利益"思想的具体实施。江泽民还通过推进社会主义精神文明建设提高人民的思想素质。江泽民在为《自强之歌》一书所作的序言中指出："人，既有物质的需求，又有精神的需求。……这种道德，不是以个人为中心，而是心中有他人，心中有集体，心中有国家。"⑥ "被金钱欲、物欲、占有欲所支配是很危险的，现在需要重新宣传清贫思想，以消除人们在精神上的贫困。"⑦ 此外，江泽民1997年在美国哈佛大学的演讲中对中华优秀传统文化进行了总结性的概论，尤其突出了中华优秀传统文化中的科学技术部分。他说："早在公元2500年前，中国人就开始了仰观天文，俯察地理的活动，逐渐形成了天人合一的宇宙观。中国历史上产生了许多的哲学家、思想家、政治家、军事家和科学家，留下了浩如烟海的文化典籍。春秋战国时期出现的'百家争鸣'局面和老子、孔子等诸子百家的学说在世界上占有重要地位。古代中国在天文、历法、地学、

① 江泽民.江泽民文选：第1卷[M].北京：人民出版社，1993：359.
② 江泽民.在庆祝中国共产党成立八十周年大会上的讲话[M].北京：人民出版社，2001：46.
③ 江泽民文选：第3卷[M].北京：人民出版社，2006：179.
④ 江泽民文选：第1卷[M].北京：人民出版社，2006：470.
⑤ 江泽民文选：第1卷[M].北京：人民出版社，2006：466.
⑥ 江泽民文选：第1卷[M].北京：人民出版社，2006：647.
⑦ 江泽民文选：第1卷[M].北京：人民出版社，2006：621.

数学、农学、医学和人文科学的许多领域，都作出过独特的贡献。特别是中国的造纸、火药、印刷术、指南针四大发明曾经改变了世界的面貌。直到十五世纪前，中国的科学技术在世界上保持了千年的领先地位。"江泽民在演讲中用大量篇幅总结和概括了中华民族的科技发展史，并把中国科技发展史和中国思想文化发展史相提并论，明确地表达了中华优秀传统文化不但包括思想文化部分，还包括科学技术部分。这就澄清了过去很长时间里人们把中国的科学技术排除在中华优秀传统文化之外的误区。甚至在现在一些人的认识里，中华优秀传统文化还只是儒、道、释等思想观念领域的。中华优秀传统文化的创新和发展就包含着科学技术的创新和发展，这一直是江泽民反复强调、高度重视、身体力行的。如实施科教兴国战略、出版《论科学技术》著作、设立国家科学技术奖等。可见，古代的科学技术和"概论"课中的科教兴国战略有契合性。

科学发展观的民本思想。人与社会、人与自然之间的矛盾是胡锦涛提出"以人为本"思想和社会主义核心价值体系的原因。"虽然过去二十几年中，中国取得了巨大的社会和经济成就。但中国人民和政府在解决其他挑战，特别是保护环境的战斗中，落后了关键的一步。环境状况已经是一个主要令人担心的问题。这种因素结合起来，严重影响人的健康和福利。"[1] 科学发展观提出了"以人为本"的社会主义建设要求，"引导党员、干部深刻理解科学发展观的核心是以人为本、推动发展的根本目的是让人民群众过上更好生活"[2]。"领导干部坚持以人为本，真心服务人民，克服个人私欲虚荣，争起表率作用，转变工作作风，踏踏实实做事，实实在在做人，坚决与主观主义、形式主义和官僚主义作斗争。"[3] 胡锦涛总书记执政时期，以建设社会主义和谐社会、改善民生的实践继承和发展了全心全意为人民服务的思想，"以人为本"的理念深化了党对人民地位和作用的认识。党认识到把人民作为发展的中心，

① 联合国开发计划署驻 . 中国人类发展报告 2002：绿色发展　必选之路 [M]. 北京：中国财政经济出版社，2002：102-103.
② 胡锦涛 . 胡锦涛文选：第 3 卷 [M]. 北京：人民出版社，2016：478.
③ 胡锦涛 . 胡锦涛文选：第 2 卷 [M]. 北京：人民出版社，2016：173.

人民的发展是国家发展的最终落脚点和出发点，人民的发展对执政兴国具有重大的现实意义。针对在当时社会财富快速增长中忽略人民群众的主体地位这一现象，胡锦涛提出"把群众的呼声作为第一信号"来认识人民的主体地位，只有群众的呼声才能代表国家发展的正确方向。说明党承认先有人民群众的要求，才有了马克思主义政党的建立，共产党员的任何权利都来自人民，人民决定了这种权利的存在和灭亡。胡锦涛提出以"把群众的需要作为第一选择"来认识人民的利益。这是针对一些党政官员在追求政绩的过程中忽略人民群众的实际需要而提出的，要做到问政于民、问需于民、问计于民。胡锦涛提出"把群众的满意作为第一标准"来认识人民的重要作用。这是针对没将人民群众的满意与否作为社会发展与执政党员的基本评价标准的现象提出的。这就指出群众满意不满意决定着路线方针政策是否具有持续性。人民不满意，路线方针形同虚设，难以在实践中贯彻落实。只有群众认可，路线方针政策才能继续有力推进。"把群众的满意作为第一标准"就要"科学执政、民主执政、依法执政，核心是要为人民执好政、掌好权"①。

胡锦涛提出的科学发展观的基本内涵是坚持以人为本，树立全面、协调、可持续的发展观，促进经济、社会和人的全面发展。这一理念是胡锦涛从中华优秀传统文化中吸取营养，并对其进行创造性转化和创新性发展而形成的治国理政的重大战略思想。他在美国耶鲁大学演讲时指出科学发展的理念"是在继承中华民族优秀文化传统的基础上提出来的"②。这说明科学发展观和中华优秀传统文化有一定的契合性。如"以人为本"提法起源于《管子·霸言》中："夫霸王之所始也，以人为本。本理则国固，本乱则国危。"③管子所说的以人为本就是以人民为本。《大学》中有"在明明德，在亲民，在止于至善"。这里的"至善"对人来说就是德才兼备，修身齐家的境界；对自然来说是达到"天人合一""天人和谐"的境界；对社会来说是达到"治国平天下"

---

① 胡锦涛.胡锦涛文选：第 2 卷 [M].北京：人民出版社，2016：461.
② 中共中央文献研究室.科学发展观重要论述摘编 [M].北京：中央文献出版，党建读物出版社，2009：85.
③ 管子 [M].李山，译注.北京：中华书局，2009：20.

的理想境界。这与"树立全面、协调、可持续的发展观，促进经济、社会和人的全面发展"是相契合的。胡锦涛还非常重视弘扬中华优秀传统文化，在十七大报告中说："要全面认识祖国传统文化，取其精华，去其糟粕，使之与当代社会相适应、与现代文明相协调，保持民族性，体现时代性。"这是以传统文化赋能现代社会主义和谐社会建设的良好形态。

习近平的人民情怀。习近平的人民情怀体现在以人民为中心上。习近平以人民为中心的思想与以人为本的核心点完全契合。坚持以人民为中心，是党的十八大以后习近平在多个场合、多次会议上反复阐述、一再强调的一个重大命题。如"始终要把人民放在心中最高的位置"，"依靠人民创造历史伟业"，"朝着实现全体人民共同富裕不断迈进"，党的"执政成效"只能由人民"说了算"，"人心就是力量"，"江山就是人民，人民就是江山"等。这个重大命题揭示的是新时代中国共产党坚持和发展中国特色社会主义必须牢牢坚守的根本政治立场，是贯穿习近平新时代中国特色社会主义思想的一条红线。中国特色社会主义进入新时代，我国社会的主要矛盾转变为人民日益增长的美好生活需要和不平衡不充分的发展之间的矛盾。针对这一主要矛盾，习近平提出"必须坚持以人民为中心的发展思想，不断促进人的全面发展、全体人民共同富裕"①。习近平借用"得众则得国，失众则失国"②的古训来说明中国共产党与人民的血肉联系，风雨同舟，生死与共，这是党战胜一切艰难困苦的思想保证。习近平以"中国梦"的思想和深化社会主义核心价值观在理论方面发展了全心全意为人民服务的思想，习近平以群众路线与反腐斗争在实践上推动了全心全意为人民服务的发展。围绕人民群众为中心而展开的"四个全面"战略布局是中国共产党为实现中华民族伟大复兴的行动指南，是对人民群众地位与利益全方位的保证和实现。"奋斗目标越宏伟，执政环境越复杂，我们就越要从严治党，使党永远保持同人民群众的血肉联系，永远

---

① 习近平. 决胜全面建成小康社会 夺取新时代中国特色社会主义伟大胜利——在中国共产党第十九次全国代表大会上的报告 [M]. 北京：人民出版社，2017：19.
② 习近平. 在庆祝中国共产党成立 95 周年大会上的讲话 [N]. 人民日报，2016-07-02（2）.

立于不败之地。"① 而中国共产党内存在的"四风"现象使中国共产党与人民群众逐渐产生脱离。习近平指出党所面对的严重作风问题是"形式主义、官僚主义、享乐主义、奢靡之风",党脱离人民群众的现象主要表现在这四个方面。习近平强调"以人民为中心"的思想,规定了人民性的发展方向,把坚持人民立场上升到理论高度,为全面贯彻群众路线和群众观点保驾护航。

十八大以来,习近平无论是出国访问还是在国内各种场合讲话,无论是署名文章还是主旨演讲,始终充满着中华优秀传统文化的元素。名言警句、古语诗词都信手拈来,旁征博引,无不恰到好处,尽显画龙点睛之妙。习近平的语言风格"平语"近人,"习式"语言尽显魅力,人民群众称他为中华优秀传统文化的"代言人",给人留下了深刻的印象。如在博鳌亚洲论坛2015年年会上,习近平说,"夫物之不齐,物之情也",强调"不同文明没有优劣之分,只有特色之别",表达了要促进不同文明不同发展模式交流对话,在竞争比较中取长补短,在交流互鉴中共同发展的深刻思想。2016年1月,在阿盟总部演讲时,习近平引用管子的"未之见而亲焉,可以往矣;久而不忘焉,可以来矣"来讲述此行的重要意义。随后,又提到孟子的"立天下之正位,行天下之大道",进一步阐释中国对中东政策的坚持和立场。2019年习近平在中国北京世界园艺博览会开幕式上的讲话中引用了《资治通鉴》中的话说:"我们应该追求热爱自然情怀。'取之有度,用之有节',是生态文明的真谛。"2022年冬奥会欢迎宴会致辞时习近平引用王安石的诗句说:"'爆竹声中一岁除,春风送暖入屠苏。'中国刚刚迎来农历虎年。虎象征着力量、勇敢、无畏,祝愿奥运健儿像虎一样充满力量、创造佳绩。"习近平出席北京2022年世界经济论坛视频会议发表演讲时,引用了宋代吕祖谦的话说:"'天下之势不盛则衰,天下之治不进则退。'世界总是在矛盾运动中发展的,没有矛盾就没有世界。"

综上,不同时期的领导人大力传承中华优秀传统文化中的"民本"思想,并为中华优秀传统文化的"民本"思想注入紧扣时代发展主题的新鲜血液来治国理政,体现了一脉相承,与时俱进的特征。毛泽东提出了全心全意为人

---

① 十八大以来重要文献选编(中)[M].北京:中央文献出版社,2016:675.

民服务和群众路线，毛泽东之后的中国共产党领导人邓小平、江泽民、胡锦涛、习近平相继从不同时期人民生存与发展的实际状况出发，继承并发展了毛泽东的人民思想。邓小平提出"三个有利于"的思想并以改革开放去践行全心全意为人民服务。江泽民提出"三个代表"重要思想并以全面建设小康社会与建设社会主义精神文明去践行全心全意为人民服务。胡锦涛提出"以人为本"的科学发展观思想和社会主义核心价值体系，并以建设社会主义和谐社会与改善民生的实践推动全心全意为人民服务的发展。习近平提出"以人民为中心"思想与深化社会主义核心价值观，并以中国梦的实现和反腐斗争的实践推动全心全意为人民服务的发展。

第四，中华优秀传统文化的天人之际思想与"概论"课的生态文明的契合性。中华优秀传统文化中的"天人之际"思想包括"天人相分"和"天人合一"两个方面，其中就包含对人与自然关系的讨论。从"天人相分"来看，"天"是物质的自然界，是自然而然的运动，是没有意识的，是不依赖于人的意识的独立存在，自然的天相和人事的祸福没有关联，这与人与自然的斗争性有一定的契合。从"天人合一"来看，古人认为天是有意识和意志的，又认为天是万物运动的规律，赋予它物质存在的意义，这与人与自然的和谐性有一定的契合。中华优秀传统文化认为人的行为是有意识、有目的的，人对自然界有所作为就涉及人的主观精神与客观自然界的关系，比如王夫之提出"天之天"转化为"人之天"，就是发挥人的主观能动性去认识自然界的意思。从"天人合一"和"天人相分"两个方面来看待人与自然的关系，强调人与自然的合作与斗争，既能帮助大学生提高对中华优秀传统文化的认识，也能增强大学生对马克思主义生态观的把握，加深大学生对生态文明建设的认识。

第五，中华优秀传统文化的孙子兵法思想与"概论"课的社会主义市场经济的契合性。在社会主义市场经济条件下，很多竞争规律和战争规律是相通的。从某种意义上说，市场经济就是一个没有硝烟的战场。竞争是市场经济实现资源配置的主要机制，"概论"课中的社会主义市场经济内容，可以从孙子兵法中得到启发。如"知己知彼，百战不殆"是战争中取胜的法宝，也是市场经济竞争中获胜的法宝。企业生产者要深入了解客户的需求，客观地认识自己企业的情况以及对手的实力等，并以此制定切实可行的营销策略。再如"出奇制胜"是战争中取胜的法宝，也是企业生产者成功的法宝。企业生产者要想在市场经济竞争中获得可观的收益，就要具备创造性的思维，努力创新自己的产品，寻找和预测广大消费者的潜在需要，奇正相生不断成功。还有"避实击虚"是分析敌人的优势和弱点，避其锋芒，攻打敌人力量弱小的地方。这不仅是兵家之道，也是市场经济竞争中的要诀。在竞争中以己之长击人之短，即以自己企业的优势打击对手最薄弱的地方往往能取得成功。"因敌制胜"是面对不同的敌人采取不同的作战方法，最终取得胜利。在市场经济竞争中，企业生产者要根据市场需求的变化和竞争者的情况，经常开发新产品，降低产品成本，并从竞争对手可能采取的营销策略中分析可行的应对之策，取得竞争胜利。"庙算"是信息灵、情报准才能决策准确。《孙子兵法》主张利用"乡间""内间""反间""死间""生间"等多种方式获取对手的情报取胜。在市场经济中，"信息就是财富"早已成为众多企业生产者的共识，只有重视对各类信息的收集、整理、研究、分析和运用，才能在此基础上制定科学合理的经营策略而取胜。

此外，中华优秀传统文化与"概论"课内容还有许多契合点。如传统文化中的和合思想和社会主义和谐社会的建设、法家思想和全面依法治国、儒家德治和以德治国、《官箴》和全面从严治党、协和万邦和大国外交、天下大同和构建人类命运共同体等都有很大的相通性。结合中华优秀传统文化的知识点，是讲透"概论"课内容的关键所在，不结合中华优秀传统文化背景恐怕难以做到鞭辟入里的讲解。

三、中华优秀传统文化融入思政课的现实价值

中华优秀传统文化积淀着中华民族最深沉的精神追求，是中华民族生生不息、发展壮大的丰厚滋养，是中华民族的突出优势，是我们最深厚的文化软实力。中华优秀传统文化融入思政课能帮助学生们更好地理解中国特色社会主义及其建设。因为中国特色社会主义植根于中华优秀文化的沃土中，它

是从中华民族五千多年悠久文明的传承中走出来的，具有深厚的历史渊源和广泛的现实基础；能增强学生的文化自信，有助于理解并坚持文化自信。因为博大精深的中华优秀传统文化是中华儿女文化自信的坚实根基和突出优势，有助于中华民族伟大复兴事业的实现。一个国家、一个民族的强盛，总是以文化兴盛为支撑的，文化兴则国家兴，文化强则国家强。中华民族伟大复兴需要以中华优秀传统文化创造性转化、创新性发展为条件，有助于一些世界难题的解决。中华优秀传统文化早已走向世界，越来越受到国际社会认可，其中蕴藏着解决当今国际社会共同面临的一系列难题的重要启示。

1. 有利于思政课的教学改革

中宣部、教育部于 2005 年 2 月发布《关于进一步加强和改进高等学校思想政治理论课的意见》，强调思政课教学必须坚持马克思主义指导地位，坚持贴近实际、贴近生活、贴近学生，不断加强思政课教学的说服力和感染力，帮助大学生树立体现中华民族优秀传统文化和时代精神的价值标准。中华优秀传统文化具有渗透性强、贴近实际、注重道德培养、形象生动的特点，具有深刻的影响力和强烈的感召力。将中华优秀传统文化融入思政课教学，可以进一步丰富这门课的教学内容和教学方法。2014 年 3 月教育部印发了《完善中华优秀传统文化教育指导纲要》，提出把中华优秀传统文化的教育融入课程与教材、分学段有序推进中华优秀传统文化教育。小学低年级阶段，以培育学生对中华优秀传统文化的亲切感为重点，开展启蒙教育，培养学生热爱中华优秀传统文化的感情。小学高年级阶段，以提高学生对中华优秀传统文化的感受力为重点，开展认知教育，了解中华优秀传统文化的丰富多彩。初中阶段，以增强学生对中华优秀传统文化的理解力为重点，提高对中华优秀传统文化的认同度，引导学生认识我国统一多民族国家的文化传统和基本国情。高中阶段，以增强学生对中华优秀传统文化的理性认识为重点，引导学生感悟中华优秀传统文化的精神内涵，增强学生对中华优秀传统文化的自信心。大学阶段，以提高学生对中华优秀传统文化的自主学习和探究能力为重点，培养学生的文化创新意识，增强学生传承弘扬中华优秀传统文化的责任感和使命感，帮助学生把握中华优秀传统文化和马克思主义理论的关系，引导学生坚定为实现中华民族伟大复兴而力争上游的信念。中共中央办公厅、国务院办公厅于 2017 年 1 月印发《关于实施中华优秀传统文化传承发展工程的意见》，在"贯穿国民教育始终"这一重点任务中提出："推动高校开设中华优秀传统文化必修课，在哲学社会科学及相关学科专业和课程中增加中华优秀传统文化的内容。"中共中央、国务院于 2017 年 2 月印发了《关于加强和改进新形势下高校思想政治工作的意见》，它强调在思想政治教育教学中必须要坚持马克思主义的指导地位，弘扬中华优秀传统文化，不断推进中华优秀传统文化融入思政课教学。这是新形势下思政课建设和改革的必然要求。因此，中华优秀传统文化融入思政课教学，既是推动新时代思政课教学改革创新的实践要求，也是从整体上增强学生传承与弘扬中华优秀传统文化责任感和使命感的内在要求。中华优秀传统文化教育与高校思政课教学二者在教育目标、教育内容上具有辩证的关联性。

第一，有利于丰富思政课的教学内容。中华优秀传统文化在精神上、思想上、内容上的共通性丰富了思政课的教学内容。如《道德经》中的"有无相生，难易相成"，其中的"有"与"无"和"难"与"易"都是两个相互对立的概念，但它们又是统一的，在一定条件下相互转化，这与马克思主义基本原理中的对立统一规律是相通的。在讲授"原理"课这一部分时，可以融入中华优秀传统文化的这些相关内容。在高校思政课中将中华优秀传统文化结合起来进行讲授，不仅能够满足大学生对中华优秀传统文化认识的需求，更能够加深大学生对思政课知识的理解。这有利于拓展思政课教学的空间，丰富高校思政课的内容。

第二，有利于增加思政课的实效性。中华优秀传统文化具有直观、形象的特点，它易于接受、影响广泛，为学生们所喜闻乐道。结合中华优秀传统文化讲授思政课的相关知识，有利于增强思政课教学的吸引力。中华优秀传统文化具有潜移默化的特点，在思政课教学过程中结合中华优秀传统文化进行讲授可以调动大学生学习的积极性，增强思政课教学的实效性。如在讲授"马克思主义群众观点和群众路线"时，可以融入中华优秀传统文化的民本思想。"民为邦本"（《尚书·五子之歌》）、"君者，舟也；庶人者，水也。水则载舟，水则覆舟"（《荀子·王制》）等这些妇孺皆知的中华优秀传统文化与马克思历史唯物主义的群众史观相契合。在讲授马克思主义哲学的"思维和存在的关系问题"时，可以融入中华优秀传统文化的"天人合一"思想，"天"和"人"的对立统一与"思维"和"存在"的辩证关系相通。融入家喻户晓、脍炙人口的中华传统文化讲授思政课的理论知识，有助于培养大学生的学习兴趣，增强思政课教学的吸引力和实效性。

第三，有利于加深大学生对思政课的理解。思政课内容的重头戏是马克思主义及马克思主义中国化，尤其是马克思主义中国化部分是把马克思主义同中国国情、中国历史、中华优秀传统文化结合的产物。在马克思主义同中华优秀传统文化结合的过程中，中华优秀传统文化经过马克思主义的指导、改造、提升实现创造性转化、创新性发展，马克思主义也由此得到丰富和发展。马克思主义与中华优秀传统文化的结合是中华优秀传统文化实现自身现代化发展的内在要求。因此，大学生要想透彻理解马克思主义及马克思主义中国化的内容，就必须从马克思主义与中华优秀传统文化结合的角度去学习，这也内在地要求大学生既要精通马克思主义基本原理，又要熟悉中华优秀传统文化，有意识地对两种文化进行对比、分析、归纳、总结，特别是通过对中华优秀传统文化的批判、扬弃来完善、发展马克思主义基本原理。在高校思政课教学中融入中华优秀传统文化，可以增进大学生对中华优秀传统文化的认识，帮助大学生更好地理解马克思主义及马克思主义中国化的内容。

第四，有利于落实思政课立德树人的根本任务。中华优秀传统文化与高校思政课的教学内容相通相容，可以帮助大学生从源头上找到文化自信。中华优秀传统文化是提振大学生文化自信的宝贵资源，是培养大学生文化自信的"根"，能够为大学生今后的成长和发展提供科学指引。如儒家主张"仁""慎独""舍生取义""和而不同"等思想，能够帮助大学生形成正确的价值判断，认同本民族的优秀文化。把中华优秀传统文化融入思政课教学中，让大学生在不知不觉中感受中华优秀传统文化的深厚底蕴。如在讲授科学社会主义的国家学说时融入岳飞精忠报国的故事；讲授马克思主义实践观时融入"纸上得来终觉浅，绝知此事要躬行"（《冬夜读书示子聿》）、"不闻不若闻之，闻之不若见之，见之不若知之，知之不若行之"（《荀子·儒效》）等诗文。大学生通过对中华优秀传统文化的学习，可以真切地体会到国家文化的精深、感受到祖国的强大。这有利于培养大学生的民族自豪感，克服民族自卑心理，激发大学生的爱国主义热情。

中华优秀传统文化是关于如何做人的文化，有助于学生健康心理的形成。中华优秀传统文化关注人的精神生活中非理性因素对人的全面发展的影响。人都是有感情的，没有感情的人和社会是不存在的。中华优秀传统文化中有很多关于情感的论述，比如儒家孟子提出的"四端"中，恻隐之心、羞恶之心、辞让之心这"三端"是关于情感问题的。中华优秀传统文化中也有"有志者，事竟成"等关于意志的论述。此外，中华优秀传统文化有助于学生提升人生境界。中华优秀传统文化提升人生境界的重要方法就是发挥道德教化的作用。儒家特别重视道德的教化作用，认为"如何提升道德"就是关于怎样做人的学问。孟子认为人和动物的根本不同就在于人有道德，人若没有道德，那就和动物没有什么区别了。学生的全面发展要求学生做到理性和非理性的和谐统一，不能缺少理性，也不能缺少非理性。缺少理性，学生就无法正确认识世界，无法树立正确的世界观、人生观和价值观；缺少非理性，学生在生活和学习中就没有动力，缺少热情，成为纯粹理性的思维机器。马克思主义理论中判断、推理多一些，中华优秀传统文化中情感、意志多一些，两者对于大学生全面发展的指导各有侧重。因此，中华优秀传统文化融入思政课教学中，是促进学生全面发展不可缺少的一个环节。

2. 有利于中华优秀传统文化的弘扬传承

中华优秀传统文化的弘扬传承有赖于它能持续地服务于社会的发展和人们的生活。产生于古代的传统文化只有不断地与时俱进，赋能当代社会的发展和人们的生活才能一直生生不息。中华优秀传统文化的会通精神是它吸收外来文化不断与时俱进的重要心理基础，也是它融入思政课的内在文化根据。但是，中华传统文化一路走来，有其不可避免的历史局限性，不断制约着它自身的发展，需要实现当代化转型。这种转型要么走原创型道路，要么借鉴吸收其他文化的有益成果。中华传统文化经历了五四新文化运动、十年"文革"时期的断层，也跨越了资本主义社会的高度发展阶段，这样的经历很难直接从中华传统文化中挖掘当代精神，走原创式道路。因此，中华传统文化的创造性转化和创新性发展只能依靠借鉴、吸收其他民族的先进文化来做到。作为思政课教学核心内容的马克思主义基本原理，在十月革命后传入中国，它是建立在工业基础上的具有现代性的世界性革命学说，是优秀且先进的文化，与中华传统文化具有很大的互补性和相通性。将中华优秀传统文化融入思政课，接受马克思主义基本原理的洗礼，是弘扬传承中华优秀传统文化的有效途径。正如赵婀娜所说："课堂是传统文化传承的主阵地，推广优秀传统文化的不应只是开展大型活动，学校要从办好活动转向办好课程，让传统文化不仅走进学校，更要走进课堂。"① 中华优秀传统文化融入大中小学思政课中，不是机械地照抄照搬，要在结合时代发展需求，结合大中小学生的心理发展特点和认知规律的基础上，依据大中小学思政课教材内容，有针对性地从中华优秀传统文化中精选那些有益于现代社会的、具有充分教育价值的向上、向善的文化元素，通过对其进行创造性转化或创新性发展，使其符合不断发展变化的现代社会的标准，努力让其活起来，以"滴灌"的方式，潜移默化地涵养学生的心灵，培养学生的世界观、人生观、价值观，让学生的三观深深扎根在中华优秀传统文化的肥沃土壤之中，发芽成长。要发挥中华优秀传统文化以古鉴今、资政育人的作用。以中华优秀传统文化和马克思主义理论思想武装起来的年轻一代，会身体力行地再用这些思想去影响下一代，中华优秀传统文化就可以代代传承下去，中华优秀传统文化中的思政元素也会代代传承下去。

3. 有利于治国理政

任何科学的社会理论和制度，必须本土化才能真正发挥作用。中华优秀

---

① 赵婀娜，杨宁，毛殷平. 优秀传统文化进校园，这样"圈粉"[N]. 人民日报，2018-04-18（12）.

传统文化是中国共产党治国理政的重要思想文化资源。党杰出领袖毛泽东就是运用中华优秀传统文化的高手。他在党的六届六中全会上说："我们是马克思主义的历史主义者，我们不应当割断历史。从孔夫子到孙中山，我们应当给以总结，继承这一份珍贵的遗产。"毛泽东本人的传统文化修养极其深厚，其诗词、书法等修养深厚，自成一体，其古代文史知识和智慧的运用堪称纯熟。他既与党内同志共同研读马列主义的经典与教科书，借鉴苏俄经验教训，又用大量的时间和精力批阅中国古代文史典籍。他说："马列主义的书要经常读。《共产党宣言》，我看了不下100遍，……读马克思主义理论在于应用，要应用就要经常读，重点读。"有人称毛泽东是"掌上千秋史，胸中百万兵"。他的书房仅《红楼梦》一书就有10种版本以上。从文学书中他看历史、看社会、看政治、看军事、看思想方法，汲取其中对现实有用的东西。毛泽东一生批阅《资治通鉴》十几遍，通读4000万字的二十四史，用不同颜色的笔墨圈点批注，并将一些内容印发批转为高级干部学习材料。他提出"古为今用""洋为中用"，认为"指导一个伟大的革命运动的政党，如果没有革命理论，没有历史知识，没有对于实际运动的深刻的了解，要取得胜利是不可能的"。实事求是作为中国共产党的思想路线，是毛泽东对马克思主义世界观和方法论所作的高度概括。毛泽东的党建思想、军事思想、哲学思想、政治思想是典型的在实践中把马克思主义与中华优秀传统文化结合的典范之作，体现了中国表述、中国风格、中国智慧。

习近平总书记指出，我们必须结合新的时代条件传承和弘扬好中华优秀传统文化，中华民族伟大复兴需要以中华文化发展繁荣为条件。又说："中国共产党人始终是中国优秀传统文化的忠实继承者和弘扬者，从孔夫子到孙中山，我们都注意汲取其中积极的养分。"重视历史、重视历史思维能力的运用，是习近平新时代中国特色社会主义思想一个非常鲜明的特色。习近平总书记在中央党校对党的领导干部发表的许多讲话中，都包含了这样一层深意：不仅马列主义的经典著作要反复读，中华文化的经典也要去读。他指出："共产党人要把读马克思主义经典、悟马克思主义原理当作一种生活习惯、当作一种精神追求，用经典涵养正气、淬炼思想、升华境界、指导实践。"2013

年3月1日，习近平总书记在中央党校春季学期开学典礼上指出："各种文史知识，中国优秀传统文化，领导干部也要学习，以学益智，以学修身。中国传统文化博大精深，学习和掌握其中的各种思想精华，对树立正确的世界观、人生观、价值观很有益处。"

当代中国的国家治理体系有着深厚的中华文化根基。习近平总书记说过："不忘本来才能开辟未来，善于继承才能更好创新。"在统筹中华民族伟大复兴的战略全局和世界百年未有之大变局中，以中华优秀传统文化治国理政智慧所蕴含的精髓滋养新时代中国的治国理政。这些治国理政智慧，生成于古代中国的特定时空条件下，它作为一种重要资源需要和当代条件相结合，经由现代性转化和创新性发展才能融入当代国家治理实践，成为当代中国特色社会主义制度和国家治理体系的坚实根基。

自秦灭六国统一文字、货币和度量衡后，中华大一统的思想观念便已深入人心，成为铭刻在中华民族灵魂深处的基因密码。虽然多次历经外族入侵、局势动荡、军阀割据，但动乱结束后都会出现大一统的局面，这得益于中华传统文化开放、包容的特性，能够对周边其他民族文化进行吸收和融合，最终形成中华民族多元一体的格局。当前面对世界"百年未有之大变局"，传承并改造创新中华传统文化中"大一统""定于一"的思想理念，有利于维护新时代国家主权和领土完整。

中国共产党实事求是的思想路线就是来自《汉书·河间献王刘德传》中"修学好古，实事求是"的现代性阐发，有着中华传统文化中治国理政思想的智慧。新时代以人民为中心的发展思想吸收了古代中国"重民本""民贵君轻""水能载舟，亦能覆舟"的思想智慧。和平思想在《论语》《道德经》《孙子兵法》等经典中能发现出处。中华传统文化中的"道法自然"在调整人与人之间的关系、人与自然的关系上具有治国理政智慧，对于新时代国家治理中生态文明建设有很多启示。

"和合"思想主张求同存异，能把最大多数的人凝聚起来。中国是通过教化来获得文化认同把周围的人凝聚起来的，即"远人不服，则修文德以来之"，而不是通过强烈攻击和侵略来让人臣服。前者是文化中心主义，非种族中心主义，后者是武力中心主义、种族中心主义。正是中华传统文化不排外的包容性，通过文化价值认同使国人们团结起来，生成了中华民族发展建设过程中没有侵略的文化基因。这也是理解丝绸之路、郑和七下西洋的过程中没有侵占一块儿殖民地的原因。

以"仁政"施"德治"的智慧。中华优秀传统文化中的"以德治国"思想影响着历代封建王朝的统治。孔子的仁学思想、孟子的仁政思想，是以德治国制度文明的思想基础。孟子讲性善论、养气论、仁政论，强调内在的道德品质是治国理政的出发点，只有"以不忍人之心"才能"行不忍人之政"，才有王道仁政。儒家使"修身"与"齐家治国平天下"统一起来，以尽孝、尽忠、廉洁奉公作为官吏考核、升迁的尺度，从而成就了"内圣外王"的文化理想。孔子还认为治国理政有两种方式：一种是"道之以政，齐之以刑，民免而无耻"。即用行政的手段引领百姓，用惩罚的手段管理百姓，这种方式虽然有效，但难以让百姓自觉认识到违反某些规矩是可耻的。百姓尽量避免受惩罚或制裁，但终究是缺乏羞耻之心。一种是"道之以德，齐之以礼，有耻且格"。即用道德引领百姓，通过礼加以规范，使道德成为一种自觉遵循，百姓就会明白违反道德是可耻的，不合乎礼是可耻的，这样就达到了自觉遵守道德规范的效果。这就是以德治国的理念。孔子还说："为政以德，譬如北辰，居其所而众星共之。"即一个人依靠德行治理天下，就如同北极星一样，会被群星包围着。孔子认为治国理政最美好的境界是"大道之行也，天下为公"的"大同"社会。正是"以德治国"的思想形成了两千多年封建统治中有名的"文景之治""贞观之治""康雍乾盛世"等安定富足的时代。这些治国理政的智慧作为文明基因一直影响着中华文化、国家统治的基本走向，也是当今国家治理得以借鉴的重要资源。2014年2月17日，习近平总书记在省部级主要领导干部学习贯彻十八届三中全会精神、全面深化改革专题研讨班开班式的讲话中强调：一个国家选择什么样的治理体系，是由这个国家的历史传承、文化传统、经济社会发展水平决定的，是由这个国家的人民决定的。我国今天的国家治理体系，是在我国历史传承、文化传统、经济社会发展的基础上长期发展、内生性演化的结果。

自孔孟到宋明理学，儒家普遍强调"有治人无治法"的思想道统，往往缺乏现代意义上的民主思想，压抑人的思想。在治国理政智慧的现代性转化中，要把依法治国与以德治国有机结合起来，既要发挥道德引领作用，更要恪守法治底线。对于当代国家治理来讲，对广大人民群众需要强化法治的底线意识，而对"关键少数"则需强化道德引领作用。子曰："政者，正也。"为政者，首先要端正自己，才能要求别人；自身不正，难以要求别人正，要躬身修己。唐太宗李世民在《贞观政要》中指出："惟尧舜之道，周孔之教，对于治理天下国家，如鸟之有翼，如鱼之依水，失之必死，不可暂无耳。"意思是说，对于统治者来讲，尧舜之道、周孔之教，就像鸟离不开双翼，鱼儿离不开水一样，得之则生，失之则死。这对于形成具有中国特色的国家治理体系和现代化治理能力仍是必要的，是古代中国传统治理观的鲜活体现，也是当代中国国家治理的重要依托。

需要特别注意的是：任何要全盘接受中华传统文化并将其作为解决新时代所有问题的办法，不仅在实践上倒行逆施，而且在方法论上也行不通。开放包容的人文精神是中华文化的特质，正是无所不包的文化品格成就了中华民族的伟大，并在文明的赓续中成为当代中国文化的底色。党的十九届四中全会强调："实践证明，中国特色社会主义制度和国家治理体系是以马克思主义为指导、植根中国大地、具有深厚中华文化根基、深得人民拥护的制度和治理体系，是具有强大生命力和巨大优越性的制度和治理体系，是能够持续推动拥有近十四亿人口大国进步和发展、确保拥有五千多年文明史的中华民族实现'两个一百年'奋斗目标进而实现伟大复兴的制度和治理体系。"①

4. 有利于解决世界难题

中华优秀传统文化中的丰富哲学思想、人文精神、教化思想、价值理念、道德规范等，蕴藏着解决当代人类面临的难题的重要启示，可以为人们认识和改造世界提供有益启迪。中国共产党坚持运用马克思主义的方法，对中华

---

① 中国共产党第十九届中央委员会第四次全体会议文件汇编 [M]. 北京：人民出版社，2019：4.

优秀传统文化进行创造性转化和创新性发展，积极发掘中华优秀传统文化中积极的处世之道、治理理念同当今时代的共鸣点，努力为完善全球治理贡献中国智慧。中国共产党人从毛泽东、周恩来运用和平共处五项原则处理国际关系，到邓小平主张和平解决争端，再到后来提出"和而不同"的文明多样性、"建设和谐世界"等理念，始终不渝走和平发展道路。这种自觉和自信，一个很重要的方面源于中华文明的深厚底蕴。在当今多元文化时代，以习近平同志为核心的党中央提出的"人类命运共同体"国际关系理念包含着古老智慧的新运用，日益成为中国引领时代潮流和人类文明进步方向的鲜明旗帜。中华民族很早就认识到，"大道之行，天下为公"，其中的"天下"理念和"大同"信仰，经过"创造性转化、创新性发展"能为"人类命运共同体"奠定深厚的文化根基。传统"天下观"其实给现代人提供了一种更宽阔的视野、更宽广的胸怀来观察和处理世界大势、全球问题。因为贯穿其中的是超出家国的"大道"，并非仅仅适合于本国本民族的"道"。根本的一个字是要做到"公"，"不独亲其亲"，达到无遗漏的"皆有所养"才是目标之所在。汤因比曾经讲过类似的话，中国把各民族统一在一起的几千年经验，可以为形成一个统一的和平世界提供诸多启示。中华文明长期在世界历史上处于前列，其中心部位甚至对周边形成强大的向心力，不能不说与它本身即处在时时更新、吸收外来文明有关。"中华民族共同体"形成的"中华文明"，其最高层的概念即为"道"——亦为中华哲学思想的核心价值理念。它表明，中华文明是主讲道义的文明形态，始终将人道高高擎举，使五千年文明绵延不绝。有了此"道"，才能持久不息。这是中华民族共同体能够长期生存、发展的根本基因，也是我们今天提出"人类命运共同体"的智慧源泉。

四、中华优秀传统文化融入思政课的时代意义

进入新时代以来，我国的教育也要明确所处的历史方位和时代坐标，作出准确的认知后方能作出科学的判断。中华优秀传统文化融入思政课也有其时代逻辑，具体表现在中华优秀传统文化和以马克思主义为核心内容的思政

课的价值归宿具有相通性，经由民族复兴、国家富强、人民幸福的"实践化合"与品质再造，成为中国共产党意识形态的思想内涵和理论表达。这种意识形态有利于实现国家的文化安全和构建人类命运共同体。

1. 有利于实现我国文化安全

（1）文化安全的提出

我国的文化安全最初体现在对中华优秀传统文化、非物质文化遗产的保护上。习近平担任福建省省长时，颁布了关于保护三明市万寿岩旧石器时代洞穴遗址的相关命令和政策。① 他为《福州古厝》一书作序，表达对非物质文化遗产安全的重视。② 习近平在参观《复兴之路》展览时，深入阐释"民族复兴中国梦"的思想和理念，丰富了新时代文化安全观的理论内涵以及理论体系。③ 习近平在中共中央政治局第三次集体学习时提出："任何外国不要指望我们会拿自己的核心利益做交易，不要指望我们会吞下损害我国主权、安全、发展利益的苦果。"④ 习近平在十八届中共中央政治局第一次集会时表明了维护文化安全的决心和立场。在周边外交工作座谈会上，还强调把文化安全战略与全世界人民命运联结在一起，以开放的姿态向世界展示和输出中国优秀的传统文化。2014 年中央国家安全委员会第一次全体会议召开，习近平首次提出总体国家安全观，首次系统提出总体国家安全观由 11 种安全组成，新时代国家安全体系中的总体国家安全观包括 16 种安全，其中的文化安全就是总体国家安全观之一。文化安全被视为总体国家安全的保障，对保障总体国家安全、走中国特色国家文化安全道路具有战略意义。战略地位的提升是由于"当前我国国家安全内涵和外延比历史上任何时候都要丰富，时空领域比历史上任何时候都要宽广，内外因素比历史上任何时候都要复杂，必须坚持总体

---

① 《福建日报》评论员. 热爱文化的境界与情怀 [N]. 福建日报，2015-01-06（1）.

② 习近平. 福州古厝（序）[N]. 福建日报，2015-01-06（1）.

③ 秋石. 奋勇担当起振兴中华的历史使命——学习习近平总书记参观《复兴之路》展览时的重要讲话 [J]. 求是，2012（24）：3-5.

④ 中共中央党史和文献研究室. 习近平关于总体国家安全观论述摘编 [M]. 北京：中央文献出版社，2018：78.

国家安全观，……走出一条中国特色国家安全道路"。[1]

（2）文化安全的内涵

文化安全是指国家文化生存和发展免于威胁或者危险的状态。[2] 文化安全的内涵非常丰富，主要包括文化经济安全、文化制度安全、文化资源安全、传统文化安全、文化生态安全以及意识形态价值观安全等。其中意识形态价值观安全是文化安全的核心和灵魂。中国共产党历来将巩固马克思主义意识形态作为文化建设的根本任务。新时代，维护国家文化安全的核心任务和根本标志在于确保核心价值观的安全。文化安全是总体国家安全和其他安全的底线和重要保障，任何一个国家的安全都是建立在文化价值体系安全基础之上的。习近平曾说："一个政权的瓦解往往是从思想领域开始的……思想防线被攻破了，其他防线就很难守住。"[3] 2014 年，习近平在中央国家安全委员会第一次会议上指出，要"以军事、文化、社会安全为保障"实现总体国家安全，深刻阐述了文化安全在总体国家安全中的重要地位。文化安全是国家安全的重要内容和保障，事关国家和民族的前途命运。当今世界，随着全球化的深入发展，各民族文化之间的互动不断增强，主要体现为文化交流日益频繁、文化交融日益复杂、文化交锋日益尖锐。这种情况一方面为我国文化发展提供了历史机遇和国际舞台，另一方面也给维护国家文化安全带来了严峻挑战。

（3）文化安全的现状

进入新时代以来，世界经历着大发展、大变革、大调整。在百年未有之大变局中，我国的经济、社会、科学技术等方面快速发展，我国社会主要矛盾发生了变化，作为非传统安全问题的文化安全问题日益凸显，成为新时代国家战略决策的重要组成部分，并直接关系到国家的现状和未来，也关系到我国在世界格局中的战略地位和分量。除了国内快速发展带来的文化安全危

① 习近平.坚持总体国家安全观 走中国特色国家安全道路 [N].人民日报,2014-04-16（1）.
② 刘靖北.习近平总书记关于党的建设重要论述的丰富内涵及重大理论贡献 [J].中国浦东干部学院学报，2020（4）：5-12，20.
③ 习近平关于社会主义文化建设论述摘编 [M].北京：中央文献出版社，2017：21.

险，还面临着国外反动势力、分裂分子带来的文化安全威胁，如何通过保证国家文化安全来保障总体国家安全？通过学习理解中华优秀传统文化来建立每个中华儿女的文化自信，是最坚实可行的办法之一。

第一，国内文化安全形势面临着文化安全意识淡薄、文化创新不足的危险。首先，随着改革开放的逐步深入，社会利益矛盾日益凸显，人们的价值观也在悄无声息地发生着改变。恩格斯说过："随着每一次社会制度的巨大历史变革，人们的观点和观念也会发生变革。"[1] 我国的经济体制改革和对外开放使中国出现了不同的社会阶层，他们代表不同的利益主体并产生了不同的价值追求，原有的利益固化格局被打破，一些阶层固有利益消失，一些阶层成为新的利益获得者，具有不同价值观的个人、团体之间冲突加剧。对外开放的过程中其他各国的思想、文化也蜂拥来到了国内，国内多元价值观的冲突使得一些国民片面强调思想自由化和多元化，其中有一些价值观与我国社会主义核心价值观相背离，一些国民面临着文化安全意识淡薄的危险。其次，我国文化的竞争力和创新力制约着文化安全。"创新是文化力量的源泉，是文化自身存在和延续的本质需要。"[2] 中华优秀传统文化拥有五千多年的历史，随着改革开放的深入和发展，我国文化的竞争力和创新力与西方发达国家相比还存在明显的不足。从世界各国文化产业总值占国内生产总值（GDP）比例来看，美国是 31% 左右，日本是 20% 左右，欧洲平均在 10%~15% 之间，韩国高于 15%，而我国却不到 2.43%。[3] 与发达国家相比，我国文化及相关产业占我国 GDP 的比重还很低，我国文化对西方国家的影响还非常有限。而如今，国家文化软实力在综合国力竞争中的作用却愈加凸显。文化软实力的重要意义在于对内能提高民族的凝聚力、创造力、认同感、荣誉感，对外能提高国家的影响力、知名度、国际地位，汇聚英才。更重要的意义是随着国家文化软实力的提高，能够实现文化安全战略的重要目标。对此，习近平 2013

---

① 马克思恩格斯全集：第 7 卷 [M]. 北京：人民出版社，1965：240.

② 辛国安，李翠玲，耿超锋，等 . 全球化视野下的国家文化安全 [J]. 中国特色社会主义研究，2010（1）：79-86.

③ 陈文华，陈奕奇 . 文化"走出去"战略中粤港澳大湾区游戏产业的作为 [N]. 深圳特区报，2019-09-17（B6）.

年在主持中共中央政治局第十二次集体学习时说:"提高国家文化软实力,关系'两个一百年'奋斗目标和中华民族伟大复兴中国梦的实现。"① 习近平围绕提升国家文化软实力,传播中国价值观,向世界展示中华优秀传统文化的独特魅力,提高中国文化话语权作了精辟阐释。这是对中华优秀传统文化的时代性转化问题作出的指引。

第二,网络文化安全是我国文化安全面临的新挑战。随着互联网的高速发展,社会已经发展到无人不网的时代。网络的主动权掌握在西方发达资本主义国家手里,国外反动势力和分裂分子借助互联网文化给我国带来了网络舆论风险以及网络文化渗透,给我国网络文化建设带来了新的考验。"互联网已经成为舆论斗争的主战场……在互联网这个战场上,我们能否顶得住、打得赢,直接关系我国意识形态安全和政权安全。"② 目前,互联网文化产业成为我国新的经济增长点,互联网是一把双刃剑,在给我国文化发展和建设带来了机遇的同时,也会带来新的挑战。而"文化渗透在本质上是一个没有终结的过程,它只是不断地在形式上有所变化,在程度上有所加深,在范围上有所拓展"③。当前,国外的文化渗透方式更加多样化,通过网络宣传的思想主要表现为新自由主义、历史虚无主义、西方宪政民主、民主社会主义、普世价值观、公民社会思潮、西方新闻观。其中一些渗透方式虽然受到批驳制止,但是一直没有放弃与我国争夺人心。普世价值观、公民社会思潮、西方新闻观等活跃度有所降低,但仍通过多种途径传播,造成人们思想上的困惑。西方国家不遗余力地向我国宣扬、渗透上述思想,其实质就是要否定中国共产党的领导、否定马克思主义意识形态的主导地位,通过文化渗透干扰我国民众的思想意识,从而达到颠覆国家政权的目的。因此,每个人都要充分认识到互联网已经成为文化安全的重要变量,我国的文化安全面临着更加复杂严峻的风险。

① 习近平.建设社会主义文化强国 着力提高国家文化软实力 [N].人民日报,2014-01-01(1).
② 习近平关于社会主义文化建设论述摘编 [M].北京:中央文献出版社,2017:28-29.
③ 武卉昕,弥沙.20世纪美国的文化渗透与苏联剧变 [J].西伯利亚研究,2010(5):75-81.

第三，西方文化对我国主流意识形态的挑战。自从我国社会主义诞生之日起，西方国家就没有放弃过对我国的颠覆工作。首先，随着中国的快速发展和中国特色社会主义优越性的日益彰显，西方反华势力越来越猖獗，从支持"藏独""疆独""台独""法论功"到贸易摩擦，打压中兴、华为，再到在新冠肺炎疫情中妖魔化中国；从"十条诫令"到对中国由东到南形成的 C 形包围圈等，加紧对我国实施意识形态方面的渗透，对我国意识形态安全构成了严峻挑战。对此，习近平说："境外敌对势力加大渗透和西化力度，境内一些组织和个人不断变换手法，制造思想混乱，与我争夺人心。"① 其次，随着改革开放的日益深化，国内社会思想观念和价值取向日趋多元化。西方宪政民主、新自由主义、历史虚无主义、普世价值等社会思潮不断激荡，一定程度上对巩固马克思主义的主导地位形成了潜在的威胁。

第四，部分党员干部在领导文化建设过程中党性原则不强，政治敏锐性不够。一些党员干部"在重大意识形态问题上含含糊糊、遮遮掩掩，助长了错误思潮的扩散"。②"有的对党的政治纪律、宣传纪律置若罔闻，根本不当一回事；有的还专门挑那些党已经明确规定的政治原则来说事，口无遮拦，毫无顾忌。"③ 对此，习近平强调：面对改革发展的复杂局面、社会意识的多元多样、媒体格局的深刻变化给我国文化建设带来的新挑战，"全党同志，特别是各级领导干部，都要有本领不够的危机感，都要努力增强本领，都要一刻不停地增强本领"。④

（4）文化安全与政治安全

文化作为一种软实力，渗透于国家和社会发展的各个领域，尤其对于国家政治有着非常深刻的影响。马克思曾说："如果从观念上来考察，那么一定的意识形态的解体足以使整个时代覆灭。"⑤ 毛泽东也认识到文化安全与维护社会主义政权、加强中国共产党执政能力建设的内在关系，指出："凡是要推

---

① 习近平关于社会主义文化建设论述摘编 [M]. 北京：中央文献出版社，2017.
② 习近平关于社会主义文化建设论述摘编 [M]. 北京：中央文献出版社，2017：35.
③ 习近平关于社会主义文化建设论述摘编 [M]. 北京：中央文献出版社，2017：24.
④ 习近平谈治国理政 [M]. 北京：外文出版社，2014：403.
⑤ 马克思恩格斯全集：第 46 卷·（下）[M]. 北京：人民出版社，1980：35.

翻一个政权，总要先造成舆论，总是要先做意识形态方面的工作。"① 习近平也深刻认识到文化安全与政党安全、政权安全和社会主义事业安全的统一关系，在中国特色社会主义总体布局和战略视野下强调维护文化安全，明确将文化安全纳入总体国家安全的布局中加以强调。

（5）文化安全与意识形态

文化工作是为国家立心、为民族立魂的工作。确保文化安全，就要做好意识形态工作。对此，习近平提出了"三个事关"和"三个关乎"，认为维护文化安全，做好意识形态工作，"事关党的前途命运，事关国家长治久安，事关民族凝聚力和向心力"②，"关乎旗帜、关乎道路、关乎国家政治安全"③。由此可见，习近平思考文化安全问题，是将其纳入党、国家、民族安全发展以及中国特色社会主义事业总体布局中来进行考虑，深刻回答了维护文化安全的价值旨归。

文化安全与意识形态的内在关系体现在："意识形态决定文化前进方向和发展道路。"④ "文化的影响力首先是价值观念的影响力。世界上各种文化之争，本质上是价值观念之争，也是人心之争、意识形态之争。"⑤ 一种文化的安全，首先在于其自身有一个正确的前进方向和科学的发展道路，能够确保文化繁荣发展，生命力旺盛，而这一切决定于作为核心内容的意识形态。这是从文化自身发展的角度来看待意识形态在文化安全中的作用。其次，文化安全还体现为在对外文化竞争中赢得优势、扩大影响，这同样离不开核心价值观的重要作用，能否做好意识形态工作事关文化安全和国家政权安全。可见，巩固马克思主义在意识形态领域的指导地位是党宣传思想文化工作的根本任务之一，"一刻也不能放松和削弱意识形态工作，必须把意识形态工作的领导权、管理权、话语权牢牢掌握在手中"⑥。维护国家文化安全，必须要

---

① 建国以来毛泽东文稿：第 10 册 [M]. 北京：中央文献出版社，1993：194.
② 习近平关于总体国家安全观论述摘编 [M]. 北京：中央文献出版社，2018：99.
③ 习近平关于社会主义文化建设论述摘编 [M]. 北京：中央文献出版社，2017：24.
④ 中国共产党第十九次全国代表大会文件汇编 [M]. 北京：人民出版社，2017：33.
⑤ 习近平关于社会主义文化建设论述摘编 [M]. 北京：中央文献出版社，2017：27.
⑥ 习近平关于社会主义文化建设论述摘编 [M]. 北京：中央文献出版社，2017：21.

构建一个全民族共有的精神家园，这就需要在全社会培育和践行社会主义核心价值观，以此强化社会成员的思想、价值和情感认同，增强民族凝聚力和感召力。习近平高度重视培育和践行社会主义核心价值观，将其视为维护国家文化安全的重要举措，指出"核心价值观是一个民族赖以维系的精神纽带，是一个国家共同的思想道德基础。如果没有共同的核心价值观，一个民族、一个国家就会魂无定所、行无依归"①。"能否构建具有强大感召力的核心价值观，关系社会和谐稳定，关系国家长治久安。"② 培育和践行社会主义核心价值观，一方面有利于增强社会主义文化的凝聚力和向心力，将广大民众团结在新时代中国特色社会主义旗帜下；另一方面可以壮大发展我国社会主义文化，增强对西方文化的抵制力和免疫力，从而确保国家文化安全。

（6）文化开放安全

我国的对外开放是以全方位安全为前提的开放，不是无条件地开放，其中的文化开放安全是保障。经济全球化的今天，人类交往的世界性比过去任何时候都更深入、更广泛，各国相互联系和彼此依存比过去任何时候都更频繁、更紧密。一体化的世界就在那儿，谁拒绝这个世界，这个世界也会拒绝他。多元开放的世界给我国带来机遇的同时，也带来诸多的挑战。保障文化安全要勇于在文化开放过程中保持清醒的文化安全意识，筑牢文化安全的屏障。伴随着西方国家的殖民扩张，西方文化也在殖民地国家强势侵入，人类文化的多样性逐渐消失，带来的是英语普遍流行，圣诞节、万圣节、情人节等西方节日的盛行，国内一些地方甚至以伦敦、纽约等城市为发展样板而仿效，许多区域性文化、习俗等在开放的过程中随着时间的流逝而消失殆尽。"冷战"结束后，西方文化的输出越来越典型：各地的颜色革命、阿拉伯之春、占中事件、修例风波等都是西方文化霸权在意识形态领域的和平演变，是文化安全危机的表现。可见，在文化开放和文化安全之间存在着辩证关系。首先，要以开放的姿态学习、借鉴世界上一切先进文化和文明成果，在文化开放中巩固文化安全的基础。其次，把中华优秀传统文化以世界能够听

---

① 习近平关于社会主义文化建设论述摘编 [M]. 北京：中央文献出版社，2017：124.
② 习近平关于社会主义文化建设论述摘编 [M]. 北京：中央文献出版社，2017：106.

得懂的声音传播出去，坚定文化自信，筑牢文化发展的安全屏障。再次，在文化开放交流中激活中华文化自身的内在动力，实现中华文化的强大，从根本上实现文化安全。只有激发出文化发展的内在动力，才能源源不断地实现中华文化的创新发展，进而实现文化自身的繁荣兴盛。中华文化的强大和发展应当处理好文化继承与创新、传统文化与现代文化、自身文化与外来文化的辩证关系，推进马克思主义理论的中国化、时代化、大众化，增强文化的科学性和凝聚力。习近平总书记特别强调在对外开放中要讲好中国故事，在西方主要媒体掌握着世界舆论的前提下，我国要着力推进国际传播体系建设，"要动员各方面一起做思想舆论工作，加强统筹协调，整合各类资源，推动内宣外宣一体发展，奏响交响乐、大合唱，把中国故事讲得愈来愈精彩，让中国声音愈来愈洪亮"①，以此加强国际交往中的思想舆论引导，讲好中国故事，传播好中国声音。

（7）文化传播安全

随着互联网技术的发展，文化传播的方式和速度发生了前所未有的变化。文化传播方式由传统的广播、电视、报纸各自独立并存的立体化传播模式转变为"一网尽盖，集于一屏"的扁平化传播模式。每一个网络信息的接收者不只是单纯停留在信息接收的终端上，同时又是传播者，可以通过 E-mail 和 BBS 聊天、发布信息、议论身边所发生的一切，致使网络文化传播隐藏着危机。信息接收者的不断传播致使网络传播覆盖范围具有无限性，实现了在方寸屏幕面前，轻点鼠标即可与全球对话交流的愿望。网络传播速度的即时性给文化传播带来极大的快捷与便利，使文化传播的范围在短时间里就能覆盖得非常广。网络文化传播一方面大大促进了不同形态文化的交流，另一方面由于西方文化传播的霸权性、颠覆性、不公正不公平性，使网络文化传播潜伏着内在的危机，尤其是不同形态的文化在通过网络得以传播与交流的同时，交织在其中的不同价值观、不同文化理念的内在冲突会使文化传播中常隐藏着陷阱，潜伏着危机。具体表现在：网络文化传播中，西方借全球化之际，凭借其雄厚的经济实力和在信息高科技方面所具有的优势，大肆推行其文化

---

① 习近平关于社会主义文化建设论述摘编 [M]. 北京：中央文献出版社，2017：211.

殖民主义。强大的西方传媒借高功率广播、卫星电视、Internet 网络等覆盖全球的优势，可以轻而易举地进入任何一个国家和地区，并产生了广泛影响。①西方文化的强势传播具有垄断性，全球的广播、电视、电影、光碟、有影响力的报刊、互联网络等都脱离不了或多或少的寡头操纵，致使较为落后的地区和国家的本土文化难以与其抗衡和竞争。因此，要高度重视网上舆论斗争，"管好用好互联网，是新形势下掌控新闻舆论阵地的关键"②。把中华优秀传统文化以世界听得懂的语言、容易接受的方式传播到国际上，提高中华优秀传统文化在国际上的吸引力，便于其他国家了解真实的中国，便于增强中华民族的文化自信，便于我国文化软实力的提高。因此，要通过中华优秀传统文化自身的独特魅力增强其吸引力，不断实现与其他国家文化的互通互鉴，在文化交流中取信于国际社会，夯实国际话语权的根基，使其成为提高我国文化软实力的新引擎。

（8）文化安全战略

面对国内外文化安全带来的挑战，习近平多次提到要发展本国文化，加强自身文化建设，抵御外来文化安全风险。其中在"坚定文化自信，建设社会主义文化强国""坚持以马克思主义为指导，牢牢掌握意识形态工作领导权、管理权、话语权""高度重视理论建设，加快构建中国特色哲学社会科学""培育和践行社会主义核心价值观""提高全民族思想道德水平""坚持以人民为中心的创作导向""推动文化事业全面繁荣和文化产业快速发展""提高国家文化软实力，讲好中国故事"③等八个方面，习近平为国家文化安全建设提了几点要求：坚定文化自信是事关文化安全的大问题，要抓好社会主义精神文明建设，大力弘扬中华优秀传统文化、革命文化、社会主义先进文化；加快社会主义文化强国建设，不能放松和削弱意识形态工作，进一步巩固马克思主义在意识形态领域的指导地位，要把网络舆论工作作为重点工作来抓，不能忽视西方反华势力在互联网上的渗透；把高校作为意识形态工作前沿阵

---

① 史文鸿. 全球化下的文化冲击 [N]. 明报（香港），2000-01-13.
② 习近平关于社会主义文化建设论述摘编 [M]. 北京：中央文献出版社，2017：42.
③ 习近平关于社会主义文化建设论述摘编 [M]. 北京：中央文献出版社，2017：1-2.

地，掌握思想政治教育工作的主动权；重视中国特色社会主义理论体系的发展，把中国化的马克思主义作为坚持和发展中国特色社会主义的指南，继续推进马克思主义中国化、时代化、大众化；要大力培育和弘扬社会主义核心价值观；要坚持马克思主义道德观、社会主义道德观，努力实现中华民族传统美德的创造性转化和创新性发展，树立良好的道德风尚；要生产优秀的作品推动中华文化走出去，传播当代中国价值观念，适应互联网技术和新媒体的艺术发展形势，抓好网络文化的创作和生产，加大正面引导的力度；要加强公共文化服务体系建设，推进文化体制改革，深化公益性文化事业改革，实施中华文化传承工程；要全面贯彻对外开放的基本国策，做好宣传工作，引导国内外人民更加客观地看待中国。

习近平在中国共产党第十八届中央委员会第四次全体会议时提出全面依法治国，为我国文化安全提供了法律保障，把文化安全战略的制度优势转化为治理效能。2015 年，习近平在博鳌亚洲论坛上又提出："当今世界，没有一个国家能实现脱离世界安全的自身安全，也没有建立在其他国家不安全基础上的安全。我们要摒弃冷战思维，创新安全理念，努力走出一条共建、共享、共赢的亚洲安全之路。"[①] 文化安全从传统的国家文化安全理念转向合作共赢理念，从全球治理的角度建构中国特色社会主义文化安全发展之路。党的十九大报告中，习近平提出："中国特色社会主义进入了新时代，坚定文化自信、推动社会主义文化繁荣兴盛，依旧是亘古不变的文化初心与使命。"[②]2018 年，习近平在全国宣传思想工作会议上提出宣传工作的重点是：加强社会主义意识形态工作的建设，利用互联网优势进一步巩固和完善中国特色社会主义文化安全战略。[③] 2019 年，习近平在主持学校思想政治理论课教师座谈会上强调加强思想宣传工作的重要性，进一步巩固马克思主义意识形态的地位，

---

① 习近平．迈向命运共同体 开创亚洲新未来 [N]．人民日报，2015-03-29（2）．
② 习近平．决胜全面建成小康社会 夺取新时代中国特色社会主义伟大胜利——在中国共产党第十九次全国代表大会上的报告 [N]．人民日报，2017-10-28（1）．
③ 张洋．举旗帜聚民心育新人兴文化展形象 更好完成新形势下宣传思想工作使命任务 [N]．人民日报，2018-08-23（1）．

加强文化安全建设。[①] 2020 年，在抗疫期间，习近平多次召开会议强调：在风险挑战面前加强舆论引导工作的重要性，占领意识形态工作的主动权。至此，新时代中国特色社会主义文化安全观逐渐地完善。

（9）文化安全治理

第一，维护国家文化安全，必须具备强烈的文化危机意识。审时度势，居安思危，必须清晰认识当前国家文化安全面临的威胁和挑战。当今世界处于大发展大变革大调整时期，世界文化交锋更加尖锐复杂，增强我国文化整体实力和国际竞争力，抵御国际敌对势力的文化渗透，维护国家文化安全的任务更加紧迫，文化在国家综合实力中的地位和作用更加重要。新的伟大斗争是实现中华民族伟大复兴的中国梦的必要过程，涉及社会主义建设各个方面，文化领域斗争则是新的伟大斗争的重要内容。维护国家文化安全，必须在新的伟大斗争这个宏观视域下进行，立足于为新的伟大斗争提供精神支持和根本保障。正是基于这个意义，习近平总书记指出："意识形态工作面临的内外环境更趋复杂……我们正在进行具有许多新的历史特点的伟大斗争，面临的挑战和困难前所未有，必须坚持巩固壮大主流思想舆论，弘扬主旋律，传播正能量，激发全社会团结奋进的强大力量。"[②]

第二，如果要长期保持一种文化的安全状态，那么本土文化的强大是关键。从传统防御型文化安全治理转向发展型文化安全治理是当前文化安全思想的趋势和走向，一旦本土文化发展起来，将成为其他文化安全治理手段不可比拟的支撑力量。习近平在 2014 年就把文化安全与全世界人民的命运联结在一起，曾经说："万物并育而不相害，道并行而不相悖。"多元文化发展交流互鉴，需要坚持互信、互利、平等、协作的新安全观，要从全球治理视角看待文化安全观，各个国家应该联手共同构筑人类共同的文化安全战略。我国曾多次强调人类共同的文化安全战略理念，并得到世界各国的认可。在"一带一路"国际合作高峰论坛、亚洲文明对话大会、上

---

① 张烁. 用新时代中国特色社会主义思想铸魂育人 贯彻党的教育方针落实立德树人根本任务 [N]. 人民日报，2019-03-19（1）.

② 习近平关于社会主义文化建设论述摘编 [M]. 北京：中央文献出版社，2017.

海合作组织相关会议上都提到人类共同的文化安全战略是追求世界性的文化安全共同体，主张通过对话和协商的方式来反对文化渗透势力和文化霸权主义，统筹应对文化安全威胁。因此，人类共同的文化安全共同体应建立在继承并发展中华传统文化安全的价值观基础之上。中华优秀传统文化中的"天下大同、协和万邦"说明我国自古就有胸怀天下的格局，"和为贵"说明我国自古以来就是追求和平的国家，"和"的理念深深地刻进中华民族的基因中。即使在我国强大的汉朝开辟丝绸之路和明朝郑和七下西洋时都没有侵略、殖民过任何一个国家，中华民族的血液里没有侵略的基因。继承并发扬中华优秀传统文化中的"和"文化，为构建人类共同文化安全共同体提供文化基础，这也符合世界各国文化和平发展的利益。此外，构建中外文化交流平台，加强文化安全治理方面的合作，批判地吸取文化安全治理的国际经验，以对话的方式化解分歧和争端，加深文化安全治理的国际合作，实现世界文化普遍安全，这是我国以大国责任、以更加包容开放的姿态迎接文化安全挑战的表现。

第三，挖掘、阐发和弘扬中华优秀传统文化是维护文化安全的坚实基础。中华优秀传统文化是培育社会主义核心价值观、在世界文化交锋中立稳脚跟、维护我国文化安全的坚实基础。习近平总书记指出，推动民族文化发展，维护国家文化安全，必须要充分利用中华优秀传统文化资源，具体就是要加大对中华优秀传统文化梳理，"加强对中华优秀传统文化的挖掘和阐发"，实现对中华优秀传统文化的"创造性转化和创新性发展"。所谓"创造性转化和创新性发展"，是指将中华优秀传统文化与当今时代相契合、与现代社会相协调的文化基因和精神价值挖掘出来，赋予其新的形式和内容，使其产生新的时代价值，从而获得新的发展。

第四，中华优秀传统文化是涵养社会主义核心价值观的重要源泉。社会主义核心价值观是中国特色社会主义文化的核心所在，对于推动文化繁荣，巩固文化安全有着重要的作用。习近平总书记指出了社会主义核心价值观与中华优秀传统文化的内在统一关系，明确指出："我们提倡的社会主义核心价值观，就充分体现了对中华优秀传统文化的传承和升华。……培育和弘扬社会主义核心价值观必须立足中华优秀传统文化。"① 强调深入挖掘和阐发中华优秀传统文化讲仁爱、重民本、守诚信、崇正义、尚和合、求大同的时代价值，使中华优秀传统文化成为涵养社会主义核心价值观的重要源泉。这些重要论述充分体现了中华优秀传统文化对于培育社会主义核心价值观、巩固文化安全的重要意义。

第五，中华优秀传统文化是我国在世界文化激荡中站稳脚跟的坚实根基。当今世界，任何一种文化都无法避开全球化的浪潮，必须走上世界文化舞台，参与竞争，方能获得发展。习近平多次强调要坚定文化自信，传承中华优秀传统文化，指出："坚定文化自信，是事关国运兴衰、事关文化安全、事关民族精神独立性的大问题。"② 他认为中华优秀传统文化是中华民族的精神命脉，也是我们在世界文化激荡中站稳脚跟的坚实基础。

2. 有利于构建人类命运共同体

习近平总书记指出："中国历史文化积淀深厚、涵量广博、底蕴丰富，构建人类命运共同体要积极发掘中华文化中的处事之道和施政理念，通过从中汲取精华和营养，找寻同当今时代精神、发展潮流和世界大势的契合点、共鸣点。"③ 由习近平总书记的讲话能体会到中华优秀传统文化中蕴藏着解决当今国际社会共同面临的一系列难题的重要启示和处理当代世界国际关系的基本理念。反观中华文明史，"大道之行，天下为公""自强不屈""厚德载物""天人合一""己所不欲，勿施于人""和为贵""义利合一""协和万邦""不战而屈人之兵"等思想理念，体现了中华民族的聪明智慧和理性思辨，这些传统智慧立体而系统地呈现出有别于西方传统模式的思维理念，都可以为解决全球问题提供有益的启示和方法，是推动构建人类命运共同体的文化根基，为构建人类命运共同体提供深厚的文化滋养。

---

① 习近平关于社会主义文化建设论述摘编 [M]. 北京：中央文献出版社，2017：116.
② 习近平关于社会主义文化建设论述摘编 [M]. 北京：中央文献出版社，2017：16.
③ 习近平 . 推动全球治理体制更加公正更加合理，为我国发展和世界和平创造有利条件 [N]. 人民日报，2015-10-14（1）.

构建人类命运共同体也顺应了时代发展趋势和全球治理的需要，显示了中华优秀传统文化极大的文化张力，提升了中国在国际舞台上的话语权及文化软实力。

（1）**习近平关于构建人类命运共同体的理论基础**

马克思主义是致力于全人类解放的理论。马克思认为共同体是人类存在的基本方式，世界各民族要经过生产力的不断发展和社会分工的不断深化，最终实现自由人联合体。列宁在继承马克思主义的基础上提出解决不同社会制度国家之间长期并存的原则是"一切国家平等、自主和互不干涉内政"，这是共同体思想的具体体现。中国特色社会主义建设是在马克思列宁主义的指导下进行的，习近平关于构建人类命运共同体理念，继承并发展了马克思列宁主义的"共同体"思想，倡导与世界其他国家和平共处、合作共赢、共商共建，维护世界各国人民的根本利益，共创全人类自由而美好的未来。

中华优秀传统文化的浸润。中华优秀传统文化中有许多有利于人类命运共同体构建的思想，"天下为公"的大同思想、"和合共生"的社会情怀、"天人合一"的自然理念、"中庸之道"的协调智慧等。这些思想是古人为新时代中国外交活动留下的宝贵思想财富，也为构建人类命运共同体提供了精神滋养、道德支持、价值支撑。

中国共产党历代领导人的经验总结。习近平关于构建人类命运共同体思想继承和发展了中国共产党历代领导人的和平外交思想，凝聚着中国共产党历代领导人的实践经验总结。毛泽东提出了"三个世界"划分的国际战略思想、周恩来提出了和平共处五项基本原则、邓小平提出了和平与发展的时代主题、江泽民科学阐释了"新安全观"的思想、胡锦涛提出了建设和谐世界的宏伟愿景。这些为习近平提出人类命运共同体理念奠定了坚实的理论基础。

（2）**习近平关于构建人类命运共同体的科学内涵**

2012年党的十八大明确提出"要倡导人类命运共同体意识，在追求本国利益时兼顾他国合理关切，在谋求本国发展中促进各国共同发展，建立更加平等均衡的新型全球发展伙伴关系，同舟共济，权责共担，增进人类共同利益"。2015 年习近平出席博鳌亚洲论坛年会时提出了"通过迈向亚洲命运共同体，推动建设人类命运共同体"的倡议。2015 年 9 月，习近平在纽约联合国总部发表重要讲话，指出："当今世界，各国相互依存、休戚与共。我们要继承和弘扬联合国宪章的宗旨和原则，构建以合作共赢为核心的新型国际关系，打造人类命运共同体。"

人类命运共同体思想，是一个科学完整、内涵丰富、意义深远的思想体系，其核心就是"建设持久和平、普遍安全、共同繁荣、开放包容、清洁美丽的世界"。

政治上要相互尊重、平等协商，坚决摒弃冷战思维和强权政治，走对话而不对抗、结伴而不结盟的国与国交往新路，建设持久和平的国际局面。建设一个持久和平的世界，根本要义在于国家之间要构建平等相待、互商互谅、互学互鉴的伙伴关系。大国要尊重彼此核心利益和重大关切，管控矛盾分歧，努力构建不冲突不对抗、相互尊重、合作共赢的新型关系。大国对小国要平等相待，不搞唯我独尊、恃强凌弱的霸道。国家间出现矛盾、分歧和争端，要通过平等协商以和平方式处理，以最大诚意和耐心，坚持对话解纷争、对话促安全。只有各国都走和平发展道路，各国才能共同发展，国与国才能和平相处。

安全上要坚持以对话解决争端、以协商化解分歧，统筹应对传统和非传统安全威胁，反对一切形式的恐怖主义。国家不论大小、强弱、贫富以及历史文化传统、社会制度存在多大差异，都要尊重和照顾其合理安全关切。要恪守尊重主权、独立和领土完整、互不干涉内政等国际关系基本准则，统筹维护传统和非传统安全。各国都有平等参与地区安全事务的权利，也都有维护地区安全的责任，要以对话协商、互利合作的方式解决安全难题，树立共同、综合、合作、可持续的新安全观。

经济上要同舟共济，促进贸易和投资自由化便利化，推动经济全球化朝着更加开放、包容、普惠、平衡、共赢的方向发展。人类命运共同体追求的是共同发展，但归根到底主要靠本国自身努力。因此，各国要根据自身禀赋特点，制定适合本国国情的发展战略。要创造良好外部制度环境，加强全球经济治理，健全发展协调机制，各国特别是主要经济体要加强宏观经济政策协调，要维护世界贸易组织规则，支持以世界贸易组织为核心的开放、透明、包容、非歧视性的多边贸易体制，推动建设开放型世界经济。

文化上要尊重世界文明多样性，以文明交流超越文明隔阂、文明互鉴超越文明冲突、文明共存超越文明优越。人类文明多样性是世界的基本特征，也是人类进步的源泉，多样带来交流，交流孕育融合，融合产生进步。不同文明凝聚着不同民族的智慧和贡献，没有高低之别，更无优劣之分。文明差异不应该成为世界冲突的根源，而应该成为人类文明进步的动力。要促进和而不同、兼收并蓄的文明交流对话，在竞争比较中取长补短，在交流互鉴中共同发展，使文明交流互鉴成为增进各国人民友谊的桥梁、推动人类社会进步的动力、维护世界和平的纽带。

生态上要坚持环境友好，合作应对气候变化，保护好人类赖以生存的地球家园。人类只有一个地球，各国共处一个世界。人类可以利用自然、改造自然，但是，必须呵护自然，不能凌驾于自然之上。建设生态文明关乎人类未来，要解决好工业文明带来的矛盾，以人与自然和谐相处为目标，实现世界的可持续发展和人的全面发展。不断开拓生产发展、生活富裕、生态良好的文明发展道路，构筑尊崇自然、绿色发展的全球生态体系。

习近平倡导建立的人类命运共同体，不仅描绘了人类社会未来的正确走向，而且指明了世界发展的光明前景，顺应了历史潮流，回应了时代要求，凝聚了各国共识，为人类社会实现共同发展、持续繁荣、长治久安绘制了蓝图。成为中国引领时代潮流和人类文明进步方向的鲜明旗帜，已被多次写入联合国文件，对中国的和平发展、世界的繁荣进步都具有重大和深远的意义。

（3）中华优秀传统文化对构建人类命运共同体的启示

第一，"仁""礼"思想有利于形成睦邻友好关系。中华民族是热爱和平的民族，中国古代主张在"仁"与"礼"的基础上展开对外交往，反对恃强凌弱的侵略战争，提出推己及人的交往理念。管仲在《管子·枢言》中提出"邻国亲，则举当矣"，强调近邻在国家交往中的特殊地位；《左传·僖公五年》通过虢灭虞亡的事例指出相邻国家之间的关系往往是"辅车相依，唇亡齿寒"；《左传·隐公六年》曰："亲仁善邻，国之宝也。"亲仁善邻是古代中国与周边国家十分重要的相处之道，与邻邦保持亲近、友好的关系是我国长期以来的政治传统。今天我国与邻为善、以邻为伴，践行亲、诚、惠、容的周边外交理念，正是中国古代睦邻思想在当代的延续与发展。

第二，"王道政治"有利于形成公正合理的国际政治新秩序。中国古代有"王霸之辨"，指尊崇王道、反对霸道。这是中国历代王朝奉行的基本治国思想，也是古代国与国之间交往的重要原则。中国传统的王道政治，能够为当前国际新秩序的发展奠定重要的理论基础，促使各国走出一条"对话而不对抗，结伴而不结盟"的国际交往新路，为建立公正合理的国际政治新秩序提供理论经验。程颢在《论王霸之辨》中指出："王道如砥，本乎人情，出乎礼义。"中国古代王道思想强调将政治与道德相结合，其核心在于"仁"与"礼"。程颐在奏疏《上仁宗皇帝书》中指出："窃惟王道之本，仁也。""仁"是王道政治的根本，也是儒家道德规范体系的核心原则。《礼记·乐记》言，"礼乐刑政，四达而不悖，则王道备矣"，体现出"礼"对于社会政治生活的重要作用。中国古代不仅对内推行仁政王道，而且在对外关系中也遵循王道原则，主张在"仁"与"礼"的基础上开展睦邻友好的交往活动。中国古代形成的以赠礼和通商为主、具有政治象征意义的朝贡体系，就是与邻国的王道交往典型。如：明朝郑和七下西洋，秉持"悦近来远"的王道理念以及"厚往薄来"的交往原则，与邻国展开双向互惠的友好往来，充分体现出中国古代王道政治传统。

第三，"己所不欲，勿施于人"是中国古代对外交往的重要原则。"己所不欲，勿施于人"蕴含着相互尊重的平等理念，有助于促进世界各国通过协商对话的方式解决国际问题。国家不分大小、强弱、贫富一律平等，尊重各国人民自主选择发展道路的权利，不干涉别国内政，推动构建新型国际关系，促进各国关系民主化发展，实现世界持久和平。可见，"己所不欲，勿施于人"的交往原则是化解"霸道"交往的好方法。霸道交往的典型特征在于崇尚武力与权力，主张通过武力来建立社会秩序。《孟子·公孙丑上》曰："以力假仁者霸，霸必有大国；以德行仁者王，王不待大。"孟子认为以武力征伐天下必须要凭借强大的国力，而以道德治理天下则不必凭借强大的国力。表达了他崇尚王道、反对霸道的政治主张。《墨子·天志》曰："天之意，不欲大国之攻小国也，大家之乱小家也。"天下之人应该互相爱护，反对以大欺小、恃强凌弱的侵略战争。当今"己所不欲，勿施于人"的交往原则被誉为处理国家间关系的黄金法则被写在联合国大厦大厅之中。

第四，"和而不同"思想可以处理不同文明之间的关系。亨廷顿在20世纪90年代早期提出了"文明冲突"理论，认为不同国家和民族的文化、文明差异性将影响国际政治秩序，影响世界和平。中华传统文化的"和"思想使中华儿女养成了执两守中、坚持原则、不走极端的思维方式和处事风格，成为国人在日常生活中所固守的人生信条。面对世界文明的多样性，"和"文化就是要协调好不同文明之间的关系，不同文明之间可以做到"道并行而不相悖，万物并育而不相害"(《礼记·中庸》)。中华文化"和而不同"的价值理念和思维方式，能求同存异，取长补短，以协和万邦，携手共进。能在尊重差异的基础上交流，在和平合作的基础上互鉴，在交流互鉴的基础上发展，最终实现协调一元文化主导下的多样文化的和谐共存。"和"的理念在当代中国外交中体现为和平共处五项原则与"和谐世界"理念。"和合"思想可以理解为和平与合作。从人类根本利益出发，"和合共生""互利共赢"符合世界发展大局的要求。其中，"和合"是共赢的前提与基础，只有和平与合作才能开辟共赢的局面。李泽厚认为中华文明可扮演世界文明冲突的调停者，促进国际秩序和谐、稳定、有序运行。

第五，"天人合一"思想可以处理人与自然的关系。"天人合一"就是说人与大自然要合一，要和平共处，不要讲征服与被征服。自古以来中华传统文化并不认为人与自然是两个独立存在的生命载体，而是强调人与自然是不可分离的整体，人对宇宙万物有依赖性，人的发展与自然发展相互促进、和谐并存，并坚信人与自然能够融为一体。中华传统文化的"天人合一"思想有利于纠正现实中把人与自然完全对立起来的看法，有利于保持生态平衡、走可持续发展之路。

第六，"大同"思想与人类命运共同体思想一脉相承。"大同"思想中的"讲信修睦"奠定了大同世界和谐的基调，其中描绘的人与人、国与国之间的关系更是和谐美好的。人类命运共同体思想继承了大同中的和谐思想加以当代化的创新。其中，普遍安全可以对应"谋闭而不兴，盗窃乱贼而不作"；共同繁荣可以对应"货恶其弃于地也，不必藏于己，力恶其不出于身也，不必为己"；开放包容可以对应"外户而不闭"，与人们不封闭家门类似，各国大开国门，彼此加强开放；美丽清洁在"大同"思想中没有对应描述，却可以理解为一种人与自然的和谐的状态。

第七，"义利合一"思想与人类命运共同体倡导的互利互惠、合作共赢一脉相承。中国传统文化中对于"义""利"关系的讨论，以儒家和墨家最为典型，表现为儒家的"重义轻利"和墨家的"义利并重"。孔子认为，应该坚持"义以为上"，主张"见利思义"，"君子喻于义，小人喻于利"（《论语·里仁》），反对不义之财，秉持"不义而富且贵，于我如浮云"[1]的观点。"先义而后利者荣，先利而后义者辱"（《荀子·荣辱》），认为把利益放在道义之前是可耻的行为，强调道义的优先地位。儒家的"义高于利""义利合一"，没将"义""利"对立起来，而是反对"见利忘义"，强调"利"的获得要取之有道，这一思想对后世产生了重大影响。墨家在"义""利"关系上主要强调尚利贵义、义利并举，提出"义，利也"[2]，阐明"义"与"利"的统一性，明确了"义"与"利"没有先后之分、轻重之别。"万事莫贵于义"（《墨子·贵义》），主张道义是世间万物之首。中国传统义利观不仅对中国人的思维方式、为人处世产生了日用而不觉的影响，而且对处理国家之间的关系产生了重要影响。古代中国在对外交往中始终坚守义利并重，有时以大义为重而不计得失。如中国与周边小国的经济往来中采取的"厚往薄来"政策，以及在邻国受到侵略时的维持正义与出兵相助。新中国成立后，中国共产党不顾自身经济条件困难，坚持无条件地向亚非拉等国家提供力所能及的援助，支持其国家独立和国内发展。这些都是中国在外交往来中坚持义利观的生动

① 钱逊.如沐春风：论语读本[M].北京：中华书局，2015：132.
② 李妙根.墨子选评[M].上海：上海古籍出版社，2005：40.

写照。而西方国家历来奉行的是"利益至上"的国际关系观点，追求的观点是"只有永恒的利益，没有永恒的朋友"，为了一己私利不惜凌驾于国际关系准则之上，损害他国利益，甚至为了争权夺利结盟对抗，导致战争频发，是世界不安定的重要根源。中国的义利观打破西方的"利益至上"的错误观念，将"义"与"利"完美结合，正确处理各种义利关系，对和谐世界的构建仍具有重要的启示。

第五章　中华优秀传统文化融入思政课的原则

原则指说话或行事所依据的准则或标准，是人们经过长期经验总结所得出的合理化的现象。中华优秀传统文化融入思政课也需要坚持一些原则，这些原则是思政课教学的行动指南，是思政课教师在课堂上执行的标准。在思政课中融入中华优秀传统文化要与思想政治工作所奉行的根本原则保持一致。中华优秀传统文化融入思政课的原则包括扬弃性原则、创新性原则、渗透性原则和阶段性原则。

一、扬弃性原则

1. 正确对待传统与现代

对待传统与现代的问题，正确的做法是"古为今用""取其精华，弃其糟粕"。如何确定"精华"与"糟粕"，目前还存在着争议。所以，在"古为今用"时，要从本质上进行考察，不能只看表面现象，主观地、片面地、不加分析地喜欢什么就颂扬什么。对于一些有固定含义的说法，不能随便破坏，离开科学性而标新立异会导致不良后果。继承与发展中华优秀传统文化要对其进行创造性转化和创新性发展，激活其生命力，让中华优秀传统文化赋能思政课教学。这个过程就是要坚持扬弃性原则。简单地说就是不能简单复古，也不能盲目排外，而是古为今用，洋为中用，辩证取舍，推陈出新，摒弃消极因素，继承积极因素。"以古人之规矩，开自己之生面"（《芥舟学画编》）

说的是古人的规矩是经验，也是要领，但是，再好的经验和要领也不可能完全适用于古今中外，需要我们立足于今天的现实实践，对其进行深刻理解和灵活把握，就是以扬弃的原则对中华优秀传统文化进行创造性转化、创新性发展，开出新时代思政课的"生面"。

2. 区分精华与糟粕

中华优秀传统文化博大精深，内容丰富，其中既有能够世代相传的精华部分。如"天行健，君子以自强不息；地势坤，君子以厚德载物"；"上善若水"；"仁、义、礼、智、信"五常；爱国主义；勤劳勇敢；书法、绘画、壁画；诗词戏曲；中医药养生；北粟南稻种植技术；古建筑技术及承载的文化；陶器、玉器、金银器、青铜器历史文物中的技术和文化；等等。也有被时代所局限的糟粕部分。如《二十四孝》中的一些内容已经不符合当今时代，陆绩怀橘遗亲的孝母方式不符合做客礼仪；孟宗哭竹生笋的孝母方式违背了科学道理；王祥卧冰求鲤的孝母方式歪曲了自然规律；郭巨埋儿奉母剥夺了孩子的生存权利……还有君为臣纲、父为子纲、夫为妻纲——三纲；三从四德；等等。这就需要在将中华传统文化融入思政课的时候采取扬弃性的原则，即吸收传统文化中的精华，剔除传统文化中的糟粕，以批判性的态度，扬弃地继承并发展。对此，毛泽东主席曾说过："中国现时的新政治新经济，是从古代的旧政治旧经济发展而来的，中国现时的新文化也是从古代的旧文化发展而来的，因此，我们必须尊重自己的历史，决不能割断前史。""这种尊重，是给历史以一定的科学的地位，是尊重历史的辩证法的发展，而不是颂古非今，不是赞扬任何封建的毒素。"[1] 习近平总书记也曾指出："不忘本来才能开辟未来，善于继承才能更好创新。"[2] 中华优秀传统文化作为中华民族传承发展不可遗弃的根基，是中华民族的精神命脉，如果抛弃传统、丢掉根本，就等于割断了自己的精神命脉。习近平总书记提出要尊重历史，尊重文化，多次在不同场合重点强调了中华优秀传统文化的历史地位和作用，以及建设中

① 毛泽东选集：第 2 卷 [M]. 北京：人民出版社，1991：707-708.
② 魏礼群. 党的十八大以来社会治理的新进展 [N]. 光明日报，2017-08-07（11）.

华优秀传统文化传承体系的紧迫性和重要性。中华优秀传统文化具有无可比拟的时代价值，习近平总书记通过国家的层面提倡要弘扬和继承中华优秀传统文化，这是对我国传统文化的充分肯定。历史的车轮在不断地向前推进，时代的脚印也从未停止它发展的步伐，国家层面的支持和引导势必会引起学校教育者的重视，思政课教师应该率先把中华优秀传统文化的积极价值慢慢地渗透到思政课的教学中，其思想精髓承载着中华文明，传承着民族精神，为学校思想政治教育工作的推动作出了巨大贡献。因此，中华优秀传统融入思政课程中必须坚持扬弃性原则。

二、创新性原则

创新是指以现有的思维模式提出有别于常规或常人思路的见解为导向，利用现有的知识和物质，在特定的环境中，本着理想化需要或为满足社会需求，而改进或创造新的事物、方法、元素、路径、环境，并能获得一定有益效果的行为。从哲学上说，创新是人的创造性实践行为，实践是创新的根本所在。创新的无限性在于物质世界的无限性。[①] 这里使用的创新是把产生于农业社会时期的中华优秀传统文化通过实践的改进创新，融入新时代的思政课，赋能思政课立德树人根本任务的落实。

如何对待中华优秀传统文化，习近平总书记说："要坚持古为今用、以古鉴今，坚持有鉴别的对待、有扬弃的继承，而不能搞厚古薄今、以古非今，努力实现传统文化的创造性转化、创新性发展，使之与现实文化相融相通，共同服务以文化人的时代任务。"[②] 文化是有生命的，若要文化生生不息，需要激发全民族的文化创新创造活力，促进中华传统文化的创造性转化、创新性发展。对中华优秀传统文化进行转化创新是一个庞大的系统工程，需要合理选定内容，明确转化创新的标准才能取得良好的效果。

---

① 汉语词语 [EB/OL].[2022-03-14]. https：//baike.so.com/doc/5350099-5585555.html.
② 习近平在纪念孔子诞辰 2565 周年国际学术研讨会暨国际儒学联合会第五届会员大会开幕会上的讲话 [EB/OL].[2022-03-14]. http：//cpc.people.com.cn/n/2014/0925/c64094-25729647.html.

　　中华优秀传统文化产生于农业社会，其内容、形式与当时的生产力、生产方式相适应。新时代人类社会经历了生产力的快速发展和科学技术的飞速跃升，但人类还离不开农业和食物，人类社会依然具有农业社会的要素，而人的思想观念并没有随着时代和科技的发展而出现较大的改变。这样，中华优秀传统文化在发展过程中积淀演化形成向上向善的道德情操，以爱国主义为核心的民族精神，以人为本的民本思想，天人合一的人与自然关系等"正能量"内容，可以超越时空、地域的限制，具有永恒的传承价值。

1. 以马克思主义为指导进行创新

　　马克思主义诞生于 19 世纪资本主义蓬勃发展的时期，它是在吸收了 19世纪前一切人类文明成果和批判宗教、唯心主义基础上发展起来的，它是关于自然界发展规律、人类社会发展规律、人的主观世界的发展规律的学说，在我国意识形态中居于根本指导地位。要坚持马克思主义为指导，对中华优秀传统的思想观念、人文精神、道德规范等给以深入挖掘，结合时代要求加以创新。中华传统文化是建立在农业文化基础上的，必须坚持以马克思主义为指导，运用辩证唯物主义和历史唯物主义的立场、观点、方法，对中华传统文化进行去粗存精、去伪存真、去劣存优，才能达到转化和创新发展的目的。传统的影响是巨大的，"人们自己创造自己的历史，但是他们并不是随心所欲地创造，并不是在他们自己选定的条件下创造，而是在直接碰到的、既定的、从过去承继下来的条件下创造。一切已死的先辈们的传统，像梦魇一样纠缠着活人的头脑"①。没有马克思主义的指导，中华传统文化的转化创新就会偏离方向、丧失立场，出现厚古薄今、复古的现象。中华传统文化对一些地区的影响依然是根深蒂固，不加区别地复兴中华传统文化很容易使一些宗族势力、封建迷信等借势死灰复燃。因此，中华优秀传统文化的转化和创新需要马克思主义的指导。反过来看，马克思主义在中国落地生根，实现中

---

① 中共中央马克思恩格斯列宁斯大林著作编译局 . 马克思恩格斯选集：第 1 卷 [M]. 北京：人民出版社，2012：669 .

国化、时代化、大众化，也离不开中华优秀传统文化的融通和滋养。马克思主义作为主流意识形态，要真正渗透到人民群众的心中，必须与中华优秀传统文化有机融合，用人民群众易于理解的形式和语言诠释马克思主义。中华传统文化在马克思主义的指导下扬弃、转化、创新，其蕴含的科学性、现代性、时代性会越来越强，马克思主义中国化、时代化、大众化水平也会越来越高，并在人民群众的心中深深地扎下根来，内化为中华民族的精神基因。

2. 以顺应时代发展要求进行创新

对中华优秀传统文化的强调，不是说要去机械"复制"古代的典籍，而是要把典籍中的内容与时代性结合起来。同时，找到中华优秀传统文化的核心与精髓，即把真正优秀的内容加以创造性利用，而不是简单地把传统的形式和内容移植到当代。换言之，我们要认认真真地对传统文化展开去伪存真的工作，对于中华优秀传统文化的传承和创新，需把握正确的政治方向，服务于发展大局，对意识形态安全起到支撑作用。

3. 以服务思政课教学进行创新

文化是人们思想观念的理论体现，也是人们创造性的生活、生产活动的理论体现。要激发教师在思政课上积极主动地对融入的中华优秀传统文化进行创新性发展，从根本上促进中华优秀传统文化的弘扬。在思政课教学的过程中，要把握好创造与创新的要求，坚持古为今用、以古鉴今的态度，坚持有鉴别地对待，在继承中发展、在发展中继承，让中华优秀传统文化的基因与新时代相适应，服务好思政课立德树人的根本任务。

三、渗透性原则

1. 渗透性原则的含义

渗透原指生物学上的水分子经半透膜扩散的现象。它由高水分子区域

（低浓度溶液）渗入低水分子区域（高浓度溶液），直到半透膜两边水分子达到动态平衡。水分子会经由扩散方式通过细胞膜，这种现象称为渗透。比喻某种事物或势力逐渐进入其他方面。① 这里使用的是渗透的比喻意义，指中华优秀传统文化渗透到思政课中。所谓渗透性原则指教师通过构建宽松的心理环境，把中华优秀传统文化与思政课各学科教学活动有机融合、相互贯通，并通过学校生活、校园环境等延伸活动的共同作用，让学生积极主动地学习，以培养他们对思政课的兴趣，对中华优秀传统文化的感受力、表现力、创造力，最终落实好立德树人根本任务。

2. 贯彻渗透性原则的方法

在学校的各项具体工作中如何贯彻渗透性原则？首先，在思政课各学科的课堂上，思政课教师要有意识地结合思政课内容尽量多地融入相关的中华优秀传统文化。其次，除了思政课外的其他各学科要尽量多地挖掘其中的思政元素，进行课程思政教育。第三，开设中华优秀传统文化课程，对学生进行一般知识的讲解，使学生一般性地了解中华优秀传统文化的内容、特征、分类、当代意义等。第四，开设专题讲座。聘请名校名师专题讲解中国哲学、诗词歌赋、建筑园林、传统音乐、体育等，以中华传统文化滋养学生的思想和心灵。第五，每学期进行一次关于中华优秀传统文化的游学教学活动，让学生身临其境地体验中华传统文化的魅力。第六，以中华优秀传统文化为内容打造校园环境。从宿舍到教室，从操场到图书馆，从食堂到各地办公室，从楼道到校园街道等的硬件设施着手，打造一个充满中华优秀传统文化底蕴的校园人文环境和自然环境，让学生的一言一行、所思所想无时无刻不被所处的大环境所影响而渗透。这种润物细无声的塑造将使学生置身于中华优秀传统文化的海洋之中，使中华优秀传统文化潜移默化地内化于学生之心，从而外化于学生的行动而达到改善。

---

① 汉语词语 [EB/OL].[2022-03-14]. https：//baike.so.com/doc/4883818-5101777.html.

四、阶段性原则

1. 按顺序分阶段做好大中小学融入的衔接工作

《完善中华优秀传统文化教育指导纲要》提出分学段推进中华优秀传统文化教育，中小学分为小学低年级、小学高年级、初中、高中四个阶段。中共中央办公厅、国务院办公厅联合印发的《关于实施中华优秀传统文化传承发展工程的意见》指出：将中华优秀传统文化传承发展工程贯穿国民教育始终作为实施的重点任务之一。要求"围绕立德树人根本任务，遵循学生认知规律和教育教学规律，按照一体化、分学段、有序推进的原则，把中华优秀传统文化全方位融入思想道德教育、文化知识教育、艺术体育教育、社会实践教育各环节，贯穿于启蒙教育、基础教育、职业教育、高等教育、继续教育各领域"①。这就是说，中华优秀传统文化融入大中小学思政课要根据学生的心理特点、认知规律、教育教学规律，按照一体化、分学段、有序推进的原则进行，这就是阶段性原则。《三字经》中也有"为学者，必有初。小学终，至四书""孝经通，四书熟。如六经，始可读"。学完小学的内容后，才能学四书。学完《孝经》、四书，才能读六经。体现了中华优秀传统文化学习的阶段性。按照阶段性原则，实现大中小学中华优秀传统文化教育的衔接，也需要实现学校教育、家庭教育、社会教育不同领域的中华优秀传统文化教育的衔接、需要实现中华优秀传统文化与革命文化、社会主义先进文化教育的衔接。只有实现中华优秀传统文化教育在各阶段、各层面、各领域的有效衔接，才能形成全方位、立体式的教育合力，落实立德树人的根本任务。

2. 违反阶段性原则出现的问题

如各学段融入的中华传统文化随意性大，没有根据学生心理和道德发展的阶段性来融入相关的教学内容，致使一些深奥、生僻的传统文化内容放到了中

---

① 中共中央办公厅 国务院办公厅印发《关于实施中华优秀传统文化传承发展工程的意见》[EB/OL].[2018-10-27].http://www.gov.cN/zheNgce/2017-01/25/coNteNt＿5163472.htm.

小学，而启蒙性质的传统文化内容却在大学之中有较多开展。各学段没有根据传统文化的教育内容差异来选择不同的融入方法，对知识性的中华传统文化和美德、精神等体验性的中华传统文化采用了大致相同的方法，难以收到预期效果。应该对知识性内容采取循序渐进、由浅入深的融入方法，对体验性的内容注重引导，多多地参与实践。这样能更好地实现大中小学中华优秀传统文化融入不同学段的有效衔接，使学生在大中小学不同学段接受持续的中华优秀传统文化的熏陶。2003 年，顾明远针对学校教育问题也指出：自从把教育分成大、中、小学，并在不同的学校学习以后，就出现了教育的衔接问题。特别是发展到今天，愈演愈烈。这里有多种原因，教育领导体制的不同造成人为的割裂；中小学属于基础教育，由基础教育部门管理，大学由高等教育部门管理，而且大学从来不关心中小学的事情；现在又把高中和初中分开来办，更多了一道隔离墙。升学的竞争让人们只关注如何应对考试，关注学生整体素质衔接较少。当前最突出的就是大学和中学的衔接。顾明远强调要根据大中小学不同学段学生的特点，建立循序渐进、相互衔接和沟通的课程内容体系，改变大学教育为中小学教育补课[①]和大学教育内容与中小学教育内容倒置的问题。通过分学段有序推进中华优秀传统文化融入思政课教育能有效解决这问些题。

3. 小学阶段的融入

小学阶段的融入主要以中华优秀传统文化的蒙学教育为主。蒙学阶段的学习内容以《三字经》《百家姓》《千字文》《弟子规》《常礼居要》《声律启蒙》《朱子家训》《幼学琼林》为主。在小学的"道德与法治"课上可以以诵读法、故事法、行为示范法来融入中华优秀传统文化教育。选取适合小学生诵读的经典原著，随着小学生年纪增大，内容逐渐加深。小学低年级采用简单的蒙学教材，注重诵读传统文化中的经典名篇。中华优秀传统文化中包含大量思想性强、艺术性佳、可读性好的经典名篇。这些经典名篇"哺育"了一代又一代中国人、塑造了中华民族的性格和气质，是中华优秀传统文化的重要载体。小

---

① 余立.教育衔接若干问题研究 [M].上海：同济大学出版社，2003：（序）2-3，3.

学生记忆力强，接受新知识快，是诵读经典名篇的黄金时期。在没有充分理解的时候进行朗读、背诵，是古代儿童文化教育的有效方法。通过这种诵读的方式，小学生能够感受到原汁原味的中华优秀传统文化，取得事半功倍的教育效果。为此，可在思政课的教学过程中，让全班同学在教室里同声诵读经典名篇，培育学生对经典的亲切感，加强学生对中华优秀传统文化的感情，教师适时给以思政元素的挖掘和思政方向的引导。

4. 中学阶段的融入

初中阶段可以融入《论语》《孟子》《唐诗》等作为赋能思政课的内容。思政课老师上课时可以引用其中的经典语句阐释、证明思政课教材内容，以启发学生，培育学生对经典的理解力，增强学生对中华优秀传统文化的认同度。高中思政课可融入《老子》《庄子》《史记》《资治通鉴》等内容，培育学生对经典的理性认识，增强学生对中华优秀传统文化的自信心。分学段融入中华优秀传统文化的内容及要达到的目标，在2021年的《中华优秀传统文化进中小学课程教材指南》和2014年的《完善中华优秀传统文化教育指导纲要》也有明确的说明。

5. 大学阶段的融入

大学阶段中华优秀传统文化融入思政课的内容以"经史子集"等选本为主，培育学生对经典的探究能力，增强大学生对中华优秀传统文化的责任感和使命感。主要通过书写、释义、会讲、践行等方式来学习伦理、政治、哲学等"穷理正心，修己治人"的学问，理解中华优秀传统文化的精髓，强化大学生文化主体意识和文化创新意识，提高大学生对中华优秀传统文化的自主学习和探究能力，使大学生深刻认识中华优秀传统文化是中国特色社会主义植根的沃土，辩证看待中华优秀传统文化的当代价值，正确把握中华优秀传统文化与中国化马克思主义、社会主义核心价值观的关系。引导大学生关心国家命运，自觉把个人理想和国家梦想、个人价值与国家发展结合起来，坚定为实现中华民族伟大复兴的中国梦不懈奋斗的理想信念。

第六章　中华优秀传统文化融入思政课的途径

一、提高思政课教师的传统文化素养

2017 年国务院印发的《关于实施中华优秀传统文化传承工程的意见》中强调："加强面向全体教师的中华文化教育培训，全面提升发展师资队伍水平。"教师本身的中华优秀传统文化素养，直接影响着中华优秀传统文化融入思政课的深度与广度，必须重视思政课教师的传统文化素养的培养和提升。只有传统文化底蕴深厚的教师，才能更好地激发学生学习中华优秀传统文化的兴趣，建立良好的师生关系，获得学生的信赖，担负起学生学习和发展的引路人。

1. 注重思政课教师身正为范的榜样作用

古人说："师者，人之模范也。"在学生眼里，老师是"吐辞为经、举足为法"，一言一行都给学生以极大影响。教师思想政治状况具有很强的示范性。要坚持教育者先受教育，让教师更好担当起学生健康成长的指导者和引路人的责任。要真正做到中华优秀传统文化融入思政课，对思政课教师的要求不可谓不高，要真正做到中华优秀传统文化赋能课程思政，各学科课程教师都要具备一定的中华优秀传统文化素养。特别是各学科课程教师不能只具备该学科的专业知识，必须要加强传统文化修养、具备一定的中华优秀传统文化功底，并将中华优秀传统文化思想融入自己的生活实践中，重视自身的言谈举止，做到言行一致、知行合一。教师高尚的情操、端正的人品、严谨治学的教学态度、强烈的民族认同感和家国情怀，都会深深影响并感染着学生的身心发展。教学重在潜移默化和润物无声，教师独特的人格魅力，会让学生在不知不觉中热爱上中华优秀传统文化。正如古人所言"亲其师，信其道"。

2. 思政课教师的自觉融入行为

思政课教师要自觉在思政课中融入中华优秀传统文化。习近平总书记在学校思想政治理论课教师座谈会上强调，思政课要想达到目的，需要思政课教师自身带动教学氛围。思政课教师只有提高自身对思政课和中华民族优秀文化的热爱程度，才能为学生带来示范效应，从而激发学生学习思政课和中华优秀传统文化的意识。思政课教师深入贯彻政治方向要准、政治素养要强、思想情怀要高、学习视野要广、以身作则、言传身教、严格自律、端正做人的要素要求。对于学生来说，思政课教师的人格魅力对激发其学习热情具有十分重要的意义，吸收有价值的古今中外优秀文化是提高个人思想境界的重要方式。因此，思政课教师要不断提高自身文化素养、培养家国情怀，在实践中锤炼品格，在理论中不断丰富人生。思政教师必须在思政课中融入中华民族优秀文化学习资源，激发学生的学习兴趣和民族认同感。思政教师要以身作则，将培养学生优秀的思想文化境界和引领学生不断传承和创造中华民族优秀文化作为己任。只有当思政课教师完成了立德树人的任务，不断通过思政课提升个人魅力，不断加强学生思想的发展，才能让我国优秀的中华民族传统文化在思政课中熠熠生辉。因此，思政课教师要始终贯彻终身学习的理念，在不断践行发扬中华民族优秀文化的实际行动中深化民族意识，发扬民族优秀文化。思政课教师在授课前要精心准备教学设计，钻研思政课教材，参考多种渠道资料，为构建学生科学正确的文化观，传承思想观念奠定扎实的基础。思政课开展要不偏离主轨道，积极吸收文化精髓，为能让学生内化于心、外行于形，提供重要的帮助。

3. 思政课教师要加强对中华优秀传统文化理论的理解力

学校在制定思政课程教育方案时，应重点培养思政课教师的文化理论理解能力。如何将中华优秀传统文化与思政课相融合，并运用自身理解能力和教育技能将思政课教学发挥到极致，是学校立德树人效果的关键所在。高校要定期为思政课教师，尤其是新教师，开展中华优秀传统文化和思政课的课程培训并进行考核。让教师在参与活动的过程中领略中华优秀传统文化的博大精深，不断加深思政课教师文化理论的理解能力和教育水平，使他们认识到将中华优秀传统文化融入教学中的重要性，努力在教学活动中将中华民族优秀传统文化的精髓与思政课相结合。思政课教师在日常教学过程中，要有意识地将各家学派的优秀思想融入教学活动中来。思政课教师要牢牢抓住教书育人的精髓，不仅要教会学生知识，更要培育学生的思想。教师在思政课中融入中华民族优秀传统文化之余，更要对学生的历史观、国家观和文化观进行塑造，在全面提升学生思想道德境界上下足功夫。

4. 思政课教师要灵活运用教育方法

教师在教学过程中要改良传统的灌输式教育，积极主动运用启发式的教学方法，深入浅出地教育学生。教师要发挥教学机智，灵活应变地将中华优秀传统文化有效地与思政课教学内容相结合。思政课教师在开设思政课时要本着遵循教学基本规律和积极创新教学方法的思想，带领学生认真学习教材内容。思政课教师的教学离不开新课标总指挥棒的要求，离不开国家顶层文件的指导，既要遵循教学规律，也要灵活应变，积极选择符合不同班级班情、不同专业情况的教学方法，在教学过程中适时运用情境教学法、案例教学法、合作探究教学法等多种教学方法。思政课教师要落实习近平总书记提出的"善用大思政课"，在教学中结合教材、结合学生生活实际情况创立情境，适时引进鲜活的社会题材。思政课教师要根据本节课所要教授的内容和所要探究的问题，具体创设符合实际情况的教学情境，积极引导学生参与到情境教学中来，不断提高学生的参与合作意识，才能更好地在情境中践行中华优秀传统文化中的道德理论。

二、将中华优秀传统文化融入思政课教材中

将中华优秀传统文化有效融入思政课要从思政课堂教学的源头——教材开始改变，增加中华优秀传统文化的相关内容。这方面统编的中小学思政课教材在 2016 年已经修订完成。中小学教育部统编思政课教材内容中，从知识理论、探究分享、相关链接、活动园、阅读角等，都融入了大量的中华优秀传统文化的相关内容，贯穿在教材的各单元、各框节之中，包括诸子百家思想、中国民间（寓言）故事、中华传统节日、中国书画、传统戏曲、古典建筑等。教师在备教材时，要充分挖掘和梳理相关中华优秀传统文化内容与教材内容的契合性，将两者有机融合，把中华优秀传统文化思想的精髓全方位融入"道德与法治"课教学中。例如以儒家文化为代表的诸子百家传统哲学思想，对于促进青少年形成良好的人格品质具有重要的"启蒙养正"作用。"道德与法治"六年级"发现自己"中"认识自己""做更好的自己"内容中就引用了相当多的诸子百家传统思想，用这些文化思想来引领学生确立良好的人格品性。"道德与法治"学科教师讲课时，首先要用好教材内的中华优秀传统文化，善于挖掘，充分利用这些优秀传统文化资源，在教材的每一框题的课堂讲解中循序渐进地在学生心中植入文化自信的种子。高中思政课有"文化生活"这门课，其中有对中华优秀传统文化的专题讲解。

大学马克思主义理论研究和建设工程思政课教材内容在融入中华优秀传统文化上还很有限，在备教材的过程中，需要教师充分掌握好教材内容和中华优秀传统文化的精神实质和价值内涵，尽力挖掘、梳理出它们的契合点，批判性地继承和吸收中华优秀传统文化中的精华内容，从中筛选出符合高校思政课思政育人目的，激发学生爱党爱国的知识点。高校思政课教材是马克思主义理论研究和建设工程重点教材。高校思政课教师还要注重挖掘中华优秀传统文化与马克思主义理论的契合之处，才能学透、教好高校思政课。

1.选择精华内容

由于中华优秀传统文化中有精华，也有糟粕，因此，它制约着思政课教

材体系的建构及课程知识的选择。中华优秀传统文化是中华民族传统文化中最精华的那一部分，是中华民族在几千年的历史发展过程中所淘炼出来的，经久不衰，体现着中华民族所独有的精神意蕴与价值旨归，对于当前学校教育具有较高的思想政治教育价值。思政课教材体系的建设一定以中华优秀传统文化知识为基础，亦即有选择性地把中华民族发展史上最具有价值的、最具有教育意义的传统文化知识编制到思政课教材中来。学校教育对学生认知的发展、价值观的形成具有重要作用，因此，要把以儒家道德文化为本体，以法家、墨家、道家、佛家等文化为主体的多元文化融入思政课教材之中，中华民族的哲学思想、道德文化、礼仪文化、艺术作品、民俗风情、历史传统、文学典藏、戏剧、民谣、方言等都可以为学生提供参与优秀传统文化鉴赏、审美的机会。[①] 因此，中华优秀传统文化在融入思政课教材的过程中，要遵循多元化原则，既要融入诸子百家等思想文化，也要融入建筑、绘画等物质文化，从而丰富思政课教材的内容来源，为学生开阔视野提供坚实的文化基础。融入思政课教材的中华优秀传统文化要符合时代发展需求，具有充分的教育价值，能帮助学生更有效率地学习与领略中华优秀传统文化的精髓。也就是说，在思政课教材编制过程中，要选出那些最能体现中华民族人文精神、最能彰显中华民族文化传统、最能呈示中华民族勤劳勇敢优秀品质的文化内容融入其中，使学生在学习这些内容的过程中能够深化对本民族的文化认同，增强民族自尊心与民族自豪感。

2. 文化与教育要互补

教育本身是文化的表现形式，文化的变化制约着教育发展的进程，传授文化知识是学校教育的任务之一。可见，教育与文化具有紧密的内在关系，可以说，教育在本质上是一种文化选择、文化发展、文化创新。同理，思政课教材建设也是一种文化选择、知识建构。知识的建构要以民族文化作为依托。一方面，中华优秀传统文化为中小学教材的建设提供了知识来源，另一

---

① 焦伟 . 课程改革的政治学研究 [M]. 北京：中国社会科学出版社，2015：52.

方面，中小学教材也为中华优秀传统文化的继承与弘扬提供了现实路径，可以说，二者之间是相互促进与相互支撑的关系。①

3. 选取具有思政教育价值的文化

学生的身心发展需要以知识的学习作为养料，但并不是所有的知识都具有教育价值。中华优秀传统文化作为中华民族精神延续的载体，理应在课堂与教材中占有一席之地，中华优秀传统文化融入思政课教材也是一种教育实践行为，应该遵循特定的教育教学规律。思政课教材编写的目的在于用什么样的知识、话题、材料、关系、活动和情景等来组织教材内容，通过何种方式将教材内容传递给学生来展开教育过程。在此意义上，中华优秀传统文化融入思政课教材的过程中需要选取的内容应该能够促进学生思想品德的改善、认知能力的提升以及审美意趣的优化，并且有助于适应不同学生个体的学习与发展需求。换言之，在融入中华优秀传统文化的过程中，学校教材需要依循特定的学科教育教学规律，从中华优秀传统文化中选择与不同学段学生相适应的知识内容与认知材料。事实上，将中华优秀传统文化融入思政课教材的做法我国教育部已经在落实中，未来努力的方向应是如何科学性、系统化、有意识地将有教育价值的中华优秀传统文化的精髓编排到各个学科教材中去，使之能够作为一种隐性课程，通过潜移默化的方式滋养学生的心灵，落实立德树人根本任务。

4. 贴近学生生活实际

关注学生的生命成长，就要回归学生的真实生活，生活才是教育的根本目的，让学生充分发展自己的个性才是教育的本质内容。如果疏离生活，就会遮蔽教育的原初使命与本真状态。而生活无时不变，无时不含有教育的意义。可见，教育与生活有非常密切的关系，因此，教育要适应生活的变化，尤其要适应学生生活的变化。只有深深扎根于学生生活的教育，才能更好地

---

① 李允，周海银 . 课程与教学原理 [M]. 济南：山东人民出版社，2008：78.

服务于学生的生活。中华优秀传统文化在融入思政课教材的过程中也需要关注教育与生活的内在联系，从学生现实生活出发，为了学生更好地生活而选取具有生活性特点的中华优秀传统文化融入思政课教材。而中华优秀传统文化本身并不缺少生活性。无论是古老的诗词，悠扬的音乐，还是各地不一的民俗，它们都产生于劳动人民的生产、生活实践之中，具有浓厚的生活气息。中华优秀传统文化的生活性能够真正引发学生的学习兴趣，并被学生认可与内化，也能够使中华优秀传统文化的独特风貌通过融入思政课教材得以传承。特别是中小学思政课教材的编写要以中小学生的生活特点为基础。因为中小学生在知识、经验等方面的积累较为有限，贴近实际生活是中小学教材编制的客观要求。

5. 遵循心理认知规律

大中小学生的心理认知发展具有一定的规律性。博大精深的中华优秀传统文化要真正被学生内化于心，在选择时必须遵循学生的心理认知规律，推进中华优秀传统文化与大中小学思政课教材的有机融合。因为学生的心理认知发展具有顺序性、不平衡性和阶段性特征，这是教育工作顺利开展不可忽视的规律。[①] 中华优秀传统文化的融入教育也不例外。顺序性表现为学生的心理认知发展具有一定的方向性和先后顺序，既不能逾越，也不会逆向发展。一般而言，学生的心理认知规律主要表现为从无意注意发展到有意注意，从机械记忆发展到意义记忆，从具体形象思维发展到抽象逻辑思维，从喜怒哀乐等一般情感发展到道德感、理智感、美感等高级情感。因此，中华优秀传统文化在思政课教材中的呈现必须随着学生年龄的增长而循序渐进。不平衡性表现为学生不同机能系统的发展速度、起始时间、成熟度等是不同的，并且同一机能系统在发展的不同年龄阶段有不同的速率。学习阶段是学生掌握知识和形成价值观的关键时期，思政课教育要抓住这一关键期，将中华优秀传统文化的精髓融入思政课教材，有效促进学生家国情怀的培养、社会关爱

---

① 王道俊，郭文安. 教育学 [M]. 北京：人民教育出版社，2009：33.

意识的养成和个人人格修养的完善。阶段性表现为学生的心理认知发展是一个逐渐地从数量不断积累到质变的过程。随着质变的出现，发展就会达到一个新的阶段。在不同的发展阶段，学生会表现出不同的特征，面临不同的主要矛盾和发展任务，而且各个阶段之间是相互联系的。这就意味着中华优秀传统文化在不同年级的思政课教材中所展现的内容难度、所要求理解的深度等都应是有所区别而又有着内在的逻辑性的。思政课教材要根据每一阶段学生的认知特点、心理成熟度等采取不同的呈现方式，组织不同的中华优秀传统文化内容，以通过富有针对性的教育使学生达到不同的阶段学习目标。此外，中华优秀传统文化博大精深，表现为语言、文学、艺术、史学、哲学等不同的形式，有些内容对于中小学生来说具有很大的理解难度，甚至对非中文专业的大学生也有一定难度。如果中华优秀传统文化内容的选取对于所有的学生都"一视同仁"，不仅不会发挥中华优秀传统文化对学生成长的促进作用，还会使学生对相关内容的学习产生反感。因此，中华优秀传统文化融入思政课教材需要根据学生的心理认知发展规律分学段、有序推进。

按照学生的心理认知发展规律，在大中小学的思政课教材中要分别按照不同的学习目标与要求编写与融入中华优秀传统文化的相关内容，使学生对不同的文化类型从产生兴趣，发展到理解认同，最终达到融会贯通。小学阶段的目标主要是培养学生对中华优秀传统文化的亲切感。小学生思维发展还处于具体的形象思维阶段，但是机械记忆能力比较强。因此，可以在小学教材中编入一些浅显易懂的古诗文、历史典故等，通过配以生动有趣的插图引起学生的兴趣，引导学生通过阅读、背诵等形式了解中华优秀传统文化，掌握基本的礼仪规范，形成对民族、对国家的热爱之情。小学阶段可以适当加大学生对中华优秀传统文化中易于理解的名篇佳作的背诵量，这不仅可以充分利用小学生记忆力强的优势，而且可以为后续学习打下基础。初中阶段的目标主要是增强学生对中华优秀传统文化的感性认识和理解力，并在价值认同的基础上形成一定的道德实践能力。初中生的抽象思维能力已初步形成，可以在思政课教材中渗透一些理解性的内容，引导学生在梳理中华民族悠久历史文化的基础上，独立发表自己对于中华优秀传统文化的见解，提高民族

认同感和自豪感，并能够自觉践行爱国、诚信、勤俭等传统美德。高中阶段
的目标主要是增强学生对中华优秀传统文化的理性认识，形成文化自信、文
化自觉，并进一步提高道德实践能力。高中生已具有较强的抽象思维能力，
情感发展也趋于细腻与稳定。因此，可以在思政课教材中选编一些有深度的
中华优秀传统文化的经典之作，广泛介绍中华优秀传统文化的不同艺术形
式，使学生能够深入理解中华优秀传统文化的精神内涵，形成坚定的文化自
信。大学阶段，以提高学生对中华优秀传统文化的自主学习和探究能力为重
点，培养学生的文化创新意识，增强学生传承弘扬中华优秀传统文化的责任
感和使命感。高校思政课教师要结合教材内容融入一些中华优秀传统文化的
重要典籍，通过讨论探讨并理解中华优秀传统文化的精髓，强化学生文化主
体意识和文化创新意识，让学生深刻认识到中华优秀传统文化是中国特色社
会主义植根的沃土，能辩证地看待中华优秀传统文化的当代价值，正确把握
中华优秀传统文化与中国化马克思主义、社会主义核心价值观的关系。引导
学生完善人格修养，关心国家命运，自觉把个人理想和国家梦想、个人价值
与国家发展结合起来，坚定为实现中华民族伟大复兴的中国梦不懈奋斗的理
想信念。

三、将中华优秀传统文化融入思政课教学中

根据思政课教材内容找到与中华优秀传统文化的契合点进行有机融合，
切忌生搬硬套，把知识教死。在思政课教学中要有机融入中华传统美德、家
国情怀以及民族精神等教育内容。

1. 融入课堂教学中

在课堂教学中融入中华优秀传统文化内容，教师需要合理选择诸如讲授
法、演示法、参与式教学、情景教学等教学方法，充分发挥多媒体教学的价
值，有效调动学生的积极性，提升学生的参与性，鼓励学生与教师互动，增
强教学效果。不同学段的思政课在融入中华优秀传统文化时要结合学生的心

理、认知规律，教材内容要有所取舍，尽力用好、讲活教材中的传统文化，教材中没有的可以结合上述标准去寻找挖掘。一般年龄小的学生，教师要多呈现实物、故事、图片、视频等具象化的传统文化，随着学生年龄的增长，可以增加一些经典文字、篇章等。教师选取中华优秀传统文化的原则要尽量贴近学生日常生活、学习、熟悉的人和物，多给学生感性感觉。这既有助于学生对教材内容的理解，又能帮助学生了解中华优秀传统文化的相关知识。教师在引经据典时，优美的语言表述可以营造一个诗情画意的意境，让学生体会到中华优秀传统文化的美。思政课的课堂教学环节大体包括复习旧课、导入新课、讲授新课、课堂小结、课后作业等。

（1）用于教学导入环节

教学导入设计的基本方法有以旧引新，衔接导入；以疑激思，设疑导入；以景激情，情感导入；以例启思，事例导入；角色扮演，活动导入等。[①] 课堂导入中，可以融入中华优秀传统文化内容，激发学生兴趣，为课堂教学的顺利进行开一个好头。如七年级上册《生命可以永恒吗》，教师可以用教材引导语中的传统文化："古人云：'水火有气而无生，草木有生而无知，禽兽有知而无义，人有气有生有知亦且有义，故最为天下贵也。'这段话的意思是说水火有气而没有生命，草木有生命但是没有知觉，禽兽有知觉而没有道义，人有气、有生命、有知觉而且有道义，所以天下人为贵。那么我们应该怎样看待自己的生命呢？"由此导入到将要学习的内容上，能给学生留有很大的悬念，使其想去探求为什么不同生命间人最为贵，原因、标准、评价等是什么？带着问题、悬念更容易激起学生的情怀，激发学生对问题探究的兴趣，让学生更加关注教材中的内容，够引导学生理解生命的贵重，相比于单刀直入地直接讲知识点更有效果。

（2）用于讲授新课环节

讲授新课是课堂教学的核心，此时融入中华优秀传统文化相关内容，能更深入透彻地讲解教材内容，提高学生的学习兴趣。如七年级上册"和朋友在一起"的讲解中，教师适时融入"布衣之交""车笠之交""莫逆之交""君

① 胡田庚．中学思想政治教学设计与案例研究 [M]．北京：科学出版社，2012：88-92.

子之交""八拜之交""竹马之交"的传统文化,古人关于朋友交往的不同观点和看法,让学生了解古代朋友交往的优缺点,探索同学之间如何相处,共同成长。教学有法,但无定法,贵在得法。每种教学方法都有其各自的特色和优缺点。案例教学法是教师根据教学目的和教学内容的需要,通过设置一个具体的典型案例,引导学生运用所学知识参与分析、讨论、表达等活动,让学生在具体的问题情境中积极思考,主动探索,以培养学生分析问题、解决问题、进行创新思维及实践能力的一种教学方法。以中华优秀传统文化为内容的案例引入思政课新课教学中,学生在阅读和讨论案例的同时,就对中华优秀传统文化进行了认知和掌握,不需要再单独抽出时间对中华优秀传统文化进行介绍和解释,节约了教学时间,提高了教学效率,运用了传统文化的熏陶、滋养作用。运用中华优秀传统文化进行案例教学,要使课堂案例教学与课堂理论教学高度契合。案例要选取原始资料,准确客观地还原传统文化的本来面貌。案例的内容要做到简洁精干、主题突出,不能篇幅过长,时间过长,避免增加学生课业负担,冲淡教学的重难点,影响其他教学活动的开展,做到合理利用与分配课堂时间。案例要具有很强的针对性和时效性,贴合学生心理认知规律、教育背景、知识结构和专业特长。

(3) 用于课堂小结环节

课堂小结主要有归纳总结式、首尾呼应式、设疑深化式、师生对话式以及激励鼓动式等主要方式。[1] 一个精心设计的小结,不仅可以使学生的知识更加地系统化,还可以深化教学主题,起到"言有尽而意无穷"的作用,激发学生学习的积极性,触动内心的情感。在七年级上册《学习伴成长》小结时,教师选取适当的背景音乐,让学生集体朗读《少年中国说》,教师敏锐地抓住了教育时机,升华主题,从知识、能力到情感态度价值观上,关注学生的全面发展,让学生意识到其中蕴含的精神以及自己与国家的发展密不可分,鼓励学生从当下做起,努力学习,为国家的发展贡献一份力量。在九年级上册"凝聚价值追求"部分的小结时,教师利用板书给学生系统地归纳本节课所学

---

[1] 胡田庚.新理念思想政治(品德)教学技能训练[M].2版.北京:北京大学出版社,2013:82-87.

的知识，简明扼要地帮助学生梳理中华优秀传统文化与中国特色社会主义文化的区别以及内在联系，让学生在巩固知识的同时，也产生对中华优秀传统文化的兴趣，关注其在当代的发展以及其时代价值。

（4）用于课后作业环节

教师可以通过布置中华优秀传统文化融入思政课的课后作业提高学生对教材内容的理解掌握。作业的布置既要注重思政课运用理论分析问题、解决问题的能力，也要注重学生对中华优秀传统文化内容的理解，精神的把握。教师在讲解作业时也要把精神内涵讲授放在与知识讲授同样重要的位置。学生在持续的作业过程中，不仅可以有对应的解题思路，举一反三，而且还能够在潜移默化中意识到中华优秀传统文化的魅力以及对于自己成长的价值，从而产生兴趣，坚定民族自信心。如《游子吟》表达了慈母、孩子什么样的情感？你的家人如何表达这种情感以及你如何表达对家人的这种情感？教师引导学生运用所学知识进行分析，帮助学生掌握知识的情况下体会到传统美德、家国情怀。如写一段话、一首诗或一首歌给父母，向他表达你内心最真实的情感，或是做一件孝亲敬长的事情，并写下自己的感悟。重在让学生身体力行，在生活中用心领悟中华优秀传统文化的力量，做中华优秀传统文化的践行者和传播者。

（5）用于主题班会教育环节

主题班会是班级教育活动的重要形式之一，也是对学生进行思想教育的一个有效途径。中华优秀传统文化融入思政教育的主题班会兼具教育性、知识性、趣味性，能使学生在相对轻松有趣的氛围中既接受了思想教育，又能了解、传承中华优秀传统文化。如设计"传优良家风，树家国情怀"的主题班会，可先由学生分享自己的家风、家训，听说过或看过哪些有名的家书、家训，然后组织学生讨论良好的家风、家训有什么意义，再扩展到班风、校风以及家国关系上，通过教师引导学生参与，最后让学生明白良好的家风、家训是培养人才的基础，如果每个家庭成员都能传承并发展良好的家风、家训，那么，良好的家风、家训可以形成社会公德力量，净化社会风气，促进社会沟通，构建社会和谐关系，这对于国家发展来说是一种稳定的力量。

2. 融入实践教学中

学习是成长进步的阶梯，实践是提高本领的途径。学生在课堂教学中学到的相关知识毕竟是书本上的，要加深学生对中华优秀传统文化的认知和感受，还需要通过开展各种校内外实践活动来达到这一目的。思政课的实践活动包括校内实践活动和校外实践活动，学生通过参与各式各样的实践活动，可以活跃校园生活，丰富学生的精神生活，锻炼学生的自理自立能力，培养团队合作精神和社会责任感，提升学生的综合素质，落实立德树人根本任务。

（1）通过传统节日开展实践教学活动

我国的传统节日源远流长，绵延数千年，在历史发展进程中，以其丰富的文化内涵融入了人们的日常生活和精神世界。中华传统节日清晰地记录着中华民族丰富多彩的社会文化生活内容，凝结着中华民族最为普遍的情感和信念。传统节日活动是学校利用春节、清明节、端午节、中秋节、重阳节等传统节日开展的中华优秀传统文化的实践教育活动。通过庆祝中华民族的传统节日，加强对学生的传统节日教育，增强其民族自豪感和文化认同感。中国的每一个传统节日都凝聚着民族的智慧，有着丰富的内涵，蕴含着积极向上的道德追求和丰富的价值观念，要让学生明白这些节日的由来以及其背后所蕴含的深刻内涵。

第一，开展节日纪念活动。重大节庆日除了春节、元宵节、清明节、端午节、七夕节、中秋节、重阳节等传统节日外，还包括孔子诞辰纪念日、老子诞辰纪念日等。学校要深入挖掘传统节日、各种重要纪念日中蕴藏的丰富教育资源，将这些教育内容和中华优秀传统文化相结合，对学生进行引导教育。此外，三八妇女节、五一劳动节、五四青年节、六一儿童节等大型节庆日，在庆祝时也要适时融入中华优秀传统文化，将使学生在了解原本节日意义的同时，也能够加深对中华优秀传统文化的了解以及节日习俗的了解和传承。如春节是中华优秀传统文化的重要载体，代表着新的开始和新的希望，是中华民族最隆重最盛大的传统节日，有守岁、贴春联、放鞭炮、吃饺子、拜年等习俗。元宵节和汉朝的诸吕之乱、祭祀、佛教有千丝万缕的联系，有赏灯、吃元宵的习俗，各朝各代在元宵节都要放假，男女都可以上街观灯游玩。清明节的由来需要了解上巳节和寒食节，有插柳、扫墓、踏青、吃青团的习俗。端午节不只是和屈原有关，还和伍子胥、介子推、越王勾践、曹娥等有关系，有吃粽子、赛龙舟、挂五彩绳、插艾的习俗，是第一个入选世界非物质文化遗产的节日。七夕节又被称为乞巧节、女儿节，是女孩祈求心灵手巧的节日，由于牛郎织女的爱情故事，被称为中国的情人节。中秋节则是以月圆象征人的团圆，同时还有文人墨客以月圆来表达自己的思乡之情，也表达古人对自然的亲近和喜爱之情，中秋节有吃月饼赏月的习俗。和月亮有关的科学知识如潮汐、月食、引力等也要讲给学生。重阳节有登高、插茱萸、喝菊花酒的习俗，因为九和健康长久的久谐音，又被称为老人节。以上传统节日除了元宵节外都已经成功申请世界非物质文化遗产。带学生进行中华优秀传统文化活动时，必须要让学生了解到每个节日背后都包含了古人的殷切期盼。现代的节日也可以融入中华优秀传统文化的内容。如三八妇女节时可以回顾中国古代妇女的生活和地位，三从四德对中国古代妇女的束缚，孔雀东南飞中的刘兰芝无辜被公婆驱遣，裹脚对妇女身体的摧残等情景来比照新时代的妇女们拥有自由、平等的工作、生活权利。植树节可以追溯到西魏、北周时期一个名叫韦孝宽的将军在路旁植树代替计算道路里程的土台。还和清明插柳植树有联系。现代和植树造林，保护环境息息相关。五一劳动节可以让学生诵读《悯农》，弘扬"劳动最光荣"的思想，开展以此为主题的演讲、征文等，让学生养成热爱劳动的习惯。五四青年节可以联系古人霍去病、孙权、周瑜、王勃等青年有为、有责任担当的事例，鼓励学生要以"天下兴亡，匹夫有责"的精神去努力学习……在庆祝节日的活动中，让学生深刻体会到传统节日的生命力、凝聚力、创造力，传统节日包含的民间风俗、饮食文化、诗词歌赋等文化内涵，蕴含的积极向上的道德追求及丰富的价值观。如王安石的《元日》写春节；辛弃疾的《青玉案·元夕》写元宵节；杜牧的《清明》写清明节；苏轼的《浣溪沙·端午》写端午节；杜牧的《秋夕》，佚名的《迢迢牵牛星》写七夕节；张九龄的《望月怀古》写中秋节；王维的《九月九日忆山东兄弟》写重阳节等。

　　第二，开展节日实践活动。让学生参与到节日活动中去，走进历史长河，感受传统节日魅力。春节时可以组织学生开展写春联、贴春联、剪窗花、送祝福等活动；元宵节时可以进行煮汤圆、赏花灯、猜灯谜等活动；清明节时带着学生参观烈士陵园或抗战遗址，也可以通过网上祭英烈活动，搜集资料，撰写心得；端午节带领学生包粽子、诵读《离骚》、编花绳，有条件的话还可带着学生参加或者观看赛龙舟活动；中秋节带着学生学习制作月饼、和家人赏明月、带着学生去农村参加秋收劳动；重阳节可以开展出游赏菊、登高望远、带着学生去敬老院开展志愿服务活动等。

（2）通过礼仪教育开展实践活动

中华民族自古就有"礼仪之邦"的美誉。"礼"是中华民族的突出精神。好礼、守礼是中国人民自古以来遵循的处世原则，孔子提出："不学礼，无以立。"（《论语·季氏》）孔子对学生的基本要求就是要学礼，这是做人的基本准则。从中国古代开始，社会就以"礼"来约束和规范人们的行为。而各种礼节、仪式、礼貌就是"礼"的外在表现形式。在学生中开展礼仪教育活动，可以提升学生的文明礼仪素养。

第一，加强学生的仪式教育，增强仪式感。中国古代有许多仪式，最早的仪式就是祭祀礼仪，还包括祭孔大典、出生仪式、婚嫁仪式、丧葬仪式、祭奠仪式等，这些仪式最早起源于原始宗教和图腾。在学校让学生通过参加各类仪式，规范学生在不同场合的规矩意识，由此可影响到学生的思想观念、政治立场、价值观念。如校庆仪式、入学典礼、毕业典礼、运动会入场仪式、升旗仪式、上下课仪式等。在对学生进行仪式教育时，要去除功利色彩浓厚、形式主义严重的仪式规范的不良影响。

第二，加强学生的礼节教育。礼节属于个人礼仪，是人们对他人尊重的表现形式，包括个人在公共场合的举止、衣着等。中国古代礼节中存在需要我们抛弃的腐朽之物，也包含着伦理道德的因素，对提高中华民族的素质大有裨益。像一些基本礼节，如"父母呼，应勿缓""父母教，须敬听""出必告，反必面"等，可以原封不动传承。一部分可以经过现代化的转化后传承下去。比如磕头、拱手现在一般用不着了，但鞠躬、问候仍然是现代礼节的常用方式。

（3）**通过参观考察历史文化遗迹进行实践教育**

学校可以带学生去当地的历史文化遗迹开展实践教学。如民俗博物馆、历史名人纪念馆等，如果有条件，还可以带学生去外地的历史遗迹参观。通过参观这些历史遗迹，可以让学生对中华优秀传统文化的认识不仅局限于书本与屏幕上，从而开阔视野，更好地了解历史和传统文化，了解古代劳动人民的勤劳、勇敢、智慧。

（4）**通过传统文化的研学旅行进行实践教学**

古语说："读万卷书，行万里路。"先秦时期的孔子、墨子、庄子、韩非子等人，都是著名的游士。2016 年教育部印发了《关于推进中小学生研学旅行的意见》。研学旅行是具有计划性、目的性的学校正式教育活动。研学旅行要与学校课程、德育体验、实践锻炼有机融合，在组织学生进行研学活动时，可以将中华优秀传统文化融入进去，培养学生热爱自然、热爱祖国大好河山、了解悠久历史文化、陶冶情操、养成躬行的意识，引导学生将书本知识和生活经验相融合，实现知行合一。

（5）**通过宣传传统文化的活动进行实践教学**

如组织说唱比赛、情景剧表演、排练历史情景剧、开展主题讲座、举行传统文化优秀作品展等；阅读优秀经典图书，观看优秀传统文化经典视频，写出读后感或观后感等，使学生在活动中感悟、认同中华优秀传统文化的价值，进而提高自身的思想道德素养和传统文化素养。大学思政课教师可以组织实施文化调查活动和研学旅行活动，还可以让大学生利用寒暑假进行中华优秀传统文化调研，并写出调研报告等。这些活动让学生把教材内容、课题所学理论与社会实践活动相联系，在社会实践的过程中感受前人所经历的艰辛，以及他们非凡的智慧，学习他们不屈不挠、永不放弃的精神，吸取历史中的经验教训，更加奋发、积极地参与到弘扬、创新中华优秀传统文化中。再如思政课教师可以与社区联系，组织学生志愿服务活动，如进社区宣传中华优秀传统文化、去敬老院与老人聊天了解前辈们理解的中华优秀传统文化等，通过参与体验，深度感悟，定能触动人心。充分利用互联网等媒介进行中华优秀传统文化教育，把有关优秀传统文化的视频、图书、图片等放在专门的网站上，方便学生学习。在学生共青团、党员、社团组织活动中进行优秀传统文化教育。如设计以优秀传统文化为主题的论坛、晚会、演讲、朗诵、讲座、征文等方式，使学生在寓教于乐中学习优秀传统文化。

（6）实践教学重在体验中华优秀传统文化

通过开展各种校内外实践活动，体会中华优秀传统文化中的思政元素。在中小学校内开展诗词比赛、经典诵读、书法绘画展等传统文化展示活动。在校外参观古刹、寺庙、博物馆、古建筑、古民居等实践活动。在"3·15"开展诚信教育活动。开展重要历史事件和历史人物纪念等主题教育活动。在这些活动中融入中华优秀传统文化元素，使学生受到更生动直观的教育，让学生更能深切理解、感受和体验中华优秀传统文化的韵味和魅力，能进一步加深学生对中华优秀传统文化的理解，体验其中的家国情怀、民族精神、人文精神等，能更好地将其内化于心、外化于行。目前，这些实践活动的开展在中小学十分普遍，内容丰富多彩，收到了很好的教育效果。

将实践活动与理论教学结合起来，学生在学科课程和校本课程中感受到的中华优秀传统文化教育更加直观鲜活，进一步加深学生对这些知识的理解和体验，使学生在参与中增强对中华优秀传统文化的认同感和获得感。学生在实践活动中陶冶心灵，深刻感悟，逐渐成为中华优秀传统文化的传播者、实践者和推动者。

四、将中华优秀传统文化融入校园文化环境建设中

1.营造中华传统文化氛围的校园环境

校园文化环境是一个学校办学精神和氛围的集中体现，将中华优秀传统文化融入思政课不能只是局限于课堂之内，还可以借助校园环创、学生社团等形式营造良好的文化环境氛围来促进中华优秀传统文化的弘扬，以此感染学生的心灵。墨子说："染于黄则黄，染于苍则苍。"（《墨子·所染》）孟子说："近朱者赤，近墨者黑。"（《孟子·滕文公下》）。刘向说："与善人居，如

入芝兰之室，久而不闻其香；与恶人居，如入鲍鱼之肆，久而不闻其臭。"
（《后汉书》）这些都在说环境可以塑造人，改变人，影响人。因此，要不断完
善与中华优秀传统文化相关的校园文化环境建设。中华优秀传统文化历来也
重视外在环境对人的道德品质的熏陶功能。因此，要善于把中华优秀传统文
化元素融入到校园文化环境的建设之中，以中华优秀传统文化中的思政元素
熏陶在校学生，增强对学生思想的渗透力和感染力。

因此，思政课教师要结合本校实际情况，围绕中华优秀传统文化开展学
校文化环境的构建，使其融入学生的学习和生活中。校园文化环境被称为学
校的隐性课程，具有润物细无声的教育作用。校园环境的布设、学校氛围的
营造，能够对学生起着潜移默化的教育影响。通过开展校园文化环境建设对
学生实施中华优秀传统文化教育，将中华优秀传统文化融入校园的物质环境
中，进而引申到学校的精神文化、制度文化以及行为文化之中，全方位营造
浓厚的中华优秀传统文化氛围，让中华优秀传统文化的精髓深入学校文化环
境的内核，使学生耳濡目染、身心浸润，每时每刻都能感受和体会到中华优
秀传统文化的滋养，从而厚植中华优秀传统文化底蕴，培育中华优秀传统文
化素养。

2. 营造中华传统文化校园环境的途径

校园中的一砖一瓦、一草一木都能影响学生的身体发育和心理健康，可
以说校园环境对学生的成长有着特殊的教育功能，能促进学生身心的健康发
展，要善于利用中华优秀传统文化建设校园文化环境。中华优秀传统文化元
素融入到校园文化环境的建设要由上到下系统展开，在办公区、教学区、宿
舍区、活动区等合适之处布置传统文化内容。

利用中华优秀传统文化要素合理规划校园布局。学校的规划设计要突出
中华优秀传统文化的文化氛围、学术氛围和艺术氛围，创设规划、景观、建
筑于一体的优美育人环境。在规划校园景观建设时，可考虑在校园合适的场
所镌刻传统格言、树立先贤雕像、修建历史名人铜像等。利用中华优秀传统
文化体现学校的教育理念，可以在学校的宣传窗、阅报栏、黑板报、广播站、

团队活动室中设置中华优秀传统文化的内容或板块。宣传窗和黑板报可以设置一个传统文化的板块，校园广播可以专门留有一个传统文化专题的时段。此外，可利用中华优秀传统文化培养良好的教风。教风是教师在教育过程中形成的态度和习惯。教风是教师履行职业精神、专业素养、人格魅力的主要因素。利用传统文化加强教风建设，就是利用中华优秀传统文化来增强教师的专业素养、人文素养和个人魅力，这种培养不是针对教师个人的，而是教师集体。良好教风的形成不是靠个人而是靠集体，好的教风的形成能感染到学生，从而形成良好学风。因此，教风建设是学风建设的核心。良好的学风也离不开中华优秀传统文化的熏陶。学风是学生对待学习的理念、态度所形成的一种主流风气。博大精深的中华优秀传统文化中包含许多道德规范、学习态度、学习方法，在进行学风建设的过程中，学校和教师可以凭借中华优秀传统文化进行正面引导，加强对学生组织的管理，促进各项文化活动的有效开展。良好的学风是形成良好校风的关键。学校的教风、学风、校风是校园环境的重要组成部分。

历史名人画像及其名言名句也可以挂在学校适当的位置，便于学生随时观展。学校校徽的设计也可结合本校实际情况融入传统文化元素。利用中华优秀传统文化精心设计教室的布局。教室是校园环境的一个重要组成部分，一个和谐、温馨的教室环境，可以陶冶师生的情操，增强学生学习的积极性。在教室两侧可以悬挂古代名人的名言警句以增强学生的道德与法治观念。精心设计班级板报。板报可以设计传统文化思想政治教育小知识的栏目，大家一起学习中华优秀传统文化、增强思想政治教育素养。教室可以设立一个经典书架，放一些古代经典书目，让同学们课余时间能走进古人的世界，增长知识和见闻。可以在图书馆专门设置一个中华优秀传统文化读书阅览区域，并以一定的传统文化元素进行装饰，让学生喜欢上那里，喜欢上中华优秀传统文化。

五、加强中华优秀传统文化课程建设

中华优秀传统文化校本课程的开设可以使学生接受较为专门化、系统化的中华优秀传统文化教育，是对思政课渗透途径的有效辅助和补充。

1. 中华优秀传统文化课程建设提上日程

进入新时代以来，中华优秀传统文化在学校教育中开始复兴。教育部在《完善中华优秀传统文化教育指导纲要》中强调："充分发挥中小学德育课和高校思想政治理论课的重要作用，促进思想政治教育与中华优秀传统文化教育的紧密结合。"《中华优秀传统文化进中小学课程教材指南》中也明确指出，思政课是"开展中华优秀传统文化教育的核心课程"，这个阶段对"在大中小学循序渐进、螺旋上升地开设思政课非常必要"[①]。按照青少年成长、成熟、成才循序渐进发展的规律，要求每一个阶段的思政人不仅要守好自己的责任田，还要做好上下衔接、前后照应的接续传导，这样才能把大中小学几个阶段都铺陈好。2020 年底，教育部成立了大中小学思政课一体化建设指导委员会，不同学段的思政课一体化建设进入到高质量发展的新阶段，中华优秀传统文化融入不同学段思政课教学也进入一体化建设时期。

2. 加强中华优秀传统文化课程建设的路径

在实践中，学校开展中华优秀传统文化课程一般有两种主要途径，有条件的学校专门开设中华优秀传统文化课程，条件不成熟的学校在学生日常学习的课程中融入中华优秀传统文化相关内容。前者称为显性教育，后者称为隐性教育。目前很多学校都开发建设了自己的中华优秀传统文化教育校本课程，并取得了较好的教育效果，以此形成自己的办学特色，表明了这一路径的可行性。中华优秀传统文化校本课程的建设，要立足本校具有的资源优势、师资力量和基础条件来进行，因地制宜、因势利导地开发中华优秀传统文校本课程，这样才能保障课程的顺利实施和长久持续。然而，在实践中也出现了以下的情况。由于不具备师资条件，多数学校没有开设专门的中华优秀传统文化课程。还有些学校不顾自身实际情况，贪多求大，盲目开设课程，往

---

① 习近平 . 思政课是落实立德树人根本任务的关键课程 [J]. 求是，2020（17）：1.

往因师资匮乏、经费短缺半途而废，虎头蛇尾，使得所开发的课程无法进行下去。

中华优秀传统文化课程建设的内容选择要依据马克思主义的世界观、人生观、价值观，选择其中的精华部分作为融入思政课的标准。思政课融入的传统文化内容要以当今社会发展需要为导向，考虑到学生正在学习阶段的认知水平、学习特点、接受能力，选择适合学生学习的中华传统文化内容，保障中华优秀传统文化融入思政课的质量，才能真正落实立德树人的根本任务。融入的内容可以是契合思政课内容的名人名言警句，也可以是契合思政课内容的诗词歌赋、传统文化故事，还可以是契合思政课内容的文物建筑、园林山水。

六、加强网络上中华优秀传统文化建设

在这个无人不网、无处不网的时代，学校要充分利用网络载体，充分利用学生喜欢网上冲浪的特性，科普提高学生的中华优秀传统文化素养，同时达到思想政治教育的目的，落实立德树人的根本任务。学校可以建立自己专门进行中华优秀传统文化思想政治教育的网站，综合利用文字、图片、音像、音频、重要相关网站链接等形式，开展中华优秀传统文化思想政治教育活动，探求中华优秀传统文化与现代生活的衔接，用丰富多彩、形式多样的线上中华传统文化思想政治教育内容来吸引学生的参与、增强学生的学习兴趣，从而达到理想的育人效果。

1.规范学生上网行为

教会学生网络自律，让其明白自己是网络的主宰者，不是网奴，不被网络牵着鼻子走，不在网络上迷失自己。可以在线上召开主题班会，引导学生展开思想讨论，提高学生分辨是非的能力，让学生辩证地看待网络。由于中小学生自制力有限，学校应该通过过滤技术或软件，对中小学生实行上网限制，将网络上健康、规范的网站链接到校园网上，从而避免网络上不良内容

对学生的影响。

2.有效利用网络平台学习

当今网络环境下，学生的学习方式、生活方式发生了巨大改变，必须善于抓住新时代学生的特征进行有针对性的教学。充分利用超星学习通、钉钉、腾讯会议、对分易、在线课程等网络平台，既可避免课堂教学的不足之处，又能精准地将中华优秀传统文化融入思政课，弥补当代学生对中华优秀传统文化的认知不乐观的现状，增强学生对中华优秀传统文化的认同感和自信心。如课堂上可以在网络平台发布关于中华优秀传统文化的资料和小视频，调动学生的积极性。学生不懂的可以反复点击资料和视频观看学习，或者还可以留在课后讨论，充分利用好线上线下时间。也可以利用好微信这一平台来弘扬中华优秀传统文化。微信是学生最主要的交流联络媒介，可以通过创办公众号、制作微视频、推送小文章等方式，让学生在课后闲暇时间不知不觉地接受中华优秀传统文化的熏陶，节省课堂授课时间，提高学习效率，还可以形成网络互动，及时解决学生的疑惑和不解，实现立德树人的根本任务。

（1）网络上文化类节目的学习

师生可以利用碎片化的时间在微博、学习强国等网络平台上观看相关内容的节目。如甘肃卫视 2014 年推出的综艺节目《大国文化》，山东卫视推出旨在弘扬中国刀文化的大型活动《天下第一刀》，中央广播电视台、国家语委 2013 年推出的大型原创文化类电视节目《中国汉字听写大会》，中央广播电视台 2014 年 4 月推出的原创形态的电视节目《中国成语大会》。之后，中央广播电视台自主研发了大型演播室文化益智节目《中国诗词大会》，各地还相继推出了《中国谜语大会》《传承的力量》《朗读者》《主持人大赛》《舌尖上的中国》《上新了·故宫》《神奇的汉字》《阅读·阅美》《儿行千里》《国家宝藏》等节目。电影如《李时珍》《张衡》《天下第一》《八旗子弟》《红楼梦》《王勃之死》《柳如是》《大明劫》等。电视剧如《诸葛亮》《红楼梦》《王昭君》《唐明皇》《孔子》《杨家将》《东周列国·春秋篇》《水浒传》《关汉卿传奇》《贞观之治》等。师生在观看的过程中，不仅增强了对于中华民族文化的了解，还能够从不同视角学到中华优秀传统文化。如《主持人大赛》中关于传统建筑的解读：传统建筑不仅仅是屋檐木梁，更在向我们讲述着国家、民族和人民的动人故事；建筑收藏着家族的记忆、民族的记忆；古建筑保留最多的省份——山西；守护它们以及它们所承载的民族文化，需要无数人的努力。通过一些真情实感的画面，教师能够领悟到传承弘扬中华优秀传统文化是使命所在。此外，教师还可以从公益广告、宣传片中学习，如《让好传统流行起来》《学诗学礼传承家风》《一双筷子》《传统文化艺术的传承之旅》等，通过公益宣传片的学习，把传统文化与时代特色相结合，创新中华优秀传统文化。

（2）公众号内容的学习

关注与中华优秀传统文化相关的公众号，公众号的学习主要有两种，即一般性公众号和校园公众号。可以推荐学生关注中华优秀传统文化传承创新研究院、中华书局传统文化教材编辑部、国际儒学联合会、中华思想文化术语、国学宝藏大讲堂、南老师文化堂、论语读书会、道德经集等高质量的一般性公众号，间歇性学习相关知识。有条件的情况下也可以在学校公众号内进行学习，如某中学公众号在 2019 年 12 月 24 日推出一篇题为"弘扬传统文化，传承中华文明"的文章，其中讲述了弘扬中国传统文化，过中国人自己的传统节日，分别介绍了从春节、中秋再到重阳等节日的文化传统以及其蕴含的精神内涵、文化意义。通过公众号的学习，教师不仅增长了知识，也可以依托节日把其转化为教学资源，抓住教育时机，让学生明白中国不缺节日，中国的节日更不缺底蕴。

第七章　中华优秀传统文化
融入思政课的教学案例

一、中华优秀传统文化融入小学思政课的案例

以《道德与法治》（人教版）二年级上册第一单元第四课的"团团圆圆过中秋"为例，设计了中华优秀传统文化融入小学思政课教学的案例。

【教材分析】

《团团圆圆过中秋》是教育部审定的人教版小学《道德与法治》二年级上册第一单元第四课的内容。前三课承接单元题目的假日，第四课承接单元题目的节日，是本单元最重要的一节内容。

【教学目标】

（一）知识与技能

1. 了解中秋节的一些传说、由来、习俗，了解月亮变化的有关知识。

2. 了解家乡过中秋的传统风俗习惯，体会家庭和睦、欢乐的感觉，渗透祖国统一的教育。

（二）过程与方法

1. 在相互交流中体会风俗习惯的不同和亲情思念的相同。

2. 学会搜集、查找不同地方中秋节的风俗习惯，并提出问题。

（三）情感态度与价值观

1. 理解中秋节团圆的内涵，珍爱亲情。

2. 由家庭的团圆想到国家的统一，热爱祖国的传统文化。

【教学重点】

了解中秋节有关的传统文化，了解祖国统一是海峡两岸人民共同的期盼。

【教学难点】

如何让学生在过中秋的过程中体会到亲情。

【教学方法】

讲授法，讨论法，启发法，多媒体展示法，举例法，体验法。

【学情分析】

小学二年级的学生学过了暑假、周末、国庆假日，对我国传统节日没有理性的认识，需要教师由具体到抽象地给学生分析。

【教学准备】

1. 教师准备：搜集和中秋相关的图片、故事、诗词，制作多媒体课件。

2. 学生准备：搜集不同地方过中秋节的风俗习惯，了解秋天里的其他节日。

【教学过程】

（一）谜语导入

1. 出示三个与秋天相关的谜语，让学生猜一猜。

（1）麻屋子，红帐子，里面住着个白胖子。（打一农作物果实）

（2）平日不思，中秋想你，有方有圆，又甜又蜜。（打一食物）

（3）远看玛瑙紫溜溜，近看珍珠圆溜溜，掐它一把水溜溜，咬它一口酸溜溜。（打一水果）

2. 这些食物都和什么季节有关？师生讨论秋天都有哪些节日，你印象最深的是哪个节日？为什么？

3. 教师引导学生交流自己家乡的中秋节是怎么过的，有什么风俗习惯，共同体会阖家团圆的欢乐气氛和浓浓的亲情。教师顺势导入要讲的主题——团团圆圆过中秋，并板书主题。

（二）讲课过程

1.中秋习俗

（1）中秋的由来

请学生说说中秋节是哪一天？为什么把这一天定为中秋节呢？（教师出示月亮变化规律图，解释中秋的由来。）

一年有四季，农历八月十五这一天是秋季的中期，所以被称为中秋。这一天的月亮比其他几个月的满月更圆更亮，所以中秋节又叫"月夕""八月节"。

（2）赏月

教师：瞧，十五的月亮升起来了！（学生欣赏课件里的中秋夜晚明月升起的动画。）

学生：说感受，描述看到的月亮等。

教师总结：正是这一天，秋高气爽，天气晴朗，天空少云，所以天空的月亮特别明亮，特别大，特别圆。关于这个美丽的月亮还流传着许多美丽动人的故事呢，同学们有谁知道一些呢？

（3）传说

第一，分小组讨论，学生们相互交流关于月亮的传说，每组派代表发言。

第二，播放嫦娥奔月的动画故事。

第三，请同学们说说知道的其他关于中秋节的传说、故事。

（4）教师总结过渡：是啊！这些美丽的传说蕴含着神秘的色彩，体现了古老的中华文化，代表着人们追求完美、正义、幸福的美好愿望。中秋节历史悠久，是我国的传统节日，为传承民族文化，从2008年起中秋节被国务院列为国家法定节日。

（5）播放视频让学生欣赏各地、各民族过中秋的习俗。

（6）拓展：看了视频你们有什么感受？你还知道哪些视频中没提到过的中秋习俗呢？

（7）教师总结：人们欢庆中秋的场面可真是异彩纷呈！丰富多彩的中秋文化真是令人神往啊！

2. 中秋诗词

过渡：有人说，"每逢佳节倍思亲"，中秋节时的思念会更浓密。尤其是看到天空中一轮高高挂起的明月，诗人就会用诗词来表达对家乡、对亲人的思念。

（1）出示李白的《静夜思》图，让学生结合情景配诗文。

（2）同学们齐声背诵《静夜思》，提问学生，从诗中读出了什么？

（3）配乐读诗：古时候，漂泊在外的游子经常以描写月亮的诗词来寄托思乡之情，像这样的诗句你们还能想出什么来呢？

（学生说完后，出示与月亮有关的配乐诗词："海上生明月，天涯共此时。""露从今夜白，月是故乡明。""春风又绿江南岸，明月何时照我还。"）

（4）有谁知道"但愿人长久，千里共婵娟"出自谁之口呢？对了，这是苏东坡在几百年前的一个中秋夜写下的中秋词《水调歌头·明月几时有》中的词句。现在我们一起来欣赏一下这首绝妙好词。

（5）中秋诗词大会，同学们还知道哪些描写月亮的诗词呢？给学生们简单介绍一下带"月"字的飞花令。

（6）让学生们也写写自己对月亮的描述。（课件显示中秋月圆之景。）

（7）老师总结：同学们的表现真不错，有成为诗人的潜质啊！

3. 品感中秋

过渡：刚和同学们品味了中秋诗词，中秋美食的品尝也不容错过啊！

（1）品感幸福

教师：（教师拿出颁发的奖品给同学们，让同学们打开看看是什么。）同学们看到是什么奖品了吗？

学生：是月饼。

教师：爱吃月饼吗？你们都吃过什么口味的月饼呢？

学生：讨论发言。

教师：（课件显示月饼图片，介绍不同地方不同口味的月饼。）随着时代的进步，科技的发达，月饼的种类也越来越多，咱们就一起来品尝一下吧。但是美味不可多食，一人一小块儿细细品味，同学们可以相互交流一下品味的感受。

（2）品感感恩

教师：同学们，中秋节我们能和家人团聚，感受幸福快乐，你们知道这幸福快乐的背后有多少人在默默地付出吗？（给同学们展示不同行业的图片：生产月饼的工人，守卫边疆的战士，路上执勤的警察……）为了让我们过一个团圆祥和的中秋节，有多少人在各自的工作岗位上不能回家过节和亲人团聚，此时此刻，你们想对这些人说些什么吗？

学生：想对他们说，辛苦了！谢谢他们！

教师：对了，我们要心存感恩之心，好好珍惜身边的幸福快乐，好好学习，将来报效祖国。

（3）品感思念

教师：同学们，中秋夜，我们和家人团圆了，今天咱们这个班级大家庭也团圆了。你们知道吗？中华民族也是更大的一个家庭，香港和澳门都已经回到了祖国大家庭的怀抱，可是还有一个地方没有回来呢？你们知道是哪里吗？

学生：宝岛台湾。

教师：对了，（课件显示地图）台湾是我们祖国领土不可分割的一部分，中秋节是我们共同的传统节日，中秋赏月是我们共同的中华风情，此时，台湾人民又是怎样思念大陆的亲人们呢？让我们一起来欣赏一下台湾诗人彭邦桢的歌曲《月之故乡》吧。（播放歌曲）同学们，你们能体会到这首歌的意境吗？让我们共同期望台湾能够早日回到祖国的怀抱，实现中华民族的大团圆。

4.送祝福

教师：同学们，刚才我们一起领略了中华民族的千年文化，体验了古人的中秋情思，在这样一个美好的日子里，让我们把美好的祝福送给在工作岗位上辛勤工作的建设者们，送给台湾的小朋友们，送给世界各地的华人，送给远方的亲人和朋友吧。

学生：写祝福（配乐）。

教师：谁先来分享一下你的祝福？看啊，一群白鸽飞来了，让白鸽把我们的祝福捎去吧。期盼所有人能够在中秋节这个团圆的日子里阖家欢乐，期盼祖国早日实现统一，到时候我们就像中秋的月亮一样实现真正的团圆了。

5.课堂总结

让学生说说今天学到了什么。

6.布置作业

课后搜集关于重阳节的资料，看看各民族在重阳节都有什么活动。

二、中华优秀传统文化融入初中思政课的案例

以《道德与法治》（人教版）七年级上册第六课第二框的"师生交往"为例，设计了中华优秀传统文化融入初中思政课教学的案例。

【教材分析】

"师生交往"是人教版《道德与法治》七年级上册第三单元第六课的第二框题的内容。通过上一节课内容的学习，学生在了解教师职业特点和使命的同时，也懂得了教师工作的不易，因此要学会承认和接纳教师之间的风格差异及不同。在此基础上，本节课主要引导学生学会正确对待教师的引领和指导，学会与教师相互学习、相互促进，建立起亦师亦友的和谐师生关系。

【教学目标】

（一）知识目标

了解"教学相长"及传统师学礼的内涵和要求，懂得师生之间是双向互动的。

（二）能力目标

1.学会如何正确地与教师交流探讨。

2.辩证地看待教师的肯定与批评

3.以实际行动践行师学礼。

情感目标：树立尊师重学的中华传统礼仪观。

【教学重点】

学会如何与教师相互学习、相互促进。

【教学难点】

"亦师亦友"师生关系的建立。

【教法学法】

（一）教法

启发教学法、事例分析教学法和情境体验教学法。

（二）学法

自主探究学习法、合作讨论学习法和实践体验学习法。

【学情分析】

学生进入初中阶段的学习后，随着自我意识的增强和生活范围的逐渐拓宽，需要处理的人际交往问题也随之增多。其中，师生关系是初中生需要正确认识和处理的关系之一，这对他们的学习和成长也具有重要意义。在学校生活中，七年级的学生一方面对教师有较强的依赖心理，他们的学习和生活离不开教师的指导和帮助；另一方面，随着眼界的开阔和心智的成熟，他们的独立自主意识开始觉醒和增强，敢于对教师的权威及地位发起质疑和挑战。一些学生不能理解教师的良苦用心，经常跟教师"唱反调"，甚至有些学生不能正确看待教师的批评，而作出退学的决定。师生矛盾和问题频发，对和谐师生关系的建立以及学生人际交往能力的培养产生了不利影响。因此，本节课重在引导学生树立尊师重学的礼仪观，理解和尊重教师，和教师建立起亦师亦友的师生关系，让教师成为人生路上的指导者和陪伴者。

【课前准备】

（一）教师准备

（1）教师要充分认识到本节课的教学目的在于增进师生之间的了解和情感，因此要营造出轻松愉悦的课堂氛围，让学生能够在自由、欢快、平等、和谐的氛围中畅所欲言，勇敢表达出自己心中的见解与想法。

（2）教师要把本节课涉及的中华优秀传统礼文化内容搜集整理出来。

（3）教师要提前做好访谈提纲，并及时整理访谈结果，了解师生交往情况，以增强课堂教学的针对性。

（二）学生准备

（1）课前要按照教师的要求，对教科书或者是教学参考书进行预习，做好疑问标记，提高课堂学习效率。

（2）搜集整理学生与教师交往的典型案例，在课堂上与教师交流。

【教学设计与实施】

首先，本节课通过"张良拾履"的故事进行课堂导入，目的在于引起学生的学习兴趣和注意力，将师学礼引入课堂教学中。其次，教师通过带领学生阅读教材"运用你的经验"和两个情境的体会感悟，让学生回忆印象深刻的师生交往场景，并思考教师和学生之间是一种怎样的关系以及如何建立这种关系，以此达到师学礼的要求。再次，教师带领学生进入"老师想说"和"时空对话"两个环节，让学生在环节的参与和讨论过程中，认识到师生交往良好状态的表现以及如何建立"亦师亦友"的师生关系，将传统师学礼传承下去。最后，通过演绎师学礼中的具体内容，让学生对所学知识进行回顾和总结。

【教学过程】

（一）导入

找学生讲述"张良拾履"的故事，教师补充完整。

（二）新课讲授

教师：同学们，你们听了张良的故事，有什么感想呢？

学生1：张良通过自己的真诚行动打动了老人。老人便收他为学生，教他兵法知识。

学生2：我觉得张良很尊重他的老师。

教师：这两位同学说得非常好。张良为求学拜师三次给老人捡穿鞋子，态度极为诚恳。老人感动并传授他兵法知识，使他成为汉朝著名的军事家。张良和老师间的互动告诉我们如何正确处理师生关系，对待老师和学问要有怎样的态度和行为。下面，就让我们一起来通过师生交往这一课，去体悟如何正确地与老师交往。

教师：请同学们思考一个问题，你印象深刻的师生交往场景有哪些？其中老师扮演着什么角色?

学生 1:我生病在家的时候,老师不仅来看望我,还给我讲解知识,是陪伴者。

学生 2:老师组织全班同学去春游,是组织者。

学生 3:在我学习遇到疑问的时候,老师会一直耐心地教导我,是引导者。

教师:是的,在我们的一生中,教师扮演着多重角色。如传授者、组织者、引导者等。正是因为有了教师的耐心教导和陪伴,我们才学习到了书里书外很多方面的知识。反过来说,正是因为我们在成长过程中需要学习各种各样的知识,教师也在不断地学习和成长。所以,教师的教和学生的学是一种怎样的关系呢?

学生:教师和学生是相辅相成、相互促进的。

教师:很好,那概括地来说就是古人所说的"教学相长",而这就是我们今天要学习的第一点内容。请同学们翻开课本第 66 页,看看书上是怎样定义的。(学生集体阅读课本)

教师:请同学们抬头看多媒体,跟着老师一起来理解"教学相长"的含义。教与学是师生相互陪伴、促进和成长的过程。一方面,我们的学习离不开老师的引领和指导;另一方面,我们在课堂或课下与老师进行探讨的过程中,也可以促进老师更好地学习和成长。

教师:然而我们与老师相互交往的过程并不是一帆风顺的,在这期间,双方难免会产生矛盾和摩擦,甚至发生一些过激的冲突。我们该怎样去解决这些问题呢?下面,请同学们观看两个情境。

情境一:小明从小就在数学上表现出了极高的天赋,虽刚上初中一年级,但已经把初中三年的数学教材都学完了。一次在数学课堂上,老师正在讲解一种解题的简便方法,但是小明认为用初三的知识去解题会更加快速。于是就在课堂上与老师争论起来,导致整节课无法顺利进行下去,耽误了全班同学的学习进度。

教师:同学们,你们认为小明的做法对吗?如果不对,那该怎样做?

学生 1:对,既然有更简单快速的解题方法,就应该让老师和同学们知道。

学生2：不对，小明不应该在课堂上与老师争论，影响其他同学学习。

教师：两位同学回答的都有一定道理。小明敢于提出不同的解题方法是对的，但是不应该在课堂上与老师争论，耽误上课时间，可以课下再跟同学或老师交流探讨。就像古人所讲：道之所争，不失于敬。就是说当在有些问题上，与老师有不同观点的时候，不能无礼地打断反驳，不能在课堂上冲撞老师，可以私下向老师说明，注意态度谦恭。

情境二：小丽喜欢看书、写小说，会经常拿着自己写的片段请语文老师阅读，并多次得到语文老师的欣赏和肯定。一次，上英语课时，小丽又背着老师在下面写小说，被英语老师发现。不仅手稿被没收，还被严厉地批评教育了一顿。

教师：看完情境二，请同学们思考一个问题，如果你是小丽，你会如何对待语文老师的表扬与英语老师的批评？

学生1：语文老师的表扬让我感到开心和骄傲，但是英语老师的批评会让我非常伤心和难过。

学生2：不应该在英语课上写小说，所以英语老师的批评是对的，要改正。

学生3：我会利用课余时间写小说，在英语课上则好好听课，争取也得到英语老师的表扬。

教师：三位同学说得都非常好。老师表扬我们，是对我们的努力和成绩表示肯定、鼓励和期待，以激励我们更好地学习和发展。而老师批评我们，意味着我们需要在某些地方上反省自己并有所改进。所以这里老师要提醒一下大家，不管是面对老师的表扬还是批评，我们都要学会以正确的态度和行为去对待，这样我们才能学得更好，才能发展得更好，也才能体现出尊师重学的中华文明礼仪。

教师：那通过以上两个情境的体验，我们知道了教学相长共有两点要求：一是面对老师的引领和指导时，要真诚、恰当地向老师表达自己的观点和见解；二是要学会正确对待老师的表扬和批评，这是我们成长的必修课。

教师：在上课之初，老师让同学们回忆了与老师交往的深刻场景，那这里老师也搜集了一些关于老师们心目中与同学们交往的深刻场景，同学们请看多媒体。

（进入"老师想说"环节）

语文老师：有次严重带病上课，全班学生不仅不好好听课，还假借让我好好休息为由，吵着要把这节课改成体育课。

历史老师：我普通话不太标准，因口音问题造成了不少笑话，而每次学生的反应都会让我觉得很尴尬。

英语老师：有次教师节，一位同学送了一束鲜花和一张卡片给我，上面写着："感谢您愿意倾听我的烦恼，并帮助我解决问题。您是老师，但更像是我的朋友，谢谢您！"学生的这张卡片，让我觉得这就是教师的意义所在。

教师：看完三位老师的分享，请同学们以小组为单位讨论一下，并请代表发言，假如三位老师现在就在你们面前，你们想对他们说什么？

组1：我们想对历史老师说：我们嘲笑您的口音是不对的，应该尊重您的方言。

组2：我们想对语文老师说：老师以后再遇到类似的情况，我们不仅会认真听课，还会自己主动学习，减轻老师的负担。

教师：很好，我相信老师们听到你们的这些话会感到非常的欣慰和开心。其实在师生交往过程中，摩擦和矛盾只会偶尔发生，常态则是我们与老师和谐相处，相互促进。只有当同学们与老师保持正确的相处之道时，才会减少师生之间的矛盾，达到师生交往的良好状态。那什么样的状态才是师生交往的良好状态？请同学们自学书本，找出相关内容。（学生自学书本）

学生1：我们和老师互相关心、互相理解是师生交往的良好状态。

学生2：老师在课堂上教给我们知识，在课下与我们成为朋友，是师生交往的良好状态。

教师：很好，也就是说当我们与老师达到彼此尊重、相互关心、携手共进时就是师生交往的最佳状态。这也是良好师生关系的最佳体现，是我们老师和同学们要一起努力达到的目标。

教师：同学们，为了达到师生交往的良好状态，我们应该做些什么？下面让我们进入"时空对话环节"，看看古人是怎么做的。

（多媒体展示相关内容：在我们生活的时代里，尊重老师有严格的要求，要做到尊师以名、见师以礼、拜师以诚、事师以敬，从对老师的称谓上到与老师的日常相处上，处处都要表现出对老师的尊敬。只有这样，老师才会愿意教给我们知识，我们才能学习到很多本领。）

老师：同学们，看完这段话，请问你们得到了什么启发？

学生1：我们也应该像古人那样尊敬老师，让老师教授我们知识。

学生2：我们要重视学习，主动向老师请教和探讨问题。

教师：很好。但其实就当前的教育环境来看，师生关系比较紧张，学生并没有把尊重老师做到位，比如直呼老师名字、不主动与老师打招呼、私下议论老师等，这其实是严重违反尊重老师的要求的。所以要想达到与老师交往的良好状态，从现在起我们就要按照尊师的要求来做，有礼貌地称呼老师，恭敬地与老师相处，积极建立"亦师亦友"的最佳师生关系。

教师：（课堂小结）同学们，"国将兴，必贵师而重傅"，尊师重学是中华优秀传统文化中最重要的内容之一。尊敬老师，其实就是尊重学习与知识，我们只有树立最基本的尊师理念，才能更好地培养良好的学习习惯。通过这一节的学习，我们知道了教师在我们的学习和生活中扮演着多重角色，他既是我们学习上的指导者和引领者，又是我们生活中的参与者和合作者，见证了我们的成长和蜕变。作为学生，我们也要做到理解老师、尊敬老师，主动与老师建立和谐的师生关系，以实现我们自身更好的发展。

【课后反思】

本节课通过运用启发教学法、事例分析教学法和情境体验教学法引导学生学习了如何正确地进行师生交往。同时在教学过程中，有意识地将中华传统师学礼融入教学内容中，让学生不仅掌握了教材中的内容，同时也积累了文明礼仪知识，对自身道德品质的提升具有重要作用。但在中华优秀传统礼文化融入本节课教学中还存在一些问题，比如融入的案例较少，融入的形式单一。本节课主要以教材学习为主，未将搜集名人事迹、观看影片等多种方式结合起来。本节课是中华优秀传统礼文化融入初中"道德与法治"课教学的初探，有所创新但也存在问题，在以后的教学过程中会多加探索。

三、中华优秀传统文化融入高中思政课的案例

统编教材必修四《哲学与文化》第三单元第七课第二框题内容"正确认识中华传统文化"为例，设计了中华优秀传统文化融入高中思政课教学的案例。

【教学分析】

本节课是统编教材必修四《哲学与文化》第三单元第七课第二框题内容。第三单元主要阐述正确认识中华传统文化，发展中国特色社会主义文化，坚定文化自信。其中第七课的三个框题内容之间是一种递进关系，从文化理论学习到文化辨别再落实到行动，引导学生正确认识中华传统文化，进而自觉弘扬中华优秀传统文化与民族精神。理解第二框题正确认识中华传统文化的内容，才能做到知来处、明去处。通过对中华文化的历史溯源的学习，理解中华文化的独特创造、价值理念、鲜明特色以及蕴含的当代价值，才能不断增强文化自信和价值观自信。通过透彻的学理分析回应学生对中华传统文化的多元认识，引导学生从内心深处真正认同中华优秀传统文化的当代价值，并在社会生活中自觉继承优秀传统文化，践行社会主义核心价值观，体现政治性与学理性相统一。

【教学目标】

1. 在对中华优秀传统文化的溯源与分析中，引导学生认识到中华优秀传统文化是中华民族的精神命脉，是涵养社会主义核心价值观的重要源泉，也是我们在世界文化激荡中站稳脚跟的坚实根基，进而使学生认同中华文化，树立文化自信，增强政治认同。

2. 能够运用辩证唯物主义和历史唯物主义观点对中华传统文化作出理性的辨析与恰当的评价，形成对待中华传统文化的正确态度；能够树立正确价值观，提高辩证思维能力，遵循由特殊性到普遍性的发展规律，从中华优秀传统文化当代价值的角度对我国和世界发展面临的重大问题提出能够体现中国立场、中国智慧、中国价值的理念、主张、方案。

3.通过议题讨论，能够从历史和现实维度论证自己的观点，正确认识中华优秀传统文化，并自觉做中华优秀传统文化的传承者与弘扬者。

【教学重点】

正确认识中华传统文化，感受中华优秀传统文化的生命力，树立文化自信。

【教学难点】

正确认识中华优秀传统文化的当代价值。

【学情分析】

高二学生已经有了一定的学科知识积累，对社会发展历史、国家经济制度、政治制度、马克思主义哲学有了一定的了解和掌握，并且也培养了科学分析的学科学习方法，能够自觉运用所学理论去分析社会现象，比较全面辩证地看问题。这些为本节课的教学打下了良好的基础。但是学生在学习基础和学科学习兴趣上存在较大差异，并且还需要将对文化现象的感性认识上升到对文化功能与价值的理性认识，以提升自己的思维深度。在这样的学情基础上，本课的教学策略是以学生差异化认识为起点，聚焦议题，讲好中华文化发展的脉络，引导学生从学理层面深入思考如何正确认识中华传统文化。既激发学生学习兴趣，搭建学生学习台阶，又解决学生思维深度不足的问题。

【教学过程】

（一）追寻中华传统文化

教师活动：抛出问题，引发学生思考。考古发现证明，中华文明是人类最古老的文明之一。在几千年历史长河中，中华民族建立了统一的多民族国家，创立了多样和谐的中华传统文化。你们认为什么能够代表中华传统文化吗？

学生小组活动：通过小组交流与讨论，在白纸上书写出能够代表中华传统文化的内容，并把其中最能代表中华传统文化的圈上。之后，进行小组汇报，将本组梳理的内容张贴到黑板上，并派一名同学作为代表阐述理由。

教师活动：从同学们的寻找中，我们能感受到中华传统文化有什么特点？考古和现实生活都已经证明我们的文化源远流长、博大精深。但是，创造出灿烂文化的不仅仅有中国，世界上还有其他著名的古代文明。相较于其他三大文明古国，中华文明有什么最大不同？

学生思考交流：中华文化具有强大的凝聚力和连续性，延绵几千年不曾中断。

设计意图：创设学习情境，引导学生感性认知中华传统文化，从现象到本质，归纳总结出中华优秀传统文化的特点。在小组交流中，学生的观点既有差异又有共性，多次提到了汉字、京剧、功夫、诗词、书画、四大发明、儒家思想、包容、仁爱、多民族性等等，这些都将成为第二环节分析中华传统文化内容的资源。

（二）感知中华传统文化

教师活动：抛出议题"正确认识中华传统文化"。启发学生思考，并从中华传统文化的形成、内容、作用等多角度来分析此问题。

学生活动：思考探究"中华传统文化是如何形成和发展的"。

教师小结：中华文化是中华民族在实践中创造的。我们国家是一个统一的多民族国家，各民族生活在一起。中华文化是中华民族勤劳智慧、自强不息创造的；是我国各民族在交流、碰撞、交锋中发展起来的；是在与世界各国文化交流、碰撞、交锋中发展起来的。正如习近平总书记在联合国教科文组织总部发表《文明交流互鉴是推动人类文明进步和世界和平发展的重要动力》重要演讲中指出，"中华文明经历了5000多年的历史变迁，但始终一脉相承，积淀着中华民族最深层的精神追求，代表着中华民族独特的精神标识，为中华民族生生不息、发展壮大提供了丰厚滋养。中华文明是在中国大地上产生的文明，也是同其他文明不断交流互鉴而形成的文明"。正是中华文化的包容性，促进了中华文化的繁荣发展。

学生活动：对小组讨论资源再利用，将刚刚小组展示的中华优秀传统文化进行分类，总结出中华优秀传统文化的主要内容。

教生共同总结：我们可以从核心思想理念、中华传统美德、中华人文精神三个角度来概括。其中，核心思想理念包括讲仁爱、重民本、守诚信、崇正义、尚和合、求大同的思想；中华传统美德体现在自强不息、敬业乐群、扶危济困、见义勇为、孝老爱亲等；中华人文精神包括促进社会和谐，鼓励人们向上向善的思想文化内容。这是我们为人处世的行为准则，体现了我们判断是非曲直的价值标准，影响着文学艺术、科学技术的发展，积淀着丰富的精神财富。

学生深入思考：在漫长的历史发展中，中华传统文化发挥了哪些重要作用呢？

教师补充资料：习近平总书记在中国文联十大、中国作协九大开幕式上的讲话指出"中华民族生生不息绵延发展、饱受挫折又不断浴火重生，都离不开中华文化的有力支撑。中华文化独一无二的理念、智慧、气度、神韵，增添了中国人民和中华民族内心深处的自信和自豪"。

师生共同小结：中华文化很长时间一直走在世界前列，对周边国家和世界文明进程产生了深远影响，为人类文明进步作出了不可磨灭的贡献。中华优秀传统文化是中华民族的突出优势，是我们深厚的文化软实力。

设计意图：实践是人类社会的基础，文化是人类社会实践的产物。通过系列问题的讨论，引导学生感受中华文化是中华民族在实践中创造与发展的，进而理解中华文化的形成、内容与作用，增强文化自信。

（三）讨论中华传统文化

教师活动：带着这种自豪感，我们还需要有一种理性的思考，中华传统文化是否适应当代社会？对现代生活而言，究竟是财富还是包袱？你们同意哪一种观点？请阐述理由。我们判断财富还是包袱的标准是什么？

学生活动：针对"中华文化是财富还是包袱"的观点展开辩论，澄清判断是财富还是包袱的标准。

教师活动：进一步提问，对待中华传统文化的正确态度是什么？

学生活动：利用所学哲学与文化的相关知识，阐述对待中华传统文化的正确态度。

教师小结：我们应该坚持辩证唯物主义和历史唯物主义，用联系的、发展的、全面的观点看待传统文化，对待优秀的文化要取其精华，对待落后的文化要去其糟粕，改造传统文化；也要"推陈出新、革故鼎新"，创造新文化、发展先进文化。坚持古为今用，用中华民族创造的一切精神财富来以文化人、以文育人。

设计意图：从文化和哲学的角度进行观点争锋与澄清，一方面融合哲学与文化的教材内容，另一方面培养学生的科学精神和科学的思维方法。

（四）传承中华优秀传统文化

教师活动：补充资料，中华优秀传统文化对治国理政与个人发展的影响。在国家治理中，我们提出"五位一体"的布局，提出新时代的外交理念。我们一起来在追本溯源中看看这些治国理政理念产生的文化根源。

学生活动：以抗疫精神为例，探讨抗疫精神与中华优秀传统文化的关系，进而追溯中国特色社会主义文化与中华优秀传统文化的关系。

教师小结：在五千多年文明发展中孕育的中华优秀传统文化，在党和人民伟大斗争中孕育的革命文化和社会主义先进文化，积淀着中华民族最深层的精神追求，代表着中华民族独特的精神标识。这些思想、理念、品质一脉相承，深刻影响着我们的价值判断与行为选择，这些精神都与我们的传统文化息息相关，一脉相承。

教师活动：中华优秀传统文化在今天有哪些当代价值？

学生活动：分析讨论中华优秀传统文化的当代价值。

教师小结：不忘本来才能开辟未来，善于继承才能更好创新。优秀传统文化是一个国家、一个民族传承和发展的根本。只有坚持从历史走向未来，从延续民族文化血脉中开拓前进，我们才能办好今天的事情，推动国家的发展。传承中华优秀传统文化有利于我们铸牢中华民族的共同体意识，为解决当代中国和世界发展中的许多问题提供有益借鉴，有助于正确认识和处理国际关系，推动建立以合作共赢为核心的新型国际关系，构建人类命运共同体。

教师活动：推进问题解决，深入讨论，中华文化为什么能够绵延几千年发展至今不曾中断？并回归议题"正确对待中华传统文化"。

学生活动：根据本节课所学所感，从文化和哲学的角度进行阐释。

教师小结：我们的社会存在没有中断，在此基础上产生的中华文化当然不会中断，并且还将随着实践的发展不断丰富；我们的中华传统文化自身就是有生命力的，从其产生就看到其具有包容性和发展性，能够不断适应时代的变化而实现自身发展，不仅在历史中发挥重要作用，还能够指导我们解决现实问题，并且指向未来发展。因此，我们要对中华优秀传统文化充满自信。

设计意图：坚持学理性与政治性相统一。引导学生从文化与哲学的学理角度分析中华文化的生命力，进而树立文化自信，培养政治认同。

教师活动：布置拓展任务，以"我骄傲，我是中国人"为题，写一首现代诗。要求：体现出中华优秀传统文化及其当代价值；有真情实感，表达出文化自信；语言流畅，符合现代诗的格式，完成2~3小节。

学生活动：创作《我骄傲，我是中国人》，并进行展示交流。

课堂总结提升：对于中华优秀传统文化我们要知来处，这样才能生成文化自信；我们也要明去处，这样才能更好构筑中国精神、中国价值、中国力量。未来属于同学们，希望你们是奋斗的一代，更是自信的一代！

设计意图：现代诗是对中华优秀传统的继承与发展。通过现代诗创作引发学生进行深度学习，不仅用诗歌的方式表达自己所学所思所感所悟，更是在实践中体会中华优秀传统文化之美，树立文化自信，提升学科核心素养。

【教学反思】

（一）注重知行统一

教学活动中，基于学生认知起点进行教学延展。例如在追寻中华传统文化活动中，打破一例到底的教学模式，设计开放性活动，让学生自己介绍中华传统文化，在学生的分享交流中自然能够感受到中华文化的源远流长与博大精深。在传承中华传统文化中，通过现代诗创作活动，引导学生总结本节课学习的所思所感所悟，自觉继承与弘扬中华优秀传统文化。通过知行统一的教学设计，实现深度学习，引导学生在了解中华文化的发展脉络与展望未来中，从朴素的国家情感、文化情感上升到科学精神，从科学精神上升到稳定的政治认同，形成文化自信，实现学理性与政治性相统一，提升学科核心素养。

（二）采用议题式教学

在议题设计中注意围绕主题而议，让议题情境化；议中有思，让议题问题化；议中有情，让议题升华。对于"正确对待中华传统文化"议题的分解与分析，拓展学生的认识与思维，引导学生理解我们中华传统文化自身就是有生命力的，文化具有包容性和发展性，能够不断适应时代实现自身发展，不仅在历史中发挥重要作用，还能够指导我们解决现实问题，指向未来发展。因此，我们要正确对待中华优秀传统文化，树立文化自信，自觉做中华优秀传统文化的继承者、弘扬者。

四、中华优秀传统文化融入大学思政课的案例

以"毛泽东思想和中国特色社会主义理论体系概论"的第十章第三节第三目为例，设计了中华优秀传统文化融入高校思政课教学的案例。

【教材分析】

本节课是"毛泽东思想和中国特色社会主义理论体系概论"课的第十章第三节第三目的内容"坚定文化自信，繁荣发展社会主义文化"。这部分内容属于"概论"课中"五位一体总体布局"中的第三部分"社会主义文化建设"，处于整个教材的核心地位，教学过程中对教材体系进行了一定的重构整合，转变为更适合高校学生学情特点的教学体系。

【教学目标】

（一）知识目标

1. 理解文化自信内涵，理解文化自信是更基础、更广泛、更深厚的自信。

2. 分析中华优秀传统文化的发展境况，理解中华优秀传统文化是文化自信的坚实根基。

3. 探究提升文化自信，实现文化强国的实现路径。

（二）能力目标

1. 通过"一带一路"上文化案例的古今对比，以及未来展望，提高学生理论联系实践的能力，提升分析解决问题的思辨能力。

2. 通过自主探究性学习活动，提升思维逻辑的自主建构能力，更为全面、客观、深刻地看待文化问题以及更多的其他热点问题。

3. 通过素材比对等任务，提升文化信息筛选能力，在海量的舆情信息前，

增强理性思维能力。

（三）情感、态度、价值观目标

1. 树立坚定地走中国特色社会主义文化发展道路的信念，坚定文化自信，助力高职院校学生的精神力量。

2. 更好地理解文化自信是对每一个人的普遍性要求，加强提升文化自信，实现文化强国的信心。

【教学重点】

1. 理解文化自信的内涵。

2. 分析"一带一路"上中华优秀传统文化的境遇，理解强调文化自信的原因。

【教学难点】

探究提升文化影响力及提升文化自信的努力方向，肩负起"一带一路"文化倡议决策下的自信与自觉重任。

【教学方法】

（一）讲授法

通过形象生动的讲解，引导学生理解教学知识点。

（二）案例教学法

学生根据典型图片、视频案例，思考探究，感悟提升。

（三）任务驱动法

选取文化自信领域的热点案例、图片视频，形成问题链，驱动学生自主探究，在解决问题的过程中提供思路与框架，引导学生发散思维，自主建构知识体系。

（四）合作探究法

根据组间同质与组内异质原则，组织学生进行分组学习讨论，贯穿始终，提高学生学习效率和团队意识。

【学情分析】

本课的授课对象是大学二年级学生，在前置学习中，学生已对中国特色社会主义总布局有了概括性的了解，但对于中国特色社会主义文化强国的感知，欠缺理解。

（一）知识储备

已基本了解文化的广义狭义概念；已基本了解我国当前文化建设领域的重点工作方向。

（二）能力水平

1.已初步掌握辩证分析的能力，有一定的理性思考能力和分析问题能力。

2.部分学生已有文化强国意识，对中国特色社会主义文化有初步感知。

（三）学习特点

1."00后"们思维活跃、意识自主、表达欲望强烈。

2.对融媒体领域的文化传播很感兴趣，信息获取量强大。

3.喜欢在实践活动中自主建构思维体系。

【参考资料及教学资源】

（一）参考文献

1.习近平：《坚定文化自信，建设社会主义文化强国》，《求是》2019年第12期。

2.韩文乾：《习近平关于坚定文化自信重要论述的四个维度》，《思想理论教育导刊》2019年第11期。

（二）网络资源

1."学习强国"学习平台：https：//www.xuexi.cn/。

2."毛泽东思想和中国特色社会主义理论体系概论"在线课程（首都师范大学马克思主义学院李松林）。

【教学过程】

（一）签到考勤

教学活动：在线签到＋复习提问。

教学内容：授课应用平台扫码签到；巩固复习前课重点知识。

师生互动：教师在授课应用平台开启扫码签到，学生利用移动端扫码或者输入课堂验证码完成考勤；教师通过平台进行滚动点名，抽查提问学生回答前课重点知识。

设计意图：利用手机缩短传统点名的冗长用时，提高课堂效率，让课堂在趣味中拉开序幕。

（二）创设情境，导入新课

教学活动：图片赏析＋线上投票。

教学内容：你认识它们吗？（图片展示"一带一路"上我国的四个非遗瑰宝：艾德莱斯、桑皮纸、裕固族服饰、兰州太平鼓。）

师生互动：应用平台投票，你认识图片中的哪些非遗瑰宝？

老师：通过投票统计，看来大多数同学们对于以上这几个名字并不熟悉，甚至可能有人一个都没有听说过。图1，艾德莱斯是新疆地区的一种土产丝绸；图2，桑皮纸也是流传在新疆地区的一种古代工艺造纸，有着千年历史的桑皮纸被称为人类纸业的"活化石"；图3，裕固族主要聚居在甘肃省肃南裕固族自治县和酒泉黄泥堡地区，裕固族男女都穿高领、大襟有衽的长袍，因此裕固族的传统服饰是"一带一路"上的一抹美丽文化风景；图4，兰州太平鼓是一种具有浓郁西北风情的汉族鼓舞，主要流传于甘肃兰州、酒泉等地，兰州太平鼓素有"天下第一鼓"的美誉，又与安塞腰鼓、威风锣鼓、开封盘鼓、凤阳花鼓并称为"中华五鼓"。其实以上这四个名字都是从古丝绸之路上流传至今的一些非常优秀的民间传统文化，而且它们已都被评为了国家级非物质文化遗产。

设计意图：以图片展示的方式，结合应用平台线上投票，营造一个更为形象的情景，打造较为轻松的课堂预设，提升学生的主体作用，增强体验感，实现教学的循循善诱，同时也为接下来的教学重点难点的突破做好问题铺垫。

（三）新课讲授

教学活动：引导阐述＋案例分析＋视频链接。

教学内容：以艾德莱斯为例，对曾经的丝绸之路上的繁盛的文化，做一个历史性的回顾，为接下来的深度审视作铺垫。

师生互动：教师引导阐述，学生观看视频，利用教学应用平台进行实时的弹幕互动。

案例分析：《艾德莱斯的昨日辉煌》——艾德莱斯，其实是新疆地区的一种土产丝绸，两千多年前，艾德莱斯第一次出现在了古丝绸之路上现在的和田一带。从此以后，这样一种丝绸文化就越来越走向繁盛，当时的和田老百姓，可以说，家家都掌握了艾德莱斯的传统技艺，当时的和田古城，更是天天都是丝织声不绝于耳。对内，艾德莱斯大量进入中原市场，上自王公贵族，下至平民百姓，对这样一种极具特色的丝绸都是爱不释手。对外，艾德莱斯更是远播中亚、中东，甚至地中海的沿岸各国。也正是艾德莱斯的如此兴盛，使得和田成为当时西域三大丝都之一，中外丝绸贸易更是络绎不绝，艾德莱丝绸的名声远播国内外。

案例选取依据：艾德莱斯是"一带一路"上的中华文化瑰宝，学生对于江南地区的丝绸文化有一定了解，但对艾德莱斯却几乎从未听说，因此，拿艾德莱斯知名度的今昔对比为例，可以有力地论证"一带一路"上中华优秀传统文化状况的今昔反差，具备典型性。

视频欣赏：播放《神秘的艾德莱斯绸》视频片段，视频主要介绍了艾德莱斯的传统制作工艺与艾德莱斯制作成品的瑰丽。

设计意图：通过具体案例的叙述与视频素材的运用，学生们更为直观地感受"一带一路"上中华优秀传统文化的辉煌，为接下来的今昔对比做进一步探究，做好理性与感性分析的基础。

教学内容：递进式设问分析，为什么这些曾经如此辉煌的文化瑰宝在现代人面前变得如此陌生？为什么这些曾经的辉煌，在当今传承上会面临如此的窘迫呢？

师生互动：教师提出递进式设问，学生进行在线答题，将思考结果上传至教学平台，教师进行提炼升华。

（学生回答1：我们对于中华优秀传统文化认识不够，身边有哪些中华优秀传统文化，中华优秀传统文化有哪些内容和意义，这些文化从哪里起源等问题，我们都缺乏了解，以至于有时候对传统文化会出现偏见。）

（学生回答2：崇洋媚外的人很多，中华优秀传统文化现在"墙外香"的现象也曾出现，我们自己反倒不支持自己的文化了，甚至有人还否定。）

（学生回答3：年轻人不喜欢过于老套的东西，原汁原味的东西不适合日新月异的时代，感觉很多传统文化需要有改变，才能跟上时代的发展。）

教师总结：同学们刚刚从多个角度对这个原因进行了分析和思考，归纳一下几个代表性的回答，主要是三方面原因。

第一，是文化认知的匮乏。有时候我们会犯这样一个错误，那就是在没有充分了解这些中华优秀传统文化的内涵的前提下，就极端地将这些中华优秀传统文化认定为是守旧的，是古板的，是应该被我们抛弃的。就像艾德莱斯，之前课堂上有些同学提出觉得这些花纹太过于艳丽，和他们现在的审美不一致，但其实，艾德莱斯在维语中的意思是"布谷鸟翅膀上的花朵"，这些鲜艳的背后，是人们对于生命的热爱，对于自然的赞叹。

第二，是文化认同的缺失。部分国人有一种极端的思维定式，那就是外国的月亮永远比较圆。对于外来文化的热衷与追捧，使得我们自己的优秀传统文化在这些洋文化面前，一点点丧失了地位。

第三，是文化能动的颓丧。当我们在认知层面进行错误定性后，我们也没有再去做一些能动的努力和尝试，事实上，这些古老而悠久的优秀传统文化，绝非固定的，它们都是活的系统，需要我们每个人对它们进行积极的改造行动。

设计理念：优秀传统文化如此境遇的原因是本课的重点内容。首先开展线上主观题思考，锻炼学生的自主思辨能力，提升学生的课堂主体作用，考虑到该重点的把握有一定的难度，教师在学生讨论基础上需要进行总结提炼，结合案例，结合学生实际生活体验，降低问题理解的难度，实现教学重点的突破。

教学内容：

问题分析 1：如何更好地继承中华优秀传统文化？继而推演出应当树立高度的文化自信和文化自觉。

问题分析 2：请进一步思考，从大学生角度如何具体实现文化自信和文化自觉呢？

师生互动：教师提出设问，学生展开小组讨论，组长将讨论结果上传至教学平台，教师进行总结提炼。

（学生回答 1：根据前面的原因，我们小组的主要观点是，要加深对文化的认知，我们必须努力获取大量的知识来充实自我的头脑，在获取知识的同时，我们要注意信息的多样化，不能一味选择快餐式的文化信息，应该多多沉下心来了解一些更为深刻、更有底蕴的文化信息；另外，我们要注意加深理解和加强信息的甄别。）

（学生回答 2：我们小组的主要观点是要加强文化认同，在充分且客观的认知基础上，我们要学会尊重，更要学会认同。我们尊重异国的文化，认同本国的文化，我们并不否定对外来文化精华的吸取，但吸取是为了更好地自我强化，而非全盘西化。）

教师总结：两组同学提出的观点，其实就是要加深文化认知和加强文化认同。提及文化的认知和认同，除了以上两点，教师还有一些其他的建议，那就是在认知和认同的基础上，还要勇于文化创新和积极进行文化实践。

案例解析：习近平总书记在各类场合的演说中，经常会引经据典，向世人展现我们中华优秀传统文化的底蕴。例如，习近平总书记在纪念抗战胜利 70 周年的招待会上，就引用了孟子中的一句经典："得道者多助，失道者寡助。"他在用我们经典的语言，用传统文化的语言向世人宣告，什么是正义，什么是耻辱。再例如，习近平总书记在德国科尔博基金会发表演讲，引用了《司马法》中的一句经典："国虽大，好战必亡。"他用中华优秀传统文化的内涵向世人展示了一个爱好和平的中国、求同存异的中国。

案例选取依据：习近平总书记在国内外多个场合谈及中华优秀传统文化，展现了中国政府与人民的精神志气，提振了中华民族的文化自信。因此，用此案例论证加深文化认知和加强文化认同的两个努力方向，具有选取意义。

视频链接：《艾德莱斯炫昆仑》——视频主要展示了"艾德莱斯炫昆仑"大型文创活动中，设计师将艾德莱斯元素进行创新融合后，推出的一系列特色文创作品。

（四）课堂小结，作业布置

教师总结：本堂课，我们对中华优秀传统文化有了更多的了解，对树立文化自信与自觉有了更深的感知和更强的动力。希望在座的各位同学，通过今天的学习能主动地承担起文化传承与发展的重任，因为强国的明天，必然也是文化繁荣的明天！

在线作业：1. 结合自身专业，设计一个体现中国风元素的文化创意作品；2. 完成《身边的中华文化推动者》调研任务，以微视频的形式，上传至教学平台。

【教学总结和反思】

（一）问题引领式探究，构建严密逻辑

本课以"是什么—为什么—怎么做"的基本逻辑推演为设计思路，形成问题链，层层推进，推演结论。

（二）任务驱动式探究，突出主体地位

在整个教学过程中，设置了线上线下探究、小组讨论、图片视频赏析、案例分享等多元任务，切实改变传统思想政治理论课"一言堂"的现象，坚持灌输性与启发性的统一，突出学生在课堂学习中的主体地位。

（三）线上线下式教学，展现信息化新貌

借助网络教学平台的讨论、答题、弹幕等功能，采集教学全过程信息，以可视化形式展示，有效解决了传统思想政治理论课中教学工具单一性的问题，同时有效改善了大班化教学人数多而导致的兼顾性低下问题，有效提升了学生的参与度，提高了学生的学习积极性和课堂效率。

此外，就本课的实施效果来看，在教学过程中，学生的主动性还有待进一步提高，学生的理性思辨力还有待加强，教学内容的广度和深度还有待进一步深挖。

【学生阅读书目推荐】

1. 陈平原：《当代中国人文观察》，人民文学出版社 2004 年版。

2. 程恩富：《文化经济学通论》，上海财经大学出版社 1995 年版。

第八章　中华优秀传统文化

融入思政课的发展趋势

一、思政课与大思政课

2021 年两会期间，习近平总书记提出："思政课不仅应该在课堂上讲，也应该在社会生活中来讲"，"'大思政课'我们要善用之，一定要跟现实结合起来。上思政课不能拿着文件宣读，没有生命、干巴巴的"。[①] 2022 年 4 月 25 日在中国人民大学考察时又提出"思政课的本质是讲道理"的重要论断等。习近平总书记的这些新要求为新时代办好思政课指明了方向，是思政课目前的发展趋势。而中华优秀传统文化融入思政课的发展趋势就是将中华优秀传统文化赋能到大思政课的方方面面，为上好吸引学生的生动的鲜活的思政课增砖添瓦。

"大思政课"首先是思政课，是思政课的新形态，而不是在思政课以外构建别的课程，其出发点和实质都是为了上好思政课。因此，"大思政课"一定具有思政课的属性和要求，是围绕思政课建设进行改革创新。"大思政课"同传统思政课相比，最突出的特点就是"大"。"大思政课"要在"大"上做文章，正确理解"大"字非常关键。我们可以借鉴毛泽东的一句话。1942 年 5 月 30 日，毛泽东在鲁迅艺术文学院对学员讲话时就曾从学习途径的角度指出：

---

① "'大思政课'我们要善用之"（微镜头·习近平总书记两会"下团组"·两会现场观察）[N]. 人民日报，2021-03-07（1）.

"你们现在学习的地方是小鲁艺，还有一个大鲁艺，还要到大鲁艺去学习。大鲁艺就是工农兵群众的生活和斗争，广大的劳动人民就是大鲁艺的老师。"①

　　以此来理解"大思政"的"大"就是把思政课讲在社会生活的方方面面。"大思政课"的"大"不是指课堂规模的大小，而是指宏大的时代、鲜活的实践、生动的现实，注重社会各方力量的参与、横向范围的辐射。如果说思政课是学校小课堂的话，那么"大思政课"就是社会生活的大课堂。由此，我们可以把"大思政课"的核心点概括为：思政小课堂与社会大课堂的结合。这一结合使思政课从内涵与外延、内容与形式、纵向与横向、时间与空间、线下与线上、显性与隐性等各方面向社会拓展，"让思政课与现实紧密结合、与实践充分互动、与时代同频共振"②。这一结合不是淡化思政课小课堂，另外建构社会思政大课堂。思政课还不能仅局限于学校小课堂，要充分利用好社会资源和社会力量，形成思政育人的协同效应，巩固学校思政课的成效。总之，实施"大思政课"的目的还是为了上好思政课，为思政课服务，通过"大思政课"更好地把道理讲深、讲透、讲活。2022年7月，教育部等十部门印发了《全面推进"大思政课"建设的工作方案》。为了深入贯彻落实习近平总书记关于"大思政课"的重要指示精神，加快构建"大思政课"工作格局，2022年8月，教育部会同有关部门联合公布了首批453家"大思政课"实践教学基地。

二、由融入向赋能转化

1. 融入的理解

　　融入是一个过程性的动词，指一事物加入另一事物之中，融合在一起成为一个整体。融入还有主次之分。将中华优秀传统文化融入思政课，就是在大中小学思政课教育教学过程中，从中华优秀传统文化中选取相契合的具有

① 毛泽东年谱：1893—1949（中卷）[M]. 北京：中央文献出版社，2013：384.
② 齐鹏飞. 善用"大思政课"[N]. 人民日报，2021-03-19（9）.

思想政治教育元素和启迪意义的内容，如典故、格言、成语故事、名人名言等，运用恰当有效的方式来佐证或论证思政课教材内容，使学生更易接受和理解思政课教材内容，让学生从中受到启发而自觉严于律己，培养高尚品格，养成良好的行为习惯，自觉认同并践行社会主义核心价值观的要求。二者的有机结合，既能传承和弘扬中华优秀传统文化，又可以达到良好的立德树人育人效果。需要注意的是：中华优秀传统文化作为一种要素融入思政课教学活动中，融入后中华优秀传统文化不是思政课中独立的一部分，而是与思政课紧密地交融在一起的整体，使立德树人的根本任务落实得更有效果。在融入过程中占主体地位的依然是思政课本身，思政课的教学目标和立德树人的根本性质没有变化，但是，教学方式、方法、理念因中华优秀传统文化精神和要素的融入需要进行更新、创造。

2. 赋能的理解

（1）赋能的概念

赋能由英文单词 empowerment、empowering、enabling 翻译而来，国内译法也不唯一，有时也译为"增权""增能""赋权""充权""强化权能""激发权能""授权赋能"等。赋能的概念最早由美国学者 Barbara Solomon 在其1976 年出版的著作 *Black Empowerment: Social Work in Oppressed Communities* 中提出。Barbara Solomon 还指出，要解决非洲裔美国人族群不公正待遇问题，必须以"赋能"理论做指导，增强他们在社会工作中的权力。20 世纪 70 年代末，Kneter 从组织领导的视角提出以推动赋能为中心的领导新方式，给予员工更多的权力和机会。20 世纪 80 年代后期，Conger 和 Kanungo 以自我效能为基础，从心理学的视角提出，不仅要赋予特定人群权力或资源，还要增强他们的自我效能感。20 世纪 90 年代以后，"赋能"理论渐成显学，在社会学、教育学、心理学等学科领域产生重要影响。迄今为止，"赋能"的概念广泛用于贫困或弱势群体改善境遇的相关研究，包括贫困治理中的给贫困者赋能，护理实践中调动患者的主观能动性，旅游领域中对旅游社区的赋能等。总之，"赋能"在内涵上大体包括外部增权、内部增能两个方面，以内部的权能激发为主。如果说"赋能"以特定群体"失能"为前提，那么"赋能"的核心要义在于提高"失能者"主动改变现状的意愿和能力。

（2）**赋能的种类**

有三种代表性的观点：结构性赋能（Structured empowerment）、心理赋能（Psychological empowerment）、领导赋能。

第一，结构性赋能是指要营造充分授权赋能的组织氛围和授权赋能制度体系的建立。这种观点的基本假设是组织社会结构对员工行为的影响远大于员工个性特征的影响。这样的组织社会结构包括信息的享用权、接受的支持、资源享用权、学习和成长的机会，重点是必须授予员工自我做出决断的权力。结构性赋能相对忽视员工的感受，因而具有局限性，这引发了对员工心理授权赋能的研究。

第二，心理赋能从心理学视角对员工的授权赋能进行研究，认为工作和组织社会结构会对员工产生影响，但只有组织结构能够对员工的动机产生影响并能提高其自我效能感时才能产生有益的结果。Conger 和 Kanungo 依据 Bandura 提出的自我效能感概念，得出授权赋能可以提高员工的自我效能感，从而使员工感觉到自己能够胜任工作。Conger 和 Kanungo 提出了一个五阶段授权赋能模型，即诊断员工感到无权的原因、管理者改变导致无权的状况、为员工提供自我效能感信息、员工感受到被授权和其行为效果。Thomas 和 Velthouse 在 Conger 和 Kanungo 观点基础上，从认知对员工工作内在动机的影响来研究授权赋能，提出了一个授权赋能的认知模型。他们认为，从认知的视角来看，内在动机包括 4 个评估任务变量：影响力、能力、价值及选择，并描述了员工达到这些标准的认知过程。

第三，领导授权赋能是从领导学的视角来研究授权赋能，授权赋能的含义也从把权力授权其他人变为领导如何让员工拥有权力并提高其能力，以改变工作场合的关系。领导者的举动像教练一样，帮助员工解决难题，提高能力，使得员工的责任感增强。通过这种方式，使得下属对他们的领导更加满意，并且认为他们是公平的，因而实现上级的期望。Burke 认为领导者通过提供一个清晰的方向为员工授权赋能，但不是任何方向，而是包括一个较高的目的，一个有价值的目标，一种理念，并且要求集体的共同努力。他也建议通过聪明而令人兴奋的观念及鼓励员工承担有难度的挑战作为激励员工的授权赋能战略。

3. 文化赋能

对于社会成员而言，文化习得既是一个客观的自然过程，又是一个主观的建构过程。因而，文化对于任何一个个体都具有赋予其生存能力和价值判断的作用。文化赋能是围绕提升人的文化素养，通过价值观念、知识方法、制度安排、社会舆论和生活经验等方面，给予社会个体生存和发展能力的过程。

（1）价值观念

价值观念是人们通过认知活动在头脑中形成的高度抽象的概念与思维逻辑，是个体进行意义识别和判断的主观依据，体现了主体对客观事物发展规律的理解、把握，以及基于自身需要和追求的意志选择。价值观念是一个文明体的灵魂所在，也是一个历史积淀和发展演进的过程，从中华文明"讲仁爱、重民本、守诚信、崇正义、尚和合、求大同"的价值传承，到中国特色社会主义文明"富强民主文明和谐、自由平等公正法治、爱国敬业诚信友善"的社会主义核心价值观表达，体现了中华民族一脉相承、生生不息的精神境界和不懈追求。

文化赋能从根本上要着眼于价值体认，即促进个体基于自身学习和生活实践基础上的价值认同。宗教将人的现实世界与神的想象世界分开，形成一个彼岸的超验价值，并以此构建精神共同体。唯物主义以实践为出发点，从对客观世界的规律认识中不断总结历史经验，升华价值目标。因此，文明社会必须从社会生活的各个方面促进价值体认。中国特色社会主义文明建设，尤其要注重个体实践理性的培育，通过社会生活中的共同价值体验和新时代文明实践中心的价值形塑，促进人们树立自我实现的正确方向和人生目标。

（2）知识与方法

知识与方法是人们在文化习得中的重要内容，两者是"鱼"与"渔"的关系。人类文明演进的过程得益于知识的积累，受益于方法的不断创新，两者相互促进，使人的智识和能力不断提升，成为人类文明进步的阶梯。因而，文化赋能要将知识和方法的传承与创新，作为永恒的主题。

着眼于未来发展的文化赋能，需要建构融合的知识观和方法论，不断丰富和完善人类知识图谱，借助于认知方法和技术手段的创新，尤其是人工智能的发展，实现新的知识飞跃。文化赋能不仅需要提升人的文化精神与追求，而且需要提升科学精神和知识的运用能力。

通过高校、科研机构与企业的融合，可以加快知识转移的速度，提升知识运用效率。同时，通过构建文化社群共享平台，促进个体"转识成智""以智创效"，激发社会成员的创造活力，正在成为社会价值与财富共建共享的经济新形态。

（3）**制度安排**

人类社会文明进步加速的重要推手在于教育制度的确立。教育既是文化传承的实现方式，又是推动文化创新的力量积蓄。文化赋能的根本方法在于教育，确立以教育为核心的促进文化传承与发展的一系列制度安排，既是文化赋能之应有内涵，也是文明发展之成果体现。

人类社会进入知识经济时代，终身教育成为越来越多国家教育制度改革的方向。文化赋能对于个体对象而言是一个需要终身实践的过程，国家在作出制度安排的同时，还要引导社会成员树立终身学习的意识和自觉，促进每个人不断适应时代的变革和知识的更新，实现知识代际传承与反哺的良性互动。

（4）**社会舆论**

社会舆论是与人类文明发展相伴相生的一种文化现象，表现为人们关于某一特定认识对象的各种不同意见的集合。与制度安排在文化赋能中所具有的刚性作用机制不同，社会舆论所起到的是一种基于社会成员意见表达的弹性机制。这种弹性或柔和或激烈，或脆弱或坚韧，在不同情境下对社会产生的作用有所不同。舆论作用不仅在于对文化赋能个体过程中施加影响，而且在于对国家治理所产生的民意进行引导。"舆论导向正确，是党和人民之福；舆论导向错误，是党和人民之祸。"因此，文化赋能必须把握好舆论导向这一方向舵，使文化赋能的过程成为强信心、聚民心、筑同心的育人实践。

（5）**生活经验**

人作为文化的承载主体，总是生活在一定的社会空间，并通过与他人的交往形成各种社会关系。无论是城市还是乡村，无论是实体空间还是互联网构筑的虚拟空间，都会让生活在其间的社会个体通过感知和体会，形成生活经验，在习得文化范式的同时，也创造着个体的文化表达。生活经验既是文化认知的实践基础，也是在特定文化关系中对个体社会角色的塑造。因而，文化赋能离不开生活经验对个体的形塑，尤其是激发个体灵感与创意的直接生活体验。

文化赋能不是脱离生活的理想教化，而是融入生活的文化实践。文化的力量就在于"百姓日用而不觉"。只有将文化的基因注入现实生活，成为个体生活实践的内在精神力量，才能在真正意义上实现文化赋能。面对面的体验是社会生活不可替代的元素，要从打动人心的生活细微处入手，将价值观念、思想内涵、文化审美、道德良知等寓于其间，润物无声、浸入心田，将文化赋能转化为人们追求美好生活的体验。从促进个体生活融入的意义上讲，新时代文明实践中心的功能就在于增强人们对这种生活的感知和体验，并成为个体的生活经验。

总之，文化赋能的要义就在于围绕人的精神建设，从满足、引导、激发人的内在需要入手，多维度地系统构建社会服务和治理机制，将国家强盛、民族复兴、人民幸福的愿望统一于文化力量的构建之中。

文化赋能包括四种途径，即继承，把文化基因传下来；融入，让文化要素活起来；创新，促文化新脉长起来；传播，推文化影响强起来。这四种途径也可以说是从低到高的四个赋能阶段，融入只是赋能的一个阶段。

4. 赋能是融入的新境界

如前所述，中华优秀传统文化融入思政课只是赋能的一个阶段。文化赋能比文化融入的内涵更加全面、更加深刻。

所谓更加全面，其理由有二。首先，赋能包括价值观念、知识方法、制度安排、社会舆论和生活经验五个方面，视角更加宏大，而不仅仅局限于思政课堂，体现了"大思政"的理念。其次，赋能包括继承、融入、创新和传播四个阶段、四种途径，融入只是其中一个阶段、一个途径。因此，赋能比融入的内涵要更加全面，视角更宏大。

所谓更加深刻，其理由也有三。第一，赋能体现的是对人的赋能，这与21世纪核心素养取向、学生中心、产出导向的教育理念相一致，落地到人的发展，而融入更多地体现是对思政课的改进，更多的是从教的视角切入。第二，赋能的四种途径中，融入只是一种途径，在赋能方面途径单一，不能体现赋能途径的多样性。第三，赋能有四个阶段，融入以继承为前提，其后续高级发展阶段是创新和传播。只关注融入不能把握赋能的阶段性和规律，容易陷入假融入和硬融入的误区。

总而言之，赋能比融入的内涵更加全面、更加深刻，因而开辟了中华优秀传统文化融入思政课的新境界。

三、中华优秀传统文化赋能课程思政

2014年，上海就已经开始了探索和推进"课程思政"并且选取了部分高校课程进行了试点，挖掘专业课程中的思政元素。高德毅、宗爱东在对上海高校思政课程改革实践经验的总结上首次明确提出"课程思政"的概念，即课程思政是一种将思想政治教育融入课程教学，将其他课程的隐性思政作用与思想政治教育专业课的显性思政作用有效结合，实现立德树人目标的课程观。[①] 2019年，教育部长陈宝生在全国教育工作会议报告中指出：目前德育仍存在"软、浮、虚、乱、散"的问题，改进德育工作，要重点把握"信、心、活、全、书"五个字。其中的"全"就是要形成全员、全过程、全方位"三全"育人的格局，推行课程思政正好切合"三全"育人的核心要义。2020年，教育部正式印发了《高等学校课程思政建设指导纲要》，从国家层面对高校的课程思政建设作出了总体的设计和全面的部署。这个文件虽然是针对高

---

① 高德毅，宗爱东. 从思政课程到课程思政：从战略高度构建高校思想政治教育课程体系[J]. 中国高等教育，2017（1）：43-46.

校印发的，但是依然适用于中小学思政课以外的课程。陈敏生、夏欧东等认为课程思政理论来源于中国传统德育思想。[①]

中华优秀传统文化中包含着如何正确处理人与自然、人与国家、人与社会、人与他人、人自己身与心的关系的思想。语文、数学、政治、历史、地理、物理、化学、生物、医科、农科、工科等都可以在中华优秀传统文化中找到根源。教师要深入挖掘其中的思政元素对学生进行有效的指导。因此，中华优秀传统文化可以赋能到各门课程教学中，即赋能课程思政，落实立德树人根本任务。为此，要挖掘各门学科课程中的中华优秀传统文化中的思政元素，将专业知识和中华优秀传统文化的相关内容相结合。如在语文、历史、政治、地理等文科中的中华优秀传统文化思政元素相当丰富，在进行学科课程教学时，教师应该挖掘一些更深入的思政元素来引导学生，让学生了解更多的中华优秀传统文化知识、风俗礼仪、核心理念、民族精神。在数学、物理、化学、生物、科学等这些理科课程中，可以从古代的科学家的人格魅力、科学精神、科学方法、科学态度入手找到中华优秀传统文化与该学科之间的契合性，对学生进行立德树人教育。在音乐、体育、美术、艺术等课程中，教师在授课过程中要将中华民族传统的音乐、美术、艺术、运动赋能给课程，在音体美的学习中不知不觉地落实立德树人的根本任务。外语课可以从与汉语言的起源发展及对周边国家的影响的比较中去感受中华民族的源远流长，绵延不绝。农科课程可以中华民族古老的农业文明累累硕果来赋能，这些硕果包括植物的种植、动物的驯养、水利的修建、动植物大家和水利工程专家的人格魅力等。医科课程可以传统的中医药学名家的人格魅力和医药学典籍来赋能。工科课程可以古代著名的工匠人物、工匠精神、各种亭台楼阁庙寺屋宇等去赋能。

各学科之间横向上要相互贯通，形成各学科的育人合力。比如同是进行爱国主义教育，语文注重的是通过教学，培养学生热爱祖国、热爱家乡的情感，提高学生的文化自尊与自信，培养学生为建设祖国而无私奉献的优秀品

---

① 陈敏生，夏欧东，朱汉祎，等. 高等院校推进课程思政改革的若干思考 [J]. 高教探索，2020（8）：77-80.

质,激发和增强其民族自豪感。可以说,一整套语文教材,就是一座挖掘不尽的进行爱国主义教育的宝山。伟大祖国历史悠久,文化灿烂,华夏民族勤劳勇敢,充满智慧。古代先贤忧国忧民,勇于献身。祖国山河地大物博,山川秀丽。忠良将相廉洁奉公,正直不阿,爱国志士改革政治,舍生取义,反抗强暴,前赴后继,不屈不挠。中华礼仪之邦,崇尚道德,宽厚仁爱。革命先辈为民族解放,抵御外侮,抛头颅,洒热血,业绩光耀千秋……所有这些,都能促使学生去思考人生,思考生活,思考自己的责任和义务,增加使命感,培养崇高的爱国志趣,从而丰富他们的精神生活,使之具有完整高尚的人格和情操。因此,只要充分发挥教材的作用,在组织和指导学生学习语言,培养学生正确理解和运用祖国语言文字的能力中,把爱国主义思想教育渗透在语文课堂教学里去,就能以春风化雨般的形式赋能学生的心灵。数学则是通过有关数学史料,了解我国古今数学家在推动数学方面所作的杰出贡献,对学生进行必要的爱国主义教育,激发学生的民族自尊心,增强民族自豪感。世界著名科技史专家英国的李约瑟说:"中国在公元 3 世纪到 13 世纪之间保持一个令西方望尘莫及的科学知识水平。"在数学领域更是如此。数学教师可以从中国古代对人类数学的贡献为切入点对学生进行爱国主义教育。我国西周已有的勾股定理被晚数百年的毕达哥拉斯所占有。曲面积分的定理被英美冠名为"高斯",俄国则冠名为"奥斯特洛格拉德斯基"。现在所用高等数学上的定理、公式前多冠以洋人名字,对不知内情的学生可能会出现崇洋媚外的心理。但是,只要细读一下中国的数学史,就会让学生的爱国主义理直气壮。西汉的《九章算术》中已发现了解线性方程组的方法。三国刘徽的《海岛算经》中,用计算圆内接正 192 边形,得出 π 的近似值为 3.14。南北朝的祖冲之在前人的基础上计算出 π 值小数点后七位,比欧洲早 1000 多年。唐朝王孝通研究解决了部分的三次方程问题。宋朝的朱世杰提出四元高次方程组的消去法,比西方同类早 400 年。杨辉三角形比法国的帕斯卡三角形早了近400 年。唐代的张遂导出了插值多项式,比牛顿早 1000 年。宋代秦九韶研究的最高次数为 10 次的高次方程的数值解法,比霍纳早 500 多年。元代的王恂、郭守敬为解决天文计算问题,创建了三次函数的内插值方法。美术则从了解我国美术悠久、辉煌的历史，培养民族自豪感。无论是绘画、雕塑，还是工艺美术，都受到世界各国人民的喜爱和青睐，受到各国人民的高度赞扬与评价。在美术作品欣赏的教学中，通过参观、讲解美术作品，让学生了解美术的历史，并认识到我国优秀的传统文化艺术对人类的绘画、雕塑、工艺美术和建筑艺术作出的伟大贡献和杰出成就，借此来激发学生的民族自尊心和自豪感。了解画家爱国典故，激发爱国之情。如齐白石曾闭门谢绝日本人，不做汉奸。让学生深入了解齐白石的人格魅力并学习之。还在作品《虾》中融入民族气节和爱国情怀，曾画水墨螃蟹，并在画上题字"横行到几时"，暗骂日本人。激发学生对人民艺术家的敬仰和爱戴，进而使学生受到爱国主义情感的熏陶。徐悲鸿有一段时间每天大部分时间都是吃馒头、面条，把节省出来的钱和画画所卖的钱存起来，这样节约出来了十几万的生活费，用这些钱从海外商人手里把我国的国宝《清明上河图》买回来，让这幅作品回到了祖国的怀抱。这种为追回国宝而不惜重金倾囊而出的爱国行为很让人动容……

为了更好地发挥中华优秀传统文化的赋能作用，一些地方的学校把课程搬到了传统文化教育基地，让学生有更加直观的亲身体验。这方面，山东省济宁市走在了前面。山东省基础教育教学重点改革项目"优秀传统文化'课堂＋基地'育人模式实践探索"的深入研究和实施，立足课堂和基地，着眼体验和实践，持续推进优秀传统文化教育的实践创新。过去，传统文化教育形式较为单一，只局限于校园里、课本上，往往只重视课堂传授，忽视亲身体验。实践证明，在亲身实践体验中，能更充分地激发学生的内在动机，更有利于把教育要求内化为学生品质。济宁近年来将传统文化学习"搬"到文旅基地，通过"培养一批体验基地，培育一批配套课程，以基地促课程开发，以课程促基地建设，最终辐射更多区域"的实施路径，探寻出了一条文旅与教育融合发展的传统文化传承创新之路。济宁充分发挥全市80余所省市级优秀传统文化体验教育实验学校的辐射作用，指导各学校建立了"数字国学体验馆""校园体验互动区""传统文化大讲堂"等体验教育平台，开发了拓印、席编等50个非遗文化体验课程，遴选了首批60所传统文化技艺传承示范校。同时，依托济宁"两圣""三孔""四孟""五大文化体系"等地域文化优质资源，确定了 50 余处研学基地，开发出"儒学圣源，明礼生活""走进两孟，知书达礼""走进古运河，传承乡土情"等 20 多个基地研学课程。其中，"三孔文化游览区""尼山区红色教育基地"等获评省级中小学生优秀研学基地。

四、中华优秀传统文化赋能家庭建设

习近平总书记曾在 2015 年春节团拜会上发表重要讲话时说："家庭是社会的基本细胞，是人生的第一所学校。不论时代发生多大变化，不论生活格局发生多大变化，我们都要重视家庭建设，注重家庭、注重家教、注重家风，紧密结合培育和弘扬社会主义核心价值观，发扬光大中华民族传统家庭美德，促进家庭和睦，促进亲人相亲相爱，促进下一代健康成长，促进老年人老有所养，使千千万万个家庭成为国家发展、民族进步、社会和谐的重要基点。"习近平总书记提到的家庭建设要"紧密结合培育和弘扬社会主义核心价值观"，家庭建设要"成为国家发展、民族进步、社会和谐的重要基点"这个话就是家庭建设中立德树人的内容。我们的祖先特别注重家风的建设，家训的凝练，给我们留下了许多优秀的家风、家训内容及家庭建设的楷模。这些是中华优秀传统文化不可或缺的组成部分，以此赋能家庭建设，从内外两个方面激发起孩子积极主动的立德树人动机。

1. 家庭建设的重要作用

家庭对每个人来说都充满着美好、温暖和向往。家庭是每个人出生、成长、发展的地方和基础，是每个人从生物人成长为社会人的场所，是每个人的精神所依，灵魂所归，"三观"形成的地方。所以，家庭是每个人出生后的第一所学校，是每个人接受品德教化、意识形态教育的第一站。围绕社会主义核心价值观构建家庭文化，营造文明、和谐、健康的家庭生活，对于子女的健康成长具有重要意义。家庭还是社会的基本细胞，是每个人连接社会的纽带桥梁。家庭教育（简称家教）无论在什么时候都是家庭建设的中心工作，也是良好家庭风气（简称家风）形成的基础，子女成人成才的核心关键。因此，家庭、家教、家风就成为家庭建设的重要内容。

家庭建设中最重要的是家长为人处世的身教和家教内容的选择。俗语说："龙生龙，凤生凤，老鼠的儿子会打洞。"这一俗语能流传多年，其道理主要强调了先天传承和环境的影响。所谓的先天传承，用现代科学解释就是血脉基因。生物学说普遍认为，人的行为和思想，大都会通过血脉基因遗传给后代。所以龙凤出身高贵，后代也是高贵的；老鼠的一生都在钻来钻去，其后代生下来就会打洞。这就是所谓的传承。大到一个家族，小到一个核心家庭的家教、家风也是有传承的，好的家教、家风没有其他因素的介入，会代代相传；不好的家教、家风没有其他因素的介入也会代代相传。怎样让好的家教、家风代代保持，不好的家教、家风步入好家教、家风的轨道呢？后天环境的影响可以做到。相对于先天传承来说，后天环境的影响可能会更多一些。先天血脉基因好，好环境可以使其更好，坏环境可能使其血脉基因发生变化；先天血脉基因不好，好环境可以使其血脉基因向好的方向变化，坏环境可能使其血脉基因变得更坏。影响一个家庭的最大环境就是家长自身，家长的言谈举止，为人处世，道德三观，见解格局等都极大地影响着这个家庭的原有的血脉基因，影响着子女的成人成才。比如一个家长是否孝敬自己的父母，对待自己的长辈是否尊敬有礼，将会耳濡目染地直接体现在他的孩子身上。孩子长大后就会以当初父母的做法来反馈回自己父母身上，出现因果循环现象。一个家庭的家教、家风就在这个家庭的孩子身上体现出来。因此，家长之于子女的影响，不可谓不重要啊！

鉴于家长在家庭建设中的重要性，家长自身首先要具备正确的"三观"。如何衡量"三观"的正确与否？看是否符合国家的意识形态，是否符合社会的健康和谐发展，是否符合广大人民的根本利益。一言以蔽之，看是否符合学校思政课立德树人的标准。这方面中华优秀传统文化能为家长的家教、家风赋能。

2. 古代中国的家庭建设

在我国五千多年优秀传统文化历史中，良好的家教、家风、家训、家规是中华传统文化绵延不断的根脉，是社会稳定、和谐的基石，是中华民族血脉永续的源泉、生生不息的精神营养，是最能滋养美好品质，树立正确"三观"的重要渠道。如西周初期姬旦的《诫伯禽书》，周成王亲政后，将鲁地封给周公之子伯禽，周公告诫儿子说：德行宽裕却恭敬待人，就会得到荣耀；土地广大却克勤克俭，就没有危险；禄位尊盛却谦卑自守，就能常保富贵；人众兵强却心怀敬畏，就能常胜不败；聪明睿智却总认为自己愚钝无知，就是明哲之士；博闻强记却自觉浅陋，那是真正的聪明。这六点都是谦虚谨慎的美德。

三国时期蜀国丞相诸葛亮的《诫子书》，是诸葛亮临终前写给他儿子诸葛瞻的一封家书，主旨是劝勉儿子勤学立志，修身养性，要从淡泊宁静中下功夫，最忌怠惰险躁。文章概括了做人治学的经验，着重围绕一个"静"字加以论述，同时把失败归结为一个"躁"字，对比鲜明。诸葛亮还有《诫外甥书》，是诸葛亮写给其二姐所生子庞涣的，阐述了"立志做人"的重要性。开篇便开宗明义地指出"夫志当存高远"，即做人应当抱有远大的志向。

三国时期王昶《家诫》说："欲使汝曹立身行己，遵儒者之教，履道家之言，故以玄默冲虚为名，欲使汝曹顾名思义，不敢违越也。"意思是：你们这辈人要想立身处世，就要遵循儒家教诲，实践道家真言。你们要保持恬淡超脱，深刻理解，不敢违背。

隋朝颜之推的《颜氏家训》说："赐以优言，问所好尚，励短引长，莫不恳笃。"意思是：有长辈们赠送给我美言，询问我的喜好，激励我扬长补短，态度都十分诚恳殷切。

北宋包拯家训："后世子孙仕宦，有犯赃滥者，不得放归本家；亡殁之后，不得葬于大茔之中。不从吾志，非吾子孙。（押字）仰珙刊石，竖于堂屋东壁，以诏后世。"包拯在家训中说道，子孙后代做官者中，若有贪污的人，都不能回老家，也不允许死后葬在祖坟上。教育子孙做官要廉洁奉公，这也是他一生的写照。

北宋欧阳修《与十二侄》说："欧阳氏自江南归明，累世蒙朝廷官禄，吾今又被荣显，致汝等并列官常，当思报效。"意思是：欧阳氏家族自从江南归朝，世代都被朝廷恩宠且授以官爵，我现在又得以被追加荣誉和地位，而你们也都加官晋爵了，一定要记得报效国家。

北宋司马光《家范》说："如开笼放鸟而捕之，解缰放马而逐之，曷若勿纵勿解之为易也！"意思是：等孩子长大了再去教育他们，就像将鸟笼打开，再去抓鸟，将缰绳解开，再去抓马匹一样。与其那样，还不如最初不放开鸟和马匹呢！

北宋黄庭坚《家戒》说："吾子力道问学，执书册以见古人之遗训，观时利害，无待老夫之言矣，于古人气概风味，岂特髣髴耶？"意思是：我的儿子，你应当致力于探索事物的道理、勤于学问，能够通过阅读书本典籍来借鉴古人的行为和教训，也知道观察世事时局，知晓利害关系，不用等着作为父亲的我来说。

明朝时孔子第64代孙孔尚贤颁布了《孔氏祖训箴规》，到清朝孔子第72代孙孔宪珍制定了"64字家训"。孔氏家训根据不同时代的情况，不断地优化、升级。《孔氏祖训箴规》："子孙出仕者，凡遇民间词讼，所犯自有虚实，务从理断而哀矜勿喜，庶不愧为良吏。"意思是：有子孙出仕做官，但凡遇到民间的诉讼，所有的案件都有着虚实，一定要能够怀着哀怜之心做出理性的判断，不可以暗自窃喜，但愿不愧为贤能的官吏。

明末清初朱柏庐的《朱子家训》仅522字，精辟地阐明了修身治家之道，是一篇家教名著。它是以家庭道德为主的启蒙教材，其中，许多内容继承了中国传统文化的优秀特点，比如尊敬师长，勤俭持家，邻里和睦等。

清朝的纪晓岚"四戒"：一戒晚起；二戒懒惰；三戒奢侈华丽；四戒骄傲。"四宜"：一宜勤奋读书；二宜尊敬老师；三宜普爱众生；四宜小心饮食。纪晓岚还有一封《训大儿》的家信，受到后人的推崇。在信中教育儿子要谨慎交友，三思后行，懂得辨别君子与小人，要多交正直有用的人。

晚清曾国藩的《曾国藩家书》由曾国藩与其亲友之间的书信来往汇集而成，书中事无巨细地描述了一个在官场打拼的读书人如何面对生活中的小事，如何看待自己与父亲、兄弟之间的关系，如何处理自己与朝廷、集团之间的利益关系，他是如何修身、如何自律、如何反省自己的过错的。

　　家风、家训、家规是当今思想政治教育的文化底蕴。从上述家风、家训、家规的只言片语中也能发现中国古代的家风教育内容之丰富，涉及了生活、学习、修身、做官、爱国、清廉、守法、立志等许多方面，是新时代年轻人立德树人的资源宝库，是当今学校开展思想政治教育工作的文化基础，要有意识地为我所用。需要注意的是对古代的家风内容和做法不能照单全收，要以马克思主义为指导，剔除传统中的糟粕，继承、发扬传统中的精华，赋能家庭建设中立德树人的实效性。

　　家风、家训、家规能优化家庭建设中的思想政治教育环境。家庭建设中的思想政治教育环境是指影响和制约家庭成员思想品德形成发展的各种家庭环境，家庭环境对子女的成长、思想品德的形成和发展具有十分重要的作用，对优化家庭建设中的思想政治教育微观环境有着重要的意义。家风是家庭环境的重要组成部分，一方面，家风教育会决定一个人的性格和品行；另一方面，家风教育是良好社会风气形成的重要渠道。只有家风正，社会风气才清正。

　　如何进一步发挥传统家风、教训、家规的立德树人功效，赋能于新时代的社会主义意识形态、核心价值观的家庭建设显得尤为迫切和重要。这还需要从传统家风、家训、家规回归儒家思想为主的中华优秀传统文化。

　　在儒家思想的滋养下，无论是作为社会细胞的家庭，还是作为整体的国家，都把仁、德作为"修身、齐家、治国、平天下"的最高境界和准则，并以此作为人生的追求和道德境界中最理想的人格。提倡父慈子孝、夫义妻贤、兄友弟恭；待友诚信、为人正直、处事循义；尊老爱幼、尊敬师长、扶贫怜弱。而仁、德传承的中心环节就是注重家庭教育、家风建设、家训凝练。家庭成为传播社会传统主流价值观的重要渠道，是社会稳定和谐发展的助推器。家是最小的国，国是千万个家。有了强的国，才有富的家。家国是永远不可分离的统一体。中国非常重视家庭在国家发展、民族进步、社会和谐中的重要作用。在国人的世界观中，只有每一个家庭和谐美满，整个国家才能安定团结，社会才会繁荣富强。千百年来，在中国社会的形成发展中，由中华文化滋润的中华家庭文化和家庭教育文化，深深地扎根在家庭和每个人的灵魂之中，成为中华民族生生不息、永续延绵的历史记忆和成长基因。在中国古代家庭中，特别注重耕读传家，注重中华优秀传统美德的培育。"子不教，父之过"流传至今依然有其重大的现代意义。因此，家庭既是中华传统文化薪火相传、发展创新的重要载体，也是我国国家发展、民族进步和社会和谐稳定的重要基础。

3. 目前我国家庭教育面临的挑战

首先，改革开放以来，独生子女家庭占多数，父母和其他养育者难以对孩子进行严格教育。父母对孩子过分呵护，看不得孩子吃苦、哭闹；无原则、无底线地满足各种需求；大是大非问题上轻易让步，这样娇惯出来的孩子难以学会自立自强。其次，在走向共同富裕的过程中，富裕时代的教育比贫穷时代的教育更困难。在贫穷时代物质匮乏的环境中，孩子容易习得勤俭节约、吃苦耐劳、迎难而上的品质。在富裕时代物质丰富的环境下，需要父母和其他养育者从小有意识地培养孩子抵制诱惑、严于律己的好品质。第三，美国人本主义教育观念的误用，对家庭教育产生严重不良影响。"学习不学习是你自己的事，要出自你的本心，不要做别人意志的奴隶""分数不重要，快乐就行""早期需要得不到满足易患神经症"等都是人本主义盛行的观点。这些观点尤其在孩子早期教育中危害极大。孩子早期的家庭教育中没有批评、没有困难、没有压力，想要什么就充分满足，想干什么就充分尊重。极少数父母不再管孩子，期望他们在毫无压力的环境中自发地生长出热爱学习的行为，而现实却是在无条件充分满足孩子低级需要的过程中，其生物本能不断膨胀，发展出不求上进、贪图享受、无视权威、缺乏责任心、难以适应社会的消极人格。在孩子早期的头脑中也没建立起对父母师长的权威，没有对学校社会规章制度、国家法律法规等的敬畏感，对不完成作业内心也没有丝毫的恐惧和焦虑。上述情况有各种原因，家庭教育的缺位、错位、不到位是其中一个原因。

回看当今的家庭教育，如果再不惊醒，中华民族五千年凝聚形成的文化血脉、道德根基，将会出现断层。面对这样的现实，每个家长应该更加深刻领会到党中央高度重视中华优秀传统文化教育，重视培育和弘扬社会主义核心价值观，重视家庭建设、家庭教育、家风建设的重大战略意义之所在。中华民族素以重视家庭教育闻名世界。有着数千年来积淀而成的素以重视家教闻名于世的优秀家教文化，积累了丰富的家教资源，保留下来许多著名传世家训、经典蒙学教材。这些家庭教育的精神瑰宝，既是我国历代家庭教育的经验总结，也是我国历代家长智慧结晶和教子方法的心血荟萃。一定要在马克思主义的指导下，结合时代发展的需求，创造性转化、创新性发展，万万不能丢掉！

4. 中华优秀传统文化赋能家庭建设

在家庭建设中要积极主动地到中华优秀传统文化中汲取力量赋能家庭。社会主义核心价值观的源头活水就是中华优秀传统文化，家庭中要对子女进行中华优秀传统文化教育、中华传统美德教育，大力弘扬和培育社会主义核心价值观。以此作为家教、家风、家训的内容，努力做到春风化雨，润"脑"无声。家风建设联系着社会风气，社会风气联系着国家风气，有良好的家风，才有良好的社风乃至国风。家风把价值观教育作为家庭建设的有机组成部分，纳入家庭教育的重要内容。一个人的价值观是其为人处世的引领，也决定着国家的未来。价值观正确、有正能量，为人处世的方向才正确，才能向周围人传递正能量，国家才更有希望。社会主义核心价值观是一个民族和国家的灵魂，个人的价值观只有和国家的核心价值观相契合，才能形成全社会共同的文化和价值认同，最终有利于国家复兴大业的完成。因此，家庭建设要紧密结合培育和弘扬社会主义核心价值观，继承并发扬中华民族传统家庭美德。家庭建设中，身教重于言教，父母通过良好的自我教育，在家庭教育中与孩子双向互动、共同成长。这也是家庭建设作为社会建设的基础工程的一个方面。试想，家长没有道德底线，如何教育孩子守住道德底线？家长贪污腐化堕落，如何教育孩子堂堂正正做人？这方面，赖国全用经典养育女儿的事迹值得我们借鉴。

赖国全是深圳市人，有了孩子后怎么养育孩子成了他最重要的任务，最终赖国全认为人生在世，无非是两件事：做好人和做好事。如何做好这两件事让赖国全陷入了迷茫，最终总结出古今中外凡是杰出的人物无不从小大量的阅读经典。于是赖国全在其女赖思佳五岁半时开始按照137的方法诵读中华优秀传统文化中的各种经典名篇。在经典的滋养下，赖思佳从国内小学到国外高中，一直都是品学兼优的学生。赖国全说："许多父母希望儿女长大成人却不如愿就是因为缺失'德'的教育，让经典去引导孩子吧，经典的力量，会慢慢地渗透到孩子的心灵中，让孩子在生活中明辨是非，最终成为人才。"

五、中华优秀传统文化赋能社会建设

1. 社会建设的重要作用

社会建设包括物质层面和精神层面，这里主要从社会环境对人精神层面的影响来探讨。

社会环境，广义上指人们所处的社会政治环境、经济环境、法制环境、科技环境、文化环境等宏观因素的综合。社会环境对人们人生发展有重大影响，反过来，人类活动也深刻地影响着社会环境，人类本身在适应改造社会环境的过程中也在不断地发生变化。好人、好的活动优化社会环境，反之亦然。

因为人是环境的产物，人的思想形成与发展必然受到一定环境的影响。环境对人影响之大，古人已有论述："染于苍则苍，染于黄则黄""入芝兰之室，久而不闻其香，入鲍鱼之肆久而不闻其臭"。马克思也曾说："人创造环境，同样，环境也创造人。"所以，营造良好的环境是有效落实立德树人根本任务的防护墙。学生所处的环境主要包括家庭环境、校园环境、网络环境、社会环境。前边的课程思政和家庭建设其实就是在讲校园环境和家庭环境对学生立德树人的塑造。社会环境，尤其是社会中的网络环境是社会建设对学生立德树人的塑造的关键。

营造良好的社会环境。人是社会性的存在，学生的个性品质是基于社会环境（即物质环境以及精神环境）因素与主体间相互作用而形成和发展的。影响学生的社会环境有国内环境和国际环境。国内随着市场经济的纵深发展，新自由主义、历史虚无主义、拜金主义、民本主义、泛娱乐化等思想不断抬头，严重地冲击着学生的思想政治教育。国际上，西方文化、价值观以及意识形态方面的输入，极大弱化了学生的思想政治教育。给学校的立德树人工作带来难度。如何破解呢？以中华优秀传统文化赋能社会环境中的政治领域、经济领域、法制领域、科技领域、文化领域、公共场所领域等。用中华优秀传统文化中的传统美德、人文精神、核心理念布置、装饰上述领域，让学生走进社会的方方面面都浸润在中华优秀传统文化的环境中，不但有利于中华传统文化的传承弘扬，而且有利于社会主义意识形态的巩固和社会主义核心价值观的内化。

2. 网络空间现状

随着手机、网络的普及，当今社会，无人不网、无处不网、无时不网。学生进入了"掌上时代"，线上学习、网上信息、影视娱乐等已成为新时尚，网络已深度影响学生的思想，融入他们的生活，他们或主动或被动地接受着网络信息、网络舆情的影响。庞杂的网络信息、网络舆情有积极的内容，有消极的内容，还有西方网络水军、网络大V对学生思想信念进行偏离社会主义核心价值观的歪曲引导……网络空间成为立德树人根本任务的新阵地。

网络空间争夺战的帷幕越拉越大。据国际电信联盟的统计：自2001年至2012年，全球网民数翻了4倍多，形成了亚洲、欧洲、美洲三大发展中心。手机用户为互联网发展拓展了另一个新的空间。截至2010年底，全球手机用户达到52.8亿，移动互联网用户数达到8.65亿。2011年全球新生产的手机中85%可以接入移动互联网。2016年，全球移动互联网用户规模已超越桌面互联网用户。目前，全球五大社交平台的网民人数即将超过全球5个人口大国的人口数量总和，"网络人口""网络帝国"成为实实在在的社会影响力。网络世界比现实世界有更加自由地呈现，网上没有主席台，而人人都有麦克风，传统的话语权已经被解构，网络上的意见领袖成为传播的主导因素，互联网独有的平等属性和互通的特质，使其成为最便利的参政议政的"大广场"。尤其是手机、博客、微博、微信等构成的强大网络媒体阵容，成为思想文化的集散地、社会舆论的放大器、多元文化的角力场。门户网站拓展了新闻空间，社交网站拓展了沟通空间，B2C 和 C2C 网站拓展了商业空间，搜索引擎拓展了知识空间。总之，现实社会的风吹草动在网络空间交叠激荡、交融化合，已经催生了一个更加复杂的社会生态环境。这样的环境中，网络空间大国博弈日趋激烈，网络空间治理已经上升为国家安全、经济发展和社会稳定的头等大事，大国网络空间争夺战的帷幕已经拉得越来越大。

网络空间争夺战的核心内容。互联网的缔造者美国 2009 年成立网络空间司令部以后，接连推出网络空间国际战略和行动战略。美国作为头号网络强国曾毫不隐讳地说："社会主义国家投入西方怀抱，将从互联网开始。"美国前驻华大使洪博培也说："关键时刻可借助广大网民推翻中国政府，实现不战而胜。"西方国家借助互联网制造和散播"中国网络黑客攻击论""中国威胁论"，无中生有地对中国网控进行指责、抹黑和讹诈。还有各种反马克思主义和非马克思主义思潮甚嚣尘上，从"文明冲突论"到"民主和平论""意识形态趋同论""意识形态终结论"，无所不用其极地对马克思主义进行诋毁性解读和妖魔化宣传，疯狂鼓吹马克思主义"失灵论""失真论""过时论"，处心积虑"唱衰""棒杀""遏制"全世界范围内的社会主义国家意识形态及马克思主义的指导地位。各类"反马""非马"思潮的"和平演变"从现实社会转移到网络空间，从现实空间和网络空间共同出击，挑战马克思主义在社会主义意识形态领域的主导地位。据统计，西方国家利用网络核心技术和间谍软件突破中国网络防线。2015 年位于美国的 4361 个 IP 地址通过植入后门控制了我国境内 11245 个网站，入侵网站数量居各国首位。网络数据泄露导致"历史虚无主义""西方宪政民主""新自由主义""普世价值"等思潮恶性渗透，对我国网络空间的社会主义主流意识形态发起了强势冲击。西方国家还运用"慕课"作为渗透工具，除了搞隐蔽性的意识形态入侵还赤裸裸地宣扬西方思想观念、价值取向、生活方式，蓄意篡改和污蔑中国历史文化，攻击和诋毁中国现行政体，以实现"西化"和"分化"中国的阴谋。可见，网络空间争夺战的核心内容就是意识形态之争。因此习近平总书记说："没有网络安全就没有国家安全；过不了互联网这一关，就过不了长期执政这一关。"因此，国家要重视营造风清气正的网络空间环境。怎么营造呢？以中华优秀传统文化赋能网络空间建设。

3. 以中华优秀文化赋能网络空间建设

文化是一个民族的血脉基因，是人们的精神家园，是凝聚人心的黏合剂。中华优秀传统文化一直以来也是中国社会主义主流意识形态安全建构的源头活水。加强网络空间的国家主流意识形态安全管理与建构，必须充分运用中华优秀传统文化赋能网络空间传播，赋能网络空间上社会主义核心价值观的引领，增强国人的文化自信。让中华优秀传统文化赋能家庭、社区、学校、机关企事业单位的文化建设实践，增强中华优秀传统文化抵御西方反华意识形态侵袭的实战能力。美国王牌间谍前中情局局长杜勒斯曾经公然叫嚣"不让中国共产党人得到同中国文化联系在一起的威望"，其实质是想剥离中华优秀传统文化对我国执政党的赋能，最终实现我国执政党的"人亡政息"。

网络空间的无国界性、全球通联性为世界文化交流提供了一个前所未有的巨大平台。虽然美国是互联网的缔造者和管理者，但是互联网文化并不能和美国文化画等号，互联网精神也不等于美国精神。在互联网全球普及的过程中，自然而然地融入了各国各民族的优秀文化，各个国家和民族的文化都理所当然地在网络空间占有一席之地，但是，美国作为网络空间事实上的管理者，英文却以占主导地位面貌出现在互联网世界中。美国掌握着互联网的主导权，通过宣扬其文化的"普适性"来推行文化殖民，将文化渗透和思想入侵作为互联网时代最有力的颠覆武器，开展了网络外交，开始了毫不避讳、咄咄逼人的文化攻势。因此，国家要认清在网络空间传播、弘扬中华民族文化的重要性，通过营造中华优秀传统文化赋能互联网文化的网络生态环境，达到现实社会和网络空间良性互动，依托网络空间更好地体现中国社会主义意识形态，展示中国自信。

4. 培育优秀的网络实战人才队伍

要做好党媒姓党的工作，用中华优秀传统文化和马克思主义文化培养优秀党员和公务员，使他们担任网络大 V 和意见领袖来引导网络主流意识形态。培育党政部门和各企事业单位的红色网军队伍，尤其是各级党政机关的领导干部要敢于带头建网和用网，勤于听取民生疾苦并监测网络舆情，系统整合职能权限，搭建跨部门、跨领域的网络反控平台，加强网络空间主流意识形态安全建构的管理权、话语权和领导权。

5. 反对网络霸权主义

以美国为首的西方发达国家打着网络自由的旗号，要求其他国家单方面实施经济贸易、金融体系、网络空间的"门户开放政策"。"斯诺登事件""苹果手机后台植入控制程序"的黑幕表明美国已经对世界安全构成最大的威胁，其故意的网络颠覆和网络攻击时刻存在着危险。同时，网络霸权主义、网络恐怖主义、网络军国主义、网络自由主义、网络犯罪，都对世界安全、经济发展、社会稳定构成极大威胁，网络空间成为维护国家主权、安全和发展利益的战略制高点，反对网络霸权主义需要发展强大的网络国防力量，建设网络强国。

6. 重视国内网络舆情建设

同现实社会一样，网络空间既要提倡自由，也要依法保持秩序，用正能量引导好网上舆情，培育积极健康、向上向善的网络文化。尤其是对含有负能量信息的网络舆情的正面引导非常重要。例如通过刘学州事件、郑爽代孕事件教给学生婚后应该做什么样的父母。通过江歌事件教给学生应该怎样交朋友，怎样保护自己的安全。通过霍尊与女友分手事件告诉学生怎样谈恋爱。通过张哲瀚靖国神社事件告诉学生怎样爱国。通过范冰冰阴阳合同事件告诉学生怎样遵纪守法。通过郭美美炫富、翟天临学术造假、仝卓学历造假、上海名媛拼单、郭敬明抄袭等事件，让学生体会什么是虚荣、虚伪、虚假……这都是学校立德树人根本任务的题中之义。通过出版更多优秀传统文化经典，建立优秀传统文化网站、App，创办更多关于优秀传统文化的电视节目，提供更多关于优秀传统文化的资源等来丰富社会上的传统文化资源，对学生正确的价值观进行塑造，才能使他们在面对纷繁复杂的社会舆情时做出正确的选择。

秦皇岛市青龙满族自治县肖营子村以中华优秀传统文化为引领，振兴新农村。2014 年肖营子村以中华优秀传统文化为引领进行了改造，一进村的门楼两边的对联尽显中华传统文化的韵味：上联是"星辰日月蕴山水富地"，下联是"孝爱仁诚传华夏文明"。过了门楼走上入村桥，桥上刻有二十四孝图和文字。桥尾有四德歌、好人榜、积德簿。村里修有善园、和谐园、百花园，寓意善是基础，和谐是过程，百花齐放是结果。村内街巷的名字都是福字开头刻在党旗上，旨在提醒人们不能忘记中国共产党给予的幸福生活。组织村民不定期地学习优秀传统文化，并用传统文化来解决家庭、村内的矛盾纠纷。帮助村民们找工作就业，发家致富。在传统文化地引领和滋养下，肖营子村村容整洁、民风淳朴、生活富裕、邻里和谐，一派欣欣向荣的景象。

六、中华优秀传统文化赋能国际交流

中华优秀传统文化赋能国际交流就是让中华优秀传统文化走向世界、影响世界，在交流互鉴中克服由文化差异或语言障碍等造成的文化对立，增进文化共识，增强中华优秀传统文化的国际知晓度和认同度，让中华文化能屹立于世界文化丛林之中，提高中国在国际上的话语权，帮助其他各国民众全面深入地了解中国人、了解中华民族发展史、了解中国式现代化道路，塑造中国国际新形象，让中国人以中国国际新形象而骄傲自豪，从而更加坚定中国共产党的领导，更加热爱社会主义中国，更加自觉自愿地为党为国家的强大而学习、奉献。

1. 中华优秀传统文化的国际形象

2008 年，美国《新闻周刊》集合美国、英国、加拿大等国网友的综合投票，评出 12 个国家的各 20 个文化符号，被西方国家网民熟知的并且被认为能代表中华文化的符号分别是汉语、北京故宫、长城、苏州园林、孔子、道教、孙子兵法、兵马俑、莫高窟、唐帝国、丝绸、瓷器、京剧、少林寺、功夫、西游记、天坛、毛主席、针灸以及中国烹饪等。[①] 2011 年，一项在美国、俄罗斯、德国、印度四国进行的关于中华文化符号海外传播的《中国文化印象》调查，结果显示：外国人眼中的中华文化符号主要有长城、龙、中国烹调、中国功夫、大熊猫、阴阳图、丝绸和故宫等。2012 年，另一项名为"美丽中国"的 9 国调查，结果显示：传统建筑、绘画、佛教、茶、书法、帝王、中医、龙和功夫等被认为是"中华文化最具特征的核心要素"。[②] 2015 年北京师范大学首都文化创新与文化传播工程研究院发布《外国人对中国文化认知调查报告》显示，外国人认知度最高的三个文化符号是熊猫、绿茶、阴阳，认知度最低的三个文化符号是敦煌壁画、面子、天人合一。2018 年和 2019 年，根据中国国家外文局当代中国与世界研究院与凯度集团联合所作的《中国国家形象全球调查报告》显示，中餐、中医药、武术均被国外受访者认为是最能够代表中华文化元素的。2020 年，在西方世界最具影响力的中国题材影视作品是英国广播公司（BBC）第 4 频道制作的纪录片《杜甫：中国最伟大的诗人》。

但实际上，一些外国人对中华优秀传统文化的思想观念、文学作品、民间艺术、符号元素和人物形象等并不陌生。[③] 但不陌生不代表能理解和接受，好莱坞动画电影《功夫熊猫 2》《花木兰》这些西方中国风作品就是以"西方的作者，中式的元素，西方的灵魂，东方的载体"为共性。[④] 从角色形象设计到影片传达的价值观均偏向于西方理念，如果外国人和中国人都从好莱坞塑造的熊猫、花木兰等故事形象中去认识中华文化，而不是从中国历史、中华民族精神的角度去认识和理解熊猫、花木兰时，他们所接触到的是只有皮毛，没有精髓的中华文化。因此，要向世界展示原汁原味、丰满立体、亲和有力的中华文化，阐明中华文化的丰富性、包容性、文明性和世界性等核心

① 钟新，潘亚楠. 中国国家形象十年回顾：基于多家权威调查的分析 [J]. 新闻传播，2018（1）：9-12.

② 王杨. 中国文化怎样实现"国际表达" [N]. 文艺报，2013-06-17.

③ 尹晓煌. 中美文化交流重在讲好当代中国故事 [N]. 中国社会科学报，2017-09-21（5）.

④ 罗海澜. 功夫、熊猫与狄仁杰：西方作品"中国风"对中国文化的传播影响和启示 [J].当代文坛，2012（2）：93-96.

要义,要以文服人、以德服人、以理服人,占据国际道义制高点,扭转中华文化"他塑"的状况,走出"媚外""亲洋"的圈子,助力中国世界话语权的提升,重塑并维持中国良好的世界大国形象。此外,一部分国外民众对中华优秀传统文化的了解依然是中国武术、京剧等方面,对中华优秀传统文化的认知片面,了解不深,不能从中看到中华文化的民族精神。最需要我们关注和警惕的是:一些别有用心的西方媒体、学者、政客,将中华优秀传统文化与中国特色社会主义的现实文化割裂开来、对立起来,借传播、颂扬中华传统文化来反对中国特色社会主义的道路、理论、制度、文化,攻击中国共产党的领导,企图以和平演变的方式颠覆中国的社会主义。

2.加强中华优秀传统文化品牌化建设

很多发达国家注重文化输出,比如美国有好莱坞电影、格莱美音乐奖独立潮头,韩国有韩剧在亚洲形成一股韩流,日本的动漫文化出口世界的东西方……这些品牌极大地推动了其本国的文化产业发展,并形成了一系列的相关产业链。如《蜘蛛侠》的电影、书籍、玩具。迪士尼公司不仅仅是一个动画电影公司,更是以其经典动画人物为宣传点,推动了其主题公园、玩具等衍生行业的发展。这些文化产业即给其国家创造了巨大的经济利益,拉动GDP的增长,又向其他国家传播了本国的价值观。相比之下,中华优秀传统文化在走出去的过程中,还没有创造出自己的品牌,也未充分挖掘本民族文化的精华,导致创新能力不大,制约了中华优秀传统文化走出去的步伐。如前边提到的电影《花木兰》《功夫熊猫》被美国改编成电影,而那都是中国的传统文化。这些情况应该给我们警醒,怎样对中华优秀传统文化进行与当今时代相契合的创造性转化、创新性发展,创作出为国际社会喜欢的文化作品,并将这些文化作品延伸至世界各个国家和地区,便于世界各国人民了解到真实的中国。这是中华优秀传统文化输出的要义所在。因此,应创新思路,坚持以政府为主推力量,做强中华优秀传统文化的品牌发展路径。2022年1月27日,在文化和旅游部统一部署下,"欢乐春节"全球活动正式启动。活动融入北京冬奥会元素,全面展现了冰雪运动的魅力,通过云端向海外观众输送了千余个、多语种的数字项目，在营造共迎新春、喜乐融融的节日氛围的同时，让海外观众体会到中国人民感恩祝福、团结和谐的文化内涵。2023 年海外"春节热"火遍全球，中国春节已逐渐成为一项国际性的重要节庆，中国春节正走出唐人街，成为全球共享，世界人民乐在其中的节日。加拿大把春节设为官方节日，中国春节的民俗活动已走近全球近 200 个国家和地区，放烟花，逛庙会等的红火程度甚至超过了中国。如果这样的全球活动每年都持续下去，那么中华优秀传统文化就能很好地融入国外民众的日常生活之中，以文载道、以文传声、以文化人，从中华传统文化的深层次感知中国，会增强中华优秀传统文化的亲和力，让国际友人感受可信、可爱、可敬的中国形象。

3. 中华优秀传统文化助力我国国际话语权的提高

国际话语权是对国际事务或事件的决策权和评判权，是对各种国际标准或游戏规则的制定权。国际话语权决定着国际舆论的风向标。

随着经济全球化浪潮的推进，世界各国间的文化交流、交锋、交融态势越来越深入。西方国家凭借其经济的先发优势，在文化上也趋向于霸权主义。伴随着冷战结束，多极化出现，世界各国各民族文化间的平等对话、交流互鉴成为不可逆转的时代趋势。然而"西强东弱"的文化格局尚未根本改变，这严重影响着国家间的深入交往，阻碍着各国文化问交流互鉴，影响着我国国际话语权的提升。

因此，中国在当前国际事务各领域中的发言权尚不够强大。西方霸权国家将今天中国的发展壮大视为其对自身文化的最大威胁，利用其强大的国际话语权企图在文化博弈和意识形态斗争中制衡中国。国际舆论中的"中国威胁论"声音此起彼伏，一些西方媒体将"一带一路"渲染成"中国版的马歇尔计划"，挑唆我国与邻国关于南海、钓鱼岛等领土问题，借新疆棉花、新冠肺炎疫情抹黑中国……这些舆论加深了国际社会对中国的误解，激起了"一带一路"沿线国家的反华情绪。只有不断提高我国国际话语权，才有机会在国际上发声，为自己正名，积极、全面地宣介、报道中国的实际情况，讲好中国故事、阐释好中国特色、传达好中国立场，让世界各国真正了解中国，了解中华文化，了解中国的实际发展状况。这对于维护国家文化安全、维护意识形态安全、维护国家总体安全意义重大，也能为各国间顺利交往和文化交流营造良好的舆论环境。因此，没有了作为"精神基因"的文化传统，国家和民族将会不攻自破、不打自垮，文化已经成为塑造国家形象的关键环节，成为影响国际关系格局的重要因素。

4.中华优秀传统文化走出去的路径

中华文化要走出去需要用谁都听得懂的语言去解读，需要借助一定的物质载体，以流行的、娱乐的、人们喜欢的、易于接受的形式传播赋能。激发出兴趣后才会主动深入地去了解。如彭静旋在法国街头用古筝弹奏《我和我的祖国》《龙的传人》等曲目。充分利用电视权威性高、信服力强、集视听为一体的传播平台，全方位展示中华传统文化中的建筑、文学、书法、音乐等内容。充分利用电影文化交流和文化对话的有效工具，通过电影节、电影院等渠道以镜像化的方式向国外展现中国历史、中国精神、中国风土人情。充分利用中国国际广播电台的优势资源，多语言向全世界传播正确、丰富的中华传统文化。各媒体间要相互协作，利用中国健全且庞大的新闻网络，策划并组织大型专题文化活动，制作中华优秀传统文化纪录片、宣传片，如《舌尖上的中国》《国宝档案》等，提升中华传统文化的震撼力和感染力。作为现代媒体的互联网，传播时间自由、传播空间无限、传播速度即时、传播内容海量、传播方式多样，是电视、电影、广播、报纸等传统媒体所不可比拟的，成为新时代中华优秀传统文化走出去的新动力和基本依托，是新时代各国文化博弈的主战场，也是国家维护文化安全的前沿阵地。文化产业打造中华传统文化精髓和价值的理论精品、学术典籍，围绕为人民谋幸福、为民族谋复兴、为世界谋大同的使命担当形成丰富的话语表达，使国际社会读懂中国历史，了解泱泱大国的历史变迁和文化积淀。

（1）中华优秀传统文化助力"一带一路"倡议走出去

"一带一路"不仅是一条经济发展之路，更是一条文化交流之路。可以说，文化交流是"一带一路"倡议的重要抓手，在肯定中华优秀传统文化的基础上与"一带一路"沿线国家展开思想、文化、习俗、生活方式等方面的学习借鉴。积极利用"一带一路"倡议，促进主流传媒和民间媒体共同推动中华民族优秀传统文化出彩国外，使中华民族优秀传统文化的实时传承、国外出彩与现代网络技术交相辉映。

（2）中华优秀传统文化助力各种涉外企业走出去

首先要加强涉外企业全员的中华传统文化素养，丰富中华优秀传统文化的载体，保护并推进中华老字号发展工程，使之成为向国外市场传播中华传统文化的生力军。涉外文化产业要赋予中华优秀传统文化以新的"叙事框架"和"故事版本"，推动中华优秀传统文化的叙事再现与话语阐释，让中华优秀传统文化的传播从"讲道理"向"讲故事"转变，改变过去"说教式""口号式"的传播，在思想情感上与国际民众打成一片，着力提高中华优秀传统文化的亲和力和说服力。如2019年，李子柒自媒体短视频在国际新媒体平台上广为传播，让国际网民欣赏到中国式的田园生活，为中华文化在海外市场的影响力提升开辟了一条新路。2019年，原创歌剧《鉴真东渡》等在美国、德国和奥地利巡演，被外媒评价为"世界水平的中国原创歌剧"。2020年，英文媒体人张慈贇的"中华优秀传统文化传承系列"丛书（英文版）向海内外正式发行，为不同文化背景的读者提供了一个了解中国文化的新视角，成为出版业在中西方语境中探寻平衡点的一次有益尝试。2021年，为期3年的"中国与世界"展览计划启动，《真实：中国艺术中的真实与感悟》作为首展在美国费城艺术博物馆拉开帷幕，为美国民众感受中华文化遗产的魅力搭建了桥梁。

（3）中华优秀传统文化借助国外汉学家的国际影响力走出去

2020年北京国际图书博览会上，来自多个国家的汉学家在互联网平台上分享其翻译的京味儿故事。其中，埃及汉学家米拉翻译了石一枫的《世间已无陈金芳》。2019年，伊朗汉学家孟娜将徐则臣的《跑步穿过中关村》翻译成波斯语，在德黑兰国际书展上正式发布。这些译本吸引了大量海外读者，提升了中华文化在海外的传播力和影响力。

（4）中华优秀传统文化借助国际中文教育走出去

2021 年 1 月 25 日，中文正式成为联合国世界旅游组织的官方语言，国际中文教育事业务必抓住这一契机，围绕中国文学、艺术、旅游等热门领域开发新选题。[①]通过国际中文教育满足学习者的不同需求，通过历史人物传记、民间俗语故事等展现中国历史及背后的精神力量，以通俗易懂、简单明了的话语和方式讲清楚中华优秀传统文化的历史渊源、发展脉络和基本走向，传播中华优秀传统文化内容，提高中文在国际教育中的话语权。

（5）中华优秀传统文化借助政府外交走出去

习近平总书记在国际场合的用典，形塑了当代中国良好的大国形象。2022 年北京冬奥会开幕式的每一处细节都承载着中华传统文化元素，如场馆建造、标识、景观设计等淬炼了敦煌壁画、如意、飘带等中华传统文化中的形象元素，以中国式浪漫向世界展示了中华文化的魅力。

此外，还可以借助外国人之口来传播中华优秀传统文化。英国著名历史学家汤因比曾经发出惊叹："世界的未来在中国，人类的出路在于中国文明。"

目前，中华优秀传统文化的国外传播已经形成了传播形式网状化、传播主体多元化、传播内容多样化的格局。中华优秀传统文化正在走向世界舞台的中央，中华文化的国际话语权正在不断提高，《关于实施中华优秀传统文化传承发展工程的意见》中提到的"2025 年，中华优秀传统文化传承发展体系基本形成"的目标正在实现。中华优秀传统文化的国际魅力一定会赋能立德树人根本任务的落实。

---

① 王雷，陈鸿瑶. 国际中文教材的选题要领和编制策略：以"丝路汉语"系列教材为例 [J]. 出版广角，2022（2）：62-65.

参 考 文 献

一、参考书目

[1] 塞缪尔·亨·廷顿．文明的冲突与世界秩序的重建 [M]．周琪，刘绯，等译．北京：新华出版社，2002．

[2] 张岂之．张岂之谈中华优秀传统文化 [M]．南京：江苏人民出版社，2019．

[3] 肖群忠．中华传统美德的时代价值 [M]．北京：人民出版社，2020．

[4] 王志民，马啸．中华文明与人类共同价值 [M]．北京：清华大学出版社，2017．

[5] 齐艳．中国传统文化与高校思想政治教育融合性研究 [M]．北京：中国广播影视出版社，2019．

[6] 王蒙．王蒙谈文化自信 [M]．北京：人民出版社，2017．

[7] 房广顺．社会主义核心价值观与中华传统文化 [M]．北京：人民出版社，2015．

[8] 居云飞．兴国之魂：社会主义核心价值观与中华优秀传统文化 [M]．北京：中国社会科学出版社，2014．

[9] 钟国兴．中华文化密码 [M]．天津：天津人民出版社，2019．

[10] 曹胜高．文化的格调 [M]．上海：上海文艺出版社，2021．

二、参考硕士论文

[1] 张冉．文化自觉论 [D]．武汉：华中科技大学，2010．

[2] 王光荣 . 新时代提高国家文化软实力研究 [D]. 长春：东北师范大学，2020.

[3] 陈晓红 . 提升我国文化软实力路径研究 [D]. 沈阳：辽宁大学，2015.

[4] 申灵敏 . 文化强国战略下中国文化软实力提升研究 [D]. 兰州：兰州大学，2019.

[5] 樊园园 . 新中国中学思想政治课程的演变研究 [D]. 兰州：兰州交通大学，2018.

[6] 顾晗甄 . 建国以来中学思想政治课课程建设的历史考察及启示 [D]. 昆明：云南师范大学，2016.

[7] 刘伟 . 新中国成立以来马克思主义理论学科建设研究 [D]. 兰州：兰州交通大学，2016.

[8] 李鹏林 . 中华优秀传统文化融入高校"马克思主义基本原理概论"课程教学研究 [D]. 重庆：重庆工商大学，2018.

[9] 闫哲 . 中华优秀传统孝文化融入初中道德与法治教学的价值与途径研究 [D]. 天水：天水师范学院，2019.

[10] 罗尚泽 . 中华优秀传统礼文化融入初中《道德与法治》课教学研究 [D]. 信阳：信阳师范学院，2019.

[11] 曹佳琳 . 中华优秀传统文化融入初中"道德与法治"课教学的路径探析 [D]. 重庆：西南大学，2021.

[12] 全晓洁 . 中小学教科书优秀传统文化道德形象的价值传承研究 [D]. 重庆：西南大学，2018.

[13] 秦冰馥 . 中华优秀传统文化融入高校思想政治教育研究 [D]. 长春：东北师范大学，2021.

[14] 赵志海 . 中华优秀传统文化融入大学生思想政治教育研究 [D]. 南充：西华师范大学，2021.

三、参考期刊论文

[1] 林文漪 .《文明》杂志肩负历史的重任 为中华优秀传统文化向世界传播做

出新的贡献 [J]. 文明，2021（12）：33.

[2] 谢晓娟 . 从"文明"含义的演变看西方文明中心论 [J]. 辽宁大学学报（哲学社会科学版），2011，39（4）：1-6.

[3] 常中考 . 浅析文化和文明的异同 [J]. 青年文学家，2010（13）：195-196.

[4] 李芳凡 . 浅论文明的起源及其含义 [J]. 南昌大学学报（人文社会科学版），1984（3）：51-54，58.

[5] 王雷泉 . "文明"一词的最初含义 [J]. 文史知识，1983（12）：89-90.

[6] 庄乙志 . 文明、物质文明和精神文明的含义 [J]. 科社研究，1982（6）：24-26.

[7] 黄行发 . 列宁的辩证文明观 [J]. 学术月刊，1990（9）：30-34.

[8] 薛琳钰 . 多维视野下的文明含义疏解 [J]. 攀登，2017，36（3）：129-135.

[9] 赵维恭 . 毛泽东文明观及其时代价值 [J]. 理论导刊，2002（3）：34-37.

[10] 孟建 . 传统文化的现代性塑造与国际传播 [J]. 人民论坛，2022（2）：119-122.

[11] 周艳 . 论文化事业与文化产业的互动发展 [J]. 农家参谋，2020（16）：290.

[12] 启瑄 . 提升文化自觉 增强文化自信 实现文化自强——学习党的十七届六中全会《决定》几点体会 [J]. 红旗文稿，2012（5）：4-8.

[13] 靳诺 . 改革开放 40 年高校研究生思想政治理论课建设的历史成就与基本经验 [J]. 思想理论教育导刊，2018（10）：32-38.

[14] 赵琼 . 中学政治课教材改革历程对教学的影响与发展趋势 [J]. 教学与管理，2016（30）：89-91.

[15] 赵艳波，王淳 . 我国研究生思想政治理论课发展历程及启示 [J]. 学位与研究生教育，2013（2）：62-67.

[16] 刘梅 . 政治课改革发展的历程与价值取向 [J]. 思想理论教育，2006（2）：16-21.

[17] 张秀梅 . 新时代思想政治理论课传播中华优秀传统文化探究——以"思想道德修养与法律基础"课为例 [J]. 思想理论教育导刊，2019（1）：125-

129.

[18] 韩德燕. 中华优秀传统文化融入大学生思政教育的思考——以《思想道德修养与法律基础》课为例 [J]. 才智，2019（26）：76.

[19] 张咸杰，张立兴. 中华优秀传统文化融入高校思想政治理论课研究——以"思想道德修养与法律基础"课为例 [J]. 思想教育研究，2016（11）：77-80.

[20] 宋俊成.《思想道德修养与法律基础》课开展中华优秀传统文化专题教学的探索 [J]. 文化学刊，2017（8）：128-130.

[21] 柴永昌. 中华优秀传统文化融入"思想道德修养与法律基础"课教学探索——以"理想信念"教学为例 [J]. 北京教育（德育），2020（12）：62-67.

[22] 魏丽华. 中华优秀传统文化融入"思想道德修养与法律基础"课程教学的思考 [J]. 法制博览，2020（14）：235-236.

[23] 张艳芳，王迎春. 中华优秀传统文化融入高职思想政治理论课略论——以"思想道德修养与法律基础"课为例 [J]. 机械职业教育，2020（4）：30-34.

[24] 张义莎. 实施中华优秀传统文化教育的设想与实践——在"思想道德修养与法律基础"课中为例 [J]. 东方企业文化，2014（20）：79-80.

[25] 魏传光，胡旖旎. 中华优秀传统文化教育课程设计论略——以《思想道德修养与法律基础》课为例 [J]. 教育探索，2015（7）：102-105.

[26] 寇翔. 中华优秀传统文化融入"思想道德修养与法律基础"课的路径探析 [J]. 北京教育（德育），2018（6）：68-71.

[27] 黄毅菁. 小课堂 大文化 强自信——初中道德与法治课中落实中华优秀传统文化教育的若干思考 [J]. 思想政治课研究，2019（5）：149-151，155.

[28] 石书臣. 深刻把握"大思政课"的本质要义 [J]. 马克思主义理论学科研究，2022（7）：104-112.

[29] 张娟凤. 初中道德与法治教学有效落实中华优秀传统文化教育的思考 [J]. 思想政治课研究，2019（6）：217-219，195.

[30] 张鸿泰．中华优秀传统文化融入道德与法治课教学 [J]．思想政治课教学，2019（11）：40-43．

[31] 徐德莉．中华民族优秀传统文化融入"中国近现代史纲要"的教学机制探析 [J]．贵州民族研究，2015，36（1）：205-208．

[32] 崔锁江，马金祥．纲要课教材应用中华优秀传统文化的新改进 [J]．学理论，2016（4）：220-222．

[33] 王凤英．中华优秀传统文化融入中国近现代史纲要课程的思考 [J]．重庆科技学院学报（社会科学版），2020（2）：122-124．

[34] 杜明达，袁坤．中华优秀传统文化有效融入《中国近现代史纲要》课 [J]．科技风，2019（25）：211，222．

[35] 李宝凤．如何在中国近现代史纲要课程中融入中华优秀传统文化 [J]．西部素质教育，2016，2（23）：196．

[36] 万秀丽，杨晶晶．中华优秀传统文化对构建人类命运共同体的启示研究 [J]．实事求是，2022（3）：79-86．

[37] 葛爱冬．中华优秀传统文化转化创新应把握的原则 [J]．山东社会科学，2022（5）：174-179．

[38] 徐茂华，潘艾冬．中国共产党思想政治教育：百年回顾及基本经验 [J]．重庆理工大学学报（社会科学），2022，36（3）：30-38．

[39] 马志芹，龚玉．普通高中思政课教学困境及路径探索 [J]．中学课程资源，2022，18（3）：73-75，33．

[40] 张明．高校思政课教学的三大困境与对策 [J]．教书育人（高教论坛），2022（6）：97-100．

[41] 乔惠波，李学双．中华优秀传统文化融入思想政治理论课的基本原则及实现路径 [J]．高校马克思主义理论研究，2022，8（1）：120-127．

[42] 白利军．中国共产党高校思想政治教育百年经验及其当代启示 [J]．渭南师范学院学报，2022，37（2）：1-10．

[43] 陈美兰，周婷．"大思政"视角下大中小学思政课内容整合的困境与路径 [J]．中学政治教学参考，2022（5）：13-15．

[44] 周开英 . 中共党史融入高中思政课的困境及突破路径 [J]. 西部素质教育，
2022，8（2）：62-64.

[45] 王桂林，陈曦，裴清清 . 中国共产党思想政治教育百年历程、经验与启
示 [J]. 教书育人（高教论坛），2022（3）：4-7.

[46] 万美容 . 中国共产党百年历程中思想政治教育的守正与创新——访华
中师范大学马克思主义学院张耀灿教授 [J]. 马克思主义理论学科研究，
2021，7（12）：4-14.

[47] 赵军 . 中国共产党思想政治教育百年探索历程与启示 [J]. 山西青年职业学
院学报，2021，34（4）：5-8.

[48] 姚咏，肖萍 . 传统文化视域下"构建人类命运共同体"的内在逻辑 [J]. 武
汉理工大学学报（社会科学版），2021，34（6）：58-62.

[49] 周湘莲，陈琳 . 中国共产党思想政治教育"生命线"理论的百年透视 [J].
吉首大学学报（社会科学版），2021，42（6）：18-24.

[50] 陈瑞祥，汪全莉 . 中华优秀传统文化安全建构研究——兼论击退西方文
化帝国主义侵蚀 [J]. 边疆经济与文化，2021（10）：68-70.

[51] 范玉刚 . 中华优秀传统文化中蕴含的治国理政智慧 [J]. 中国党政干部论坛，
2021（8）：92-96.

[52] 王莹，秦真英 . 构建人类命运共同体与中华优秀传统文化"走出去" [J]. 中
国党政干部论坛，2021（8）：88-91.

[53] 伍建军 . 中国共产党百年思想政治教育：脉络、历程和启示 [J]. 党政干部
论坛，2021（7）：8-12.

[54] 陈辉吾，孙志森 . 习近平总书记关于国家文化安全重要论述探析 [J]. 世纪
桥，2021（6）：4-8，13.

[55] 肖影慧，陶廷昌 . 中华优秀传统文化教育融入高校思政课教学的代际困
境及其消解路径 [J]. 现代教育科学，2020（6）：85-90，109.

[56] 万钰莹 . 习近平新时代文化安全观探析 [J]. 广西社会科学，2020（10）：8-15.

[57] 万宁宁 . 文人论政视角下看中国政治传播起源 [J]. 全球传媒学刊，2020，
7（2）：118-134.

[58] 吴丽.中华优秀传统文化在小学《道德与法治》课程实施中的缺失与回归 [J]. 教育理论与实践，2020，40（11）：58-61.

[59] 李子云.大学生中华优秀传统文化教育的缺失与重构对策 [J]. 黄冈职业技术学院学报，2019，21（4）：71-75.

[60] 陆卫明，孙喜红.论"构建人类命运共同体"中的优秀传统智慧 [J]. 西安交通大学学报（社会科学版），2019，39（4）：79-86.

[61] 谭汪洋.以中华优秀传统文化推动构建人类命运共同体 [J]. 黑龙江社会科学，2019（2）：44-48.

[62] 孙成聪，徐晓东，崔作舟，等.中华优秀传统文化的当代价值——基于意识形态安全视域下 [J]. 边疆经济与文化，2019（2）：44-46.

[63] 孟凡礼.关于中华优秀传统文化与构建人类命运共同体的思考 [J]. 文化软实力，2018，3（4）：71-78.

[64] 李帛彧，强巴央珍，范恺，等.中华优秀传统文化在大学生思想政治教育中的缺失与对策 [J]. 新西部，2018（24）：58-59.

[65] 王泽京，张继格.马克思主义理论与高校思政课教学刍议——基于"反洋教运动"的考察 [J]. 思想政治课研究，2018（4）：51-54.

[66] 景坤玉.中华优秀传统文化在大学生思想政治教育中的缺失与重塑 [J]. 四川省干部函授学院学报，2018（2）：58-59，62.

[67] 侯廷宾，洪会平.弘扬中华优秀传统文化 提升中职学生安全意识 [J]. 现代职业教育，2018（7）：169.

[68] 朱景平，朱中原.现代职业教育背景下的思政课教学改革思考——高职思政课教学面临的困境与对策 [J]. 辽宁高职学报，2015，17（6）：16-19.

[69] 刘秀芳，杨波.高校"思政课"在中国化马克思主义理论传播中存在的问题及对策 [J]. 中北大学学报（社会科学版），2015，31（1）：59-63.

[70] 顾晓静，周川燕.高校思政课教师真学真懂真信真用马克思主义理论研究综述 [J]. 广西教育学院学报，2013（5）：93-96.

[71] 支艳赏.中美思想政治教育目的比较 [J]. 理论导报，2011（4）：41-42.

[72] 张汝伦.从教化到启蒙——近代中国政治文化的起源 [J]. 复旦学报（社会

科学版），2009（2）：73-79.

[73] 樊海源，杨一帆.中华家风的价值意蕴与家庭教育耦合机制探赜 [J].继续教育研究，2022（8）：90-94.

[74] 张雅雯.刍议中国优秀传统文化助力"一带一路"建设 [J].文化创新比较研究，2022，6（14）：162-165.

[75] 万秀丽，杨晶晶.中华优秀传统文化对构建人类命运共同体的启示研究 [J].实事求是，2022（3）：79-86.

[76] 方圆，李春.从北京冬奥会看中华优秀传统文化的国际传播 [J].中国广播电视学刊，2022（4）：12-14.

[77] 刘英才.中华优秀传统文化对外传播的话语构建与实践路径[J].出版广角，2022（5）：88-91.

[78] 隋云鹏.世界百年未有之大变局与中华文化的世界体系 [J].人文天下，2022（2）：10-13.

[79] 蔡雨坤，李红秀.中华优秀传统文化国际表达的传播探索 [J].出版广角，2021（23）：31-35.

四、参考报纸

[1] 张友谊.从文化自觉到文化自信 [N].光明日报，2017-11-29（11）.

[2] 许倩.提升中华优秀传统文化国际传播力 [N].中国社会科学报，2022-03-01（5）.

附　　录

附录1：中华优秀传统文化融入初中
《道德与法治》教材内容整理

一、七年级上册中华优秀传统文化内容整理

（2016年教育部审定，2016年7月第1版，2022年7月第7次印刷。）

（一）导言

名言典籍

（1）"以文会友，以友辅仁。"（第38页）

（2）古人云："安其学而亲其师。"（第60页）

（3）古人云："水火有气而无生，草木有生而无知，禽兽有知而无义，人有气、有生、有知，亦且有义，故最为天下贵也。"（第88页）

（二）正文

名言典籍

（1）"苟日新，日日新，又日新。"（第6页）

（2）"千里之行，始于足下。"（第7页）

（3）"功崇惟志，业广惟勤。"（第13页）

（4）《礼记·月令》："季夏之月……鹰乃学习……"（第15页）

（5）"知之者，不如好之者；好之者，不如乐之者。"（第22页）

（6）"工欲善其事，必先利其器。"（第23页）

（7）"独学而无友，则孤陋而寡闻。"（第23页）

（8）老子说"自知者明"。（第26页）

（9）"役其所长，则事无废功；避其所短，则世无弃材矣。"（第34页）

（10）"路也漫漫，遥遥其途，心向往之，虽远莫阻。"（第36页）

（11）孔子说："友直，友谅，友多闻，益矣。"（第43页）

（12）古人云："仁者如射：射者正己而后发；发而不中，不怨胜己者，反求诸己而已矣。"（第47页）

（13）"交友投分，切磨箴规。"（第51页）

（14）"师者，所以传道受业解惑也。"——韩愈《师说》（第61页）

（15）古人云："教学相长。"（第66页）

（16）《论语·学而》："孝悌也者，其为仁之本欤。"（第74页）

（17）"人生天地之间，若白驹之过隙，忽然而已。"（第90页）

（18）"仁者爱人""推己及人"。（第96页）

（19）"天行健，君子以自强不息。"（第109页）

（20）李时珍药学著作《本草纲目》。（第119页）（图文结合）

（三）辅助文

1. 名言典籍

（1）神话：《山海经》。历史：《上下五千年》。诗歌：《诗经选读》《唐诗宋词三百首》。小说：《水浒传》《三国演义》《西游记》《红楼梦》；哲理读物：《论语》。（第6、7页）（图文结合）

（2）《格言联璧》内容节选。（第12页）

（3）"不积跬步，无以至千里。"（第13页）

（4）"学而不思则罔，思而不学则殆。"（第13页）

（5）"山重水复""柳暗花明"。（第21页）

（6）古人云："君子之交淡如水。"（第 45 页）

（7）《诗经·大雅·抑》内容节选。（第 45 页）

（8）"有教无类""因材施教""循循善诱""温故知新""学思结合"。（第 61 页）

（9）《朱子家训》内容节选。（第 74 页）（图文结合）

（10）孟子："恻隐之心，仁之端也；羞恶之心，义之端也；辞让之心，礼之端也；是非之心，智之端也。"（第 97 页）

2. 典故

（1）春秋时期的思想家、教育家孔子的教育贡献。（第 61 页）（图文结合）

（2）墨子与弟子耕柱子的故事。（第 67 页）

（3）传说古代彭祖的故事；"按族谱推算，我的家族已经有上千年的历史"。（第 88 页）（图文结合）

（4）"嗟来之食"的故事。（第 99 页）（图文结合）

（5）你知道历史上有哪些面对挫折而自强不息的感人故事？你从中收获了什么？（第 110 页）

3. 传统习俗等

（1）"中国的春运"；你从春运时人们拥挤的身影和多样的神情中感受到怎样的情感？（第 73 页）

（2）收集我国传统文化中广为流传的"家规""家训"。（第 74 页）（图文结合）

（3）查一查"家"在中国古代文字中有哪些写法，探讨文字背后的意义。（第 75 页）

（4）我的名字里有一个"贤"字，这是我在家族中的辈分，爷爷告诉我从此我们家"贤"字辈就有人啦！（第 91 页）

（5）《孔子世家谱》（节选）；清明祭祖。（第 93 页）（图文结合）

（6）参观博物馆；经典诵读；茉莉花茶制作。（第 104 页）（图文结合）

二、七年级下册中华优秀传统文化内容整理

（2016 年教育部审定，2016 年 11 月第 1 版，2022 年 1 月第 6 次印刷。）

（一）正文

1. 名言典籍

（1）"学贵有疑。"（第 10 页）

（2）孔子说："行己有耻。"朱熹说："人有耻，则能有所不为。"孟子说："羞恶之心，义之端也。"（第 28 页）

（3）"大学之道……在止于至善。"（第 29 页）

（4）"虽不能至，心向往之。"（第 29 页）

（5）"勿以恶小……而不为。"（第 29 页）

（6）"见贤思……省也。"（第 30 页）

（7）"日省其身……无则加勉。"（第 31 页）

（8）"少年智则国智……少年进步则国进步。"（第 32 页）

（9）《大学》中的"止于至善"。（第 29、32 页）

（10）古人云："千人同心……则无一人之用。"（第 55 页）

（11）"和谐……也是传统文化中极具代表性的价值理念。"（第 71 页）

（12）"奉法者……国弱。"（第 88 页）

（13）"没有规矩，不成方圆。"（第 90 页）

2. 传统习俗等

"古代第一个王朝——夏，……夏朝的法律称为'禹刑'"。（第 87 页）

（二）辅助文

1. 名言典籍

（1）"初生牛犊不怕虎。"（第 6 页）

（2）"我劝天公……降人才。""言有物而行有格也。""道之以德……有耻且格。"（第 27 页）

（3）"慎独"。（第 31 页）

（4）《大学》中说："物格而后知至……壹是皆以修身为本。"（第 32 页）

（5）"长太息以掩涕兮，哀民生之多艰。"——屈原《离骚》；"先天下之忧而忧，后天下之乐而乐。"——范仲淹《岳阳楼记》；"黄沙百战穿金甲，不破楼兰终不还。"——王昌龄《从军行》；"人生自古谁无死，留取丹心照汗青。"——文天祥《过零丁洋》；"两情若是长久时，又岂在朝朝暮暮"——秦观《鹊桥仙》。（第 43 页）

2. 典故

（1）故事"鲁班的创造"。（第 13 页）

（2）《后汉书·杨震列传》杨震的故事。（第 31 页）

（3）"急风暴雨"。（第 36 页）

（4）与同学分享中华民族法制文明史上秉公执法、惩恶扬善的历史故事。（狄仁杰像、包拯像、海瑞像）（第 89 页）（图文结合）

3. 传统习俗等

在古诗词中，你还可以找到哪些丰富的情感表达？（第 43 页）

三、八年级上册中华优秀传统文化内容整理

（2017 年教育部审定，2017 年 7 月第 1 版，2022 年 8 月第 6 次印刷。）

（一）导言

名言典籍

（1）"海阔凭鱼跃，天高任鸟飞。"（第 1 页）

（2）"道不可坐论，德不能空谈。"（第 32 页）

（二）正文

名言典籍

（1）"夫喜群而恶独……人情之所乐也。"（第 8 页）

（2）"风声雨声……事事关心。"（第 8 页）

（3）"鸡犬之声相闻""老死不相往来"。（第 11 页）

（4）孟子说："敬人者，人恒敬之。"（第 34 页）

（5）孔子说："己所不欲，勿施于人。"（第 35 页）

（6）"尺有所短，寸有所长。"（第 36 页）

（7）"良言一句三冬暖，恶语伤人六月寒。"（第 39 页）

（8）"不积跬步，无以至千里。"（第 40 页）

（9）孔子说："人而无信，不知其可也。"（第 42 页）

（10）"位卑未敢忘忧国。"（第 66 页）

（11）"天地生人……生一日当尽一日之勤。"（第 73 页）

（12）"道虽迩……不为不成。"（第 103 页）

（三）辅助文

1. 名言典籍

（1）"不学礼，无以立。"——孔子；"人而无礼，焉以为德。"——扬雄。（第 37 页）

（2）《荀子》中说："人无礼则不生……国家无礼则不宁。"（第 40 页）

（3）"保国者……匹夫之贱与有责焉耳矣。"（第 109 页）

2. 典故

（1）"老有所养"。（第 12 页）

（2）"骇人听闻"。（第 18 页）

（3）"高谈阔论"。（第 27 页）

（4）《元史·许衡传》"梨虽无主，我心有主"的故事。（第 28 页）（图文结合）

（5）杜甫《又呈吴郎》的故事。（第 36 页）

（6）北宋时期，杨时与游酢去老师程颐家请教问题的故事。（第 39 页）（图文结合）

（7）"季布一诺"的故事。（第 42 页）

3.传统习俗等

（1）"……陕西黄帝陵祭奠'人文初祖'，……甘肃莫高窟领略世界文化遗产的魅力，……安徽黄山感受自然风光……"（第26页）（图文结合）

（2）"我们应该尊重民族的历史与文化。"（第36页）（图文结合）

（3）"中华文化宝库中有许多表示谦虚、恭敬的礼貌用语……"（第39页）

（4）以"传承中华诚信美德"为主题，撰写演讲词，为班级组织一次演讲比赛。（第45页）

（5）以小组为单位，以"承担社会责任"为题，组织班级演讲比赛。（第74页）

（6）"国字原作……"；"国"字的由来。（第87页）（图文结合）

（7）"古往今来……爱国主义情感……"；以"祖国在我心中"为主题，出一期板报。（第90页）

（8）明清之际的著名思想家顾炎武在他的代表作《日知录》中提出……"天下兴亡，匹夫有责"，它是中华民族爱国情怀的重要表现。（第108页）

四、八年级下册中华优秀传统文化内容整理

（2017年教育部审定，2018年12月第2版，2022年11月第5次印刷。）

（一）正文

名言典籍

"海阔凭鱼跃，天高任鸟飞。"（第91页）

（二）辅助文

1.名言典籍

"百善孝为先。"（第56页）

2. 典故

（1）"畏法度者最快活"的故事。（第 96 页）

（2）古时候"分黄金"的故事。（第 101 页）

3. 传统习俗等

（1）"我国的文物和名胜古迹是中华民族文明的象征……"（第 46 页）（图文结合）

（2）"历史表明：国家统一……"；举出你所了解的维护国家统一和民族团结的事例。（第 47 页）

（3）"……拾金不昧是传统美德……"（第 53 页）（图文结合）

（4）"孝敬、赡养老人是中华民族的传统美德……"（第 56 页）（图文结合）

（5）"东巴文字"；各民族都有使用和发展自己的语言文字的自由，猜一猜东巴文字的意思；你还了解哪些民族的文字？（第 72 页）（图文结合）

（6）"……法治与德治……法安天下，德润万心"。（第 111 页）

五、九年级上册中华优秀传统文化内容整理

（2018 年教育部审定，2021 年 6 月第 2 版，2022 年 7 月第 5 次印刷。）

（一）导言

名言典籍

（1）"来着落地生根，去者落叶归根。"（第 58 页）

（2）"生于斯，长于斯。"（第 74 页）

（二）正文

名言典籍

（1）"治国有常，而利民为本。"（第 11 页）

（2）"天地之大，黎元为先。"（第 13 页）

（3）"致天下之治者在人才……在学校。"（第23页）

（4）"民主"一词最早出自《尚书》。中华优秀传统文化中的"民为邦本"等民本思想。（第30页）

（5）"法令者……为治之本也。"（第45页）

（6）"天下之事……而难于法之必行。"（第53页）

（7）"法……合乎人心而已。"（第55页）

（8）"同心掬得满庭芳"。（第96页）

（9）"天下兴亡，匹夫有责。"（第116页）

（三）辅助文

1. 名言典籍

（1）"枪打出头鸟"；"木秀于林，风必摧之。"（第28页）

（2）"其兴也浡焉，其亡也忽焉。"（第32页）

（3）"国无常强，无常弱。奉法者强则国强，奉法者弱则国弱。"（第47页）

（4）《孟子·梁惠王下》；范仲淹《岳阳楼记》。（第63页）

（5）《朱子家训》内容摘录。（第64页）

（6）中华美德传承经典阅读推荐书目。（第65、66页）

（7）"讲信修睦""愚公移山"。（第67页）

（8）陶渊明《饮酒·其五》。（第81页）

（9）《诗经·大雅·民劳》："民亦劳止，汔可小康。"《礼记·礼运》："大道之行也，天下为公……故外户而不闭。"（第105页）

2. 传统习俗等

（1）"……古代中国，尤其是15世纪以前，在农业、天文学、工程技术、医学、数学、音乐等领域的科技发明至少有100项'世界第一'……创新作为中华文明深厚的内蕴……"；你对我国古代的科技发明了解多少？（第17页）

（2）"……弘扬中华优秀传统文化，增强法治的道德底蕴……"（第55页）

（3）"那达慕大会""望果节""盘王节""春节"；你知道不同民族传统

节日的由来吗？为什么这些传统节日能够传承至今？（第 58 页）（图文结合）

（4）我国是文化遗产大国。与同学分享交流你所了解的文化遗产价值。有人说，有些文化遗产在现代生活中没有实用价值，没有必要保护。你认同这种说法吗？（第 59 页）（图文结合）

（5）中华文化绚丽多彩，穿越时空焕发现代活力。戏曲……太极拳……（第 60 页）（图文结合）

（6）……设计"文化之旅"路线，使学生能够学习和感受中华优秀传统文化……想一想，中华优秀传统文化、革命文化和社会主义先进文化之间存在什么样的精神联系？（第 61 页）

（7）中华传统美德代代相传。阅读经典名言，你得到什么启发？（第 63 页）

（8）开展"读书漂流瓶"活动，向同学推荐一本传承中华美德的好书，说明理由。（第 66 页）

（9）请将你对中华民族精神的感受和理解（如成语、名言、人物典故等）填入图中。（第 67 页）（图文结合）

（10）中华优秀传统文化已经成为中华民族的基因，根植在中国人心中……"老吾老以及人之老，幼吾幼以及人之幼""扶贫济困""不患寡而患不均"等等。（第 70 页）

（11）壮族"歌仙节"。（第 96 页）（图文结合）

（12）"走进少数民族"文化调查活动。（第 97 页）

（13）妈祖文化。（第 103 页）（图文结合）

（14）中华世纪坛序。（第 106 页）（图文结合）

六、九年级下册中华优秀传统文化内容整理

（2018 年教育部审定，2018 年 12 月第 1 版，2022 年 11 月第 4 次印刷。）

（一）正文

名言典籍

（1）"物之不齐，物之情也。"（第7页）

（2）"和而不同"的思想。（第36页）

（3）"天与不取……反受其殃。"（第43页）

（4）"国之交在于民相亲。"（第65页）

（二）辅助文

1. 名言典籍

（1）《司马法》；《左传》；《礼记》。（第52页）

（2）《岳阳楼记》。（第59页）（图文结合）

（3）"韦编三绝""闻鸡起舞"。（第68页）（图文结合）

（4）孔子说："学而时习之，不亦说乎？"荀子说："学至于行之……明也。"（第73页）

（5）"知人者智……自胜者强。"（第83页）

2. 典故

晋平公老年的时候想学习的故事。（第72页）（图文结合）

3. 传统习俗等

（1）中国的传统节日：春节；英国、美国加利福尼亚州、法国巴黎在中国农历新年时的一些做法；你怎么看待越来越多的国家庆祝中国春节这一现象？在国际舞台上，你还感受到了哪些中国文化的影响？（第34、35页）（图文结合）

（2）走出国门的"中国名片"有哪些？（第35页）（图文结合）

（3）天坛祈年殿。（第37页）（图文结合）

（4）中华文明在与世界其他文明持续不断的交流互鉴中发展壮大。（材料：西汉张骞……世界其他文明也在汲取中华文明的营养之后变得更加丰富。）（第38页）

（5）侗族鼓楼的结构特点。（第39页）（图文结合）

（6）材料中体现了中国古人怎样的思想观念？这些思想对当今世界发展的启示。（第52页）

（7）先秦儒家、三国诸葛亮、宋陆游、明顾炎武关于个人与国家名言。名言中读出了怎样的情怀？在经济全球化背景下，这种情怀是否发生了变化，变与不变的原因是什么？（第63页）

（8）找一找古今中外比较经典的有关人生发展阶段的理论，有哪些启示？（第86页）（图文结合）

附录 2：教育部关于印发《中华优秀传统文化进中小学课程教材指南》的通知

教材〔2021〕1 号

各省、自治区、直辖市教育厅（教委），新疆生产建设兵团教育局：

为深入贯彻习近平总书记关于教育的重要论述和全国教育大会精神，全面贯彻党的教育方针，指导中小学课程教材系统、全面落实革命传统、中华优秀传统文化教育，我部制定了《革命传统进中小学课程教材指南》《中华优秀传统文化进中小学课程教材指南》，现印发给你们，请在课程教材、教育教学等育人环节认真贯彻落实。

　　附件：1.《革命传统进中小学课程教材指南》
　　　　　2.《中华优秀传统文化进中小学课程教材指南》

教育部

2021 年 1 月 8 日

中华优秀传统文化进中小学课程教材指南

为贯彻习近平新时代中国特色社会主义思想和党的十九大精神，落实全国教育大会精神和中共中央办公厅、国务院办公厅《关于实施中华优秀传统文化传承发展工程的意见》，充分发挥中小学课程教材承载的中华优秀传统文化教育功能，制定本指南。

一、重要意义

开展中小学中华优秀传统文化教育，对于永续中华民族的根与魂，坚守中华民族的共同理想信念，筑牢民族文化自信、价值自信的根基，维护国家文化安全，增强国家文化软实力，培养青少年做堂堂正正的中国人，具有重要意义。

中华优秀传统文化进中小学课程教材，是强化中华优秀传统文化铸魂育人功能，落实以中华优秀传统文化涵养社会主义核心价值观，实现中华优秀传统文化传承发展系统化、长效化、制度化的重要举措。

二、基本原则

（一）坚持正确价值导向，强化经典意识。遵循辩证唯物主义和历史唯物主义，秉持客观、科学、礼敬的态度，对传统文化取其精华、去其糟粕，有鉴别地加以对待、有扬弃地予以继承，突出传统文化素材的经典性。结合时代要求，衔接古今，赋予中华优秀传统文化新的时代内涵和现代表达形式，促进创造性转化和创新性发展，使其成为涵养社会主义核心价值观的重要源泉。

（二）遵循学生认知规律，贴近学生实际。充分考虑学生随着年龄增长由浅入深、从感性到理性的认知发展特点，努力贴近学生生活、学习、思想实际，确定不同学段的教育目标以及具体学习内容、载体形式，区分层次、突出重点，体现学习进阶，内容和形式适宜，容量适中。

（三）结合学科特点，注重有机融入。基于中华优秀传统文化与学科的内在联系，结合学科具体主题、单元、模块等，融入相应的中华优秀传统文化内容和载体形式。

（四）坚持整体设计，科学合理布局。贯通中小学各学段，使核心思想理念、中华人文精神、中华传统美德等贯穿教育过程始终。统筹各学科，确保中华优秀传统文化内容全覆盖，形成纵向有机衔接、横向协同配合的格局。

三、总体目标

中华优秀传统文化在中小学课程教材中的育人立意更加精准鲜明，布局安排更加系统完整，内容更加科学合理，呈现方式更加丰富生动。课程教材在厚植中华文化底蕴、涵养家国情怀、增强社会关爱、提升人格修养、铸牢中华民族共同体意识等方面的育人功能显著增强，学生文化自信更加坚定。

四、主题内容

中小学课程教材主要围绕核心思想理念、中华人文精神、中华传统美德三大主题，遴选中华优秀传统文化教育内容。

（一）核心思想理念。中华民族和中国人民在修齐治平、尊时守位、知常达变、开物成务、建功立业过程中培育和形成的基本思想理念，如革故鼎新、与时俱进的思想，脚踏实地、实事求是的思想，惠民利民、安民富民的思想，道法自然、天人合一的思想等。传承发展中华优秀传统文化，就要大力弘扬讲仁爱、重民本、守诚信、崇正义、尚和合、求大同等核心思想理念。

（二）中华人文精神。中华优秀传统文化积淀着多样、珍贵的精神财富，如求同存异、和而不同的处世方法，文以载道、以文化人的教化思想，形神兼备、情景交融的美学追求，俭约自守、中和泰和的生活理念等。传承发展中华优秀传统文化，就要大力弘扬有利于促进社会和谐、鼓励人们向上向善的思想文化内容。

（三）中华传统美德。中华优秀传统文化蕴含着丰富的道德理念和规范，如天下兴亡、匹夫有责的担当意识，精忠报国、振兴中华的爱国情怀，崇德向善、见贤思齐的社会风尚，孝悌忠信、礼义廉耻的荣辱观念等。传承发展中华优秀传统文化，就要大力弘扬自强不息、敬业乐群、扶危济困、见义勇为、孝老爱亲等中华传统美德。

五、载体形式

中小学课程教材反映中华优秀传统文化的主要载体形式包括以下几个方面。

（一）经典篇目。主要指以文献方式存在的传世作品。如文学、历史的名著名篇，科学典籍，作为欣赏对象的经典艺术作品等。

（二）人文典故。主要指经过历史检验、被人们公认、有特定内涵的人、事、言。如历史人物和故事，神话、传说，寓言、名言名句等。

（三）基本常识。主要指在传统社会形成的且构成中华民族文化基因的基本知识，如时令节气、称谓礼仪、传统节日、风俗习惯等。

（四）科技成就。主要指古代人民在科学探索、技术发明方面的突出贡献，如四大发明、都江堰工程、传统医药等。

（五）艺术与特色技能。主要指民族性、地域性特征非常鲜明的技能、技巧与艺术。包括以满足精神生活需要为主的技能、技艺，如书法、音乐、舞蹈、戏曲等；以手工劳动为主的技能、技巧，如烹饪、刺绣、剪纸、雕刻等；以身体运动能力为主的技能、技巧，如传统体育、武术、杂技、游艺等。

（六）其他文化遗产。主要指前述五种形式以外的传统文化遗存，如古文化遗址、古墓葬、古建筑、石窟寺、石刻、壁画等不可移动文物和艺术品、文献、手稿、服饰等可移动文物。

六、学段要求

（一）小学阶段。以培育学生对中华优秀传统文化的亲切感和感受力为重点，由启蒙教育入手，介绍中华民族重要历史人物、传统节日、节气与风俗、发明发现、特色技艺等，使学生初步了解中华优秀传统文化的源远流长、丰富多彩，培养学习兴趣。通过识字写字、诵读诗文、听闻典故、亲近先贤、关注习俗等学习活动设计，引导学生在日常生活中增进对中华文化的认识，养成孝老敬亲、礼貌待人，勤俭节约、吃苦耐劳、言行一致等传统美德，体认中华优秀传统文化，培养对国家、民族的感情。

（二）初中阶段。以增强学生对中华优秀传统文化的理解力为重点，比较系统地介绍我国各族人民创造灿烂文化的历史及伟大成就，引导学生进一步认识中华优秀传统文化的博大精深、悠久历史及其对世界的意义，提高对中华优秀传统文化的认同度。通过临摹名家书法、阅读经典文献、了解历史线索、欣赏传统艺术、参与礼仪活动等学习活动设计，引导学生践行中华传统美德，初步体会道法自然、天人合一、修齐治平、革故鼎新、实事求是等中华核心思想理念和人文精神，尊重各民族传统习俗，珍视各民族共同创造的中华优秀文明成果，进一步增强中华民族归属感和自豪感。

（三）高中阶段。以增强学生对中华优秀传统文化的理性认识和践行能力为重点，讲述中华民族多元一体的历史渊源及重要学术、艺术流派等，使学生在与世界文化的比较中，更加客观全面地认识中华文化，领悟民族独特智慧，更加理性地看待外部世界，坚定文化自信。在文化传承的同时，进行文化创新。通过阅读观看经典作品、文化考察与专题研究等学习活动设计，培养学生严于律己、自强不息、豁达乐观的人生态度，使学生自觉践行中华传统美德，形成天下兴亡、匹夫有责的担当意识和精忠报国、振兴中华的爱国情怀。

七、学科安排

以语文、历史、道德与法治（思想政治）三科为主，艺术（音乐、美术等）、体育与健康学科有重点地纳入，其他学科有机渗透，"3+2+N"全科覆盖。

（一）语文

语文是落实中华优秀传统文化教育的核心课程，要全面体现中华优秀传统文化蕴含的核心思想理念、人文精神和传统美德，引导学生理解和热爱国家通用语言文字，体悟中华优秀传统文化中蕴含的爱国情怀、中华精神、荣辱观念，提高审美情趣，厚植中华文化底蕴，坚定文化自信。主要载体为汉字、书法、成语、古诗词、古代散文、古典小说、神话传说、民间故事、历史故事、寓言故事、格言警句、风俗习惯、传统节日等。

（二）历史

历史是落实中华优秀传统文化教育的核心课程，在传承人类文明的共同遗产方面起着不可替代的作用，有助于学生系统、深刻地理解中华优秀传统文化的历史渊源、形成发展过程及其在人类文明进程中的重要地位，理解中华文化的博大精深、源远流长，领悟中华民族的独特智慧。主要载体为遗迹文物、神话传说、事件人物、典章制度、文学艺术和科技成就等。

（三）道德与法治（思想政治）

道德与法治（思想政治）是落实中华优秀传统文化教育的核心课程，要注重传承崇德向善的传统美德，帮助学生了解中华优秀传统文化中蕴含的社会伦理和风尚，养成恪守诚信、严于律己、敢于担当等优秀品质，培养关心社会、关爱他人、奉献社会的思想意识，形成正确的世界观、人生观和价值观，坚定理想信念，增强国家认同感和民族自豪感。主要载体为相关格言、人物、故事、民俗、文物图片等。

（四）艺术

艺术是落实中华优秀传统文化教育的重要课程，对提高学生艺术修养、弘扬中华美育精神具有不可替代的重要作用，要注重引导学生体会中华优秀传统艺术中反映出来的中华民族独特的表现方式、艺术特征、风格特点和文化内涵，形成系统认识，感悟中华优秀传统文化的魅力，提高审美与人文素养，坚定中华文化立场，提升文化艺术传承能力与创新能力，增强民族自豪感。主要载体包括两个方面：一是经典艺术作品，具体包括民族民间音乐、民族民间舞蹈、戏剧（戏曲）、曲艺、美术、书法，以及有关中华优秀传统文化的动画、影视作品等；二是特色技艺，具体包括年画、剪纸、泥人、刺绣、皮影戏、木偶戏、服饰等适合进入学校教育的非物质文化遗产项目。

（五）体育与健康

体育与健康是落实中华优秀传统文化教育的重要课程，对于帮助学生强身健体、涵养情趣，促进健康行为习惯养成和身心和谐发展，传承和弘扬中华优秀传统文化有着重要作用。主要载体形式为民族民间传统体育活动（如抽陀螺、跳房子、踢毽子、滚铁环、抖空竹、舞龙、舞狮、荡秋千、踩高跷、竹竿舞等）、武术、中国式摔跤、跳绳、毽球、珍珠球、赛龙舟、传统健身功法（如五禽戏、八段锦、易筋经等）和我国传统体育文化知识等。

（六）其他

数学、地理、物理、化学、生物学等是中华优秀传统文化教育的载体，也要结合学科特点，选择有关学科领域典籍、人物故事、基本常识、成就、文化遗存等，引导学生体会其中蕴含的思想方法，感悟中华民族智慧与创造，培养学生勇于探索、自强不息的精神，坚定文化自信，增强民族自豪感。

八、组织实施

（一）加强专业指导。组建以从事中华优秀传统文化研究与教育的专家为主的指导组，加强统筹、指导，确保中华优秀传统文化进课程教材的合理性、准确性与系统性。

（二）研制实施细则。分学科制定中华优秀传统文化进国家课程教材实施细则，从本学科育人定位出发，明确本学科各学段具体内容、载体形式等，充分发挥各学科在传承中华优秀传统文化中的独特作用。持续开展体验活动、主题活动，强化学生实践体认。建立评价标准和评价机制，确保中华优秀传统文化教育效果。各地结合实际，制定中华优秀传统文化进地方课程教材实施细则，突出中华民族共同体意识的培育。

（三）加强培训把关。组织开展编写、审查团队专题培训，加强对各学科课程教材中华优秀传统文化落实情况的审查把关，确保总体工作目标的达成。加强面向全体教师中华优秀传统文化教育培训，全面提升师资队伍水平。

附件

各科具体要求

一、语文

语言文字既是文化的载体，又是文化的重要组成部分，能够全面体现中华优秀传统文化蕴含的核心思想理念、人文精神和传统美德。语文学习的过程就是文化获得的过程。语文课程以理解和热爱国家通用语言文字为基础，以涵养高尚审美情趣、厚植中华文化底蕴、坚定文化自信为重点，以全面提高语言文字综合应用能力为目标，在传承和弘扬中华优秀传统文化中发挥着不可替代的重要作用。

（一）主要载体形式

选取汉字、书法、成语、古诗词、古代散文、古典小说、神话传说、民间故事、历史故事、寓言故事、格言警句等方面的具体内容在课程教材中呈现。

（二）学段要求

1．小学低年级

（1）从识字入手，帮助学生建立对中华优秀传统文化的认知基础。启发学生初步认识汉字形义音关系，意识到书写工整的重要性，引领学生感受汉字的形体美，初步认识汉字与中华文化的联系。

（2）围绕积累成语和格言警句、诵读古诗词等活动，帮助学生感受国家通用语言文字的音韵美与节律美，学会待人接物基本礼节，体会其中的思想情感，体悟其中的爱国情怀。

（3）选取神话故事、寓言故事、人物典故等阅读材料，启发学生理解蕴含其中的做人道理，帮助学生形成孝敬父母、尊敬师长、友爱同学、礼貌待人的意识，养成勤俭节约、吃苦耐劳、言行一致的品质。

（4）围绕中华优秀传统文化主题，组织开展语文实践活动，帮助学生了解中华民族重要传统节日、节气与风俗，认识中华优秀传统文化在日常生活中的表现及重要价值。

2. 小学中年级

（1）围绕汉字的文化内涵，引导学生熟悉笔、墨、纸、砚等常用传统书写用具，理解并实践基本的书写要求，形成认真的书写态度。指导学生用毛笔临摹楷书字帖，引导学生接触楷书经典碑帖，认识到汉字是中华优秀传统文化的重要载体。

（2）通过分主题整理成语、格言警句等语言材料，诵读古诗文经典篇目等活动，帮助学生体验国家通用语言文字的结构美与意境美；引导学生查阅相关语言材料和经典篇目背景资料，感受历史文化的魅力，初步认识中华优秀传统文化蕴含的思想和智慧。

（3）选取名人传记、表现中华优秀传统文化思想的经典篇目，开展寻找历史文化中的榜样、探究爱国情怀等读写活动，引导学生感受先贤志士的人格魅力，启发学生体悟其中的爱国情怀、中华精神、荣辱观念。

（4）组织口语交际活动，讲历史人物故事、爱国故事、传统美德故事；开展语文实践活动，探寻中华精神、荣辱观念在当代社会的体现，帮助学生从不同侧面认识中华优秀传统文化的传承方式。

3. 小学高年级

（1）从文化的角度解释汉字，联系汉字知识帮助学生形成自觉增加识字量和追求写字美观的意识，引导学生逐步做到汉字书写端正美观；引导学生通过临摹和欣赏书法作品感受汉字的独特之美，增进对汉字的美感体验。

（2）通过分主题积累人文典故、文化常识，诵读古诗文经典篇目等活动，引导学生从思想观念、社会风尚、美学追求、生活理念等方面认识国家通用语言文字的博大精深，增强提升自身中华优秀传统文化修养水平的意识和能力。

（3）选取成语故事、历史故事、民间故事、名人传记等阅读材料，开展对联欣赏、撰写等传统语言实践活动，帮助学生初步了解中华优秀传统文化的发展历程，感受中华优秀传统文化弘扬的精神品质与人格力量，增强学生爱国情感。

（4）组织开展综合性学习，围绕字形的演变、传统节日的现代庆祝方式、先贤志士的成长经历、文化遗址的历史变迁、民族艺术的影响力等主题，帮助学生了解中华优秀传统文化的丰富多彩与发展变化。

4. 初中

（1）立足汉字与文化的联系，帮助学生把握汉字的书写艺术，逐步提高写字美观要求。引导学生关注最具代表性的书法家和作品，学习多角度欣赏书法作品，感受书法之美，体悟汉字魅力。

（2）通过诵读帮助学生学习古诗词格律知识，感受其节奏美、意境美和意蕴美的融合。围绕文学、文化经典篇目的诵读，启发学生体悟祖国语言文字独特的表达方式，初步学会欣赏、品味中国文学作品，理解仁爱孝悌、谦和好礼、诚信知报、精忠报国、克己奉公、修己慎独、见利思义、勤俭谦正、笃实宽厚、勇毅力行等中华优秀传统文化的核心思想理念。

（3）帮助学生在写作过程中熟练使用成语、格言警句、人文典故等语言形式，引用古诗文辅助表情达意，感悟并实践国家通用语言文字独特的表达方式。

（4）引导学生参加并记录传统节日的庆祝活动，探究传统习俗的文化内涵和当代价值，了解各民族的传统文化习俗，珍视各民族共同创造的中华优秀文明成果，逐步形成作为中华民族一员的归属感和自豪感。开展探究性学习活动，启发学生认识中华优秀传统文化的历史价值和现实意义。

5. 高中

（1）引导学生正确认识汉字的时代性，自觉维护汉字书写规范，在实际语言运用中努力促进国家通用语言文字健康发展，坚定文化自信。结合历史、艺术等相关学科的学习，通过欣赏、临摹名家书法作品等活动，帮助学生认识中国书法的丰富内涵和文化价值，形成书法鉴赏和书法作品创作的初步经验。

（2）通过诵读并分类积累古诗词等活动，帮助学生理解国家通用语言文字的意境美与哲理美。引导学生选读并研习中国古代经典作品，提高审美品位，把握思想内涵，了解中华优秀传统文化的辩证思维特点，理解知荣明耻、见贤思齐、自强不息、和而不同、美美与共、文以载道、以文化人、俭约自守等人文精神，认识中国文学、文化以及传统思维方式对世界的影响。

（3）引导学生积累、梳理、探究富有文化意蕴的语言材料，在表达与交流过程中有意识地引用古典诗文和文化典籍，自觉体现国家通用语言文字表达方式的特点，提升自身的文化品位，初步形成文化自觉的意识。

（4）开展专题性的梳理探究活动，围绕国家通用语言文字、中华学术论著、跨文化等专题，引导学生比较、分析古今中外各类作品中的文化现象和文化观念，初步形成探究文化问题的意识，多角度分析文化现象和观念，形成文化批判和反思的意识。

（5）组织学生研究中华优秀传统文化的相关问题，通过撰写调查报告或研究报告、组织讨论会、辩论会、演讲会等活动，引导学生注意用历史眼光和现代观念，初步形成对中华传统文化的理性认识，对中华优秀传统文化的创造性转化和创新性发展提出自己的见解。帮助学生领悟传统美德在新时代的意义价值，自觉以中华传统美德律己修身；形成民族文化自豪感，坚定文化自信，厚植家国情怀，提升人格修养。

二、历史

历史是人类文化的重要组成部分，在传承人类文明的共同遗产方面起着不可替代的作用。中国历史记录保存了我国各族人民创造的灿烂文化，是中华优秀传统文化的宝藏。中学历史是中华优秀传统文化教育的核心课程，有助于学生系统、深刻地理解中华优秀传统文化的历史渊源、形成发展过程及其在人类文明进程中的重要地位，领悟中华民族的独特智慧，坚定文化自信，厚植家国情怀。

（一）主要载体形式

选取遗迹文物、神话传说、事件人物、典章制度、文学艺术和科技成就等方面的具体内容在课程教材中呈现。

（二）学段要求

1. 初中

（1）介绍史前时期中国境内典型文化遗迹，使学生感受中华文明源远流长，激发民族自豪感。讲述代表性神话传说，使学生树立自强不息、艰苦奋斗等民族精神。

（2）选取老子、孔子和诸子百家作品中的名言名句，使学生初步理解其中蕴含的道法自然、讲仁爱重民本、和而不同等中华优秀传统文化的核心思想理念和人文精神，养成尊老爱幼、诚实守信、好学深思等美德。

（3）讲述商鞅变法，使学生认识改革推动社会的发展。介绍秦汉巩固统一的措施，使学生认识其在中华文化共同体形成中的奠基作用。讲述"贞观之治""开元盛世"，使学生认识讲仁爱、重民本、惠民利民等思想观念，感受唐朝开放包容的社会风气，领会中华优秀传统文化尚和合、求大同等思想理念。讲述中国古代英雄人物精忠报国的故事，激发学生爱国主义精神。

（4）介绍古代著名史学家及其作品，引导学生学习自强不息的精神和责任担当意识，认识中国古代以史为鉴的治理传统、以文化人的教化思想。介绍古代诗歌、小说、戏曲、书法、绘画等文学艺术成就，使学生认识其独特文化价值，坚定文化自信。介绍古代科技成就，使学生感受我国古人的独特智慧，激发民族自豪感。

（5）介绍中医的代表人物和成就，使学生认识中医在救死扶伤、强身健体方面的作用，学习医者的仁爱之心。介绍武术流派的形成，使学生认识武术在强身健体和培养自强不息、见义勇为等传统美德方面的作用。

（6）介绍中国传统节日的由来和文化内涵，引导学生继承和发扬传统节日中积极、健康的内容，懂得感恩，志存高远，促进社会的和谐、进步。

2. 高中

（1）介绍史前时期中国境内文化遗存的分布特点，使学生认识中华民族多元一体的基础。列举我国历史上民族交融的表现，使学生感受中华民族多元一体的发展趋势，认识中华优秀传统文化是我国古代各族人民智慧的结晶，是保障统一多民族国家永续的精神内核。

（2）介绍《道德经》《论语》《孙子兵法》以及战国时期儒家、道家、阴阳家、墨家、法家、兵家代表性作品及主要观点，使学生深入理解其中蕴含的中华优秀传统文化的核心思想理念，强化尊重自然规律、尊师重教、遵纪守法、勤俭节约、勇敢坚韧、热爱和平等意识。介绍理学的主要思想，使学生认识其注重气节和德操，注重社会责任与历史使命的理念，形成天下兴亡、匹夫有责的担当意识。

（3）介绍科举制的形成过程及其对中国和世界的影响，坚定学生文化自信。介绍唐朝的民族政策和对外政策，使学生感受中华文化尚和合、求大同的思想理念，以及促进社会和谐、世界和平、鼓励人们向上向善的文化价值追求。

（4）介绍中国古代史学名著体例结构的创新和发展，使学生认识其对传承中华文化的重要贡献。介绍诗歌、小说、戏曲、书法、绘画等文学艺术的产生和发展。引导学生培养一种爱好，具备一项特长，自觉弘扬中华优秀传统文化。

（5）介绍中医经典名著的主要内容，使学生理解中医的基本理论和诊断方法，认识中医蕴含的整体系统思维、天人和谐等思想。介绍传统武术理论体系的初步形成，使学生了解武术的功理功法和武德，树立习武强身、保家卫国的国防意识，养成自强不息、见义勇为等传统美德。

三、道德与法治（思想政治）

道德与法治（思想政治）是开展中华优秀传统文化教育的核心课程，丰富和充实中华优秀传统文化内容，有助于学生弘扬传统美德，坚定文化自信，厚植家国情怀。

（一）主要载体形式

选择相关格言、人物、故事、民俗、文物图片等具体内容在课程教材中呈现。

（二）学段要求

1. 小学

（1）围绕行为习惯养成，选取反映中华传统美德的经典故事、人物事件、格言和经典篇目中的名句，如"敏而好学，不耻下问"等，帮助学生感悟中华优秀传统文化中蕴含的做人道理。

（2）围绕认识理解社会，选取反映中华民族生产生活、社会交往的经典故事、人物事件、格言和经典篇目中的名句，如"徙木立信""由俭入奢易，由奢入俭难"等，帮助学生初步了解中华优秀传统文化中蕴含的社会伦理和风尚。

（3）围绕认识国情，选取历史上有代表性的科技成就、文物建筑和民俗风情，如四大发明、紫禁城、长城、春节习俗、少数民族节日习俗等，增强学生国家认同感和民族自豪感。

2. 初中

（1）围绕个人品德修养，选取反映优秀道德品质的格言、典故、人物事件，如"季布重诺""吾日三省吾身"等，促进学生养成恪守诚信、严于律己、敢于担当等优秀品质，传承崇德向善的传统美德。

（2）围绕认识理解社会，选取体现社会和谐、社会发展和责任担当的格言、典故、人物事件和经典篇目中的名句，如"老吾老以及人之老，幼吾幼以及人之幼""风声雨声读书声声声入耳，家事国事天下事事事关心"等，帮助学生深化对人与社会关系的认识，形成关心社会、关爱他人、奉献社会的思想意识。

（3）围绕认识理解国情，选取历史上有代表性的科技成就、文物建筑和民俗风情，以及格言、典故、人物事件和经典篇目中的名句，如"天下兴亡，匹夫有责"等，增强学生的国家认同感和爱国情怀。

3. 高中

（1）围绕认识社会历史发展过程，选取中国历史演变中的经典故事、重要事件和格言、名句，如"启伐有扈氏""人事有代谢，往来成古今"等，帮助学生理解社会发展变化的规律，坚定理想信念。

（2）围绕理解经济与社会发展，选取历史上具有代表性的思想观点、格言、典故、人物事件和经典篇目中的名句，如孔子"富民"思想、"仓廪实而知礼节，衣食足而知荣辱"等，帮助学生理解经济发展、社会保障等的重要价值，体会惠民利民、富民安民的思想观念。

（3）围绕理解国家和社会治理，选取历史上具有代表性的思想观点、格言、典故、人物事件和经典篇目中的名句，如"肝胆相照""法者，治之端也"等，帮助学生理解我国古人治国安邦的智慧，体悟讲仁爱、重民本、崇正义、尚和合的思想理念，厚植家国情怀。

（4）围绕理解文化发展与文化成就，选取历史上具有代表性的文化作品、思想观点、格言、典故、人物事件和文物建筑，如"文化"词源、敦煌石窟等，帮助学生理解中华文化的博大精深、源远流长，坚定文化自信。

（5）围绕理解认识世界，选取历史上具有代表性的思想观点、格言、典故、人物事件和经典篇目中的名句，如"物无孤立之理""君子和而不同，小人同而不和"等，帮助学生把握理解世界本质，形成正确的世界观、人生观和价值观，增强对中华传统智慧的认同感。

四、艺术

我国优秀传统艺术成就是中华优秀传统文化的重要组成部分，也是世界艺术宝库中的瑰宝，闪耀着举世瞩目、璀璨独特的光芒。中小学艺术课程丰富、充实中华优秀传统艺术内容，对提高学生艺术修养、弘扬中华美育精神具有不可替代的重要作用。

（一）主要载体形式

中华传统艺术主要载体形式包括两个方面：一是经典艺术作品，具体包括民族民间音乐、民族民间舞蹈、戏曲、曲艺、美术、书法，以及有关中华优秀传统文化的动画、影视作品等；二是特色技艺，具体包括年画、剪纸、泥人、刺绣、皮影戏、木偶戏、服饰等适合进入学校教育的非物质文化遗产项目。中小学艺术课程要从中选择适当的载体形式，呈现有关中华优秀传统艺术内容，强化中华优秀传统文化教育内容要求。

（二）学段要求

1. 小学

（1）小学低年级。基于艺术与游戏相结合的原则，结合活动主题，选择儿歌、童谣、寓言故事、神话故事、民间故事、古代诗词等简单明快、朗朗上口的语言艺术作品，如《咏鹅》；选择主题简明、技法简洁的歌曲、舞蹈、戏曲、绘画等综合性艺术作品，如《十二生肖歌》；选择情节简短、形象生动的动画片、故事片、纪录片、专题片等影视艺术作品，如《大闹天宫》（动画片）。学生通过接触、体验、表现这些作品或作品的片段，感知中华优秀传统文化的魅力，激发内心喜爱之情，增强中华文化认同感。

（2）小学中高年级。在音乐部分，选择主题思想鲜明、音乐表现技法上有初步要求的民歌民乐、民族民间舞蹈、经典戏曲的片段以及近现代作曲家雅俗共赏的作品等，如《阳关三叠》（古琴曲）、《千手观音》（舞蹈）；在美术部分，选择主题突出、有代表性的作品，类别包括中国画、书法、雕塑、建筑、民间美术（如剪纸、泥人、刺绣、皮影、木偶、陶艺、服饰等）等，如《步辇图》（中国画）、《兰亭集序》（书法）；在戏曲影视部分，选择情节丰富、角色鲜明的作品，如《宝莲灯》（动画片）、《铡美案》（京剧）。使学生初步掌握与传统艺术相关的基本知识、技能和技法，体会中华民族独特的情感表达方式以及形神兼备、情景交融的美学追求，具有学习中华优秀传统艺术的愿望，增强保护与传承非物质文化遗产的意识。

2. 初中

初中艺术课程包括音乐、美术、舞蹈、戏曲、影视艺术（含数字媒体艺术）等。在音乐部分，选择比较完整的戏曲唱段，具有历史文化内涵的民歌民乐，以及近现代的经典创作，如《春江花月夜》（民族器乐）；在美术部分，选择人文底蕴丰厚的标志性作品，如中国画《千里江山图》、古典园林中的颐和园和拙政园、书法中的《曹全碑》《张迁碑》，此外还有篆刻、雕塑、民间美术等；在舞蹈部分，选择寓意深刻、情感丰富、审美体验较深的民族民间舞蹈，如《云南映象》《丝路花雨》；在戏曲部分，选择情节饱满、人物多样的作品，如《赵氏孤儿》（京剧）、《包公赔情》（吉剧、秦腔）；在影视艺术部分，选择层次分明、技术丰富的作品，如《三国演义》（电视剧）、《千古唐诗》（纪录片）；在数字媒体艺术方面，选择结构明确、技术简单的作品，如《清明上河图》（2.0 版，2010 年）。使学生基本了解中国艺术史上的优秀作品，在艺术体验与创作中熟悉中华优秀传统艺术独特的表现方式、艺术特征、风格特点和文化内涵，培养文化艺术传承能力与创新能力，激发爱国情怀，陶冶道德情操。

3. 高中

高中阶段艺术课程进一步加强艺术与生活、艺术与科学、艺术与文化的融合性，涵盖音乐、美术、舞蹈、戏剧（戏曲）、影视与数字媒体艺术等方面内容。

在音乐部分，选择民族精神气质浓郁的民歌民乐，以及对传统经典音乐再创造、再诠释的现当代作品，如《炎黄风情》（中国民歌主题管弦乐作品）；在美术部分，选择系统性和专业性强、综合度高，文化意蕴深厚的作品，如中国画《韩熙载夜宴图》《富春山居图》；在舞蹈部分，选择具有气质高雅、动作元素质感强、艺术意蕴多样化的作品，如《春江花月夜》《红楼梦》；在戏剧（戏曲）、曲艺部分，选择结构立体、主题深刻的作品，如《屈原》（话剧）、《穆桂英挂帅》（京剧）；在影视艺术部分，选择意蕴生动、技术复杂的作品，如《侠女》（电影）、《复活的军团》（纪录片）；在数字媒体艺术部分，选择元素多元、方法多样的作品，如《清明上河图》（3.0 版，2018 年）。使学生逐步拓展艺术视野，形成关于中华优秀传统艺术的系统认识，自觉接受中华优秀传统文化熏陶，提升对中华优秀传统文化的感悟能力和表达能力，提高审美情趣与人文素养，坚定中华文化立场，增强民族自豪感。

五、体育与健康

中华传统体育具有悠久的历史，曾创造出很多具有中国特色和世界影响的体育运动形式和养生保健方法，不仅为中华民族的体魄强健和文化发展作出了贡献，也为整个人类体育文化的丰富和发展作出了积极贡献。在体育与健康课程中纳入中华传统体育内容，对于帮助学生强身健体、涵养情趣，促进健康行为习惯养成和身心和谐发展，传承和弘扬中华优秀传统文化有着重要作用。

（一）主要载体形式

选择民族民间传统体育活动（如抽陀螺、跳房子、踢毽子、滚铁环、抖空竹、舞龙、舞狮、荡秋千、踩高跷、竹竿舞等）、武术、中国式摔跤、跳绳、毽球、珍珠球、赛龙舟、传统健身功法（如五禽戏、八段锦、易筋经等）和我国传统体育文化知识，在课程教材中呈现。

（二）学段要求

1. 小学

（1）引导学生主动参与民族民间传统体育活动、游戏、武术、跳绳、传统健身功法等，体验运动乐趣；发展体能，掌握基本的运动技能、健身方法和健康养护知识；促进健康行为养成，热爱中华传统体育文化，增强继承中华优秀传统体育文化的意识。

（2）运用游戏、比赛等形式，引导学生理解并遵守相关规则，尊重和关心他人；能辨别体育和健康行为的优劣；具有团队合作意识；继承中华传统体育美德。

2. 初中

（1）精选适合初中学生学习和参与的民族民间传统体育活动、武术、摔跤、跳绳、传统健身功法和有关理论知识，引导学生通过学习与锻炼，感受中华优秀传统体育文化魅力，享受运动乐趣；初步掌握1—2项民族民间传统体育运动技能和养生保健基本知识，自觉维护健康，养成锻炼习惯和健康的生活方式，增强传承中华优秀传统体育文化的意识和能力。

（2）运用游戏、比赛和健身练习等形式涵养学生心性，促进学生人格健全，发展体育品德；继承中华传统体育美德，发扬中华体育精神。

3. 高中

（1）将中华优秀传统体育文化和养生保健知识纳入健康教育模块和体育理论知识教学之中，引导学生学习和理解其在预防疾病、增进健康、陶冶情操等方面的科学性和独特价值，弘扬中华优秀传统体育文化。

（2）引导学生从武术与民族民间体育必修选学模块中选择自己喜爱和适合学习的1—2项运动进行学习，较为熟练地掌握其运动技能，培养运动兴趣，强健体魄，形成1—2项运动专长，增强传承中华优秀传统体育文化的能力。

（3）通过综合性的运动练习方法、运动比赛等复杂体育学习情境，鼓励学生学以致用，深刻体验运动和健身乐趣，促进其运动能力和体育品德的发展，完善人格，发扬中华体育精神。

六、地理

我国古人在地理探索与发现方面形成的成果，为中华民族乃至整个人类进步和文明发展作出了重要贡献，是中华优秀传统文化的组成部分。在地理课程教材中纳入我国古人在探索自然与人文环境方面积累的知识与成就，对于帮助学生理解中华优秀传统文化的形成、发展与地理环境的密切关系，领悟道法自然、天人合一思想，感受人地和谐之美，树立生态文明意识，厚植家国情怀具有重要作用。

（一）主要载体形式

选取科学典籍、民俗、科学发明、古代工程、耕作技术、遗址、特色建筑及传统聚落等方面的具体内容在课程教材中呈现。

（二）学段要求

1. 初中

（1）通过具体生动的典型事例，介绍我国古人在适应自然、利用自然、改造自然等各个方面的创举，使学生理解人地协调、天人合一的思想和现实意义，初步建立人地协调观，认同中华优秀传统文化。

（2）呈现我国在传统聚落、耕作技术、古代工程、文化遗址、建筑园林等方面的成就，多种事实材料（文献资料、图片、图表、实物、遗址、影像等），让学生了解我国古人在适应自然、利用自然、改造自然方面的成就与贡献，初步形成理性、客观的认识，进而尊重和热爱中华优秀传统文化，激发爱国情感。

2. 高中

（1）精选我国各个区域代表性的文化遗产（如传统聚落、耕作技术、历法、古代工程、文化遗址、建筑园林、科技成就、人物事件、科学典籍等），通过对各类文化遗产的展示、分析，深入理解其精髓和实质，充分认识其现实意义。分析文化遗产中体现的人地协调思想，全面树立人地协调观念，进而指导自己的行为。

（2）广泛采用我国不同区域代表性的文化遗产作为地理情境素材，设计各种水平的情境材料，引导学生探索其中的地理学思想，体会中华民族独特智慧。

（3）为学生提供我国各个区域、各种类型的典型事实材料，多方面反映我国古人创造的优秀文化遗产，介绍我国古人根据不同区域条件因地制宜的建设成就，引导学生通过阅读、观察和思考，形成对中华优秀传统文化的客观、理性认知，厚植爱国情怀。

七、数学

我国古代数学成就是中华优秀传统文化的有机组成部分，它具有悠久的历史，创造出很多具有中国特色和世界影响的成果，不仅为中华民族的发展作出了杰出贡献，也为整个人类文明作出了积极贡献。在中小学数学课程教材中纳入我国传统数学内容，对于学生感悟中华民族智慧与创造、增强民族自豪感、坚定文化自信具有重要作用。

（一）主要载体形式

选取我国数学典籍、数学家的发现发明创造及人物传记等具体内容在课程教材中呈现。

（二）学段要求

1. 小学

（1）数与代数领域。在数的认识部分，介绍列入世界非物质文化遗产的中国算盘（相关运算口诀）及其广泛传播；在记数法学习部分，介绍我国古代算筹记数法等，帮助学生初步感悟蕴含其中的中国数学思维和表达方式，体会我国古人智慧与创造及其对人类文明的贡献。

（2）图形与几何领域。在认识图形部分，引入我国古人发明的"唐图"（七巧板、益智图）、传统建筑，丰富学生对我国古代数学思想的认识，了解我国古人智慧。

（3）综合与实践领域。将具有中国特色的建筑园林、文化遗址、民间艺术，以及古代数学成就等作为综合与实践活动设计的背景材料，引导学生探究其中的数学问题，感受到中华数学文化的源远流长。

（4）数学文化等领域。设置数学拓展、数学文化等栏目，介绍我国古代卓越的数学成就和丰富的数学故事。如：《九章算术》等典籍的相关内容、我国古代数学中的分数及其四则运算在世界数学发展史上的领先地位；在圆周率部分，介绍祖冲之和刘徽的成就；在三角形面积部分，介绍刘徽、杨辉及其求解三角形面积的数学思想与方法。使学生初步了解我国数学家在数学发展史上的突出贡献，增强民族自豪感。

2. **初中**

（1）代数与几何领域。在正负数概念、勾股定理的发现和各种证明方法部分，介绍我国数学家关于几何证明的"出入相补"思想方法等。在与西方数学的比较中，让学生体会中国数学思想方法的特点及其价值，感悟中国的创造性智慧。

（2）综合与实践领域。以具有中国特色的建筑园林、文化遗址、民间艺术等作为背景材料，创设数学探究情境，设计综合实践主题，使学生在数学综合实践中感悟中华优秀传统文化魅力。

（3）数学文化等领域。设置数学拓展、数学文化、数学探究等栏目，为学生提供线索，让学生通过查阅资料，收集整理我国古代数学成就的相关题材，并进行探究学习。如在方程部分，介绍《张邱建算经》中的"百鸡问题"、《九章算术》中的"五家共井"问题等；在几何部分，介绍勾股定理的赵爽、刘徽和梅文鼎等著名数学家的证明方法，结合相似三角形部分，介绍刘徽《海岛算经》中测高问题等。通过以上内容，丰富学生对中华数学文化的认识，增强民族自豪感，坚定文化自信。

3. **高中**

（1）几何与代数主题。结合相关知识介绍相应的我国数学家，如结合二项式定理的学习，介绍贾宪-杨辉三角。在立体几何部分，介绍"祖暅原理"、数列（或级数）介绍《九章算术》和《张邱建算经》中的数列问题、杨辉的垛积术等。使学生进一步了解我国数学家在数学发展史上的创新与独特贡献，感悟中国的创造性智慧。

（2）数学文化主题。进一步将具有中国特色的建筑园林、文化遗址、民间艺术等作为背景材料和学习素材，引导学生在探索数学原理的同时，感悟其中的生活智慧与美学追求。

（3）建模与数学探究主题。介绍或让学生通过小组合作、课题学习、展示报告等多种方式，研习我国古代数学成就与思想方法，了解我国古代的算法化数学思想方法及其在计算机、人工智能时代的重要地位和作用，使学生进一步坚定文化自信。

八、物理

我国古人在认识物质、制造技术等方面的探索成果，为中华民族乃至整个人类的科技进步和文明发展作出了重要贡献，是中华优秀传统文化的组成部分。在物理课程教材中纳入我国古人在探索自然方面积累的知识与成就，对帮助学生感悟中华民族独特的智慧与创造，增强民族自豪感，坚定文化自信，培养勇于探索、自强不息的精神具有重要作用。

（一）主要载体形式

选取我国相关科学典籍、历史故事、古诗词、技术发明、传统建筑等具体内容在课程教材中呈现。

（二）学段要求

1. 初中

在物质的属性部分，介绍铸钟、冶铁及铁器的应用等中华传统技术发明；在物质的结构与物体的尺度部分，介绍鲁班木工尺等中华传统技术发明；在机械运动和力部分，介绍如沈括的《梦溪笔谈》等科学典籍，赵州桥等传统建筑；在声和光部分，介绍天坛回音壁、传统乐器等中华传统特色技艺，介绍日晷、铜镜等中华传统技术发明和《墨子》等中华传统科学典籍内容；在电与磁部分，介绍司南等中华传统技术发明；在能量部分，介绍中华传统科技成就，如水力磨坊、舂等技术发明。在与西方物理学的比较中，使学生了解中华民族探索自然、认识自然、改造和利用自然的悠久历史，体会中华民族智慧及探索精神的特点及其价值，感受中华民族创造的伟大，领会中华民族惠民利民的思想，增强民族自豪感，强化文化认同。

2. 高中

在机械运动与物理模型部分，介绍古代度量衡、传统桥梁建筑等；在相互作用与运动定律部分，介绍《考工记》、水运仪象台等中华传统科学典籍、科学发明；在机械振动与机械波部分，介绍鱼洗等特色技艺；在液体和气体部分，介绍都江堰水利工程等。使学生进一步了解中华民族改造和运用自然的独特智慧与创造，领悟中华民族革故鼎新、惠民利民的思想，进一步增强民族自豪感，坚定文化自信。

九、化学

我国古人在认识与分离物质、合成物质、制造材料等方面的探索成果，为中华民族乃至整个人类的科技进步和文明发展作出了重要贡献，是中华优秀传统文化的组成部分。在化学课程教材中纳入我国古人在化学方面的探索成果和事迹，对增强民族自豪感，坚定文化自信，培养勇于探索、自强不息的精神具有重要作用。

（一）主要载体形式

选取我国古代化学探索过程中相关的技术发明、材料加工、食品加工等具体内容在课程教材中呈现。

（二）学段要求

1. 初中

在金属与金属矿物部分，介绍青铜器和铁器中使用的金属材料，使学生认识新材料的制造对于推动社会生产力进步和改变生活方式所发挥的重要作用；在生活中常见的化合物部分，介绍制盐技术和醋的酿造技术，使学生认识基于自然界中的物质分离提取某些成分或者制造新物质，对于提升生活质量的重要作用；在碳和碳的氧化物部分，介绍文房四宝之"墨"的主要成分、加工制造、性质特点和应用等，使学生认识我国古人通过材料加工促进文化传承与发展。引导学生认识我国古人对于人类文明进步所作出的贡献，感受我国古人的科技成就、特色技艺和独特智慧，增强民族自豪感。

2. 高中

在化学科学与实验探究部分，介绍"炼丹术"中的化学实践探索；在化学与社会发展部分，介绍陶瓷等我国古代灿烂的技术发明，以及《天工开物》等收录古代化学实践技术的科技著作；在无机物及其应用部分，介绍湿法冶铜、冶铁技术等金属冶炼技术，以及火药等技术发明；在有机化合物及其应用部分，介绍茶叶、豆腐等加工制作以及酒、酱油等酿造技术中的化学原理。使学生认识这些成就为推动社会进步、提升人民福祉、促进人类文明所发挥的作用，增强民族自豪感。

十、生物学

我国古人在生物学方面的探索成果，是中华优秀传统文化的组成部分，为中华民族乃至整个人类的科技进步和文明发展作出了重要贡献。将我国古人在生物学方面的探究方法与实践成果纳入生物学课程教材，对于厚植学生文化底蕴、感悟中华民族智慧、增强民族自豪感有着重要意义。

（一）主要载体形式

选取自然认识、技术发明、科学发现、文物遗址等方面的具体内容在课程教材中呈现。

（二）学段要求

1. 初中

在生物的生殖、发育与遗传部分，介绍北京猿人、孔子鸟等化石及遗址；在生物的多样性部分，介绍《本草纲目》分类，以及古人的金鱼品种培育过程；在生物技术部分，介绍我国古人利用发酵原理制作腐乳、酸菜等食品的内容，以及农学的水稻、粟、大豆、茶树等作物栽培技术；在健康的生活部分，介绍我国古代医学领域的主要成就（如针灸等），以及我国古代传染病的预防与治疗方面的科技成就（如用人痘预防天花、利用艾叶预防治疗瘟疫等）。帮助学生分析其中的生物学概念和思想方法，了解我国古人的智慧，感受我国古人坚持不懈的探索精神，增强民族自豪感和文化认同。

2. 高中

在遗传与进化部分，介绍严复翻译《天演论》过程中融入的我国古人的进化思想；在稳态与调节部分，介绍我国古代麻醉技术方面的探索和成果；在生物与环境部分，介绍我国古代"桑基鱼塘"传统生态农业以及"四大家鱼"混合养殖技术；在生物技术与工程部分，介绍我国古代利用传统发酵技术制作腐乳等食品的原理，以及扦插繁殖等传统农业技术实践成果。引导学生感悟我国古人在认识、利用自然方面的智慧和探索精神，进一步坚定文化自信，增强民族自豪感。

十一、科学

我国古代科学探索历史悠久，丰硕的成果是中华优秀传统文化的重要组成部分，为人类文明进步作出了巨大贡献。

将我国古代科学发展成就纳入中小学科学课程教材，对于帮助学生感悟中华智慧和探索精神，坚定文化自信，增强民族自豪感具有重要意义。

（一）主要载体形式

选取科学故事、时令节气、古代工程、技术发明、传统医药、遗址和文物等方面的具体内容在课程教材中呈现。

（二）学段要求

1. 小学

（1）生命世界领域。介绍我国古代的科技发明、特色技艺，如在农业选种、茶叶、豆腐、养蚕及微生物酿酒、制醋等方面的探索，帮助学生理解我国古人对自然的利用，体悟其智慧与创造。

（2）物质世界领域。在材料部分，介绍我国古代在青铜制品、铁制工具、陶瓷、丝绸纺织等方面的技术成就；在运动与力部分，介绍我国古代农具、杆秤、反冲式火箭等工具的发明与实践；在能量形式部分，介绍我国古人在磁学、热学方面的成果，如孔明灯等，使学生感悟古人对自然的探索精神和创造智慧，体悟我国古代科学文化源远流长。

（3）地球和宇宙空间领域。在天文观测方面，介绍我国古代宇宙观、二十四节气、日晷和圭表等；在地震测量方面，介绍相关科技成果，丰富学生对我国古代道法自然、天人合一思想的认识。

（4）技术与工程领域。在技术方面，介绍我国古代造纸术、活字印刷术、火药、造船等重要成就；在工程方面，介绍紫禁城、大运河等著名工程，帮助学生感悟我国古人智慧和古代科技对人类文明的推动作用，增强民族自豪感，坚定文化自信。

2. 初中

（1）生命科学领域。在生物与环境部分，介绍我国古人在认识自然环境与生物关系时所展示出的智慧，如"橘生淮南则为橘，橘生淮北则为枳"；在人的健康部分，介绍我国古代医学领域的主要成就（如针灸等），介绍我国古代传染病的预防与治疗方面的科技成就，如用人痘预防天花、利用艾叶预防治疗瘟疫等，帮助学生分析其中的生物学概念和思想方法，了解我国古人的智慧，感受我国古人坚持不懈的探索精神，增强民族自豪感和文化认同感。

（2）物质科学领域。在物质的分离与变化部分，介绍我国古代火药、制盐等技术原理；在电与磁部分，介绍指南针的工作原理，帮助学生体悟我国古代科技成就中蕴含的思想方法，培养实事求是、脚踏实地的精神品质。

（3）地球和宇宙空间领域。在星系部分，介绍我国古人对二十八星宿以及彗星的记载；在气候部分，介绍我国古人对自然气候的观察和经验认识，如"瑞雪兆丰年"；在地球部分，介绍地动仪及其原理，帮助学生体会我国古人天人合一的思想与智慧，增强民族自豪感。

十二、技术

中国古代技术发明成就是中华优秀传统文化的重要组成部分，为中华民族乃至整个人类社会的进步与发展作出了杰出贡献。将我国古代技术发明、传统技艺等内容纳入高中技术课程教材，对于学生感悟中华民族的智慧与创造力、增强民族自豪感具有重要作用。

（一）主要载体形式

选取技术发明、文化遗址（工程、建筑）、历史人物、经典著作、经典器具、传统工艺、生活技艺等具体内容在课程教材中呈现。

（二）高中阶段要求

1. 在技术知识方面，介绍我国古代技术发明的典型案例，如泥活字、长城砖墙黏合物质等，让学生理解我国古代科学技术发明的原理、思想，体会我国古人的创造性智慧，培养革故鼎新、与时俱进的精神。

2. 在技术实践方面，介绍我国传统工艺、生活技艺等，让学生亲历襦裙套装、旗袍、狮子头、东坡肉、糍粑、龙舟、埙、笛子、箫、云梯、鱼洗铜盆等制作活动，学会中国服装缝纫、食品烹制、乐器制作等传统手工技艺，培养精益求精、追求卓越的工匠精神，以及勤劳肯干、吃苦耐劳的传统美德。

3. 在技术文化方面，介绍我国古代文献中含技术专题的经典篇目，如《考工记》中的"金有六齐"篇目、《梦溪笔谈》中泥活字制作篇目等，原文呈现我国古代的技术发明成就，引导学生增强中华文明认同，坚定文化自信。

附录3：中共中央办公厅 国务院办公厅 印发《关于实施中华优秀传统文化传承发展 工程的意见》

文化是民族的血脉，是人民的精神家园。文化自信是更基本、更深层、更持久的力量。中华文化独一无二的理念、智慧、气度、神韵，增添了中国人民和中华民族内心深处的自信和自豪。为建设社会主义文化强国，增强国家文化软实力，实现中华民族伟大复兴的中国梦，现就实施中华优秀传统文化传承发展工程提出如下意见。

一、重要意义和总体要求

1. 重要意义。中华文化源远流长、灿烂辉煌。在5000多年文明发展中孕育的中华优秀传统文化，积淀着中华民族最深沉的精神追求，代表着中华民族独特的精神标识，是中华民族生生不息、发展壮大的丰厚滋养，是中国特色社会主义植根的文化沃土，是当代中国发展的突出优势，对延续和发展中华文明、促进人类文明进步，发挥着重要作用。

中国共产党在领导人民进行革命、建设、改革伟大实践中，自觉肩负起传承发展中华优秀传统文化的历史责任，是中华优秀传统文化的忠实继承者、弘扬者和建设者。党的十八大以来，在以习近平同志为核心的党中央领导下，各级党委和政府更加自觉、更加主动推动中华优秀传统文化的传承与发展，开展了一系列富有创新、富有成效的工作，有力增强了中华优秀传统文化的凝聚力、影响力、创造力。同时要看到，随着我国经济社会深刻变革、对外开放日益扩大、互联网技术和新媒体快速发展，各种思想文化交流交融交锋更加频繁，迫切需要深化对中华优秀传统文化重要性的认识，进一步增强文化自觉和文化自信；迫切需要深入挖掘中华优秀传统文化价值内涵，进一步激发中华优秀传统文化的生机与活力；迫切需要加强政策支持，着力构建中华优秀传统文化传承发展体系。实施中华优秀传统文化传承发展工程，是建设社会主义文化强国的重大战略任务，对于传承中华文脉、全面提升人民群众文化素养、维护国家文化安全、增强国家文化软实力、推进国家治理体系和治理能力现代化，具有重要意义。

2．指导思想。高举中国特色社会主义伟大旗帜，全面贯彻党的十八大和十八届三中、四中、五中、六中全会精神，坚持以马克思列宁主义、毛泽东思想、邓小平理论、"三个代表"重要思想、科学发展观为指导，深入贯彻习近平总书记系列重要讲话精神和治国理政新理念新思想新战略，紧紧围绕实现中华民族伟大复兴的中国梦，深入贯彻新发展理念，坚持以人民为中心的工作导向，坚持以社会主义核心价值观为引领，坚持创造性转化、创新性发展，坚守中华文化立场、传承中华文化基因，不忘本来、吸收外来、面向未来，汲取中国智慧、弘扬中国精神、传播中国价值，不断增强中华优秀传统文化的生命力和影响力，创造中华文化新辉煌。

3．基本原则

——牢牢把握社会主义先进文化前进方向。坚持中国特色社会主义文化发展道路，立足于巩固马克思主义在意识形态领域的指导地位、巩固全党全国人民团结奋斗的共同思想基础，弘扬社会主义核心价值观，培育民族精神和时代精神，解决现实问题、助推社会发展。

——坚持以人民为中心的工作导向。坚持为了人民、依靠人民、共建共享，注重文化熏陶和实践养成，把跨越时空的思想理念、价值标准、审美风范转化为人们的精神追求和行为习惯，不断增强人民群众的文化参与感、获得感和认同感，形成向上向善的社会风尚。

——坚持创造性转化和创新性发展。坚持辩证唯物主义和历史唯物主义，秉持客观、科学、礼敬的态度，取其精华、去其糟粕，扬弃继承、转化创新，不复古泥古，不简单否定，不断赋予新的时代内涵和现代表达形式，不断补充、拓展、完善，使中华民族最基本的文化基因与当代文化相适应、与现代社会相协调。

——坚持交流互鉴、开放包容。以我为主、为我所用，取长补短、择善而从，既不简单拿来，也不盲目排外，吸收借鉴国外优秀文明成果，积极参与世界文化的对话交流，不断丰富和发展中华文化。

——坚持统筹协调、形成合力。加强党的领导，充分发挥政府主导作用和市场积极作用，鼓励和引导社会力量广泛参与，推动形成有利于传承发展中华优秀传统文化的体制机制和社会环境。

4. 总体目标。到2025年，中华优秀传统文化传承发展体系基本形成，研究阐发、教育普及、保护传承、创新发展、传播交流等方面协同推进并取得重要成果，具有中国特色、中国风格、中国气派的文化产品更加丰富，文化自觉和文化自信显著增强，国家文化软实力的根基更为坚实，中华文化的国际影响力明显提升。

二、主要内容

5. 核心思想理念。中华民族和中国人民在修齐治平、尊时守位、知常达变、开物成务、建功立业过程中培育和形成的基本思想理念，如革故鼎新、与时俱进的思想，脚踏实地、实事求是的思想，惠民利民、安民富民的思想，道法自然、天人合一的思想等，可以为人们认识和改造世界提供有益启迪，可以为治国理政提供有益借鉴。传承发展中华优秀传统文化，就要大力弘扬讲仁爱、重民本、守诚信、崇正义、尚和合、求大同等核心思想理念。

6. 中华传统美德。中华优秀传统文化蕴含着丰富的道德理念和规范，如天下兴亡、匹夫有责的担当意识，精忠报国、振兴中华的爱国情怀，崇德向善、见贤思齐的社会风尚，孝悌忠信、礼义廉耻的荣辱观念，体现着评判是非曲直的价值标准，潜移默化地影响着中国人的行为方式。传承发展中华优秀传统文化，就要大力弘扬自强不息、敬业乐群、扶危济困、见义勇为、孝老爱亲等中华传统美德。

7. 中华人文精神。中华优秀传统文化积淀着多样、珍贵的精神财富，如求同存异、和而不同的处世方法，文以载道、以文化人的教化思想，形神兼备、情景交融的美学追求，俭约自守、中和泰和的生活理念等，是中国人民思想观念、风俗习惯、生活方式、情感样式的集中表达，滋养了独特丰富的文学艺术、科学技术、人文学术，至今仍然具有深刻影响。传承发展中华优秀传统文化，就要大力弘扬有利于促进社会和谐、鼓励人们向上向善的思想文化内容。

三、重点任务

8. 深入阐发文化精髓。加强中华文化研究阐释工作，深入研究阐释中华文化的历史渊源、发展脉络、基本走向，深刻阐明中华优秀传统文化是发展当代中国马克思主义的丰厚滋养，深刻阐明传承发展中华优秀传统文化是建设中国特色社会主义事业的实践之需，深刻阐明丰富多彩的多民族文化是中华文化的基本构成，深刻阐明中华文明是在与其他文明不断交流互鉴中丰富发展的，着力构建有中国底蕴、中国特色的思想体系、学术体系和话语体系。加强党史国史及相关档案编修，做好地方史志编纂工作，巩固中华文明探源成果，正确反映中华民族文明史，推出一批研究成果。实施中华文化资源普查工程，构建准确权威、开放共享的中华文化资源公共数据平台。建立国家文物登录制度。建设国家文献战略储备库、革命文物资源目录和大数据库。实施国家古籍保护工程，完善国家珍贵古籍名录和全国古籍重点保护单位评定制度，加强中华文化典籍整理编纂出版工作。完善非物质文化遗产、馆藏革命文物普查建档制度。

9. 贯穿国民教育始终。围绕立德树人根本任务，遵循学生认知规律和教育教学规律，按照一体化、分学段、有序推进的原则，把中华优秀传统文化全方位融入思想道德教育、文化知识教育、艺术体育教育、社会实践教育各环节，贯穿于启蒙教育、基础教育、职业教育、高等教育、继续教育各领域。

以幼儿、小学、中学教材为重点，构建中华文化课程和教材体系。编写中华文化幼儿读物，开展"少年传承中华传统美德"系列教育活动，创作系列绘本、童谣、儿歌、动画等。修订中小学道德与法治、语文、历史等课程教材。推动高校开设中华优秀传统文化必修课，在哲学社会科学及相关学科专业和课程中增加中华优秀传统文化的内容。加强中华优秀传统文化相关学科建设，重视保护和发展具有重要文化价值和传承意义的"绝学"、冷门学科。推进职业院校民族文化传承与创新示范专业点建设。丰富拓展校园文化，推进戏曲、书法、高雅艺术、传统体育等进校园，实施中华经典诵读工程，开设中华文化公开课，抓好传统文化教育成果展示活动。研究制定国民语言教育大纲，开展好国民语言教育。加强面向全体教师的中华文化教育培训，全面提升师资队伍水平。

10. 保护传承文化遗产。坚持保护为主、抢救第一、合理利用、加强管理的方针，做好文物保护工作，抢救保护濒危文物，实施馆藏文物修复计划，加强新型城镇化和新农村建设中的文物保护。加强历史文化名城名镇名村、历史文化街区、名人故居保护和城市特色风貌管理，实施中国传统村落保护工程，做好传统民居、历史建筑、革命文化纪念地、农业遗产、工业遗产保护工作。规划建设一批国家文化公园，成为中华文化重要标识。推进地名文化遗产保护。实施非物质文化遗产传承发展工程，进一步完善非物质文化遗产保护制度。实施传统工艺振兴计划。大力推广和规范使用国家通用语言文字，保护传承方言文化。开展少数民族特色文化保护工作，加强少数民族语言文字和经典文献的保护和传播，做好少数民族经典文献和汉族经典文献互译出版工作。实施中华民族音乐传承出版工程、中国民间文学大系出版工程。推动民族传统体育项目的整理研究和保护传承。

11. 滋养文艺创作。善于从中华文化资源宝库中提炼题材、获取灵感、汲取养分，把中华优秀传统文化的有益思想、艺术价值与时代特点和要求相结合，运用丰富多样的艺术形式进行当代表达，推出一大批底蕴深厚、涵育人心的优秀文艺作品。科学编制重大革命和历史题材、现实题材、爱国主义题材、青少年题材等专项创作规划，提高创作生产组织化程度，彰显中华文化的精神内涵和审美风范。加强对中华诗词、音乐舞蹈、书法绘画、曲艺杂技和历史文化纪录片、动画片、出版物等的扶持。实施戏曲振兴工程，做好戏曲"像音像"工作，挖掘整理优秀传统剧目，推进数字化保存和传播。实施网络文艺创作传播计划，推动网络文学、网络音乐、网络剧、微电影等传承发展中华优秀传统文化。实施中国经典民间故事动漫创作工程、中华文化电视传播工程，组织创作生产一批传承中华文化基因、具有大众亲和力的动画片、纪录片和节目栏目。大力加强文艺评论，改革完善文艺评奖，建立有中国特色的文艺研究评论体系，倡导中华美学精神，推动美学、美德、美文相结合。

12. 融入生产生活。注重实践与养成、需求与供给、形式与内容相结合，把中华优秀传统文化内涵更好更多地融入生产生活各方面。深入挖掘城市历史文化价值，提炼精选一批凸显文化特色的经典性元素和标志性符号，纳入城镇化建设、城市规划设计，合理应用于城市雕塑、广场园林等公共空间，避免千篇一律、千城一面。挖掘整理传统建筑文化，鼓励建筑设计继承创新，推进城市修补、生态修复工作，延续城市文脉。加强"美丽乡村"文化建设，发掘和保护一批处处有历史、步步有文化的小镇和村庄。用中华优秀传统文化的精髓涵养企业精神，培育现代企业文化。实施中华老字号保护发展工程，支持一批文化特色浓、品牌信誉高、有市场竞争力的中华老字号做精做强。深入开展"我们的节日"主题活动，实施中国传统节日振兴工程，丰富春节、元宵、清明、端午、七夕、中秋、重阳等传统节日文化内涵，形成新的节日习俗。加强对传统历法、节气、生肖和饮食、医药等的研究阐释、活态利用，使其有益的文化价值深度嵌入百姓生活。实施中华节庆礼仪服装服饰计划，设计制作展现中华民族独特文化魅力的系列服装服饰。大力发展文化旅游，充分利用历史文化资源优势，规划设计推出一批专题研学旅游线路，引导游客在文化旅游中感知中华文化。推动休闲生活与传统文化融合发展，培育符合现代人需求的传统休闲文化。发展传统体育，抢救濒危传统体育项目，把传统体育项目纳入全民健身工程。

13. 加大宣传教育力度。综合运用报纸、书刊、电台、电视台、互联网站等各类载体，融通多媒体资源，统筹宣传、文化、文物等各方力量，创新表达方式，大力彰显中华文化魅力。实施中华文化新媒体传播工程。充分发挥图书馆、文化馆、博物馆、群艺馆、美术馆等公共文化机构在传承发展中华优秀传统文化中的作用。编纂出版系列文化经典。加强革命文物工作，实施革命文物保护利用工程，做好革命遗址、遗迹、烈士纪念设施的保护和利用。推动红色旅游持续健康发展。深入开展"爱我中华"主题教育活动，充分利用重大历史事件和中华历史名人纪念活动、国家公祭仪式、烈士纪念日，充分利用各类爱国主义教育基地、历史遗迹等，展示爱国主义深刻内涵，培育爱国主义精神。加强国民礼仪教育。加大对国家重要礼仪的普及教育与宣传力度，在国家重大节庆活动中体现仪式感、庄重感、荣誉感，彰显中华传统礼仪文化的时代价值，树立文明古国、礼仪之邦的良好形象。研究提出承接传统习俗、符合现代文明要求的社会礼仪、服装服饰、文明用语规范，建立健全各类公共场所和网络公共空间的礼仪、礼节、礼貌规范，推动形成良好的言行举止和礼让宽容的社会风尚。把优秀传统文化思想理念体现在社会规范中，与制定市民公约、乡规民约、学生守则、行业规章、团体章程相结合。弘扬孝敬文化、慈善文化、诚信文化等，开展节俭养德全民行动和学雷锋志愿服务。广泛开展文明家庭创建活动，挖掘和整理家训、家书文化，用优良的家风家教培育青少年。挖掘和保护乡土文化资源，建设新乡贤文化，培育和扶持乡村文化骨干，提升乡土文化内涵，形成良性乡村文化生态，让子孙后代记得住乡愁。加强港澳台中华文化普及和交流，积极举办以中华文化为主题的青少年夏令营、冬令营以及诵读和书写中华经典等交流活动，鼓励港澳台艺术家参与国家在海外举办的感知中国、中国文化年（节）、欢乐春节等品牌活动，增强国家认同、民族认同、文化认同。

14. 推动中外文化交流互鉴。加强对外文化交流合作，创新人文交流方式，丰富文化交流内容，不断提高文化交流水平。充分运用海外中国文化中心、孔子学院、文化节展、文物展览、博览会、书展、电影节、体育活动、旅游推介和各类品牌活动，助推中华优秀传统文化的国际传播。支持中华医药、中华烹饪、中华武术、中华典籍、中国文物、中国园林、中国节日等中华传统文化代表性项目走出去。积极宣传推介戏曲、民乐、书法、国画等我国优秀传统文化艺术，让国外民众在审美过程中获得愉悦、感受魅力。加强"一带一路"沿线国家文化交流合作。鼓励发展对外文化贸易，让更多体现中华文化特色、具有较强竞争力的文化产品走向国际市场。探索中华文化国际传播与交流新模式，综合运用大众传播、群体传播、人际传播等方式，构建全方位、多层次、宽领域的中华文化传播格局。推进国际汉学交流和中外智库合作，加强中国出版物国际推广与传播，扶持汉学家和海外出版机构翻译出版中国图书，通过华侨华人、文化体育名人、各方面出境人员，依托我国驻外机构、中资企业、与我友好合作机构和世界各地的中餐馆等，讲好中国故事、传播好中国声音、阐释好中国特色、展示好中国形象。

四、组织实施和保障措施

15. 加强组织领导。各级党委和政府要从坚定文化自信、坚持和发展中国特色社会主义、实现中华民族伟大复兴的高度，切实把中华优秀传统文化传承发展工作摆上重要日程，加强宏观指导，提高组织化程度，纳入经济社会发展总体规划，纳入考核评价体系，纳入各级党校、行政学院教学的重要内容。各级党委宣传部门要发挥综合协调作用，整合各类资源，调动各方力量，推动形成党委统一领导、党政群协同推进、有关部门各负其责、全社会共同参与的中华优秀传统文化传承发展工作新格局。各有关部门和群团组织要按照责任分工，制定实施方案，完善工作机制，把各项任务落到实处。

16. 加强政策保障。加强中华优秀传统文化传承发展相关扶持政策的制定与实施，注重政策措施的系统性协同性操作性。加大中央和地方各级财政支持力度，同时统筹整合现有相关资金，支持中华优秀传统文化传承发展重点项目。制定和完善惠及中华优秀传统文化传承发展工程项目的金融支持政策。加大对国家重要文化和自然遗产、国家级非物质文化遗产等珍贵遗产资源保护利用设施建设的支持力度。建立中华优秀传统文化传承发展相关领域和部门合作共建机制。制定文物保护和非物质文化遗产保护专项规划。制定和完善历史文化名城名镇名村和历史文化街区保护的相关政策。完善相关奖励、补贴政策，落实税收优惠政策，引导和鼓励企业、社会组织及个人捐赠或共建相关文化项目。建立健全中华优秀传统文化传承发展重大项目首席专家制度，培养造就一批人民喜爱、有国际影响的中华文化代表人物。完善中华优秀传统文化传承发展的激励表彰制度，对为中华优秀传统文化传承发展和传播交流作出贡献、建立功勋、享有盛誉的杰出海内外人士按规定授予功勋荣誉或进行表彰奖励。有关部门要研究出台入学、住房保障等方面的倾斜政策和措施，用以倡导和鼓励自强不息、敬业乐群、扶正扬善、扶危济困、见义勇为、孝老爱亲等传统美德。

17．加强文化法治环境建设。修订文物保护法。制定文化产业促进法、公共图书馆法等相关法律，对中华优秀传统文化传承发展有关工作作出制度性安排。在教育、科技、卫生、体育、城乡建设、互联网、交通、旅游、语言文字等领域相关法律法规的制定修订中，增加中华优秀传统文化传承发展内容。加大涉及保护传承弘扬中华优秀传统文化法律法规施行力度，加强对法律法规实施情况的监督检查。充分发挥各行政主管部门在传承发展中华优秀传统文化中的重要作用，建立完善联动机制，严厉打击违法经营行为。加强法治宣传教育，增强全社会依法传承发展中华优秀传统文化的自觉意识，形成礼敬守护和传承发展中华优秀传统文化的良好法治环境。各地要根据本地传统文化传承保护的现状，制定完善地方性法规和政府规章。

18．充分调动全社会积极性创造性。传承发展中华优秀传统文化是全体中华儿女的共同责任。坚持全党动手、全社会参与，把中华优秀传统文化传承发展的各项任务落实到农村、企业、社区、机关、学校等城乡基层。各类文化单位机构、各级文化阵地平台，都要担负起守护、传播和弘扬中华优秀传统文化的职责。各类企业和社会组织要积极参与文化资源的开发、保护与利用，生产丰富多样、社会价值和市场价值相统一、人民喜闻乐见的优质文化产品，扩大中高端文化产品和服务的供给。充分尊重工人、农民、知识分子的主体地位，发挥领导干部的带头作用，发挥公众人物的示范作用，发挥青少年的生力军作用，发挥先进模范的表率作用，发挥非公有制经济组织和社会组织从业人员的积极作用，发挥文化志愿者、文化辅导员、文艺骨干、文化经营者的重要作用，形成人人传承发展中华优秀传统文化的生动局面。

附录 4：教育部关于印发《完善中华优秀传统文化教育指导纲要》的通知

教社科〔2014〕3 号

各省、自治区、直辖市教育厅（教委），新疆生产建设兵团教育局，有关部门（单位）教育司（局），部属各高等学校：

经国家教育体制改革领导小组审议同意，现将《完善中华优秀传统文化教育指导纲要》印发给你们，请结合实际认真贯彻执行。

教育部

2014 年 3 月 26 日

完善中华优秀传统文化教育指导纲要

为贯彻落实党的十八届三中全会关于完善中华优秀传统文化教育的精神，落实立德树人根本任务，进一步加强新形势下中华优秀传统文化教育，制定本指导纲要。

一、加强中华优秀传统文化教育的重要性和紧迫性

1. 加强中华优秀传统文化教育，是深化中国特色社会主义教育和中国

梦宣传教育的重要组成部分。中国特色社会主义道路是在对中华民族 5000 多年悠久文明的传承中走出来的，具有深厚的历史渊源和广泛的现实基础。加强中华优秀传统文化教育，对于引导青少年学生更加全面准确地认识中华民族的历史传统、文化积淀、基本国情，认清中国特色社会主义的历史必然性，坚定走中国特色社会主义道路、实现中华民族伟大复兴中国梦的理想信念，具有重大而深远的历史意义。

2. 加强中华优秀传统文化教育，是构建中华优秀传统文化传承体系，推动文化传承创新的重要途径。当今世界，文化在综合国力竞争中的地位和作用更加凸显，越来越成为民族凝聚力和创造力的重要源泉，博大精深的中华优秀传统文化是我们在世界文化激荡中站稳脚跟的根基。青少年学生是祖国的未来，民族的希望，加强对青少年学生的中华优秀传统文化教育，对于培养中华优秀传统文化的继承者和弘扬者，推动文化传承创新，建设社会主义先进文化具有基础作用。

3. 加强中华优秀传统文化教育，是培育和践行社会主义核心价值观，落实立德树人根本任务的重要基础。世界多极化、经济全球化深入发展，国内经济社会转轨转型、深刻变革，现代传播技术迅猛发展，世界范围内各种思想文化的交流交融交锋更加频繁，社会思想观念日益活跃。青少年学生思想意识更加自主，价值追求更加多样，个性特点更加鲜明，社会上一些不良思想倾向和道德行为，对青少年学生健康成长产生了不容忽视的影响。加强中华优秀传统文化教育，对于引导青少年学生增强民族文化自信和价值观自信，自觉践行社会主义核心价值观具有重要作用。

4. 加强中华优秀传统文化教育，必须正视面临的一系列困难和挑战。改革开放以来特别是新世纪以来，中华优秀传统文化教育不断加强，取得了显著成效，对于培养学生良好思想品德和行为习惯，培育和弘扬爱国主义精神，增强文化自觉自信等方面发挥了积极作用。但是，面对新形势、新要求，中华优秀传统文化教育还存在不少突出问题，对中华优秀传统文化教育重要性的认识有待进一步提高，教育内容的系统性、整体性还明显不足，重知识讲授、轻精神内涵阐释的现象还比较普遍，课程和教材体系有待完善，教师队伍整体素质有待提升，全社会共同参与的教育合力有待加强等，有效解决这些问题，迫切需要进一步完善中华优秀传统文化教育。

二、加强中华优秀传统文化教育的指导思想、基本原则和主要内容

5. 加强中华优秀传统文化教育的指导思想。坚持以邓小平理论、"三个代表"重要思想、科学发展观为指导，深入贯彻落实党的十八大、十八届三中全会精神和习近平总书记系列重要讲话精神，全面贯彻党的教育方针，积极培育和践行社会主义核心价值观，围绕立德树人根本任务，以弘扬爱国主义为核心的团结统一、爱好和平、勤劳勇敢、自强不息的民族精神为主线，以推进大中小学中华优秀传统文化教育一体化为重点，整体规划、分层设计、有机衔接、系统推进，促进青少年学生全面发展，培养富有民族自信心和爱国主义精神的社会主义事业建设者和接班人。

6. 加强中华优秀传统文化教育的基本原则。

——坚持中华优秀传统文化教育与培育和践行社会主义核心价值观相结合。要坚持历史唯物主义和辩证唯物主义的立场、观点和方法，深入挖掘和阐发中华优秀传统文化讲仁爱、重民本、守诚信、崇正义、尚和合、求大同的时代价值。要处理好继承和创新的关系，重点做好创造性转化和创新性发展。

——坚持中华优秀传统文化教育与时代精神教育和革命传统教育相结合。既要大力弘扬以爱国主义为核心的民族精神，又要积极弘扬以改革创新为核心的时代精神，继承和弘扬革命传统文化。

——坚持弘扬中华优秀传统文化与学习借鉴国外优秀文化成果相结合。既要高度重视培育学生的民族自信心、自豪感，又要注重引导学生树立世界眼光，博采众长。

——坚持课堂教育与实践教育相结合。既要充分发挥课堂教学的主渠道作用，又要注重发挥课外活动和社会实践的重要作用。

——坚持学校教育、家庭教育、社会教育相结合。既要发挥学校主阵地

作用，又要加强家庭、社会与学校之间的配合，形成教育合力。

——坚持针对性与系统性相结合。既要根据不同学段学生身心发展特点，区分层次，突出重点，又要加强各学段的有机衔接，逐步推进。

7．开展中华优秀传统文化教育的主要内容。中华优秀传统文化是中华民族语言习惯、文化传统、思想观念、情感认同的集中体现，凝聚着中华民族普遍认同和广泛接受的道德规范、思想品格和价值取向，具有极为丰富的思想内涵。加强对青少年学生的中华优秀传统文化教育，要以弘扬爱国主义精神为核心，以家国情怀教育、社会关爱教育和人格修养教育为重点，着力完善青少年学生的道德品质，培育理想人格，提升政治素养。

——开展以天下兴亡、匹夫有责为重点的家国情怀教育。着力引导青少年学生深刻认识中国梦是每个人的梦，以祖国的繁荣为最大的光荣，以国家的衰落为最大的耻辱，增强国家认同，培养爱国情感，树立民族自信，形成为实现中华民族伟大复兴的中国梦而不懈努力的共同理想追求，培养青少年学生做有自信、懂自尊、能自强的中国人。

——开展以仁爱共济、立己达人为重点的社会关爱教育。着力引导青少年学生正确处理个人与他人、个人与社会、个人与自然的关系，学会心存善念、理解他人、尊老爱幼、扶残济困、关心社会、尊重自然，培育集体主义精神和生态文明意识，形成乐于奉献、热心公益慈善的良好风尚，培养青少年学生做高素养、讲文明、有爱心的中国人。

——开展以正心笃志、崇德弘毅为重点的人格修养教育。着力引导青少年学生明辨是非、遵纪守法、坚韧豁达、奋发向上，自觉弘扬中华民族优秀道德思想，形成良好的道德品质和行为习惯，培养青少年学生做知荣辱、守诚信、敢创新的中国人。

三、分学段有序推进中华优秀传统文化教育

8．小学低年级，以培育学生对中华优秀传统文化的亲切感为重点，开展启蒙教育，培养学生热爱中华优秀传统文化的感情。认识常用汉字，学习

独立识字，初步感受汉字的形体美；诵读浅近的古诗，获得初步的情感体验，感受语言的优美；了解一些爱国志士的故事，知道中华民族重要传统节日，了解家乡的生活习俗，明白自己是中华民族的一员；初步了解传统礼仪，学会待人接物的基本礼节；初步感受经典的民间艺术。引导学生孝敬父母、尊敬师长、友爱同学、礼貌待人，养成勤俭节约、吃苦耐劳、言行一致的生活习惯和行为规范，培育热爱家乡、热爱生活、亲近自然的情感。

9. 小学高年级，以提高学生对中华优秀传统文化的感受力为重点，开展认知教育，了解中华优秀传统文化的丰富多彩。熟练书写正楷字，理解汉字的文化含义，体会汉字优美的结构艺术；诵读古代诗文经典篇目，理解作品大意，体会其意境和情感；了解中华民族历代仁人志士为国家富强、民族团结作出的牺牲和贡献；知道重要传统节日的文化内涵和家乡生活习俗变迁；感受各民族艺术的丰富表现形式和特点，尝试运用喜爱的艺术形式表达情感；培养学生对传统体育活动的兴趣爱好。引导学生学会理解他人，懂得感恩，逐步提高辨别是非、善恶、美丑的能力，开始树立人生理想和远大志向，热爱祖国河山、悠久历史和宝贵文化。

10. 初中阶段，以增强学生对中华优秀传统文化的理解力为重点，提高对中华优秀传统文化的认同度，引导学生认识我国统一多民族国家的文化传统和基本国情。临摹名家书法，体会书法的美感与意境；诵读古代诗词，初步了解古诗词格律，阅读浅易文言文，注重积累、感悟和运用，提高欣赏品位；知道中国历史的重要史实和发展的基本线索，理解国家统一和民族团结的重要性，认识中华文明的历史价值和现实意义；欣赏传统音乐、戏剧、美术等艺术作品，感受其中表达的情感和思想；参加传统礼仪和节庆活动，了解传统习俗的文化内涵。引导学生尊重各民族传统文化习俗，珍视各民族共同创造的中华优秀文明成果，培养作为中华民族一员的归属感和自豪感。

11. 高中阶段，以增强学生对中华优秀传统文化的理性认识为重点，引导学生感悟中华优秀传统文化的精神内涵，增强学生对中华优秀传统文化的自信心。阅读篇幅较长的传统文化经典作品，提高古典文学和传统艺术鉴赏能力；认识中华文明形成的悠久历史进程，感悟中华文明在世界历史中的重要地位；认识人民群众创造历史的决定作用和杰出人物的贡献，吸取前人经验和智慧，培养豁达乐观的人生态度和抵抗困难挫折的能力；感悟传统美德与时俱进的品质，自觉以中华传统美德律己修身；了解传统艺术的丰富表现形式和特点，感受不同时代、地域、民族特色的艺术风格，接触和体验祖国各地的风土人情、民俗风尚，了解中华民族丰富的文化遗产。引导学生深入理解中华民族最深沉的精神追求，更加全面客观地认识当代中国，看待外部世界，认识国家前途命运与个人价值实现的统一关系，自觉维护国家的尊严、安全和利益。

12．大学阶段，以提高学生对中华优秀传统文化的自主学习和探究能力为重点，培养学生的文化创新意识，增强学生传承弘扬中华优秀传统文化的责任感和使命感。深入学习中国古代思想文化的重要典籍，理解中华优秀传统文化的精髓，强化学生文化主体意识和文化创新意识；深刻认识中华优秀传统文化是中国特色社会主义植根的沃土，辩证看待中华优秀传统文化的当代价值，正确把握中华优秀传统文化与中国化马克思主义、社会主义核心价值观的关系。引导学生完善人格修养，关心国家命运，自觉把个人理想和国家梦想、个人价值与国家发展结合起来，坚定为实现中华民族伟大复兴的中国梦不懈奋斗的理想信念。

四、把中华优秀传统文化教育系统融入课程和教材体系

13．在课程建设和课程标准修订中强化中华优秀传统文化内容。围绕中华优秀传统文化教育的主要任务，适时启动课程标准修订和课程开发的研究论证、试点探索和推广评估工作。在中小学德育、语文、历史、艺术、体育等课程标准修订中，增加中华优秀传统文化内容比重。地理、数学、物理、化学、生物等课程，应结合教学环节渗透中华优秀传统文化相关内容。鼓励各地各学校充分挖掘和利用本地中华优秀传统文化教育资源，开设专题的地方课程和校本课程。开展职业院校民族文化传承与创新示范专业点建设。鼓励有条件的高等学校统一开设中华优秀传统文化必修课，拓宽中华优秀传统

文化选修课覆盖面。面向各级各类学校重点建设一批中华优秀传统文化精品视频公开课。加强中华优秀传统文化相关学科建设。

14. 修订相关教材和组织编写中华优秀传统文化普及读物。根据修订后的中小学课程标准，修订相关教材。制作内容精、形式活、受欢迎的数字化课件。在高等学校统一推广使用马克思主义理论研究和建设工程重点教材《中国文化概论》。鼓励有条件的地方结合地方课程需要编写具有地域特色的中华优秀传统文化读本。组织知名专家编写多层次、成系列的普及读物。

15. 充分发挥中小学德育课和高校思想政治理论课的重要作用。促进思想政治教育与中华优秀传统文化教育的紧密结合，以爱国主义教育为核心，深入挖掘中华优秀传统文化中蕴含的丰富思想政治教育资源，进一步丰富中小学德育课和高校思想政治理论课的教学内容，创新教学方法和手段，提升教学效果。

五、全面提升中华优秀传统文化教育的师资队伍水平

16. 打造一支中华优秀传统文化教育骨干队伍。在中小学教师资格考试内容中增加中华优秀传统文化的比重。在师范院校开设中华优秀传统文化课程。鼓励民间艺人、技艺大师、非物质文化遗产传承人参与职业教育教学。建立非物质文化遗产传承人"双向进入"机制，设立技艺指导大师特设岗位，鼓励有条件的职业院校成立大师工作室。在长江学者奖励计划、新世纪优秀人才支持计划、高等学校青年教师培养计划等各类人才计划，以及"万人计划"教学名师评选中，增加传统文化教学和研究人才比重，培养和造就一批中华优秀传统文化教学名师和学科领军人才。

17. 加强面向全体教师的中华优秀传统文化教育培训。在哲学社会科学教学科研骨干研修、高校思想政治理论课骨干教师研修、高校辅导员骨干培训中加大中华优秀传统文化内容比重。在中小学教师国家级培训计划、义务教育学校校长和农村幼儿园园长研修培训计划、职业学校教师和校长素质提高计划中增加中华优秀传统文化培训内容，提高各级各类学校教师开展中华

优秀传统文化教育的能力。

六、着力增强中华优秀传统文化教育的多元支撑

18．建设不断适应时代需要的中华优秀传统文化网络教育平台。利用好现有全国文化资源共享工程、公共电子阅览室建设工程、数字图书馆推广计划等数字文化惠民工程的数据资源成果，推动优秀传统文化网络传播，制作适合互联网、手机等新兴媒体传播的传统文化精品佳作。重点打造一批有广泛影响的传统文化特色网站，支持和鼓励学校网站开设传统文化专栏。加强校园网络建设，依托高校网络文化示范中心、大学生网络文化工作室等，拓宽适合青少年学生学习特点的线上教育平台。选取一批有代表性的中华优秀传统文化经典诗文，建设"中华经典资源库"。在中国大学生在线、易班网等设立中华优秀传统文化教育专栏，进行形式活泼、内容丰富的在线学习。

19．加强中华优秀传统文化校园教育活动。利用学校博物馆、校史馆、图书馆、档案馆等，结合校史、院史、学科史和人物史的挖掘、整理和研究，发挥其独特的文化育人作用。深入开展创建中华优秀传统文化艺术传承学校活动，邀请传统文化名家、非物质文化遗产传承人等进校园、进课堂。依托少先队、共青团、学生党支部、学生会、学生社团等，开展主题教育、理论研讨、社会实践、志愿服务、文艺体育等形式多样、丰富多彩的活动。

20．构建互为补充、相互协作的中华优秀传统文化教育格局。充分利用博物馆、纪念馆、文化馆（站）、图书馆、美术馆、音乐厅、剧院、故居旧址、名胜古迹、文化遗产、具有历史文化风貌的街区等，组织学生进行实地考察和现场教学，建立中小学生定期参观博物馆、纪念馆、遗址等公共文化机构的长效机制。积极配合文化、新闻出版广电等部门，提倡和扶持弘扬中华优秀传统文化的各类文艺作品创作，在评奖、宣传等方面加强引导，办好青少年电视频道，做好图书出版规划，创作、出版一批青少年喜爱的影视片、音像制品和文学艺术作品，为加强中华优秀传统文化教育提供丰富、生动的教育资源。

21、充分发挥家庭在中华传统文化教育中的重要作用。要重视发挥中小

学家长委员会以及各级各类家长学校、家庭教育指导机构、校外活动场所的作用，把学校教育与家庭教育紧密结合起来，积极组织开展学生和家长共同参与的传统文化体验、主题教育实践活动、志愿者服务和公益性活动，践行中华优秀传统美德，弘扬中华优秀传统文化。倡导家长通过言传身教，形成爱国守法、遵守公德、珍视亲情、勤俭持家、邻里和睦的良好家风，营造弘扬中华优秀传统文化的家庭教育氛围。

七、加强中华优秀传统文化教育的组织实施和条件保障

22．加强对中华优秀传统文化教育的组织领导。各级党委教育工作部门和教育行政部门要把加强对青少年学生中华优秀传统文化教育作为一项战略任务，与宣传、文化、新闻出版广电等部门以及工会、共青团、妇联等群团组织密切配合，建立健全党委统一领导、党政群齐抓共管、有关部门各负其责、全社会共同参与的工作机制，形成中华优秀传统文化教育合力。教育部统筹规划和推进中华优秀传统文化教育课程、教材、师资等建设，明确具体任务和政策措施。充分发挥专家咨询作用，为开展中华优秀传统文化教育提供智力支持。要不断完善社会力量和市场力量参与的传统文化教育投入机制，鼓励和引导多途径增加传统文化教育投入。

23．完善中华优秀传统文化教育的评价和督导机制。研究制定中华优秀传统文化教育的评价标准，将中华优秀传统文化教育作为教育现代化监测评价指标体系的重要内容。增加中华优秀传统文化内容在中考、高考升学考试中的比重。将中华优秀传统文化教育纳入课程实施和教材使用的督导范围，定期开展评估和督导工作。

24．加强中华优秀传统文化教育教学研究。充分利用传统文化优势学科、重点研究基地和相关科研力量，深入开展中华优秀传统文化教育教学研究，为中华优秀传统文化教育教学提供理论基础和学理支撑。鼓励各地各校组织专门力量，加强中华优秀传统文化研究机构建设，为学校和教师提供专业服务和指导。

后　记

从 1921 年中国共产党成立之日起，中华优秀传统文化有了全新的赓续者，中华优秀传统文化经历了新民主主义革命时期的绵延不绝，社会主义革命和建设时期的默默浸润，在改革开放和中国特色社会主义现代化建设进入新时代时再次焕发出无限生机，在 14 亿人民群众的生产、生活中彰显出无限活力，为大中小学思政课的守正创新提供了宝贵的营养。它与中国革命文化、社会主义先进文化融为一体，被称为中华文化。中华文化为中华民族和中华儿女提供了最全面、最丰厚、最深远的精神滋养；为世界和平发展、合作共赢、构建人类命运共同体提供了合理方案和有益借鉴，彰显了中国智慧和中国方案。伴随着新发展阶段中国特色社会主义现代化建设的坚定步伐，中华优秀传统文化经过与新发展阶段的现代化创造与创新，经历中华民族伟大复兴实践的洗礼，必将上升到一个全新的历史文明高度，从而具备全球化的眼光和视野，为 21 世纪中叶建成社会主义现代化强国提供最坚定的精神支撑，为世界百年变局开辟出一条不同于西方资本主义模式的中华文明之路。

在大中小学思政课的教学工作中，中华优秀传统文化占有举足轻重的位置。将中华优秀传统文化这一股新鲜血液注入大中小学思政课教学中来，是时代的要求，也是时代的进步。中华优秀传统文化的精髓在我国未来教育事业发展的道路上，尤其是思政课教育教学中有着非常深远的现实意义和理论意义。党的十九大召开以来，国家从一个更高的层次上明确了大中小学思政课要有新的突破和创新，思政课教师要积极主动地开展思政课教育教学创新改革，摸索和总结传统的教学模式的利弊，从理论层面和现实层面，革新思政课的教育教学思想。随着党的二十大顺利召开，中华优秀传统文化在新发展阶段意义和价值的挖掘、思政课立德树人和意识形态功能的强化，两者结合的新的契合点，都会随着时代脉搏开拓出新的实现路径。